LATEST EDITION 2026

भूगोल वस्तुनिष्ठ प्रश्न

3000+ एसएससी, बैंकिंग, रेलवे एवं अन्य सभी प्रतियोगी परीक्षाओं हेतु अध्यायवार वस्तुनिष्ठ प्रश्नावली

RK SUCCESS SOLUTION

भूगोल वस्तुनिष्ठ प्रश्न

प्राक्कथन

भूगोल एक ऐसा महत्वपूर्ण विषय है जो लगभग सभी प्रतियोगी परीक्षाओं जैसे SSC, Railway, Banking तथा अन्य सरकारी परीक्षाओं में महत्वपूर्ण भूमिका निभाता है। इस विषय की अच्छी समझ न केवल आपकी तैयारी को मजबूत बनाती है, बल्कि परीक्षा में बेहतर प्रदर्शन करने में भी सहायक होती है।

यह पुस्तक **भूगोल वस्तुनिष्ठ प्रश्न** विशेष रूप से प्रतियोगी परीक्षाओं की तैयारी करने वाले विद्यार्थियों के लिए तैयार की गई है। इस पुस्तक में दिए गए सभी प्रश्न पूर्णतः मौलिक हैं और नवीनतम परीक्षा पैटर्न को ध्यान में रखकर तैयार किए गए हैं। भाषा को सरल और स्पष्ट रखा गया है ताकि सभी स्तर के विद्यार्थी इसे आसानी से समझ सकें।

इस पुस्तक का मुख्य उद्देश्य अध्यायवार वस्तुनिष्ठ प्रश्नों के माध्यम से विद्यार्थियों को अभ्यास का एक सशक्त मंच प्रदान करना है। प्रत्येक प्रश्न के साथ दी गई व्याख्या विद्यार्थियों को विषय की गहरी समझ विकसित करने में सहायता करेगी तथा उनकी गति और शुद्धता दोनों में सुधार करेगी।

मुझे पूर्ण विश्वास है कि यह पुस्तक आपकी तैयारी को मजबूत करेगी और आपको अपने लक्ष्य तक पहुँचने में महत्वपूर्ण भूमिका निभाएगी।

About the Book

भूगोल वस्तुनिष्ठ प्रश्न एक सम्पूर्ण एवं परीक्षा उन्मुख पुस्तक है, जो SSC, Railway, Banking तथा अन्य प्रतियोगी परीक्षाओं की तैयारी करने वाले विद्यार्थियों के लिए विशेष रूप से तैयार की गई है। इस पुस्तक में भौतिक भूगोल, विश्व भूगोल, भारत का भूगोल तथा मानव एवं आर्थिक भूगोल जैसे सभी महत्वपूर्ण विषयों को सरल और व्यवस्थित रूप में प्रस्तुत किया गया है।

इस पुस्तक की सबसे बड़ी विशेषता यह है कि इसमें दिए गए सभी प्रश्न पूर्णतः मौलिक हैं, किसी भी स्रोत से कॉपी नहीं किए गए हैं, और नवीनतम परीक्षा पैटर्न के अनुसार तैयार किए गए हैं। प्रत्येक अध्याय में chapter wise MCQs दिए गए हैं, जिनके साथ स्पष्ट और सरल व्याख्या भी दी गई है, जिससे विद्यार्थियों को विषय को गहराई से समझने में मदद मिलती है।

यह पुस्तक न केवल अभ्यास के लिए उपयोगी है, बल्कि त्वरित पुनरावृत्ति के लिए भी अत्यंत सहायक है। इसका उद्देश्य विद्यार्थियों की अवधारणाओं को मजबूत करना, उनकी गति और शुद्धता में सुधार करना तथा उन्हें परीक्षा के लिए पूरी तरह तैयार करना है।

भूगोल वस्तुनिष्ठ प्रश्न आपके सफल भविष्य की दिशा में एक महत्वपूर्ण कदम साबित होगी।

Disclaimer

This book **भूगोल वस्तुनिष्ठ प्रश्न** has been prepared solely for educational and exam preparation purposes. Every effort has been made to ensure that the information provided in this book is accurate, reliable, and up to date as per the latest examination patterns. However, the author and publisher do not take any responsibility for any unintentional errors, omissions, or changes in facts over time.

The questions included in this book are completely original and created for practice purposes. This book is not affiliated with, endorsed by, or connected to any government body, examination authority, or organization such as SSC, IBPS, SBI, Railway, or any other institution.

Readers are advised to verify important information from official sources wherever necessary. The author and publisher shall not be held responsible for any loss or damage caused directly or indirectly using the content of this book.

विषय सूची (Contents)

भूगोल वस्तुनिष्ठ प्रश्न

भाग 4 मानव एवं आर्थिक भूगोल

Chapter 1: पृथ्वी की उत्पत्ति

1. पृथ्वी की उत्पत्ति के संबंध में सर्वाधिक मान्य सिद्धांत कौन सा है?

(A) नेबुला सिद्धांत

(B) ज्वारीय सिद्धांत

(C) आधुनिक नेबुला सिद्धांत

(D) द्वितारा सिद्धांत

Answer: (C)

Explanation: आधुनिक नेबुला सिद्धांत को वैज्ञानिक रूप से अधिक स्वीकार किया जाता है।

2. सौरमंडल का निर्माण किससे हुआ माना जाता है?

(A) धातु

(B) गैस और धूल

(C) जल

(D) चट्टान

Answer: (B)

Explanation: गैस और धूल के बादल के संघनन से सौरमंडल बना।

3. पृथ्वी की आयु लगभग कितनी मानी जाती है?

(A) 3 अरब वर्ष

(B) 4.6 अरब वर्ष

(C) 6 अरब वर्ष

(D) 10 अरब वर्ष

Answer: (B)

Explanation: वैज्ञानिकों के अनुसार पृथ्वी लगभग 4.6 अरब वर्ष पुरानी है।

4. नेबुला सिद्धांत किससे संबंधित है?

(A) महासागर

(B) सौरमंडल

(C) वायुमंडल

(D) जीव

Answer: (B)

Explanation: यह सौरमंडल की उत्पत्ति से संबंधित है।

5. पृथ्वी किस प्रकार का ग्रह है?

(A) गैसीय

(B) स्थलीय

(C) उपग्रह

(D) तारा

Answer: (B)

Explanation: पृथ्वी ठोस सतह वाला ग्रह है।

6. पृथ्वी का निर्माण किस प्रक्रिया से हुआ?

(A) संघनन

(B) वाष्पीकरण

(C) घर्षण

(D) विघटन

Answer: (A)

Explanation: गैसों के संघनन से पृथ्वी बनी।

7. सौरमंडल का केंद्र क्या है?

(A) पृथ्वी

(B) चंद्रमा

(C) सूर्य

(D) मंगल

Answer: (C)

Explanation: सूर्य सौरमंडल का

केंद्र है।

8. पृथ्वी सूर्य के चारों ओर किस पथ में घूमती है?

(A) वृत्ताकार
(B) अंडाकार
(C) सीधा
(D) अनियमित

Answer: (B)

Explanation: पृथ्वी अंडाकार कक्षा में घूमती है।

9. पृथ्वी का आकार कैसा है?

(A) पूर्ण गोल
(B) चपटा
(C) जियोइड
(D) घनाकार

Answer: (C)

Explanation: पृथ्वी जियोइड है।

10. पृथ्वी पर जीवन का मुख्य आधार क्या है?

(A) धातु
(B) जल
(C) गैस
(D) चट्टान

Answer: (B)

Explanation: जल जीवन के लिए आवश्यक है।

11. पृथ्वी का प्राकृतिक उपग्रह कौन है?

(A) शुक्र
(B) चंद्रमा
(C) मंगल
(D) सूर्य

Answer: (B)

Explanation: चंद्रमा पृथ्वी का उपग्रह है।

12. पृथ्वी की परिक्रमण अवधि कितनी है?

(A) 24 घंटे
(B) 365 दिन
(C) 30 दिन
(D) 12 घंटे

Answer: (B)

Explanation: पृथ्वी 365 दिनों में सूर्य की परिक्रमा करती है।

13. पृथ्वी का घूर्णन काल कितना है?

(A) 24 घंटे
(B) 48 घंटे
(C) 12 घंटे
(D) 36 घंटे

Answer: (A)

Explanation: पृथ्वी 24 घंटे में घूमती है।

14. पृथ्वी का अक्षीय झुकाव कितना है?

(A) 10°
(B) 23.5°
(C) 45°
(D) 60°

Answer: (B)

Explanation: पृथ्वी 23.5 डिग्री झुकी है।

15. पृथ्वी की आंतरिक ऊष्मा का स्रोत क्या है?

(A) सूर्य

(B) रेडियोधर्मी तत्व
(C) जल
(D) वायु
Answer: (B)
Explanation: रेडियोधर्मी विघटन से ऊष्मा मिलती है।

16. पृथ्वी की सबसे बाहरी परत कौन सी है?
(A) कोर
(B) मेंटल
(C) क्रस्ट
(D) लिथोस्फीयर
Answer: (C)
Explanation: क्रस्ट सबसे बाहरी परत है।

17. पृथ्वी की सबसे भीतरी परत कौन सी है?
(A) क्रस्ट
(B) मेंटल
(C) कोर
(D) लिथोस्फीयर
Answer: (C)
Explanation: कोर सबसे अंदर है।

18. पृथ्वी सूर्य से कितनी दूरी पर है?
(A) 100 मिलियन किमी
(B) 150 मिलियन किमी
(C) 200 मिलियन किमी
(D) 250 मिलियन किमी
Answer: (B)
Explanation: लगभग 150 मिलियन किमी दूरी है।

19. पृथ्वी सौरमंडल में कौन से स्थान पर है?
(A) दूसरा
(B) तीसरा
(C) चौथा
(D) पाँचवाँ
Answer: (B)
Explanation: पृथ्वी तीसरा ग्रह है।

20. पृथ्वी की गुरुत्वाकर्षण शक्ति का कार्य क्या है?
(A) प्रकाश देना
(B) वस्तुओं को आकर्षित करना
(C) ताप देना
(D) जल बनाना
Answer: (B)
Explanation: गुरुत्वाकर्षण वस्तुओं को आकर्षित करता है।

21. पृथ्वी की संरचना का अध्ययन किस विज्ञान में किया जाता है?
(A) जीवविज्ञान
(B) भूविज्ञान
(C) रसायन विज्ञान
(D) भौतिकी
Answer: (B)
Explanation: भूविज्ञान में पृथ्वी की संरचना का अध्ययन किया जाता है।

22. पृथ्वी का निर्माण कब हुआ माना जाता है?
(A) 2 अरब वर्ष पहले
(B) 4.6 अरब वर्ष पहले
(C) 6 अरब वर्ष पहले
(D) 10 अरब वर्ष पहले

Answer: (B)
Explanation: वैज्ञानिकों के अनुसार पृथ्वी लगभग 4.6 अरब वर्ष पहले बनी।

23. पृथ्वी के निर्माण में प्रमुख तत्व कौन से थे?
(A) गैस और धूल
(B) जल और बर्फ
(C) धातु और पत्थर
(D) केवल गैस
Answer: (A)
Explanation: गैस और धूल के संघनन से निर्माण हुआ।

24. पृथ्वी की सतह का लगभग कितना भाग जल से ढका है?
(A) 50 प्रतिशत
(B) 60 प्रतिशत
(C) 71 प्रतिशत
(D) 80 प्रतिशत
Answer: (C)
Explanation: पृथ्वी का लगभग 71 प्रतिशत भाग जल से ढका है।

25. पृथ्वी का सबसे निकटतम ग्रह कौन सा है?
(A) मंगल
(B) शुक्र
(C) बुध
(D) बृहस्पति
Answer: (B)
Explanation: शुक्र पृथ्वी के सबसे निकट है।

26. सौरमंडल में सबसे बड़ा ग्रह कौन सा है?
(A) पृथ्वी
(B) शनि
(C) बृहस्पति
(D) मंगल
Answer: (C)
Explanation: बृहस्पति सबसे बड़ा ग्रह है।

27. पृथ्वी की धुरी किस दिशा में झुकी होती है?
(A) पूर्व
(B) पश्चिम
(C) उत्तर
(D) तिरछी
Answer: (D)
Explanation: पृथ्वी की धुरी तिरछी होती है।

28. पृथ्वी के चारों ओर वायुमंडल क्यों बना रहता है?
(A) ताप के कारण
(B) गुरुत्वाकर्षण के कारण
(C) जल के कारण
(D) प्रकाश के कारण
Answer: (B)
Explanation: गुरुत्वाकर्षण वायुमंडल को बांधकर रखता है।

29. पृथ्वी का कौन सा भाग जीवन के लिए उपयुक्त है?
(A) कोर
(B) मेंटल
(C) क्रस्ट
(D) सभी

Answer: (C)
Explanation: जीवन क्रस्ट पर पाया जाता है।

30. पृथ्वी की घूर्णन गति का परिणाम क्या है?
(A) ऋतुएँ
(B) दिन और रात
(C) वर्षा
(D) ज्वालामुखी
Answer: (B)
Explanation: घूर्णन से दिन और रात होते हैं।

31. पृथ्वी की परिक्रमण गति का परिणाम क्या है?
(A) दिन और रात
(B) ऋतुएँ
(C) ज्वार
(D) भूकंप
Answer: (B)
Explanation: परिक्रमण से ऋतुएँ बनती हैं।

32. पृथ्वी का सबसे घना भाग कौन सा है?
(A) क्रस्ट
(B) मेंटल
(C) कोर
(D) लिथोस्फीयर
Answer: (C)
Explanation: कोर सबसे घना भाग है।

33. पृथ्वी की सतह पर जीवन संभव होने का मुख्य कारण क्या है?
(A) दूरी
(B) तापमान
(C) जल और वायुमंडल
(D) प्रकाश
Answer: (C)
Explanation: जल और वायुमंडल जीवन के लिए आवश्यक हैं।

34. पृथ्वी की गति कितनी होती है?
(A) एक
(B) दो
(C) तीन
(D) चार
Answer: (B)
Explanation: घूर्णन और परिक्रमण दो प्रमुख गतियाँ हैं।

35. पृथ्वी की बाहरी परत को क्या कहते हैं?
(A) कोर
(B) मेंटल
(C) क्रस्ट
(D) मैग्मा
Answer: (C)
Explanation: क्रस्ट बाहरी परत है।

36. पृथ्वी की सबसे मोटी परत कौन सी है?
(A) क्रस्ट
(B) मेंटल
(C) कोर
(D) वायुमंडल
Answer: (B)

Explanation: मेंटल सबसे मोटी परत है।

37. पृथ्वी की सबसे पतली परत कौन सी है?

(A) कोर
(B) मेंटल
(C) क्रस्ट
(D) लिथोस्फीयर

Answer: (C)

Explanation: क्रस्ट सबसे पतली परत है।

38. पृथ्वी का घूर्णन किस दिशा में होता है?

(A) पूर्व से पश्चिम
(B) पश्चिम से पूर्व
(C) उत्तर से दक्षिण
(D) दक्षिण से उत्तर

Answer: (B)

Explanation: पृथ्वी पश्चिम से पूर्व की ओर घूमती है।

39. पृथ्वी का औसत व्यास कितना है?

(A) 10000 किमी
(B) 12756 किमी
(C) 15000 किमी
(D) 20000 किमी

Answer: (B)

Explanation: पृथ्वी का व्यास लगभग 12756 किमी है।

40. पृथ्वी के कोर में कौन से तत्व पाए जाते हैं?

(A) ऑक्सीजन
(B) सिलिकॉन
(C) लोहा और निकेल
(D) कार्बन

Answer: (C)

Explanation: कोर में लोहा और निकेल होते हैं।

41. पृथ्वी की सतह को क्या कहा जाता है?

(A) लिथोस्फीयर
(B) बायोस्फीयर
(C) हाइड्रोस्फीयर
(D) एटमोस्फीयर

Answer: (A)

Explanation: लिथोस्फीयर ठोस सतह है।

42. पृथ्वी का जलमंडल क्या कहलाता है?

(A) बायोस्फीयर
(B) हाइड्रोस्फीयर
(C) एटमोस्फीयर
(D) लिथोस्फीयर

Answer: (B)

Explanation: जल से संबंधित भाग हाइड्रोस्फीयर है।

43. पृथ्वी का वायुमंडल किससे बना है?

(A) गैसों का मिश्रण
(B) जल
(C) धातु
(D) चट्टान

Answer: (A)

Explanation: वायुमंडल गैसों से बना

है।

44. पृथ्वी पर दिन और रात का कारण क्या है?

(A) परिक्रमण

(B) घूर्णन

(C) गुरुत्वाकर्षण

(D) ताप

Answer: (B)

Explanation: घूर्णन से दिन और रात होते हैं।

45. पृथ्वी पर ऋतुओं का कारण क्या है?

(A) घूर्णन

(B) परिक्रमण

(C) दूरी

(D) ताप

Answer: (B)

Explanation: परिक्रमण और झुकाव से ऋतुएँ बनती हैं।

46. पृथ्वी का सबसे ठंडा ग्रह कौन सा है?

(A) पृथ्वी

(B) मंगल

(C) नेपच्यून

(D) यूरेनस

Answer: (D)

Explanation: यूरेनस अत्यधिक ठंडा है।

47. पृथ्वी के चारों ओर कौन सा मंडल जीवन को सुरक्षित रखता है?

(A) लिथोस्फीयर

(B) हाइड्रोस्फीयर

(C) एटमोस्फीयर

(D) कोर

Answer: (C)

Explanation: वायुमंडल जीवन की रक्षा करता है।

48. पृथ्वी का कौन सा भाग पिघला हुआ होता है?

(A) क्रस्ट

(B) मेंटल

(C) कोर

(D) सभी

Answer: (B)

Explanation: मेंटल अर्ध-द्रव अवस्था में होता है।

49. पृथ्वी की ऊर्जा का मुख्य स्रोत क्या है?

(A) चंद्रमा

(B) सूर्य

(C) कोर

(D) वायु

Answer: (B)

Explanation: सूर्य ऊर्जा देता है।

50. पृथ्वी का चुंबकीय क्षेत्र किससे बनता है?

(A) क्रस्ट

(B) मेंटल

(C) बाहरी कोर

(D) वायुमंडल

Answer: (C)

Explanation: बाहरी कोर के द्रव धातु से चुंबकीय क्षेत्र बनता है।

51. पृथ्वी के निर्माण के समय प्रारंभिक वायुमंडल में कौन सी गैस प्रमुख थी?
(A) ऑक्सीजन
(B) कार्बन डाइऑक्साइड
(C) नाइट्रोजन
(D) हाइड्रोजन
Answer: (B)
Explanation: प्रारंभिक वायुमंडल में कार्बन डाइऑक्साइड अधिक मात्रा में थी।

52. पृथ्वी की सतह का ठोस भाग क्या कहलाता है?
(A) हाइड्रोस्फीयर
(B) एटमोस्फीयर
(C) लिथोस्फीयर
(D) बायोस्फीयर
Answer: (C)
Explanation: लिथोस्फीयर पृथ्वी का ठोस भाग है।

53. पृथ्वी की आंतरिक संरचना का ज्ञान कैसे प्राप्त होता है?
(A) प्रत्यक्ष अवलोकन
(B) भूकंपीय तरंगों से
(C) जल से
(D) सूर्य से
Answer: (B)
Explanation: भूकंपीय तरंगों से आंतरिक संरचना का अध्ययन किया जाता है।

54. पृथ्वी के केंद्र तक दूरी कितनी है?
(A) 2000 किमी
(B) 4000 किमी
(C) 6371 किमी
(D) 8000 किमी
Answer: (C)
Explanation: पृथ्वी का त्रिज्या लगभग 6371 किमी है।

55. पृथ्वी की आंतरिक संरचना में सबसे भारी तत्व कौन सा है?
(A) ऑक्सीजन
(B) सिलिकॉन
(C) लोहा
(D) कार्बन
Answer: (C)
Explanation: कोर में लोहा प्रमुख है।

56. पृथ्वी का गुरुत्वाकर्षण सबसे अधिक कहाँ होता है?
(A) ध्रुवों पर
(B) भूमध्य रेखा पर
(C) महासागर में
(D) पर्वतों पर
Answer: (A)
Explanation: ध्रुवों पर गुरुत्वाकर्षण अधिक होता है।

57. पृथ्वी के घूर्णन की दिशा क्या है?
(A) पूर्व से पश्चिम
(B) पश्चिम से पूर्व
(C) उत्तर से दक्षिण
(D) दक्षिण से उत्तर
Answer: (B)

Explanation: पृथ्वी पश्चिम से पूर्व की ओर घूमती है।

58. पृथ्वी का घूर्णन किस अक्ष पर होता है?

(A) काल्पनिक अक्ष
(B) वास्तविक अक्ष
(C) जल अक्ष
(D) वायु अक्ष

Answer: (A)

Explanation: पृथ्वी एक काल्पनिक अक्ष पर घूमती है।

59. पृथ्वी के झुकाव के कारण क्या बनता है?

(A) दिन और रात
(B) ऋतुएँ
(C) ज्वालामुखी
(D) भूकंप

Answer: (B)

Explanation: अक्षीय झुकाव से ऋतुएँ बनती हैं।

60. पृथ्वी की परिक्रमा की दिशा क्या है?

(A) पूर्व से पश्चिम
(B) पश्चिम से पूर्व
(C) उत्तर से दक्षिण
(D) दक्षिण से उत्तर

Answer: (B)

Explanation: पृथ्वी सूर्य के चारों ओर पश्चिम से पूर्व घूमती है।

61. पृथ्वी के निर्माण में सबसे पहले क्या बना?

(A) वायुमंडल
(B) कोर
(C) जल
(D) जीवन

Answer: (B)

Explanation: भारी तत्व नीचे जाकर कोर का निर्माण करते हैं।

62. पृथ्वी की सतह का कौन सा भाग सबसे अधिक विस्तृत है?

(A) पर्वत
(B) मैदान
(C) महासागर
(D) पठार

Answer: (C)

Explanation: महासागर सबसे अधिक क्षेत्र घेरते हैं।

63. पृथ्वी की बाहरी परत की औसत मोटाई कितनी है?

(A) 5 किमी
(B) 35 किमी
(C) 100 किमी
(D) 500 किमी

Answer: (B)

Explanation: क्रस्ट की औसत मोटाई लगभग 35 किमी है।

64. पृथ्वी का आंतरिक भाग गर्म क्यों है?

(A) सूर्य के कारण
(B) रेडियोधर्मी विघटन
(C) जल के कारण
(D) वायु के कारण

Answer: (B)

Explanation: रेडियोधर्मी तत्व ऊष्मा

उत्पन्न करते हैं।

65. पृथ्वी का कौन सा भाग सबसे अधिक तापमान वाला है?

(A) क्रस्ट

(B) मेंटल

(C) कोर

(D) वायुमंडल

Answer: (C)

Explanation: कोर में सबसे अधिक तापमान होता है।

66. पृथ्वी की सतह पर जल का मुख्य स्रोत क्या है?

(A) वर्षा

(B) नदियाँ

(C) समुद्र

(D) हिम

Answer: (A)

Explanation: वर्षा जल का मुख्य स्रोत है।

67. पृथ्वी पर जीवन की शुरुआत किससे जुड़ी है?

(A) जल

(B) वायु

(C) धातु

(D) प्रकाश

Answer: (A)

Explanation: जीवन की शुरुआत जल से मानी जाती है।

68. पृथ्वी का कौन सा भाग ठोस है?

(A) कोर

(B) मेंटल

(C) क्रस्ट

(D) सभी

Answer: (C)

Explanation: क्रस्ट पूरी तरह ठोस है।

69. पृथ्वी की परतों की संख्या कितनी है?

(A) 2

(B) 3

(C) 4

(D) 5

Answer: (B)

Explanation: क्रस्ट, मेंटल और कोर तीन मुख्य परतें हैं।

70. पृथ्वी का औसत तापमान किस पर निर्भर करता है?

(A) दूरी

(B) सूर्य ऊर्जा

(C) जल

(D) वायु

Answer: (B)

Explanation: सूर्य ऊर्जा तापमान नियंत्रित करती है।

71. पृथ्वी की घूर्णन गति का प्रभाव क्या है?

(A) ऋतुएँ

(B) दिन-रात

(C) वर्षा

(D) ताप

Answer: (B)

Explanation: घूर्णन से दिन और रात होते हैं।

72. पृथ्वी का अक्ष किस दिशा में

झुका है?

(A) उत्तर

(B) दक्षिण

(C) तिरछा

(D) सीधा

Answer: (C)

Explanation: पृथ्वी का अक्ष तिरछा है।

73. पृथ्वी की परिक्रमण गति कितने दिन में पूरी होती है?

(A) 300

(B) 365

(C) 400

(D) 200

Answer: (B)

Explanation: 365 दिन लगते हैं।

74. पृथ्वी का कौन सा भाग तरल अवस्था में है?

(A) क्रस्ट

(B) मेंटल

(C) बाहरी कोर

(D) आंतरिक कोर

Answer: (C)

Explanation: बाहरी कोर तरल होता है।

75. पृथ्वी की आंतरिक संरचना में सबसे हल्की परत कौन सी है?

(A) कोर

(B) मेंटल

(C) क्रस्ट

(D) मैग्मा

Answer: (C)

Explanation: क्रस्ट सबसे हल्की परत है।

76. पृथ्वी की संरचना में सिलिका और एल्यूमिनियम किस भाग में पाए जाते हैं?

(A) कोर

(B) मेंटल

(C) क्रस्ट

(D) सभी

Answer: (C)

Explanation: क्रस्ट में सिलिका और एल्यूमिनियम अधिक होते हैं।

77. पृथ्वी की ऊर्जा का स्रोत क्या है?

(A) जल

(B) सूर्य

(C) वायु

(D) धातु

Answer: (B)

Explanation: सूर्य ऊर्जा प्रदान करता है।

78. पृथ्वी का कौन सा भाग अर्ध-द्रव अवस्था में होता है?

(A) क्रस्ट

(B) मेंटल

(C) कोर

(D) वायुमंडल

Answer: (B)

Explanation: मेंटल अर्ध-द्रव अवस्था में होता है।

79. पृथ्वी की गति के कारण समय का निर्धारण कैसे होता है?

(A) घूर्णन से

(B) परिक्रमण से
(C) दोनों से
(D) किसी से नहीं
Answer: (C)
Explanation: दिन-रात और वर्ष दोनों निर्धारित होते हैं।

80. पृथ्वी की संरचना में सबसे गहरी परत कौन सी है?
(A) क्रस्ट
(B) मेंटल
(C) कोर
(D) लिथोस्फीयर
Answer: (C)
Explanation: कोर सबसे गहरी परत है।

81. पृथ्वी का तापमान केंद्र की ओर कैसा होता है?
(A) घटता है
(B) बढ़ता है
(C) समान रहता है
(D) बदलता नहीं
Answer: (B)
Explanation: केंद्र की ओर तापमान बढ़ता है।

82. पृथ्वी का घूर्णन किस समय में पूरा होता है?
(A) 12 घंटे
(B) 24 घंटे
(C) 48 घंटे
(D) 36 घंटे
Answer: (B)
Explanation: 24 घंटे में घूर्णन होता है।

83. पृथ्वी का आकार किसके कारण बना रहता है?
(A) ताप
(B) गुरुत्वाकर्षण
(C) जल
(D) वायु
Answer: (B)
Explanation: गुरुत्वाकर्षण पृथ्वी को आकार देता है।

84. पृथ्वी के चारों ओर गैसों की परत को क्या कहते हैं?
(A) हाइड्रोस्फीयर
(B) एटमोस्फीयर
(C) लिथोस्फीयर
(D) बायोस्फीयर
Answer: (B)
Explanation: गैसों की परत वायुमंडल है।

85. पृथ्वी की सतह पर सबसे अधिक क्षेत्र कौन घेरता है?
(A) पर्वत
(B) महासागर
(C) पठार
(D) मैदान
Answer: (B)
Explanation: महासागर सबसे अधिक क्षेत्र में फैले हैं।

86. पृथ्वी की आंतरिक परतों में सबसे मोटी परत कौन सी है?
(A) क्रस्ट
(B) मेंटल

(C) कोर
(D) लिथोस्फीयर
Answer: (B)
Explanation: मेंटल सबसे मोटी है।

87. पृथ्वी की परिक्रमा किसके चारों ओर होती है?
(A) चंद्रमा
(B) सूर्य
(C) मंगल
(D) शुक्र
Answer: (B)
Explanation: पृथ्वी सूर्य की परिक्रमा करती है।

88. पृथ्वी के निर्माण के समय कौन सी अवस्था प्रमुख थी?
(A) ठोस
(B) तरल
(C) गैसीय
(D) मिश्रित
Answer: (C)
Explanation: प्रारंभ में गैसीय अवस्था थी।

89. पृथ्वी का कौन सा भाग सबसे स्थिर है?
(A) कोर
(B) मेंटल
(C) क्रस्ट
(D) वायुमंडल
Answer: (C)
Explanation: क्रस्ट पर ही जीवन और स्थिरता है।

90. पृथ्वी के निर्माण में गुरुत्वाकर्षण का क्या योगदान था?
(A) प्रकाश देना
(B) कणों को जोड़ना
(C) ताप देना
(D) जल बनाना
Answer: (B)
Explanation: गुरुत्वाकर्षण ने कणों को जोड़कर ग्रह बनाया।

91. पृथ्वी के केंद्र का दाब कैसा होता है?
(A) कम
(B) अधिक
(C) समान
(D) शून्य
Answer: (B)
Explanation: केंद्र में दाब अत्यधिक होता है।

92. पृथ्वी की सतह पर जीवन का कारण क्या है?
(A) दूरी
(B) जल और वायुमंडल
(C) ताप
(D) प्रकाश
Answer: (B)
Explanation: जीवन के लिए अनुकूल परिस्थितियाँ हैं।

93. पृथ्वी के निर्माण के समय भारी तत्व कहाँ गए?
(A) ऊपर
(B) नीचे
(C) बाहर

(D) वायुमंडल में
Answer: (B)
Explanation: भारी तत्व नीचे जाकर कोर बने।

94. पृथ्वी का कौन सा भाग चुंबकीय क्षेत्र बनाता है?
(A) क्रस्ट
(B) मेंटल
(C) बाहरी कोर
(D) वायुमंडल
Answer: (C)
Explanation: बाहरी कोर से चुंबकीय क्षेत्र बनता है।

95. पृथ्वी का घूर्णन क्यों होता है?
(A) ऊर्जा
(B) प्रारंभिक गति
(C) जल
(D) ताप
Answer: (B)
Explanation: निर्माण के समय मिली गति के कारण।

96. पृथ्वी का तापमान किससे प्रभावित होता है?
(A) सूर्य
(B) जल
(C) वायु
(D) सभी
Answer: (D)
Explanation: सभी कारक प्रभाव डालते हैं।

97. पृथ्वी की संरचना में कौन सा भाग ठोस नहीं है?
(A) क्रस्ट
(B) मेंटल
(C) बाहरी कोर
(D) आंतरिक कोर
Answer: (C)
Explanation: बाहरी कोर तरल होता है।

98. पृथ्वी की गति के कारण कौन सी घटना नहीं होती?
(A) दिन-रात
(B) ऋतु
(C) भूकंप
(D) वर्ष
Answer: (C)
Explanation: भूकंप आंतरिक कारणों से होते हैं।

99. पृथ्वी का निर्माण किस युग में हुआ?
(A) प्राक्कैम्ब्रियन
(B) पेलियोजोइक
(C) मेसोजोइक
(D) सेनोजोइक
Answer: (A)
Explanation: प्रारंभिक युग में निर्माण हुआ।

100. पृथ्वी जीवन के लिए उपयुक्त क्यों है?
(A) जल
(B) वायुमंडल
(C) उचित तापमान
(D) सभी
Answer: (D)

Explanation: सभी कारण मिलकर जीवन संभव बनाते हैं।

Chapter 2: पृथ्वी की आंतरिक संरचना

1. पृथ्वी की आंतरिक संरचना मुख्यतः कितनी परतों में विभाजित है?

(A) 2
(B) 3
(C) 4
(D) 5
Answer: (B)
Explanation: पृथ्वी को क्रस्ट, मेंटल और कोर तीन परतों में विभाजित किया गया है।

2. पृथ्वी की सबसे बाहरी परत कौन सी है?

(A) कोर
(B) मेंटल
(C) क्रस्ट
(D) लिथोस्फीयर
Answer: (C)
Explanation: क्रस्ट पृथ्वी की बाहरी परत है।

3. पृथ्वी की सबसे भीतरी परत कौन सी है?

(A) क्रस्ट
(B) मेंटल
(C) कोर
(D) एस्थेनोस्फीयर
Answer: (C)
Explanation: कोर सबसे अंदर की परत है।

4. मेंटल की मोटाई लगभग कितनी होती है?

(A) 35 किमी
(B) 100 किमी
(C) 2900 किमी
(D) 5000 किमी
Answer: (C)
Explanation: मेंटल लगभग 2900 किमी मोटा होता है।

5. क्रस्ट की मोटाई सामान्यतः कितनी होती है?

(A) 5 से 70 किमी
(B) 100 किमी
(C) 500 किमी
(D) 1000 किमी
Answer: (A)
Explanation: क्रस्ट की मोटाई 5 से 70 किमी के बीच होती है।

6. कोर मुख्यतः किन तत्वों से बना होता है?

(A) सिलिका
(B) ऑक्सीजन
(C) लोहा और निकेल
(D) कार्बन
Answer: (C)
Explanation: कोर में लोहा और निकेल प्रमुख हैं।

7. पृथ्वी की सबसे मोटी परत कौन सी है?

(A) क्रस्ट

(B) मेंटल
(C) कोर
(D) लिथोस्फीयर
Answer: (B)
Explanation: मेंटल सबसे मोटी परत है।

8. पृथ्वी की सबसे पतली परत कौन सी है?
(A) कोर
(B) मेंटल
(C) क्रस्ट
(D) एस्थेनोस्फीयर
Answer: (C)
Explanation: क्रस्ट सबसे पतली परत है।

9. भूकंपीय तरंगों का उपयोग किसके अध्ययन में किया जाता है?
(A) जल
(B) वायुमंडल
(C) आंतरिक संरचना
(D) सूर्य
Answer: (C)
Explanation: भूकंपीय तरंगें आंतरिक संरचना बताती हैं।

10. S-तरंगें किस माध्यम से नहीं गुजरतीं?
(A) ठोस
(B) तरल
(C) गैस
(D) सभी
Answer: (B)
Explanation: S-तरंगें तरल माध्यम से नहीं गुजरतीं।

11. P-तरंगें किस माध्यम से गुजर सकती हैं?
(A) केवल ठोस
(B) केवल तरल
(C) केवल गैस
(D) सभी माध्यम
Answer: (D)
Explanation: P-तरंगें सभी माध्यमों से गुजरती हैं।

12. कोर को कितने भागों में विभाजित किया गया है?
(A) 1
(B) 2
(C) 3
(D) 4
Answer: (B)
Explanation: आंतरिक और बाहरी कोर।

13. बाहरी कोर की अवस्था क्या है?
(A) ठोस
(B) तरल
(C) गैस
(D) प्लाज्मा
Answer: (B)
Explanation: बाहरी कोर तरल होता है।

14. आंतरिक कोर की अवस्था क्या है?
(A) ठोस
(B) तरल

(C) गैसीय
(D) अर्धद्रव
Answer: (A)
Explanation: आंतरिक कोर ठोस होता है।

15. लिथोस्फीयर किनसे मिलकर बना है?
(A) कोर और मेंटल
(B) क्रस्ट और ऊपरी मेंटल
(C) केवल मेंटल
(D) केवल क्रस्ट
Answer: (B)
Explanation: लिथोस्फीयर में क्रस्ट और ऊपरी मेंटल होते हैं।

16. एस्थेनोस्फीयर किस परत में स्थित है?
(A) क्रस्ट
(B) मेंटल
(C) कोर
(D) वायुमंडल
Answer: (B)
Explanation: यह मेंटल का भाग है।

17. पृथ्वी की आंतरिक संरचना का निर्धारण किस आधार पर किया गया है?
(A) ताप
(B) घनत्व
(C) दबाव
(D) सभी
Answer: (D)
Explanation: सभी कारकों पर आधारित है।

18. पृथ्वी के केंद्र का तापमान कितना होता है?
(A) 1000°C
(B) 3000°C
(C) 5000°C
(D) 6000°C
Answer: (D)
Explanation: लगभग 6000°C।

19. मेंटल में प्रमुख तत्व कौन सा है?
(A) लोहा
(B) सिलिकेट
(C) कार्बन
(D) हाइड्रोजन
Answer: (B)
Explanation: मेंटल में सिलिकेट प्रमुख हैं।

20. क्रस्ट में कौन सा तत्व अधिक पाया जाता है?
(A) लोहा
(B) ऑक्सीजन
(C) निकेल
(D) कार्बन
Answer: (B)
Explanation: ऑक्सीजन अधिक मात्रा में होती है।

21. महाद्वीपीय क्रस्ट की मोटाई लगभग कितनी होती है?
(A) 5 किमी
(B) 10 किमी
(C) 35 किमी
(D) 70 किमी

Answer: (C)
Explanation: औसत मोटाई 35 किमी होती है।

22. महासागरीय क्रस्ट की मोटाई कितनी होती है?
(A) 5-10 किमी
(B) 35 किमी
(C) 50 किमी
(D) 100 किमी
Answer: (A)
Explanation: महासागरीय क्रस्ट पतली होती है।

23. पृथ्वी की आंतरिक संरचना का ज्ञान मुख्यतः किससे प्राप्त होता है?
(A) प्रत्यक्ष अवलोकन
(B) भूकंपीय तरंगें
(C) उपग्रह
(D) जल
Answer: (B)
Explanation: भूकंपीय तरंगों से आंतरिक संरचना का अध्ययन किया जाता है।

24. भूकंपीय तरंगों का सबसे तेज प्रकार कौन सा है?
(A) S-तरंग
(B) L-तरंग
(C) P-तरंग
(D) सतही तरंग
Answer: (C)
Explanation: P-तरंगें सबसे तेज होती हैं।

25. पृथ्वी के कोर का घनत्व कैसा होता है?
(A) कम
(B) मध्यम
(C) अधिक
(D) समान
Answer: (C)
Explanation: कोर सबसे अधिक घनत्व वाला भाग है।

26. मेंटल का प्रमुख भाग किस अवस्था में होता है?
(A) ठोस
(B) तरल
(C) अर्धद्रव
(D) गैसीय
Answer: (C)
Explanation: मेंटल अर्धद्रव अवस्था में होता है।

27. पृथ्वी की आंतरिक संरचना में तापमान किस दिशा में बढ़ता है?
(A) ऊपर से नीचे
(B) नीचे से ऊपर
(C) समान रहता है
(D) बदलता नहीं
Answer: (A)
Explanation: केंद्र की ओर तापमान बढ़ता है।

28. पृथ्वी के केंद्र तक पहुँचने वाली दूरी क्या कहलाती है?
(A) व्यास
(B) त्रिज्या
(C) परिधि

(D) क्षेत्रफल

Answer: (B)

Explanation: केंद्र तक की दूरी त्रिज्या होती है।

29. पृथ्वी की आंतरिक संरचना में सबसे अधिक दाब कहाँ होता है?

(A) क्रस्ट

(B) मेंटल

(C) कोर

(D) वायुमंडल

Answer: (C)

Explanation: कोर में दाब अत्यधिक होता है।

30. पृथ्वी के आंतरिक भाग में तापमान बढ़ने का मुख्य कारण क्या है?

(A) सूर्य

(B) रेडियोधर्मी विघटन

(C) जल

(D) वायु

Answer: (B)

Explanation: रेडियोधर्मी तत्व ऊष्मा उत्पन्न करते हैं।

31. पृथ्वी की परतों का निर्माण किस प्रक्रिया से हुआ?

(A) अपरदन

(B) विभेदन

(C) अपक्षय

(D) निक्षेपण

Answer: (B)

Explanation: भारी और हल्के तत्वों के विभाजन से परतें बनीं।

32. पृथ्वी का कोर किस अवस्था में पाया जाता है?

(A) पूर्ण ठोस

(B) पूर्ण तरल

(C) ठोस और तरल दोनों

(D) गैसीय

Answer: (C)

Explanation: आंतरिक कोर ठोस और बाहरी कोर तरल होता है।

33. पृथ्वी की सबसे गर्म परत कौन सी है?

(A) क्रस्ट

(B) मेंटल

(C) कोर

(D) लिथोस्फीयर

Answer: (C)

Explanation: कोर में तापमान सबसे अधिक होता है।

34. लिथोस्फीयर की मोटाई लगभग कितनी होती है?

(A) 50 किमी

(B) 100 किमी

(C) 200 किमी

(D) 500 किमी

Answer: (B)

Explanation: लिथोस्फीयर लगभग 100 किमी मोटी होती है।

35. एस्थेनोस्फीयर की विशेषता क्या है?

(A) कठोर

(B) लचीला

(C) ठोस

(D) शुष्क
Answer: (B)
Explanation: यह लचीली परत होती है।

36. पृथ्वी की आंतरिक संरचना में कौन सा भाग प्लेटों की गति के लिए उत्तरदायी है?
(A) क्रस्ट
(B) एस्थेनोस्फीयर
(C) कोर
(D) वायुमंडल
Answer: (B)
Explanation: एस्थेनोस्फीयर में प्लेटें गति करती हैं।

37. पृथ्वी के कोर में किस प्रकार की धातुएँ पाई जाती हैं?
(A) हल्की
(B) भारी
(C) मिश्रित
(D) गैसीय
Answer: (B)
Explanation: कोर में भारी धातुएँ होती हैं।

38. पृथ्वी की आंतरिक परतों में कौन सा भाग सबसे अधिक द्रव्यमान रखता है?
(A) क्रस्ट
(B) मेंटल
(C) कोर
(D) वायुमंडल
Answer: (B)
Explanation: मेंटल का द्रव्यमान सबसे अधिक है।

39. पृथ्वी की सतह के नीचे सबसे पहले कौन सी परत आती है?
(A) कोर
(B) मेंटल
(C) क्रस्ट
(D) मैग्मा
Answer: (B)
Explanation: क्रस्ट के नीचे मेंटल होता है।

40. पृथ्वी की आंतरिक संरचना में सबसे स्थिर भाग कौन सा है?
(A) क्रस्ट
(B) मेंटल
(C) कोर
(D) एस्थेनोस्फीयर
Answer: (A)
Explanation: क्रस्ट अपेक्षाकृत स्थिर है।

41. भूकंपीय तरंगों का वेग किसमें सबसे अधिक होता है?
(A) क्रस्ट
(B) मेंटल
(C) कोर
(D) वायुमंडल
Answer: (C)
Explanation: कोर में तरंगों का वेग अधिक होता है।

42. पृथ्वी के कोर का मुख्य कार्य क्या है?
(A) ताप देना
(B) चुंबकीय क्षेत्र बनाना

(C) जल बनाना
(D) वायु बनाना
Answer: (B)
Explanation: बाहरी कोर से चुंबकीय क्षेत्र बनता है।

43. पृथ्वी की आंतरिक संरचना में कौन सा भाग अर्ध-द्रव है?
(A) क्रस्ट
(B) मेंटल
(C) कोर
(D) लिथोस्फीयर
Answer: (B)
Explanation: मेंटल अर्ध-द्रव होता है।

44. पृथ्वी के कोर में तापमान अधिक होने का कारण क्या है?
(A) सूर्य
(B) दबाव
(C) जल
(D) वायु
Answer: (B)
Explanation: अत्यधिक दबाव से ताप बढ़ता है।

45. पृथ्वी की आंतरिक संरचना में सबसे अधिक दबाव कहाँ होता है?
(A) क्रस्ट
(B) मेंटल
(C) कोर
(D) वायुमंडल
Answer: (C)
Explanation: कोर में दबाव अधिकतम होता है।

46. पृथ्वी की सतह से कोर तक की दूरी लगभग कितनी है?
(A) 3000 किमी
(B) 4000 किमी
(C) 6371 किमी
(D) 8000 किमी
Answer: (C)
Explanation: पृथ्वी की त्रिज्या लगभग 6371 किमी है।

47. पृथ्वी की आंतरिक संरचना का अध्ययन किस यंत्र से किया जाता है?
(A) थर्मामीटर
(B) सीस्मोग्राफ
(C) बैरोमीटर
(D) हाइड्रोमीटर
Answer: (B)
Explanation: सीस्मोग्राफ भूकंपीय तरंगों को रिकॉर्ड करता है।

48. पृथ्वी की परतों में कौन सी परत जीवन के लिए उपयुक्त है?
(A) कोर
(B) मेंटल
(C) क्रस्ट
(D) एस्थेनोस्फीयर
Answer: (C)
Explanation: जीवन क्रस्ट पर पाया जाता है।

49. पृथ्वी के आंतरिक भाग में कौन सी प्रक्रिया चलती रहती है?
(A) अपक्षय
(B) प्लेट गति

(C) वर्षा
(D) वाष्पीकरण
Answer: (B)
Explanation: प्लेट विवर्तनिकी आंतरिक प्रक्रिया है।

50. पृथ्वी की आंतरिक परतों में तापमान का वितरण कैसा होता है?
(A) समान
(B) घटता हुआ
(C) बढ़ता हुआ
(D) स्थिर
Answer: (C)
Explanation: केंद्र की ओर ताप बढ़ता है।

51. पृथ्वी की आंतरिक संरचना में कौन सी परत सबसे अधिक घनत्व वाली है?
(A) क्रस्ट
(B) मेंटल
(C) कोर
(D) लिथोस्फीयर
Answer: (C)
Explanation: कोर में सबसे अधिक घनत्व होता है।

52. पृथ्वी की आंतरिक परतों में तापमान किस कारण बढ़ता है?
(A) सूर्य
(B) दबाव और रेडियोधर्मी तत्व
(C) जल
(D) वायु
Answer: (B)
Explanation: दबाव और रेडियोधर्मी विघटन से ताप बढ़ता है।

53. पृथ्वी के कोर में पिघली हुई धातु का प्रवाह किसके निर्माण में सहायक है?
(A) पर्वत
(B) महासागर
(C) चुंबकीय क्षेत्र
(D) वायुमंडल
Answer: (C)
Explanation: बाहरी कोर के प्रवाह से चुंबकीय क्षेत्र बनता है।

54. पृथ्वी की परतों में सबसे कम घनत्व किसका होता है?
(A) कोर
(B) मेंटल
(C) क्रस्ट
(D) मैग्मा
Answer: (C)
Explanation: क्रस्ट सबसे हल्की परत है।

55. पृथ्वी की आंतरिक संरचना का निर्धारण किसके व्यवहार से किया जाता है?
(A) ताप
(B) दाब
(C) भूकंपीय तरंगें
(D) जल
Answer: (C)
Explanation: भूकंपीय तरंगों से जानकारी मिलती है।

56. पृथ्वी के कोर में तापमान

अधिक होने पर भी वह ठोस क्यों रहता है?

(A) कम दाब

(B) अधिक दाब

(C) जल की कमी

(D) वायु की कमी

Answer: (B)

Explanation: अत्यधिक दबाव के कारण ठोस बना रहता है।

57. पृथ्वी के मेंटल में संवहन धाराएँ किसका कारण बनती हैं?

(A) वर्षा

(B) प्लेट विवर्तनिकी

(C) वायु

(D) ज्वार

Answer: (B)

Explanation: संवहन धाराएँ प्लेटों को गति देती हैं।

58. पृथ्वी की आंतरिक संरचना में किस परत में मैग्मा पाया जाता है?

(A) क्रस्ट

(B) मेंटल

(C) कोर

(D) वायुमंडल

Answer: (B)

Explanation: मेंटल में मैग्मा होता है।

59. पृथ्वी के आंतरिक भाग में सबसे अधिक दाब किस दिशा में बढ़ता है?

(A) सतह की ओर

(B) केंद्र की ओर

(C) समान रहता है

(D) घटता है

Answer: (B)

Explanation: केंद्र की ओर दाब बढ़ता है।

60. पृथ्वी के कोर में लोहा और निकेल किस अवस्था में पाए जाते हैं?

(A) केवल ठोस

(B) केवल तरल

(C) दोनों

(D) गैसीय

Answer: (C)

Explanation: बाहरी कोर तरल और आंतरिक कोर ठोस होता है।

61. पृथ्वी की आंतरिक संरचना में कौन सी परत सबसे अधिक तापमान रखती है?

(A) क्रस्ट

(B) मेंटल

(C) कोर

(D) लिथोस्फीयर

Answer: (C)

Explanation: कोर सबसे गर्म होता है।

62. पृथ्वी की परतों में तापमान का अंतर किसका परिणाम है?

(A) सूर्य

(B) आंतरिक ऊष्मा

(C) जल

(D) वायु

Answer: (B)

Explanation: आंतरिक ऊष्मा से तापमान बदलता है।

63. पृथ्वी के आंतरिक भाग में कौन सी परत ठोस और कठोर होती है?

(A) एस्थेनोस्फीयर

(B) लिथोस्फीयर

(C) मेंटल

(D) कोर

Answer: (B)

Explanation: लिथोस्फीयर कठोर परत है।

64. पृथ्वी के कोर में कौन सा तत्व सबसे अधिक होता है?

(A) ऑक्सीजन

(B) सिलिकॉन

(C) लोहा

(D) कार्बन

Answer: (C)

Explanation: कोर में लोहा प्रमुख है।

65. पृथ्वी की आंतरिक संरचना में कौन सी परत तरल अवस्था में होती है?

(A) क्रस्ट

(B) मेंटल

(C) बाहरी कोर

(D) आंतरिक कोर

Answer: (C)

Explanation: बाहरी कोर तरल होता है।

66. पृथ्वी के आंतरिक भाग में तापमान और दाब बढ़ने का मुख्य कारण क्या है?

(A) सूर्य

(B) गहराई

(C) जल

(D) वायु

Answer: (B)

Explanation: गहराई के साथ ताप और दाब बढ़ते हैं।

67. पृथ्वी के मेंटल में किस प्रकार की चट्टानें पाई जाती हैं?

(A) अवसादी

(B) आग्नेय

(C) रूपांतरित

(D) सभी

Answer: (B)

Explanation: मेंटल में मुख्यतः आग्नेय चट्टानें होती हैं।

68. पृथ्वी की आंतरिक संरचना में कौन सी परत प्लेटों की गति के लिए जिम्मेदार है?

(A) क्रस्ट

(B) एस्थेनोस्फीयर

(C) कोर

(D) वायुमंडल

Answer: (B)

Explanation: एस्थेनोस्फीयर में प्लेटें चलती हैं।

69. पृथ्वी के कोर का तापमान इतना अधिक क्यों होता है?

(A) सूर्य

(B) रेडियोधर्मी तत्व

(C) जल
(D) वायु
Answer: (B)
Explanation: रेडियोधर्मी विघटन से ताप बढ़ता है।

70. पृथ्वी की आंतरिक संरचना में कौन सी परत सबसे अधिक मोटी है?
(A) क्रस्ट
(B) मेंटल
(C) कोर
(D) लिथोस्फीयर
Answer: (B)
Explanation: मेंटल सबसे मोटी परत है।

71. पृथ्वी की परतों में कौन सी परत सबसे हल्की है?
(A) क्रस्ट
(B) मेंटल
(C) कोर
(D) मैग्मा
Answer: (A)
Explanation: क्रस्ट सबसे हल्की होती है।

72. पृथ्वी की आंतरिक संरचना में कौन सा भाग सबसे अधिक द्रव्यमान रखता है?
(A) क्रस्ट
(B) मेंटल
(C) कोर
(D) वायुमंडल
Answer: (B)
Explanation: मेंटल का द्रव्यमान सबसे अधिक है।

73. पृथ्वी के आंतरिक भाग में तापमान की वृद्धि दर को क्या कहते हैं?
(A) ताप दर
(B) जियोथर्मल ग्रेडिएंट
(C) दाब दर
(D) ऊर्जा दर
Answer: (B)
Explanation: ताप वृद्धि को जियोथर्मल ग्रेडिएंट कहते हैं।

74. पृथ्वी के कोर में कौन सी ऊर्जा उत्पन्न होती है?
(A) सौर
(B) परमाणु
(C) आंतरिक ऊष्मा
(D) जल
Answer: (C)
Explanation: आंतरिक ऊष्मा उत्पन्न होती है।

75. पृथ्वी की आंतरिक संरचना में किस परत में सबसे अधिक दाब होता है?
(A) क्रस्ट
(B) मेंटल
(C) कोर
(D) वायुमंडल
Answer: (C)
Explanation: कोर में अधिकतम दाब होता है।

76. पृथ्वी के मेंटल में कौन सी

प्रक्रिया चलती रहती है?

(A) वर्षा

(B) संवहन

(C) वाष्पीकरण

(D) संघनन

Answer: (B)

Explanation: मेंटल में संवहन धाराएँ चलती हैं।

77. पृथ्वी की आंतरिक संरचना में कौन सा भाग सबसे कम तापमान वाला है?

(A) क्रस्ट

(B) मेंटल

(C) कोर

(D) मैग्मा

Answer: (A)

Explanation: क्रस्ट सबसे ठंडी परत है।

78. पृथ्वी के कोर में कौन सा गुण पाया जाता है?

(A) कम घनत्व

(B) उच्च ताप

(C) कम दाब

(D) ठंडा

Answer: (B)

Explanation: कोर में उच्च ताप होता है।

79. पृथ्वी की परतों का विभाजन किसके आधार पर किया गया है?

(A) रंग

(B) आकार

(C) घनत्व

(D) आकार

Answer: (C)

Explanation: घनत्व के आधार पर विभाजन है।

80. पृथ्वी के आंतरिक भाग में कौन सा तत्व सबसे भारी है?

(A) ऑक्सीजन

(B) सिलिकॉन

(C) लोहा

(D) कार्बन

Answer: (C)

Explanation: लोहा भारी तत्व है।

81. पृथ्वी के कोर में चुंबकीय क्षेत्र किस कारण बनता है?

(A) जल

(B) वायु

(C) धातु प्रवाह

(D) प्रकाश

Answer: (C)

Explanation: धातु प्रवाह से चुंबकीय क्षेत्र बनता है।

82. पृथ्वी की आंतरिक संरचना में कौन सी परत लचीली होती है?

(A) क्रस्ट

(B) एस्थेनोस्फीयर

(C) कोर

(D) वायुमंडल

Answer: (B)

Explanation: एस्थेनोस्फीयर लचीली होती है।

83. पृथ्वी के कोर का मुख्य कार्य क्या है?

(A) जल बनाना
(B) चुंबकीय क्षेत्र बनाना
(C) वायु बनाना
(D) प्रकाश देना
Answer: (B)
Explanation: चुंबकीय क्षेत्र का निर्माण होता है।

84. पृथ्वी के आंतरिक भाग में तापमान क्यों बढ़ता है?
(A) सूर्य
(B) दबाव
(C) जल
(D) वायु
Answer: (B)
Explanation: दबाव से ताप बढ़ता है।

85. पृथ्वी के मेंटल में किस प्रकार की गति होती है?
(A) स्थिर
(B) संवहन
(C) घूर्णन
(D) परिक्रमण
Answer: (B)
Explanation: संवहन धाराएँ चलती हैं।

86. पृथ्वी की आंतरिक संरचना में सबसे अधिक ऊर्जा कहाँ होती है?
(A) क्रस्ट
(B) मेंटल
(C) कोर
(D) वायुमंडल
Answer: (C)
Explanation: कोर में अधिक ऊर्जा होती है।

87. पृथ्वी के कोर में दबाव का स्तर कैसा होता है?
(A) कम
(B) मध्यम
(C) अत्यधिक
(D) शून्य
Answer: (C)
Explanation: अत्यधिक दबाव होता है।

88. पृथ्वी की आंतरिक संरचना में कौन सा भाग कठोर होता है?
(A) एस्थेनोस्फीयर
(B) लिथोस्फीयर
(C) मेंटल
(D) कोर
Answer: (B)
Explanation: लिथोस्फीयर कठोर है।

89. पृथ्वी की आंतरिक संरचना में कौन सा भाग सबसे अधिक गतिशील है?
(A) क्रस्ट
(B) मेंटल
(C) कोर
(D) वायुमंडल
Answer: (B)
Explanation: मेंटल में गति होती है।

90. पृथ्वी के आंतरिक भाग में कौन सी ऊर्जा संरक्षित रहती है?
(A) सौर

(B) आंतरिक ऊष्मा
(C) जल
(D) वायु
Answer: (B)
Explanation: आंतरिक ऊष्मा संरक्षित रहती है।

91. पृथ्वी के कोर में कौन सा तत्व चुंबकीय गुण देता है?
(A) ऑक्सीजन
(B) सिलिकॉन
(C) लोहा
(D) कार्बन
Answer: (C)
Explanation: लोहा चुंबकीय गुण देता है।

92. पृथ्वी की आंतरिक संरचना में कौन सी परत स्थिर है?
(A) एस्थेनोस्फीयर
(B) मेंटल
(C) क्रस्ट
(D) कोर
Answer: (C)
Explanation: क्रस्ट स्थिर है।

93. पृथ्वी की आंतरिक संरचना में कौन सा भाग प्लेटों को सहारा देता है?
(A) कोर
(B) एस्थेनोस्फीयर
(C) वायुमंडल
(D) जलमंडल
Answer: (B)
Explanation: एस्थेनोस्फीयर प्लेटों को सहारा देता है।

94. पृथ्वी की आंतरिक संरचना में कौन सा भाग सबसे अधिक दबाव झेलता है?
(A) क्रस्ट
(B) मेंटल
(C) कोर
(D) लिथोस्फीयर
Answer: (C)
Explanation: कोर सबसे अधिक दबाव में होता है।

95. पृथ्वी की आंतरिक संरचना में कौन सी परत सबसे ठंडी है?
(A) क्रस्ट
(B) मेंटल
(C) कोर
(D) मैग्मा
Answer: (A)
Explanation: क्रस्ट सबसे ठंडी होती है।

96. पृथ्वी की आंतरिक संरचना में तापमान किसके साथ बढ़ता है?
(A) ऊँचाई
(B) गहराई
(C) दूरी
(D) क्षेत्र
Answer: (B)
Explanation: गहराई के साथ ताप बढ़ता है।

97. पृथ्वी के कोर में कौन सा गुण सबसे प्रमुख है?
(A) हल्कापन

(B) ठंडक
(C) घनत्व
(D) नमी
Answer: (C)
Explanation: कोर का घनत्व अधिक होता है।

98. पृथ्वी की आंतरिक संरचना में कौन सा भाग सबसे अधिक कठोर है?
(A) एस्थेनोस्फीयर
(B) मेंटल
(C) लिथोस्फीयर
(D) कोर
Answer: (C)
Explanation: लिथोस्फीयर कठोर होता है।

99. पृथ्वी की आंतरिक संरचना में कौन सी परत गतिशील प्लेटों का आधार है?
(A) क्रस्ट
(B) एस्थेनोस्फीयर
(C) कोर
(D) वायुमंडल
Answer: (B)
Explanation: प्लेटें एस्थेनोस्फीयर पर चलती हैं।

100. पृथ्वी की आंतरिक संरचना का अध्ययन क्यों महत्वपूर्ण है?
(A) जल के लिए
(B) भूकंप समझने के लिए
(C) वायु के लिए
(D) प्रकाश के लिए
Answer: (B)
Explanation: इससे भूकंप और आंतरिक प्रक्रियाओं को समझा जाता है।

Chapter 3: चट्टानें एवं खनिज

1. चट्टान किसे कहा जाता है?
(A) केवल धातु
(B) खनिजों का समूह
(C) जल का रूप
(D) गैस का रूप
Answer: (B)
Explanation: चट्टानें विभिन्न खनिजों के समूह से बनती हैं।

2. चट्टानों को मुख्यतः कितने प्रकारों में विभाजित किया जाता है?
(A) 2
(B) 3
(C) 4
(D) 5
Answer: (B)
Explanation: आग्नेय, अवसादी और रूपांतरित तीन प्रकार होते हैं।

3. आग्नेय चट्टानें किससे बनती हैं?
(A) जल
(B) लावा या मैग्मा
(C) वायु
(D) धूल
Answer: (B)
Explanation: मैग्मा के ठंडा होने से

आग्नेय चट्टान बनती हैं।

4. अवसादी चट्टानें कैसे बनती हैं?

(A) ठंडा होने से

(B) जमाव से

(C) दबाव से

(D) पिघलने से

Answer: (B)

Explanation: अवसादों के जमाव से बनती हैं।

5. रूपांतरित चट्टानें कैसे बनती हैं?

(A) जमाव से

(B) ताप और दबाव से

(C) जल से

(D) हवा से

Answer: (B)

Explanation: ताप और दबाव से परिवर्तन होता है।

6. ग्रेनाइट किस प्रकार की चट्टान है?

(A) अवसादी

(B) आग्नेय

(C) रूपांतरित

(D) मिश्रित

Answer: (B)

Explanation: ग्रेनाइट एक आग्नेय चट्टान है।

7. बलुआ पत्थर किस प्रकार की चट्टान है?

(A) आग्नेय

(B) अवसादी

(C) रूपांतरित

(D) धात्विक

Answer: (B)

Explanation: यह अवसादी चट्टान है।

8. संगमरमर किस प्रकार की चट्टान है?

(A) आग्नेय

(B) अवसादी

(C) रूपांतरित

(D) गैसीय

Answer: (C)

Explanation: संगमरमर रूपांतरित चट्टान है।

9. पृथ्वी की सबसे प्राचीन चट्टान कौन सी है?

(A) अवसादी

(B) आग्नेय

(C) रूपांतरित

(D) धात्विक

Answer: (B)

Explanation: आग्नेय चट्टानें सबसे पुरानी होती हैं।

10. लावा के ठंडा होने से कौन सी चट्टान बनती है?

(A) अवसादी

(B) आग्नेय

(C) रूपांतरित

(D) धात्विक

Answer: (B)

Explanation: लावा ठंडा होकर आग्नेय चट्टान बनाता है।

11. कोयला किस प्रकार की चट्टान

है?

(A) आग्नेय

(B) अवसादी

(C) रूपांतरित

(D) धात्विक

Answer: (B)

Explanation: कोयला जैविक अवसादी चट्टान है।

12. चूना पत्थर किस प्रकार की चट्टान है?

(A) आग्नेय

(B) अवसादी

(C) रूपांतरित

(D) धात्विक

Answer: (B)

Explanation: यह अवसादी चट्टान है।

13. बेसाल्ट किस प्रकार की चट्टान है?

(A) आग्नेय

(B) अवसादी

(C) रूपांतरित

(D) मिश्रित

Answer: (A)

Explanation: बेसाल्ट ज्वालामुखीय आग्नेय चट्टान है।

14. खनिज किसे कहते हैं?

(A) जीव

(B) प्राकृतिक अकार्बनिक पदार्थ

(C) जल

(D) वायु

Answer: (B)

Explanation: खनिज प्राकृतिक अकार्बनिक पदार्थ होते हैं।

15. खनिजों की पहचान किससे होती है?

(A) रंग

(B) कठोरता

(C) चमक

(D) सभी

Answer: (D)

Explanation: सभी गुण पहचान में सहायक हैं।

16. हीरा किस खनिज का रूप है?

(A) सिलिकॉन

(B) कार्बन

(C) लोहा

(D) तांबा

Answer: (B)

Explanation: हीरा कार्बन का शुद्ध रूप है।

17. सबसे कठोर खनिज कौन सा है?

(A) सोना

(B) चांदी

(C) हीरा

(D) लोहा

Answer: (C)

Explanation: हीरा सबसे कठोर खनिज है।

18. खनिजों का उपयोग किसमें होता है?

(A) उद्योग

(B) निर्माण

(C) ऊर्जा
(D) सभी
Answer: (D)
Explanation: खनिज सभी क्षेत्रों में उपयोगी हैं।

19. रूपांतरित चट्टानों का उदाहरण कौन सा है?
(A) ग्रेनाइट
(B) संगमरमर
(C) बलुआ पत्थर
(D) कोयला
Answer: (B)
Explanation: संगमरमर रूपांतरित चट्टान है।

20. चट्टानों का अध्ययन किस विज्ञान में होता है?
(A) जीवविज्ञान
(B) भूविज्ञान
(C) रसायन
(D) भौतिकी
Answer: (B)
Explanation: भूविज्ञान में चट्टानों का अध्ययन होता है।

21. आग्नेय चट्टानें कितने प्रकार की होती हैं?
(A) 1
(B) 2
(C) 3
(D) 4
Answer: (B)
Explanation: अंतर्वेधी और बहिर्वेधी दो प्रकार।

22. अंतर्वेधी चट्टानें कहाँ बनती हैं?
(A) सतह पर
(B) अंदर
(C) जल में
(D) वायु में
Answer: (B)
Explanation: ये पृथ्वी के अंदर बनती हैं।

23. बहिर्वेधी चट्टानें कहाँ बनती हैं?
(A) अंदर
(B) सतह पर
(C) कोर में
(D) मेंटल में
Answer: (B)
Explanation: सतह पर बनती हैं।

24. खनिजों का मुख्य स्रोत क्या है?
(A) जल
(B) चट्टानें
(C) वायु
(D) जीव
Answer: (B)
Explanation: खनिज चट्टानों में पाए जाते हैं।

25. रूपांतरण प्रक्रिया को क्या कहते हैं?
(A) अपरदन
(B) कायांतरण
(C) अपक्षय
(D) निक्षेपण
Answer: (B)

Explanation: कायांतरण से चट्टान बदलती है।

26. शेल किस प्रकार की चट्टान है?
(A) आग्नेय
(B) अवसादी
(C) रूपांतरित
(D) धात्विक
Answer: (B)
Explanation: शेल महीन कणों से बनी अवसादी चट्टान है।

27. स्लेट किस प्रकार की चट्टान है?
(A) आग्नेय
(B) अवसादी
(C) रूपांतरित
(D) गैसीय
Answer: (C)
Explanation: स्लेट कायांतरित शेल से बनती है।

28. ग्राइस किस प्रकार की चट्टान है?
(A) आग्नेय
(B) अवसादी
(C) रूपांतरित
(D) मिश्रित
Answer: (C)
Explanation: ग्राइस उच्च श्रेणी की कायांतरित चट्टान है।

29. मैग्मा के पृथ्वी की सतह के नीचे ठंडा होने से कौन सी चट्टान बनती है?
(A) बहिर्वेधी
(B) अंतर्वेधी
(C) अवसादी
(D) रूपांतरित
Answer: (B)
Explanation: अंदर ठंडा होने पर अंतर्वेधी आग्नेय चट्टान बनती है।

30. जीवाश्म सामान्यतः किस चट्टान में पाए जाते हैं?
(A) आग्नेय
(B) अवसादी
(C) रूपांतरित
(D) धात्विक
Answer: (B)
Explanation: जीवाश्म अवसादी चट्टानों में सुरक्षित रहते हैं।

31. कोयला बनने की प्रक्रिया को क्या कहते हैं?
(A) अपक्षय
(B) कार्बनीकरण
(C) अपरदन
(D) निक्षेपण
Answer: (B)
Explanation: वनस्पति के कार्बनीकरण से कोयला बनता है।

32. खनिज की कठोरता मापने का पैमाना क्या है?
(A) रिच्टर
(B) मोह्स
(C) सेल्सियस
(D) फारेनहाइट
Answer: (B)
Explanation: मोह्स पैमाना

कठोरता मापता है।

33. बेसाल्ट किस प्रकार की आग्नेय चट्टान है?

(A) अंतर्वेधी

(B) बहिर्वेधी

(C) अवसादी

(D) रूपांतरित

Answer: (B)

Explanation: बेसाल्ट लावा के ठंडा होने से सतह पर बनता है।

34. ग्रेनाइट किस प्रकार की आग्नेय चट्टान है?

(A) बहिर्वेधी

(B) अंतर्वेधी

(C) अवसादी

(D) रूपांतरित

Answer: (B)

Explanation: ग्रेनाइट अंदर ठंडा होकर बनता है।

35. क्वार्ट्ज किस प्रकार का खनिज है?

(A) धात्विक

(B) अधात्विक

(C) जैविक

(D) मिश्रित

Answer: (B)

Explanation: क्वार्ट्ज अधात्विक खनिज है।

36. लौह अयस्क किस श्रेणी में आता है?

(A) अधात्विक

(B) धात्विक

(C) जैविक

(D) मिश्रित

Answer: (B)

Explanation: लौह अयस्क धात्विक खनिज है।

37. खनिजों की उत्पत्ति मुख्यतः किस प्रक्रिया से होती है?

(A) अपक्षय

(B) क्रिस्टलीकरण

(C) अपरदन

(D) निक्षेपण

Answer: (B)

Explanation: क्रिस्टलीकरण से खनिज बनते हैं।

38. चट्टानों के टूटने की प्रक्रिया को क्या कहते हैं?

(A) अपरदन

(B) अपक्षय

(C) निक्षेपण

(D) कायांतरण

Answer: (B)

Explanation: अपक्षय से चट्टानें टूटती हैं।

39. अपरदन का मुख्य कारण क्या है?

(A) सूर्य

(B) जल और वायु

(C) चट्टान

(D) धातु

Answer: (B)

Explanation: जल और वायु चट्टानों को घिसते हैं।

40. निक्षेपण प्रक्रिया में क्या होता है?
(A) टूटना
(B) घिसना
(C) जमना
(D) पिघलना
Answer: (C)
Explanation: अवसाद जमा होते हैं।

41. संगमरमर किससे बनता है?
(A) ग्रेनाइट
(B) चूना पत्थर
(C) बेसाल्ट
(D) शेल
Answer: (B)
Explanation: चूना पत्थर के कायांतरण से बनता है।

42. शेल का कायांतरण किसमें होता है?
(A) ग्रेनाइट
(B) स्लेट
(C) बेसाल्ट
(D) संगमरमर
Answer: (B)
Explanation: शेल से स्लेट बनती है।

43. चट्टानों का चक्र किसे कहते हैं?
(A) जल चक्र
(B) चट्टानों का परिवर्तन
(C) वायु चक्र
(D) ताप चक्र
Answer: (B)
Explanation: चट्टानें एक प्रकार से दूसरे में बदलती हैं।

44. खनिजों का रंग किस कारण बदलता है?
(A) ताप
(B) रासायनिक संरचना
(C) जल
(D) वायु
Answer: (B)
Explanation: संरचना से रंग प्रभावित होता है।

45. खनिजों की चमक को क्या कहते हैं?
(A) रंग
(B) कठोरता
(C) लस्टर
(D) घनत्व
Answer: (C)
Explanation: चमक को लस्टर कहते हैं।

46. अवसादी चट्टानों में परतें क्यों होती हैं?
(A) ताप
(B) दबाव
(C) जमाव
(D) वायु
Answer: (C)
Explanation: परतों में अवसाद जमते हैं।

47. चट्टानों का रूपांतरण किससे होता है?
(A) जल
(B) ताप और दबाव

(C) वायु
(D) प्रकाश
Answer: (B)
Explanation: ताप और दबाव से कायांतरण होता है।

48. खनिजों का उपयोग किस क्षेत्र में नहीं होता?
(A) उद्योग
(B) निर्माण
(C) ऊर्जा
(D) केवल शिक्षा
Answer: (D)
Explanation: खनिज अनेक क्षेत्रों में उपयोगी हैं।

49. पृथ्वी की सतह पर सबसे अधिक कौन सी चट्टान पाई जाती है?
(A) आग्नेय
(B) अवसादी
(C) रूपांतरित
(D) धात्विक
Answer: (B)
Explanation: सतह पर अवसादी चट्टानें अधिक हैं।

50. चट्टानों का अध्ययन क्या कहलाता है?
(A) जीवविज्ञान
(B) पेट्रोलॉजी
(C) रसायन
(D) भौतिकी
Answer: (B)
Explanation: पेट्रोलॉजी में चट्टानों का अध्ययन होता है।

51. खनिजों की पहचान का एक प्रमुख गुण क्या है?
(A) ताप
(B) रंग
(C) वायु
(D) जल
Answer: (B)
Explanation: रंग पहचान में सहायक होता है।

52. आग्नेय चट्टानें सामान्यतः कैसी होती हैं?
(A) परतदार
(B) बिना परत
(C) मुलायम
(D) जैविक
Answer: (B)
Explanation: इनमें परतें नहीं होतीं।

53. अवसादी चट्टानें किस कारण मुलायम होती हैं?
(A) ताप
(B) जमाव
(C) ढीले कण
(D) वायु
Answer: (C)
Explanation: ढीले कणों से बनी होती हैं।

54. रूपांतरित चट्टानें सामान्यतः कैसी होती हैं?
(A) मुलायम
(B) कठोर

(C) तरल
(D) गैसीय
Answer: (B)
Explanation: ताप और दबाव से कठोर होती हैं।

55. खनिजों का घनत्व किससे प्रभावित होता है?
(A) ताप
(B) संरचना
(C) जल
(D) वायु
Answer: (B)
Explanation: संरचना से घनत्व बदलता है।

56. लौह अयस्क से क्या बनाया जाता है?
(A) प्लास्टिक
(B) स्टील
(C) कागज
(D) लकड़ी
Answer: (B)
Explanation: लौह से स्टील बनता है।

57. चट्टानों के टूटने से क्या बनता है?
(A) जल
(B) मृदा
(C) वायु
(D) प्रकाश
Answer: (B)
Explanation: चट्टानों से मृदा बनती है।

58. खनिजों की कठोरता का सबसे कम स्तर कौन सा है?
(A) 1
(B) 5
(C) 10
(D) 0
Answer: (A)
Explanation: मोह्स पैमाने में 1 सबसे कम है।

59. सबसे अधिक कठोर खनिज का स्तर क्या है?
(A) 5
(B) 7
(C) 10
(D) 15
Answer: (C)
Explanation: हीरा 10 स्तर पर होता है।

60. खनिजों की रेखा को क्या कहते हैं?
(A) रंग
(B) स्ट्रीक
(C) चमक
(D) कठोरता
Answer: (B)
Explanation: स्ट्रीक खनिज की रेखा होती है।

61. खनिजों की चमक किससे संबंधित है?
(A) घनत्व
(B) सतह
(C) ताप
(D) दबाव

Answer: (B)

Explanation: सतह से प्रकाश परावर्तन होता है।

62. चट्टानों के चक्र में पहला चरण क्या है?

(A) कायांतरण

(B) ठंडा होना

(C) अपक्षय

(D) जमाव

Answer: (B)

Explanation: मैग्मा के ठंडा होने से शुरू होता है।

63. अवसादी चट्टानों में जीवाश्म क्यों सुरक्षित रहते हैं?

(A) ताप कम

(B) दबाव कम

(C) जमाव

(D) वायु

Answer: (C)

Explanation: परतों में दबकर सुरक्षित रहते हैं।

64. संगमरमर का उपयोग किसमें होता है?

(A) ईंधन

(B) निर्माण

(C) जल

(D) वायु

Answer: (B)

Explanation: भवन निर्माण में उपयोग होता है।

65. बेसाल्ट का उपयोग कहाँ होता है?

(A) सड़क निर्माण

(B) भोजन

(C) जल

(D) वायु

Answer: (A)

Explanation: सड़क बनाने में उपयोग होता है।

66. खनिजों का मुख्य स्रोत क्या है?

(A) जल

(B) चट्टान

(C) वायु

(D) जीव

Answer: (B)

Explanation: खनिज चट्टानों से मिलते हैं।

67. रूपांतरित चट्टानें किस कारण बनती हैं?

(A) जल

(B) ताप और दबाव

(C) वायु

(D) प्रकाश

Answer: (B)

Explanation: ताप और दबाव से परिवर्तन होता है।

68. ग्रेनाइट में कौन से तत्व पाए जाते हैं?

(A) सिलिका

(B) फेल्डस्पार

(C) क्वार्ट्ज

(D) सभी

Answer: (D)

Explanation: सभी तत्व होते हैं।

69. चट्टानों के अध्ययन का महत्व क्या है?

(A) जल

(B) संसाधन

(C) वायु

(D) प्रकाश

Answer: (B)

Explanation: संसाधनों की जानकारी मिलती है।

70. चट्टानों का चक्र किसे दर्शाता है?

(A) जल

(B) परिवर्तन

(C) वायु

(D) ताप

Answer: (B)

Explanation: चट्टानों के परिवर्तन को दर्शाता है।

71. खनिजों का उपयोग किस उद्योग में होता है?

(A) धातु

(B) ऊर्जा

(C) निर्माण

(D) सभी

Answer: (D)

Explanation: सभी उद्योगों में उपयोग होता है।

72. चट्टानों का निर्माण किससे जुड़ा है?

(A) पृथ्वी

(B) सूर्य

(C) चंद्रमा

(D) वायु

Answer: (A)

Explanation: पृथ्वी की प्रक्रियाओं से बनती हैं।

73. चट्टानों का अपक्षय किससे होता है?

(A) जल

(B) वायु

(C) ताप

(D) सभी

Answer: (D)

Explanation: सभी कारक प्रभाव डालते हैं।

74. चट्टानों के टूटने की गति किस पर निर्भर करती है?

(A) ताप

(B) जल

(C) संरचना

(D) सभी

Answer: (D)

Explanation: सभी कारक प्रभाव डालते हैं।

75. चट्टानों के चक्र में अंतिम चरण क्या है?

(A) अपक्षय

(B) कायांतरण

(C) जमाव

(D) ठंडा होना

Answer: (B)

Explanation: अंत में कायांतरण होता है।

76. खनिजों की संरचना किससे बनी होती है?

(A) तत्व

(B) जल

(C) वायु

(D) प्रकाश

Answer: (A)

Explanation: तत्वों से बनी होती है।

77. चट्टानों के प्रकार का निर्धारण किससे होता है?

(A) रंग

(B) संरचना

(C) उत्पत्ति

(D) सभी

Answer: (D)

Explanation: सभी आधार होते हैं।

78. चट्टानों का उपयोग किसमें होता है?

(A) निर्माण

(B) ऊर्जा

(C) उद्योग

(D) सभी

Answer: (D)

Explanation: सभी क्षेत्रों में उपयोग है।

79. खनिजों की पहचान में कौन सा गुण महत्वपूर्ण है?

(A) ताप

(B) रंग

(C) वायु

(D) जल

Answer: (B)

Explanation: रंग पहचान में सहायक है।

80. चट्टानों का निर्माण किससे जुड़ा है?

(A) पृथ्वी की आंतरिक प्रक्रिया

(B) वायु

(C) जल

(D) प्रकाश

Answer: (A)

Explanation: आंतरिक प्रक्रियाएँ जिम्मेदार हैं।

81. चट्टानों का अपक्षय किस प्रकार होता है?

(A) भौतिक

(B) रासायनिक

(C) जैविक

(D) सभी

Answer: (D)

Explanation: सभी प्रकार के अपक्षय होते हैं।

82. खनिजों का उपयोग ऊर्जा उत्पादन में कैसे होता है?

(A) कोयला

(B) पेट्रोलियम

(C) गैस

(D) सभी

Answer: (D)

Explanation: सभी ऊर्जा स्रोत हैं।

83. चट्टानों का अध्ययन क्यों आवश्यक है?

(A) जल

(B) संसाधन

(C) वायु
(D) प्रकाश
Answer: (B)
Explanation: संसाधनों की जानकारी मिलती है।

84. खनिजों का निर्माण किससे जुड़ा है?
(A) पृथ्वी की प्रक्रियाएँ
(B) सूर्य
(C) वायु
(D) जल
Answer: (A)
Explanation: भू-वैज्ञानिक प्रक्रियाएँ जिम्मेदार हैं।

85. चट्टानों के चक्र का मुख्य उद्देश्य क्या है?
(A) जल
(B) परिवर्तन
(C) वायु
(D) ताप
Answer: (B)
Explanation: परिवर्तन दर्शाता है।

86. खनिजों का उपयोग कहाँ नहीं होता?
(A) उद्योग
(B) निर्माण
(C) ऊर्जा
(D) केवल खेल
Answer: (D)
Explanation: खनिज व्यापक उपयोग में हैं।

87. चट्टानों का निर्माण किन प्रक्रियाओं से होता है?
(A) अपक्षय
(B) जमाव
(C) कायांतरण
(D) सभी
Answer: (D)
Explanation: सभी प्रक्रियाएँ शामिल हैं।

88. खनिजों की संरचना किससे निर्धारित होती है?
(A) ताप
(B) तत्व
(C) जल
(D) वायु
Answer: (B)
Explanation: तत्वों से संरचना बनती है।

89. चट्टानों का महत्व किसमें है?
(A) संसाधन
(B) निर्माण
(C) ऊर्जा
(D) सभी
Answer: (D)
Explanation: सभी क्षेत्रों में महत्व है।

90. खनिजों का उपयोग किसमें नहीं होता?
(A) उद्योग
(B) ऊर्जा
(C) निर्माण
(D) केवल वायु
Answer: (D)
Explanation: वायु में उपयोग नहीं।

91. चट्टानों के चक्र में कौन सी प्रक्रिया सबसे महत्वपूर्ण है?

(A) अपक्षय

(B) जमाव

(C) कायांतरण

(D) सभी

Answer: (D)

Explanation: सभी प्रक्रियाएँ आवश्यक हैं।

92. खनिजों का निर्माण किस वातावरण में होता है?

(A) पृथ्वी

(B) जल

(C) वायु

(D) सूर्य

Answer: (A)

Explanation: पृथ्वी के भीतर होता है।

93. चट्टानों का उपयोग किस क्षेत्र में नहीं होता?

(A) निर्माण

(B) उद्योग

(C) ऊर्जा

(D) केवल खेल

Answer: (D)

Explanation: चट्टानें सभी क्षेत्रों में उपयोगी हैं।

94. खनिजों का महत्व क्या है?

(A) संसाधन

(B) उद्योग

(C) ऊर्जा

(D) सभी

Answer: (D)

Explanation: सभी क्षेत्रों में उपयोगी हैं।

95. चट्टानों का निर्माण किस प्रक्रिया से जुड़ा है?

(A) पृथ्वी की प्रक्रिया

(B) वायु

(C) जल

(D) प्रकाश

Answer: (A)

Explanation: भू-प्रक्रियाएँ जिम्मेदार हैं।

96. खनिजों की पहचान किससे की जाती है?

(A) रंग

(B) कठोरता

(C) चमक

(D) सभी

Answer: (D)

Explanation: सभी गुण महत्वपूर्ण हैं।

97. चट्टानों का चक्र क्या दर्शाता है?

(A) जल

(B) परिवर्तन

(C) वायु

(D) ताप

Answer: (B)

Explanation: चट्टानों का परिवर्तन।

98. खनिजों का उपयोग किस क्षेत्र में अधिक होता है?

(A) उद्योग

(B) निर्माण
(C) ऊर्जा
(D) सभी
Answer: (D)
Explanation: सभी क्षेत्रों में उपयोग है।

99. चट्टानों का महत्व किस कारण है?
(A) संसाधन
(B) निर्माण
(C) ऊर्जा
(D) सभी
Answer: (D)
Explanation: सभी कारण महत्वपूर्ण हैं।

100. चट्टानें और खनिज किसके लिए आवश्यक हैं?
(A) जीवन
(B) उद्योग
(C) विकास
(D) सभी
Answer: (D)
Explanation: सभी क्षेत्रों में इनका महत्व है।

Chapter 4: प्लेट विवर्तनिकी सिद्धांत

1. प्लेट विवर्तनिकी सिद्धांत किससे संबंधित है?
(A) वायुमंडल
(B) पृथ्वी की सतह की प्लेटों की गति
(C) जल चक्र
(D) सूर्य
Answer: (B)
Explanation: यह पृथ्वी की स्थलमंडलीय प्लेटों की गति को समझाता है।

2. प्लेट विवर्तनिकी सिद्धांत का संबंध किस मंडल से है?
(A) वायुमंडल
(B) जलमंडल
(C) स्थलमंडल
(D) जीवमंडल
Answer: (C)
Explanation: स्थलमंडल प्लेटों में विभाजित है।

3. स्थलमंडल कितनी प्लेटों में विभाजित है?
(A) 3
(B) 5
(C) 7 प्रमुख प्लेटें
(D) 10
Answer: (C)
Explanation: 7 प्रमुख प्लेटें मानी जाती हैं।

4. प्लेटों की गति किसके कारण होती है?
(A) वायु
(B) जल
(C) मेंटल की संवहन धाराएँ
(D) सूर्य
Answer: (C)
Explanation: मेंटल में संवहन धाराएँ प्लेटों को चलाती हैं।

5. प्लेट विवर्तनिकी सिद्धांत किसने दिया?

(A) न्यूटन

(B) वेगनर

(C) हैरी हैस

(D) डार्विन

Answer: (C)

Explanation: आधुनिक सिद्धांत हैरी हैस से जुड़ा है।

6. महाद्वीपीय प्रवाह सिद्धांत किसने दिया?

(A) हैरी हैस

(B) वेगनर

(C) न्यूटन

(D) कोपरनिकस

Answer: (B)

Explanation: वेगनर ने यह सिद्धांत दिया।

7. प्लेटों के मिलने की सीमा को क्या कहते हैं?

(A) अपसारी सीमा

(B) अभिसारी सीमा

(C) रूपांतर सीमा

(D) स्थिर सीमा

Answer: (B)

Explanation: अभिसारी सीमा पर प्लेटें टकराती हैं।

8. प्लेटों के अलग होने की सीमा क्या कहलाती है?

(A) अभिसारी

(B) अपसारी

(C) रूपांतर

(D) स्थिर

Answer: (B)

Explanation: अपसारी सीमा पर प्लेटें अलग होती हैं।

9. रूपांतर सीमा पर क्या होता है?

(A) टकराव

(B) अलगाव

(C) सरकना

(D) स्थिरता

Answer: (C)

Explanation: प्लेटें एक-दूसरे के पास से सरकती हैं।

10. महासागरीय प्लेटें सामान्यतः कैसी होती हैं?

(A) हल्की

(B) भारी

(C) गैसीय

(D) तरल

Answer: (B)

Explanation: महासागरीय प्लेटें भारी होती हैं।

11. महाद्वीपीय प्लेटें कैसी होती हैं?

(A) भारी

(B) हल्की

(C) तरल

(D) गैसीय

Answer: (B)

Explanation: महाद्वीपीय प्लेटें हल्की होती हैं।

12. प्लेटों के टकराने से क्या बनता है?

(A) महासागर
(B) पर्वत
(C) मैदान
(D) टिब्बे
Answer: (B)
Explanation: पर्वतों का निर्माण होता है।

13. हिमालय का निर्माण किससे हुआ?
(A) ज्वालामुखी
(B) प्लेट टकराव
(C) अपरदन
(D) निक्षेपण
Answer: (B)
Explanation: भारतीय और यूरेशियन प्लेट के टकराव से बना।

14. समुद्र तल प्रसार सिद्धांत किससे संबंधित है?
(A) वायु
(B) जल
(C) महासागर तल का फैलाव
(D) पर्वत
Answer: (C)
Explanation: महासागर तल फैलता है।

15. मध्य महासागरीय रिज कहाँ बनते हैं?
(A) अभिसारी सीमा
(B) अपसारी सीमा
(C) रूपांतर सीमा
(D) स्थिर क्षेत्र
Answer: (B)
Explanation: प्लेटों के अलग होने पर बनते हैं।

16. सबडक्शन क्या है?
(A) ऊपर उठना
(B) नीचे धँसना
(C) सरकना
(D) टूटना
Answer: (B)
Explanation: एक प्लेट दूसरी के नीचे जाती है।

17. भूकंप अधिकतर कहाँ आते हैं?
(A) प्लेटों के बीच
(B) महासागर में
(C) मैदान में
(D) जंगल में
Answer: (A)
Explanation: प्लेट सीमाओं पर भूकंप आते हैं।

18. ज्वालामुखी अधिकतर कहाँ पाए जाते हैं?
(A) स्थिर क्षेत्र
(B) प्लेट सीमाएँ
(C) मैदान
(D) रेगिस्तान
Answer: (B)
Explanation: प्लेट सीमाओं पर अधिक होते हैं।

19. रिंग ऑफ फायर किससे संबंधित है?
(A) पर्वत
(B) ज्वालामुखी क्षेत्र

(C) नदी
(D) मैदान
Answer: (B)
Explanation: यह ज्वालामुखीय क्षेत्र है।

20. प्लेटों की गति की दर कितनी होती है?
(A) मीटर प्रति वर्ष
(B) सेंटीमीटर प्रति वर्ष
(C) किलोमीटर प्रति वर्ष
(D) स्थिर
Answer: (B)
Explanation: कुछ सेंटीमीटर प्रति वर्ष।

21. प्लेट विवर्तनिकी सिद्धांत किसका समर्थन करता है?
(A) स्थिर पृथ्वी
(B) गतिशील पृथ्वी
(C) ठंडी पृथ्वी
(D) गैसीय पृथ्वी
Answer: (B)
Explanation: पृथ्वी गतिशील है।

22. प्लेट सीमाओं के कितने प्रकार होते हैं?
(A) 2
(B) 3
(C) 4
(D) 5
Answer: (B)
Explanation: अभिसारी, अपसारी, रूपांतर तीन प्रकार।

23. रूपांतर सीमा का उदाहरण क्या है?
(A) हिमालय
(B) मिड-अटलांटिक रिज
(C) सैन एंड्रियास फॉल्ट
(D) गंगा मैदान
Answer: (C)
Explanation: यह रूपांतर सीमा है।

24. प्लेट विवर्तनिकी का मुख्य प्रभाव क्या है?
(A) वायु
(B) स्थलरूप परिवर्तन
(C) जल
(D) प्रकाश
Answer: (B)
Explanation: स्थलरूप बदलते हैं।

25. महासागरीय खाइयाँ कहाँ बनती हैं?
(A) अपसारी सीमा
(B) अभिसारी सीमा
(C) रूपांतर सीमा
(D) मैदान
Answer: (B)
Explanation: सबडक्शन से खाइयाँ बनती हैं।

26. प्लेट विवर्तनिकी सिद्धांत में प्लेटों की गति का मुख्य कारण क्या है?
(A) सूर्य ऊर्जा
(B) मेंटल की संवहन धाराएँ
(C) वायु दबाव
(D) जल प्रवाह
Answer: (B)

Explanation: मेंटल की संवहन धाराएँ प्लेटों को गति देती हैं।

27. अभिसारी सीमा पर किस प्रकार की क्रिया होती है?

(A) अलगाव

(B) टकराव

(C) सरकना

(D) स्थिरता

Answer: (B)

Explanation: प्लेटें आपस में टकराती हैं।

28. अपसारी सीमा पर क्या होता है?

(A) प्लेटें टकराती हैं

(B) प्लेटें अलग होती हैं

(C) प्लेटें रुकती हैं

(D) प्लेटें मुड़ती हैं

Answer: (B)

Explanation: प्लेटें एक-दूसरे से दूर जाती हैं।

29. रूपांतर सीमा पर प्लेटों की गति कैसी होती है?

(A) ऊपर-नीचे

(B) दूर-दूर

(C) एक-दूसरे के पास से सरकना

(D) स्थिर

Answer: (C)

Explanation: प्लेटें समानांतर दिशा में सरकती हैं।

30. प्लेट विवर्तनिकी के अनुसार पृथ्वी की सतह कैसी है?

(A) स्थिर

(B) गतिशील

(C) ठोस

(D) तरल

Answer: (B)

Explanation: प्लेटों की गति से सतह बदलती रहती है।

31. महासागरीय प्लेटों की मोटाई सामान्यतः कैसी होती है?

(A) अधिक

(B) कम

(C) समान

(D) शून्य

Answer: (B)

Explanation: महासागरीय प्लेटें पतली होती हैं।

32. महाद्वीपीय प्लेटों की मोटाई कैसी होती है?

(A) अधिक

(B) कम

(C) समान

(D) शून्य

Answer: (A)

Explanation: ये अपेक्षाकृत मोटी होती हैं।

33. प्लेट विवर्तनिकी सिद्धांत किस वैज्ञानिक क्रांति का भाग है?

(A) जैविक

(B) भूवैज्ञानिक

(C) रासायनिक

(D) भौतिक

Answer: (B)

Explanation: यह भूविज्ञान का

महत्वपूर्ण सिद्धांत है।

34. प्लेट सीमाओं पर अधिकतर कौन सी प्राकृतिक घटनाएँ होती हैं?

(A) वर्षा
(B) भूकंप
(C) वायु
(D) ताप

Answer: (B)

Explanation: प्लेट सीमाओं पर भूकंप आते हैं।

35. ज्वालामुखीय गतिविधियाँ अधिकतर कहाँ होती हैं?

(A) प्लेट सीमाओं पर
(B) मैदानों में
(C) रेगिस्तान में
(D) जंगलों में

Answer: (A)

Explanation: प्लेट सीमाओं पर अधिक होती हैं।

36. समुद्र तल प्रसार किस सीमा पर होता है?

(A) अभिसारी
(B) अपसारी
(C) रूपांतर
(D) स्थिर

Answer: (B)

Explanation: अपसारी सीमा पर होता है।

37. सबडक्शन जोन किस सीमा पर बनता है?

(A) अपसारी
(B) अभिसारी
(C) रूपांतर
(D) स्थिर

Answer: (B)

Explanation: अभिसारी सीमा पर बनता है।

38. प्लेट विवर्तनिकी सिद्धांत का संबंध किससे नहीं है?

(A) पर्वत निर्माण
(B) भूकंप
(C) ज्वालामुखी
(D) वर्षा

Answer: (D)

Explanation: वर्षा वायुमंडलीय प्रक्रिया है।

39. प्लेटों की गति की दिशा किससे निर्धारित होती है?

(A) वायु
(B) जल
(C) मेंटल प्रवाह
(D) सूर्य

Answer: (C)

Explanation: मेंटल प्रवाह दिशा निर्धारित करता है।

40. प्लेट विवर्तनिकी सिद्धांत से क्या समझ में आता है?

(A) मौसम
(B) स्थलरूप परिवर्तन
(C) जल चक्र
(D) प्रकाश

Answer: (B)

Explanation: स्थलरूपों का निर्माण समझ आता है।

41. महासागरीय खाइयाँ किस कारण बनती हैं?

(A) अपसरण
(B) सबडक्शन
(C) अपरदन
(D) निक्षेपण

Answer: (B)

Explanation: एक प्लेट के नीचे धँसने से बनती हैं।

42. प्लेट विवर्तनिकी में सबसे सक्रिय क्षेत्र कौन सा है?

(A) ध्रुव
(B) भूमध्य रेखा
(C) प्लेट सीमाएँ
(D) मैदान

Answer: (C)

Explanation: प्लेट सीमाएँ सबसे सक्रिय होती हैं।

43. प्लेट विवर्तनिकी सिद्धांत के अनुसार महाद्वीप क्या हैं?

(A) स्थिर
(B) गतिशील
(C) तरल
(D) गैसीय

Answer: (B)

Explanation: महाद्वीप प्लेटों के साथ चलते हैं।

44. प्लेट विवर्तनिकी सिद्धांत किस सिद्धांत का विस्तार है?

(A) गुरुत्वाकर्षण
(B) महाद्वीपीय प्रवाह
(C) जल चक्र
(D) प्रकाश

Answer: (B)

Explanation: यह वेगनर के सिद्धांत का विस्तार है।

45. प्लेट विवर्तनिकी सिद्धांत का महत्व क्या है?

(A) मौसम
(B) भूकंप समझना
(C) जल
(D) वायु

Answer: (B)

Explanation: भूकंप और ज्वालामुखी समझने में सहायक है।

46. प्लेटों की गति से क्या बनता है?

(A) वायु
(B) पर्वत
(C) जल
(D) प्रकाश

Answer: (B)

Explanation: पर्वत बनते हैं।

47. प्लेट विवर्तनिकी के अनुसार महासागर कैसे बनते हैं?

(A) स्थिर रहते हैं
(B) फैलते हैं
(C) सूखते हैं
(D) जमते हैं

Answer: (B)

Explanation: समुद्र तल प्रसार से फैलते हैं।

48. प्लेट सीमाओं पर किस प्रकार की ऊर्जा मुक्त होती है?

(A) सौर

(B) आंतरिक

(C) जल

(D) वायु

Answer: (B)

Explanation: आंतरिक ऊर्जा से भूकंप आते हैं।

49. प्लेट विवर्तनिकी सिद्धांत का उपयोग किसके अध्ययन में होता है?

(A) मौसम

(B) भूकंप

(C) जल

(D) वायु

Answer: (B)

Explanation: भूकंप अध्ययन में सहायक है।

50. प्लेट विवर्तनिकी सिद्धांत के अनुसार पृथ्वी की सतह कैसी है?

(A) स्थिर

(B) गतिशील

(C) ठंडी

(D) गर्म

Answer: (B)

Explanation: सतह लगातार बदलती रहती है।

51. प्लेट विवर्तनिकी सिद्धांत के अनुसार कौन सी प्लेट भारत से जुड़ी है?

(A) अफ्रीकी प्लेट

(B) इंडो-ऑस्ट्रेलियन प्लेट

(C) यूरेशियन प्लेट

(D) प्रशांत प्लेट

Answer: (B)

Explanation: भारत इंडो-ऑस्ट्रेलियन प्लेट का भाग है।

52. हिमालय किस प्लेट के टकराव से बना है?

(A) अफ्रीकी और यूरोपीय

(B) भारतीय और यूरेशियन

(C) प्रशांत और एशियाई

(D) अमेरिकी और अफ्रीकी

Answer: (B)

Explanation: भारतीय प्लेट और यूरेशियन प्लेट के टकराव से बना।

53. प्लेट विवर्तनिकी में 'रिंग ऑफ फायर' किस महासागर से जुड़ा है?

(A) अटलांटिक

(B) प्रशांत

(C) हिंद

(D) आर्कटिक

Answer: (B)

Explanation: प्रशांत महासागर के चारों ओर स्थित है।

54. प्लेट विवर्तनिकी सिद्धांत में 'रिफ्ट वैली' कहाँ बनती है?

(A) अभिसारी सीमा

(B) अपसारी सीमा

(C) रूपांतर सीमा

(D) स्थिर क्षेत्र

Answer: (B)

Explanation: प्लेटों के अलग होने पर बनती है।

55. प्लेट विवर्तनिकी सिद्धांत के अनुसार सबसे बड़ी प्लेट कौन सी है?

(A) भारतीय प्लेट
(B) अफ्रीकी प्लेट
(C) प्रशांत प्लेट
(D) यूरेशियन प्लेट

Answer: (C)

Explanation: प्रशांत प्लेट सबसे बड़ी है।

56. प्लेट विवर्तनिकी में 'फॉल्ट' क्या है?

(A) पर्वत
(B) दरार
(C) नदी
(D) मैदान

Answer: (B)

Explanation: चट्टानों में दरार को फॉल्ट कहते हैं।

57. प्लेटों की गति से भूकंप क्यों आते हैं?

(A) जल के कारण
(B) ऊर्जा मुक्त होने से
(C) वायु के कारण
(D) सूर्य के कारण

Answer: (B)

Explanation: प्लेटों की ऊर्जा अचानक मुक्त होती है।

58. प्लेट विवर्तनिकी में 'सीफ्लोर स्प्रेडिंग' का अर्थ क्या है?

(A) समुद्र का सूखना
(B) समुद्र तल का फैलना
(C) जल का बढ़ना
(D) लहरें बनना

Answer: (B)

Explanation: समुद्र तल फैलता है।

59. प्लेट विवर्तनिकी सिद्धांत किस क्षेत्र में अधिक उपयोगी है?

(A) कृषि
(B) भूविज्ञान
(C) व्यापार
(D) शिक्षा

Answer: (B)

Explanation: भूविज्ञान में इसका उपयोग होता है।

60. प्लेटों की गति का मापन किसमें किया जाता है?

(A) मीटर
(B) किलोमीटर
(C) सेंटीमीटर प्रति वर्ष
(D) घंटे

Answer: (C)

Explanation: गति धीमी होती है।

61. प्लेट विवर्तनिकी सिद्धांत के अनुसार पृथ्वी की सतह पर क्या होता रहता है?

(A) स्थिरता
(B) परिवर्तन
(C) ठंडक
(D) सूखापन

Answer: (B)

Explanation: सतह लगातार

बदलती रहती है।

62. प्लेटों के टकराव से कौन सी संरचना बनती है?

(A) घाटी
(B) पर्वत
(C) मैदान
(D) टिब्बे

Answer: (B)

Explanation: पर्वत निर्माण होता है।

63. प्लेटों के अलग होने से क्या बनता है?

(A) पर्वत
(B) रिफ्ट
(C) मैदान
(D) पठार

Answer: (B)

Explanation: रिफ्ट वैली बनती है।

64. प्लेट विवर्तनिकी सिद्धांत का संबंध किससे नहीं है?

(A) भूकंप
(B) ज्वालामुखी
(C) पर्वत
(D) वर्षा

Answer: (D)

Explanation: वर्षा वायुमंडलीय प्रक्रिया है।

65. प्लेटों की गति से महासागर कैसे बदलते हैं?

(A) स्थिर रहते हैं
(B) फैलते और सिकुड़ते हैं
(C) सूखते हैं
(D) जमते हैं

Answer: (B)

Explanation: प्लेट गति से परिवर्तन होता है।

66. प्लेट विवर्तनिकी सिद्धांत का सबसे बड़ा योगदान क्या है?

(A) मौसम
(B) स्थलरूप समझना
(C) जल
(D) वायु

Answer: (B)

Explanation: पृथ्वी की संरचना समझाता है।

67. प्लेट सीमाओं पर किस प्रकार की गतिविधि अधिक होती है?

(A) शांत
(B) सक्रिय
(C) स्थिर
(D) धीमी

Answer: (B)

Explanation: ये क्षेत्र सक्रिय होते हैं।

68. प्लेट विवर्तनिकी सिद्धांत के अनुसार पृथ्वी का स्वरूप कैसा है?

(A) स्थिर
(B) गतिशील
(C) ठंडा
(D) शुष्क

Answer: (B)

Explanation: लगातार परिवर्तनशील है।

69. प्लेटों की गति का परिणाम क्या है?

(A) मौसम
(B) स्थलरूप परिवर्तन
(C) जल चक्र
(D) वायु
Answer: (B)
Explanation: स्थलरूप बदलते हैं।

70. प्लेट विवर्तनिकी सिद्धांत का संबंध किससे है?
(A) पृथ्वी की सतह
(B) सूर्य
(C) जल
(D) वायु
Answer: (A)
Explanation: यह सतह से संबंधित है।

71. प्लेट विवर्तनिकी सिद्धांत के अनुसार पृथ्वी कितनी गतिशील है?
(A) कम
(B) अधिक
(C) स्थिर
(D) शून्य
Answer: (B)
Explanation: अत्यधिक गतिशील है।

72. प्लेटों की गति का मुख्य स्रोत क्या है?
(A) सूर्य
(B) मेंटल
(C) वायु
(D) जल
Answer: (B)
Explanation: मेंटल की ऊर्जा।

73. प्लेट विवर्तनिकी सिद्धांत का उपयोग किसके पूर्वानुमान में होता है?
(A) मौसम
(B) भूकंप
(C) वर्षा
(D) ताप
Answer: (B)
Explanation: भूकंप समझने में सहायक है।

74. प्लेट विवर्तनिकी सिद्धांत किस प्रकार का सिद्धांत है?
(A) रासायनिक
(B) भौतिक
(C) भूवैज्ञानिक
(D) जैविक
Answer: (C)
Explanation: यह भूविज्ञान का सिद्धांत है।

75. प्लेटों की गति कितनी तेज होती है?
(A) बहुत तेज
(B) मध्यम
(C) धीमी
(D) स्थिर
Answer: (C)
Explanation: धीमी गति से चलती हैं।

76. प्लेट विवर्तनिकी सिद्धांत के अनुसार पर्वत कैसे बनते हैं?
(A) जल से

(B) टकराव से
(C) वायु से
(D) प्रकाश से
Answer: (B)
Explanation: प्लेट टकराव से पर्वत बनते हैं।

77. प्लेट विवर्तनिकी सिद्धांत के अनुसार महासागर कैसे बनते हैं?
(A) स्थिर
(B) फैलते
(C) सूखते
(D) जमते
Answer: (B)
Explanation: समुद्र तल फैलता है।

78. प्लेट विवर्तनिकी सिद्धांत किसे समझाने में सहायक है?
(A) जल
(B) भूकंप
(C) वायु
(D) प्रकाश
Answer: (B)
Explanation: भूकंप की व्याख्या करता है।

79. प्लेट विवर्तनिकी सिद्धांत का संबंध किससे है?
(A) आंतरिक प्रक्रियाएँ
(B) बाह्य प्रक्रियाएँ
(C) दोनों
(D) कोई नहीं
Answer: (C)
Explanation: दोनों से संबंधित है।

80. प्लेटों की गति का परिणाम क्या होता है?
(A) स्थिरता
(B) परिवर्तन
(C) ठंडक
(D) सूखापन
Answer: (B)
Explanation: परिवर्तन होता है।

81. प्लेट विवर्तनिकी सिद्धांत के अनुसार पृथ्वी की सतह कैसी है?
(A) स्थिर
(B) गतिशील
(C) ठंडी
(D) गर्म
Answer: (B)
Explanation: सतह बदलती रहती है।

82. प्लेट विवर्तनिकी सिद्धांत का मुख्य आधार क्या है?
(A) वायु
(B) मेंटल
(C) जल
(D) सूर्य
Answer: (B)
Explanation: मेंटल की संवहन धाराएँ आधार हैं।

83. प्लेट विवर्तनिकी सिद्धांत किससे जुड़ा है?
(A) स्थलरूप
(B) जल
(C) वायु
(D) प्रकाश
Answer: (A)

Explanation: स्थलरूपों से संबंधित है।

84. प्लेट विवर्तनिकी सिद्धांत का उपयोग कहाँ होता है?

(A) भूविज्ञान

(B) चिकित्सा

(C) व्यापार

(D) खेल

Answer: (A)

Explanation: भूविज्ञान में उपयोग होता है।

85. प्लेट विवर्तनिकी सिद्धांत किसे समझाने में मदद करता है?

(A) पर्वत

(B) भूकंप

(C) ज्वालामुखी

(D) सभी

Answer: (D)

Explanation: सभी को समझाता है।

86. प्लेटों की गति से कौन सी प्रक्रिया होती है?

(A) निर्माण

(B) विनाश

(C) परिवर्तन

(D) सभी

Answer: (D)

Explanation: सभी प्रक्रियाएँ होती हैं।

87. प्लेट विवर्तनिकी सिद्धांत का महत्व क्या है?

(A) जल

(B) वायु

(C) पृथ्वी की संरचना समझना

(D) प्रकाश

Answer: (C)

Explanation: संरचना समझने में सहायक है।

88. प्लेट विवर्तनिकी सिद्धांत के अनुसार पृथ्वी कैसी है?

(A) स्थिर

(B) गतिशील

(C) ठंडी

(D) शुष्क

Answer: (B)

Explanation: गतिशील है।

89. प्लेट विवर्तनिकी सिद्धांत में कौन सी शक्ति काम करती है?

(A) गुरुत्वाकर्षण

(B) आंतरिक ऊर्जा

(C) जल

(D) वायु

Answer: (B)

Explanation: आंतरिक ऊर्जा काम करती है।

90. प्लेट विवर्तनिकी सिद्धांत का अध्ययन किसके लिए जरूरी है?

(A) भूविज्ञान

(B) मौसम

(C) जल

(D) वायु

Answer: (A)

Explanation: भूविज्ञान के लिए आवश्यक है।

91. प्लेटों की गति से क्या बदलता

है?

(A) वायु

(B) स्थलरूप

(C) जल

(D) प्रकाश

Answer: (B)

Explanation: स्थलरूप बदलते हैं।

92. प्लेट विवर्तनिकी सिद्धांत किससे संबंधित है?

(A) पृथ्वी

(B) सूर्य

(C) चंद्रमा

(D) वायु

Answer: (A)

Explanation: पृथ्वी से संबंधित है।

93. प्लेट विवर्तनिकी सिद्धांत का मुख्य उद्देश्य क्या है?

(A) जल

(B) वायु

(C) पृथ्वी की गति समझना

(D) प्रकाश

Answer: (C)

Explanation: पृथ्वी की गति को समझाना।

94. प्लेट विवर्तनिकी सिद्धांत का उपयोग किसमें होता है?

(A) भूकंप अध्ययन

(B) जल

(C) वायु

(D) प्रकाश

Answer: (A)

Explanation: भूकंप समझने में उपयोगी है।

95. प्लेट विवर्तनिकी सिद्धांत के अनुसार पृथ्वी की सतह पर क्या होता है?

(A) स्थिरता

(B) परिवर्तन

(C) ठंडक

(D) सूखापन

Answer: (B)

Explanation: सतह बदलती रहती है।

96. प्लेट विवर्तनिकी सिद्धांत किस प्रकार का है?

(A) रासायनिक

(B) भौतिक

(C) भूवैज्ञानिक

(D) जैविक

Answer: (C)

Explanation: यह भूवैज्ञानिक सिद्धांत है।

97. प्लेटों की गति का परिणाम क्या है?

(A) मौसम

(B) स्थलरूप

(C) जल

(D) वायु

Answer: (B)

Explanation: स्थलरूप बनते हैं।

98. प्लेट विवर्तनिकी सिद्धांत का महत्व किसमें है?

(A) जल

(B) वायु

(C) पृथ्वी समझना
(D) प्रकाश
Answer: (C)
Explanation: पृथ्वी की संरचना समझाता है।

99. प्लेट विवर्तनिकी सिद्धांत के अनुसार पृथ्वी कैसी है?
(A) स्थिर
(B) गतिशील
(C) ठंडी
(D) शुष्क
Answer: (B)
Explanation: गतिशील है।

100. प्लेट विवर्तनिकी सिद्धांत का मुख्य निष्कर्ष क्या है?
(A) पृथ्वी स्थिर है
(B) पृथ्वी गतिशील है
(C) पृथ्वी ठंडी है
(D) पृथ्वी शुष्क है
Answer: (B)
Explanation: पृथ्वी लगातार बदलती रहती है।

Chapter 5: भूकंप

1. भूकंप क्या है?
(A) वायु का चलना
(B) पृथ्वी की सतह का कंपन
(C) जल का बहना
(D) ताप का बढ़ना
Answer: (B)
Explanation: पृथ्वी के अंदर ऊर्जा मुक्त होने से सतह कांपती है।

2. भूकंप का मुख्य कारण क्या है?
(A) वर्षा
(B) प्लेटों की गति
(C) वायु
(D) सूर्य
Answer: (B)
Explanation: प्लेट विवर्तनिकी के कारण भूकंप आते हैं।

3. भूकंप का केंद्र क्या कहलाता है?
(A) उपकेंद्र
(B) केंद्र
(C) फोकस
(D) स्थल
Answer: (C)
Explanation: पृथ्वी के अंदर का बिंदु जहाँ से भूकंप शुरू होता है।

4. उपकेंद्र क्या होता है?
(A) पृथ्वी के अंदर
(B) सतह पर केंद्र के ठीक ऊपर
(C) वायुमंडल में
(D) महासागर में
Answer: (B)
Explanation: फोकस के ठीक ऊपर का स्थान उपकेंद्र होता है।

5. भूकंप की तीव्रता किससे मापी जाती है?
(A) थर्मामीटर
(B) बैरोमीटर
(C) रिच्टर पैमाना
(D) हाइड्रोमीटर

Answer: (C)
Explanation: रिच्टर पैमाना तीव्रता मापता है।

6. भूकंप की तीव्रता मापने वाला यंत्र कौन सा है?
(A) बैरोमीटर
(B) सीस्मोग्राफ
(C) थर्मामीटर
(D) अल्टीमीटर
Answer: (B)
Explanation: सीस्मोग्राफ भूकंपीय तरंगें रिकॉर्ड करता है।

7. भूकंप से उत्पन्न तरंगों को क्या कहते हैं?
(A) जल तरंग
(B) ध्वनि तरंग
(C) भूकंपीय तरंग
(D) प्रकाश तरंग
Answer: (C)
Explanation: भूकंप से भूकंपीय तरंगें उत्पन्न होती हैं।

8. P-तरंग किस प्रकार की होती है?
(A) धीमी
(B) तेज
(C) स्थिर
(D) तरल
Answer: (B)
Explanation: P-तरंग सबसे तेज होती है।

9. S-तरंग किस माध्यम से नहीं गुजरती?
(A) ठोस
(B) तरल
(C) गैस
(D) सभी
Answer: (B)
Explanation: S-तरंगें तरल माध्यम से नहीं गुजरतीं।

10. सतही तरंगें कैसी होती हैं?
(A) तेज
(B) धीमी
(C) सबसे अधिक विनाशकारी
(D) स्थिर
Answer: (C)
Explanation: सतह पर अधिक क्षति करती हैं।

11. भूकंप अधिकतर कहाँ आते हैं?
(A) मैदान
(B) प्लेट सीमाएँ
(C) जंगल
(D) रेगिस्तान
Answer: (B)
Explanation: प्लेट सीमाओं पर अधिक आते हैं।

12. रिंग ऑफ फायर किससे संबंधित है?
(A) नदी
(B) ज्वालामुखी और भूकंप
(C) मैदान
(D) पर्वत
Answer: (B)
Explanation: यह सक्रिय क्षेत्र है।

13. भूकंप का मापन किस इकाई में होता है?

(A) डिग्री

(B) रिच्टर स्केल

(C) मीटर

(D) सेकंड

Answer: (B)

Explanation: तीव्रता रिच्टर स्केल में मापी जाती है।

14. भूकंप के कारण क्या होता है?

(A) वर्षा

(B) भूमि का कंपन

(C) ताप

(D) वायु

Answer: (B)

Explanation: भूमि हिलती है।

15. भूकंप की गहराई के आधार पर कितने प्रकार होते हैं?

(A) 2

(B) 3

(C) 4

(D) 5

Answer: (B)

Explanation: उथले, मध्यम और गहरे तीन प्रकार होते हैं।

16. उथले भूकंप किस गहराई तक होते हैं?

(A) 0-70 किमी

(B) 70-300 किमी

(C) 300-700 किमी

(D) 700 किमी से अधिक

Answer: (A)

Explanation: उथले भूकंप सतह के पास होते हैं।

17. मध्यम भूकंप किस गहराई तक होते हैं?

(A) 0-70

(B) 70-300

(C) 300-700

(D) 700+

Answer: (B)

Explanation: मध्यम गहराई में आते हैं।

18. गहरे भूकंप किस गहराई तक होते हैं?

(A) 0-70

(B) 70-300

(C) 300-700

(D) 700+

Answer: (C)

Explanation: गहरे भूकंप अधिक गहराई में होते हैं।

19. भूकंप से सबसे अधिक क्षति किससे होती है?

(A) P-तरंग

(B) S-तरंग

(C) सतही तरंग

(D) वायु

Answer: (C)

Explanation: सतही तरंगें अधिक विनाशकारी हैं।

20. भूकंप के दौरान ऊर्जा किस रूप में निकलती है?

(A) प्रकाश

(B) ध्वनि

(C) तरंग
(D) जल
Answer: (C)
Explanation: ऊर्जा तरंगों के रूप में निकलती है।

21. भूकंप का पूर्वानुमान क्यों कठिन है?
(A) ऊर्जा कम
(B) अनिश्चितता
(C) जल
(D) वायु
Answer: (B)
Explanation: सटीक समय का अनुमान कठिन है।

22. भूकंप का मुख्य क्षेत्र भारत में कौन सा है?
(A) दक्षिण भारत
(B) हिमालय क्षेत्र
(C) पश्चिमी घाट
(D) राजस्थान
Answer: (B)
Explanation: हिमालय क्षेत्र सक्रिय है।

23. भूकंप के समय सबसे सुरक्षित स्थान कौन सा है?
(A) खिड़की के पास
(B) खुले मैदान में
(C) दीवार के पास
(D) सीढ़ियों में
Answer: (B)
Explanation: खुला स्थान सुरक्षित होता है।

24. भूकंप का संबंध किससे है?
(A) वायु
(B) पृथ्वी की आंतरिक ऊर्जा
(C) जल
(D) सूर्य
Answer: (B)
Explanation: आंतरिक ऊर्जा से होता है।

25. भूकंप के कारण सुनामी कब आती है?
(A) भूमि भूकंप
(B) समुद्री भूकंप
(C) वायु
(D) ताप
Answer: (B)
Explanation: समुद्र में भूकंप से सुनामी आती है।

26. भूकंप के समय सबसे पहले कौन सी तरंग पहुँचती है?
(A) S-तरंग
(B) सतही तरंग
(C) P-तरंग
(D) ध्वनि तरंग
Answer: (C)
Explanation: P-तरंग सबसे तेज होती है इसलिए पहले पहुँचती है।

27. भूकंप के दौरान कौन सी तरंग सबसे धीमी होती है?
(A) P-तरंग
(B) S-तरंग
(C) सतही तरंग
(D) प्रकाश तरंग

Answer: (C)
Explanation: सतही तरंगें सबसे धीमी होती हैं।

28. भूकंप के दौरान इमारतों को अधिक नुकसान किससे होता है?

(A) P-तरंग
(B) S-तरंग
(C) सतही तरंग
(D) वायु

Answer: (C)
Explanation: सतही तरंगें सबसे अधिक विनाशकारी होती हैं।

29. भूकंप के कारण पृथ्वी की सतह में क्या बन सकता है?

(A) नदी
(B) दरार
(C) पर्वत
(D) टिब्बा

Answer: (B)
Explanation: फॉल्ट या दरार बन सकती है।

30. भूकंप का अध्ययन किस विज्ञान में किया जाता है?

(A) जीवविज्ञान
(B) भूकंप विज्ञान
(C) रसायन विज्ञान
(D) भौतिकी

Answer: (B)
Explanation: इसे सीस्मोलॉजी कहते हैं।

31. भूकंप मापन के लिए उपयोग किए जाने वाले ग्राफ को क्या कहते हैं?

(A) बारोग्राफ
(B) सिस्मोग्राम
(C) थर्मोग्राम
(D) हाइड्रोग्राम

Answer: (B)
Explanation: यह भूकंपीय तरंगों का रिकॉर्ड होता है।

32. भूकंप की तीव्रता 7 से अधिक होने पर क्या होता है?

(A) कोई प्रभाव नहीं
(B) हल्का नुकसान
(C) गंभीर विनाश
(D) वर्षा

Answer: (C)
Explanation: उच्च तीव्रता पर भारी नुकसान होता है।

33. भूकंप के दौरान कौन सी वस्तु गिरने का खतरा अधिक होता है?

(A) हल्की वस्तु
(B) भारी वस्तु
(C) पानी
(D) वायु

Answer: (B)
Explanation: भारी वस्तुएँ अधिक नुकसान कर सकती हैं।

34. भूकंप से बचाव का सबसे अच्छा तरीका क्या है?

(A) भागना
(B) सुरक्षित स्थान पर रहना
(C) खिड़की खोलना
(D) पानी पीना

Answer: (B)
Explanation: सुरक्षित स्थान पर रहना जरूरी है।

35. भूकंप के समय लिफ्ट का उपयोग क्यों नहीं करना चाहिए?
(A) बिजली जा सकती है
(B) पानी आ सकता है
(C) वायु कम हो सकती है
(D) ताप बढ़ सकता है
Answer: (A)
Explanation: बिजली बंद होने का खतरा होता है।

36. भूकंप के समय सबसे सुरक्षित जगह कौन सी है?
(A) खुले मैदान
(B) छत
(C) सीढ़ी
(D) खिड़की
Answer: (A)
Explanation: खुला स्थान सुरक्षित होता है।

37. भूकंप का संबंध किससे नहीं है?
(A) प्लेट विवर्तनिकी
(B) ज्वालामुखी
(C) मौसम
(D) ऊर्जा
Answer: (C)
Explanation: मौसम से संबंध नहीं है।

38. भूकंप के कारण भवन क्यों गिरते हैं?
(A) वायु
(B) कंपन
(C) जल
(D) ताप
Answer: (B)
Explanation: कंपन से संरचना कमजोर होती है।

39. भूकंप की ऊर्जा कहाँ संचित होती है?
(A) वायुमंडल
(B) जलमंडल
(C) चट्टानों में
(D) सूर्य में
Answer: (C)
Explanation: चट्टानों में ऊर्जा संचित रहती है।

40. भूकंप के समय सबसे पहले क्या करना चाहिए?
(A) दौड़ना
(B) शांत रहना
(C) चिल्लाना
(D) पानी पीना
Answer: (B)
Explanation: घबराना नहीं चाहिए।

41. भूकंप के समय खिड़की के पास क्यों नहीं खड़े होना चाहिए?
(A) हवा आती है
(B) काँच टूट सकता है
(C) पानी गिर सकता है
(D) प्रकाश कम होता है
Answer: (B)
Explanation: काँच से चोट लग

सकती है।

42. भूकंप से कौन सी आपदा उत्पन्न हो सकती है?

(A) सुनामी

(B) सूखा

(C) वर्षा

(D) धूप

Answer: (A)

Explanation: समुद्री भूकंप से सुनामी आती है।

43. भूकंप का केंद्र किस परत में होता है?

(A) वायुमंडल

(B) क्रस्ट

(C) मेंटल

(D) कोर

Answer: (B)

Explanation: अधिकतर भूकंप क्रस्ट में होते हैं।

44. भूकंप के दौरान जमीन में क्या महसूस होता है?

(A) शांति

(B) कंपन

(C) ठंडक

(D) गर्मी

Answer: (B)

Explanation: जमीन हिलती है।

45. भूकंप का प्रभाव किन क्षेत्रों में अधिक होता है?

(A) स्थिर क्षेत्र

(B) प्लेट सीमाएँ

(C) मैदान

(D) जंगल

Answer: (B)

Explanation: प्लेट सीमाओं पर अधिक प्रभाव होता है।

46. भूकंप के दौरान किससे दूर रहना चाहिए?

(A) खुला स्थान

(B) बिजली के खंभे

(C) मैदान

(D) सड़क

Answer: (B)

Explanation: बिजली के खंभे गिर सकते हैं।

47. भूकंप के कारण सड़क में क्या हो सकता है?

(A) पानी

(B) दरार

(C) वायु

(D) प्रकाश

Answer: (B)

Explanation: सड़क में दरार पड़ सकती है।

48. भूकंप की ऊर्जा किस रूप में फैलती है?

(A) प्रकाश

(B) ध्वनि

(C) तरंग

(D) जल

Answer: (C)

Explanation: ऊर्जा तरंगों के रूप में फैलती है।

49. भूकंप के समय वाहन चलाना

क्यों खतरनाक है?

(A) सड़क टूट सकती है

(B) हवा कम होती है

(C) पानी बढ़ता है

(D) ताप बढ़ता है

Answer: (A)

Explanation: सड़क में दरार आ सकती है।

50. भूकंप का प्रभाव किस पर निर्भर करता है?

(A) तीव्रता

(B) गहराई

(C) स्थान

(D) सभी

Answer: (D)

Explanation: सभी कारक प्रभाव डालते हैं।

51. भूकंप के दौरान इमारतों की नींव क्यों मजबूत होनी चाहिए?

(A) सजावट

(B) स्थिरता

(C) रंग

(D) आकार

Answer: (B)

Explanation: मजबूत नींव से नुकसान कम होता है।

52. भूकंप का मुख्य स्रोत क्या है?

(A) वायु

(B) जल

(C) पृथ्वी की आंतरिक ऊर्जा

(D) सूर्य

Answer: (C)

Explanation: आंतरिक ऊर्जा से भूकंप आते हैं।

53. भूकंप के दौरान कौन सा उपकरण सबसे उपयोगी है?

(A) टीवी

(B) मोबाइल

(C) सीस्मोग्राफ

(D) पंखा

Answer: (C)

Explanation: यह भूकंप मापता है।

54. भूकंप के दौरान कौन सी जगह असुरक्षित होती है?

(A) खुला मैदान

(B) इमारत के अंदर

(C) सड़क

(D) खेत

Answer: (B)

Explanation: इमारत गिर सकती है।

55. भूकंप का प्रभाव किस पर अधिक होता है?

(A) छोटे भवन

(B) ऊँची इमारतें

(C) जल

(D) वायु

Answer: (B)

Explanation: ऊँची इमारतें अधिक प्रभावित होती हैं।

56. भूकंप के दौरान किससे बचना चाहिए?

(A) खुला स्थान

(B) भारी वस्तुएँ

(C) मैदान
(D) सड़क
Answer: (B)
Explanation: भारी वस्तुएँ गिर सकती हैं।

57. भूकंप के समय सबसे पहले कौन सी इंद्रिय प्रभावित होती है?
(A) आँख
(B) कान
(C) स्पर्श
(D) स्वाद
Answer: (C)
Explanation: कंपन महसूस होता है।

58. भूकंप के दौरान जमीन क्यों हिलती है?
(A) वायु
(B) ऊर्जा मुक्त होने से
(C) जल
(D) ताप
Answer: (B)
Explanation: ऊर्जा तरंगों के रूप में फैलती है।

59. भूकंप के कारण कौन सा खतरा होता है?
(A) आग
(B) बाढ़
(C) भूस्खलन
(D) सभी
Answer: (D)
Explanation: कई प्रकार के खतरे हो सकते हैं।

60. भूकंप के समय किससे दूर रहना चाहिए?
(A) खुला स्थान
(B) पेड़ और खंभे
(C) मैदान
(D) सड़क
Answer: (B)
Explanation: गिरने का खतरा होता है।

61. भूकंप के समय सुरक्षित मुद्रा क्या है?
(A) खड़े रहना
(B) झुककर बैठना
(C) दौड़ना
(D) चिल्लाना
Answer: (B)
Explanation: झुककर सिर बचाना चाहिए।

62. भूकंप के दौरान दरवाजे के नीचे क्यों खड़े होते हैं?
(A) हवा
(B) मजबूत ढांचा
(C) प्रकाश
(D) जल
Answer: (B)
Explanation: यह अपेक्षाकृत सुरक्षित होता है।

63. भूकंप का प्रभाव किस क्षेत्र में कम होता है?
(A) प्लेट सीमाएँ
(B) स्थिर क्षेत्र
(C) पर्वत

(D) समुद्र
Answer: (B)
Explanation: स्थिर क्षेत्रों में कम होता है।

64. भूकंप का प्रभाव किस पर निर्भर नहीं करता?
(A) मौसम
(B) तीव्रता
(C) गहराई
(D) स्थान
Answer: (A)
Explanation: मौसम से संबंध नहीं है।

65. भूकंप के दौरान सबसे अधिक नुकसान कहाँ होता है?
(A) गाँव
(B) शहर
(C) समुद्र
(D) पर्वत
Answer: (B)
Explanation: घनी आबादी में अधिक नुकसान होता है।

66. भूकंप के समय क्या नहीं करना चाहिए?
(A) शांत रहना
(B) भागना
(C) सुरक्षित रहना
(D) सावधानी रखना
Answer: (B)
Explanation: घबराकर भागना खतरनाक है।

67. भूकंप का सबसे बड़ा कारण क्या है?
(A) जल
(B) वायु
(C) प्लेट गति
(D) सूर्य
Answer: (C)
Explanation: प्लेट विवर्तनिकी मुख्य कारण है।

68. भूकंप के दौरान किससे बचना चाहिए?
(A) खुला स्थान
(B) बिजली तार
(C) मैदान
(D) सड़क
Answer: (B)
Explanation: बिजली का खतरा होता है।

69. भूकंप के समय सबसे महत्वपूर्ण क्या है?
(A) गति
(B) सुरक्षा
(C) जल
(D) वायु
Answer: (B)
Explanation: सुरक्षा सबसे जरूरी है।

70. भूकंप के कारण कौन सी संरचना बन सकती है?
(A) पर्वत
(B) दरार
(C) मैदान
(D) नदी

Answer: (B)
Explanation: फॉल्ट बन सकता है।

71. भूकंप के दौरान कौन सी वस्तु गिर सकती है?
(A) हल्की
(B) भारी
(C) जल
(D) वायु
Answer: (B)
Explanation: भारी वस्तुएँ गिरती हैं।

72. भूकंप के समय सबसे सुरक्षित स्थान कौन सा है?
(A) भवन
(B) खुला क्षेत्र
(C) सीढ़ी
(D) खिड़की
Answer: (B)
Explanation: खुला क्षेत्र सुरक्षित है।

73. भूकंप का अध्ययन किससे संबंधित है?
(A) जल
(B) पृथ्वी
(C) वायु
(D) प्रकाश
Answer: (B)
Explanation: पृथ्वी से संबंधित है।

74. भूकंप के दौरान किससे दूर रहना चाहिए?
(A) खुला मैदान
(B) भवन
(C) सड़क
(D) खेत
Answer: (B)
Explanation: भवन गिर सकते हैं।

75. भूकंप का मुख्य प्रभाव क्या है?
(A) वर्षा
(B) कंपन
(C) वायु
(D) ताप
Answer: (B)
Explanation: भूमि कांपती है।

76. भूकंप के समय सबसे पहले क्या करना चाहिए?
(A) घबराना
(B) सुरक्षित रहना
(C) दौड़ना
(D) चिल्लाना
Answer: (B)
Explanation: सुरक्षा जरूरी है।

77. भूकंप से कौन सी आपदा जुड़ी है?
(A) सूखा
(B) सुनामी
(C) वर्षा
(D) धूप
Answer: (B)
Explanation: समुद्री भूकंप से सुनामी आती है।

78. भूकंप के दौरान कौन सी जगह खतरनाक होती है?
(A) खुला मैदान
(B) ऊँची इमारत
(C) खेत
(D) सड़क

Answer: (B)

Explanation: इमारत गिर सकती है।

79. भूकंप का प्रभाव किससे कम किया जा सकता है?

(A) मजबूत निर्माण

(B) जल

(C) वायु

(D) ताप

Answer: (A)

Explanation: मजबूत निर्माण से नुकसान कम होता है।

80. भूकंप के समय क्या नहीं करना चाहिए?

(A) शांत रहना

(B) दौड़ना

(C) सावधानी रखना

(D) छिपना

Answer: (B)

Explanation: दौड़ना खतरनाक है।

81. भूकंप का संबंध किससे है?

(A) पृथ्वी की ऊर्जा

(B) जल

(C) वायु

(D) प्रकाश

Answer: (A)

Explanation: आंतरिक ऊर्जा से जुड़ा है।

82. भूकंप के दौरान किससे बचना चाहिए?

(A) खुला स्थान

(B) काँच

(C) मैदान

(D) सड़क

Answer: (B)

Explanation: काँच टूट सकता है।

83. भूकंप के दौरान सबसे सुरक्षित स्थिति क्या है?

(A) खड़े रहना

(B) झुकना

(C) दौड़ना

(D) चिल्लाना

Answer: (B)

Explanation: झुककर सिर बचाना चाहिए।

84. भूकंप के समय क्या करना चाहिए?

(A) घबराना

(B) शांत रहना

(C) दौड़ना

(D) चिल्लाना

Answer: (B)

Explanation: शांत रहना जरूरी है।

85. भूकंप के समय किससे दूर रहना चाहिए?

(A) खुला स्थान

(B) बिजली के तार

(C) मैदान

(D) खेत

Answer: (B)

Explanation: खतरा होता है।

86. भूकंप का मुख्य कारण क्या है?

(A) वायु

(B) जल
(C) प्लेट गति
(D) सूर्य
Answer: (C)
Explanation: प्लेट गति कारण है।

87. भूकंप के दौरान किससे खतरा होता है?
(A) जल
(B) वायु
(C) गिरती वस्तुएँ
(D) प्रकाश
Answer: (C)
Explanation: वस्तुएँ गिर सकती हैं।

88. भूकंप के समय कौन सी जगह सुरक्षित है?
(A) भवन
(B) खुला मैदान
(C) खिड़की
(D) सीढ़ी
Answer: (B)
Explanation: खुला स्थान सुरक्षित है।

89. भूकंप का प्रभाव किससे अधिक होता है?
(A) तीव्रता
(B) गहराई
(C) स्थान
(D) सभी
Answer: (D)
Explanation: सभी कारक प्रभाव डालते हैं।

90. भूकंप के समय क्या करना चाहिए?
(A) घबराना
(B) सुरक्षित रहना
(C) दौड़ना
(D) चिल्लाना
Answer: (B)
Explanation: सुरक्षा जरूरी है।

91. भूकंप के कारण क्या हो सकता है?
(A) भूस्खलन
(B) सुनामी
(C) भवन गिरना
(D) सभी
Answer: (D)
Explanation: कई प्रभाव होते हैं।

92. भूकंप के दौरान क्या नहीं करना चाहिए?
(A) शांत रहना
(B) दौड़ना
(C) सावधानी रखना
(D) छिपना
Answer: (B)
Explanation: दौड़ना खतरनाक है।

93. भूकंप का प्रभाव कम करने के लिए क्या जरूरी है?
(A) मजबूत निर्माण
(B) जल
(C) वायु
(D) ताप
Answer: (A)
Explanation: निर्माण मजबूत होना चाहिए।

94. भूकंप का अध्ययन किससे किया जाता है?
(A) सीस्मोग्राफ
(B) थर्मामीटर
(C) बैरोमीटर
(D) हाइड्रोमीटर
Answer: (A)
Explanation: सीस्मोग्राफ उपयोग होता है।

95. भूकंप के दौरान किससे बचना चाहिए?
(A) खुला मैदान
(B) भारी वस्तुएँ
(C) खेत
(D) सड़क
Answer: (B)
Explanation: भारी वस्तुएँ गिर सकती हैं।

96. भूकंप का मुख्य प्रभाव क्या है?
(A) वर्षा
(B) कंपन
(C) वायु
(D) ताप
Answer: (B)
Explanation: भूमि कांपती है।

97. भूकंप के समय सबसे जरूरी क्या है?
(A) जल
(B) वायु
(C) सुरक्षा
(D) प्रकाश
Answer: (C)
Explanation: सुरक्षा सबसे महत्वपूर्ण है।

98. भूकंप के कारण कौन सी आपदा आती है?
(A) सूखा
(B) सुनामी
(C) वर्षा
(D) धूप
Answer: (B)
Explanation: समुद्री भूकंप से सुनामी आती है।

99. भूकंप के समय क्या करना चाहिए?
(A) घबराना
(B) सुरक्षित रहना
(C) दौड़ना
(D) चिल्लाना
Answer: (B)
Explanation: सुरक्षित रहना जरूरी है।

100. भूकंप का मुख्य निष्कर्ष क्या है?
(A) पृथ्वी स्थिर है
(B) पृथ्वी गतिशील है
(C) पृथ्वी ठंडी है
(D) पृथ्वी शुष्क है
Answer: (B)
Explanation: पृथ्वी गतिशील है और ऊर्जा मुक्त होती रहती है।

Chapter 6: ज्वालामुखी

1. ज्वालामुखी क्या है?
(A) वायु का प्रवाह
(B) पृथ्वी के अंदर से लावा, गैस और राख का निकलना
(C) जल का बहाव
(D) ताप का बढ़ना
Answer: (B)
Explanation: ज्वालामुखी पृथ्वी के अंदर की सामग्री के बाहर निकलने की प्रक्रिया है।

2. ज्वालामुखी का मुख्य स्रोत क्या है?
(A) वायुमंडल
(B) जलमंडल
(C) मेंटल
(D) सूर्य
Answer: (C)
Explanation: मेंटल में मैग्मा बनता है।

3. ज्वालामुखी से निकलने वाला पिघला पदार्थ क्या कहलाता है?
(A) लावा
(B) चट्टान
(C) जल
(D) गैस
Answer: (A)
Explanation: सतह पर इसे लावा कहते हैं।

4. पृथ्वी के अंदर पिघला पदार्थ क्या कहलाता है?
(A) लावा
(B) मैग्मा
(C) राख
(D) धूल
Answer: (B)
Explanation: अंदर इसे मैग्मा कहते हैं।

5. ज्वालामुखी के मुख को क्या कहते हैं?
(A) क्रेटर
(B) फॉल्ट
(C) रिज
(D) घाटी
Answer: (A)
Explanation: मुख को क्रेटर कहते हैं।

6. ज्वालामुखी के प्रकार कितने होते हैं?
(A) 2
(B) 3
(C) 4
(D) 5
Answer: (B)
Explanation: सक्रिय, सुप्त और मृत तीन प्रकार।

7. सक्रिय ज्वालामुखी कौन सा होता है?
(A) जो कभी नहीं फटा
(B) जो फट रहा हो या हाल में फटा हो
(C) जो ठंडा हो
(D) जो पानी से भरा हो
Answer: (B)
Explanation: सक्रिय ज्वालामुखी समय-समय पर फटता है।

8. सुप्त ज्वालामुखी क्या होता है?

(A) हमेशा सक्रिय

(B) कुछ समय से शांत

(C) हमेशा मृत

(D) पानी से भरा

Answer: (B)

Explanation: लंबे समय से शांत पर सक्रिय हो सकता है।

9. मृत ज्वालामुखी क्या होता है?

(A) सक्रिय

(B) फिर से फट सकता है

(C) हमेशा शांत

(D) पानी से भरा

Answer: (C)

Explanation: मृत ज्वालामुखी फिर नहीं फटता।

10. ज्वालामुखी किस प्रकार की प्रक्रिया है?

(A) बाह्य

(B) आंतरिक

(C) रासायनिक

(D) जैविक

Answer: (B)

Explanation: यह आंतरिक प्रक्रिया है।

11. ज्वालामुखी अधिकतर कहाँ पाए जाते हैं?

(A) मैदान

(B) प्लेट सीमाएँ

(C) जंगल

(D) रेगिस्तान

Answer: (B)

Explanation: प्लेट सीमाओं पर अधिक होते हैं।

12. रिंग ऑफ फायर किससे संबंधित है?

(A) नदी

(B) ज्वालामुखी क्षेत्र

(C) पर्वत

(D) मैदान

Answer: (B)

Explanation: यह ज्वालामुखीय क्षेत्र है।

13. ज्वालामुखी विस्फोट के समय कौन सी गैस निकलती है?

(A) ऑक्सीजन

(B) कार्बन डाइऑक्साइड

(C) नाइट्रोजन

(D) सभी

Answer: (D)

Explanation: कई प्रकार की गैसें निकलती हैं।

14. ज्वालामुखी से निकलने वाली राख को क्या कहते हैं?

(A) लावा

(B) राख

(C) गैस

(D) धूल

Answer: (B)

Explanation: ज्वालामुखीय राख कहलाती है।

15. ज्वालामुखी विस्फोट से क्या बनता है?

(A) मैदान

(B) पर्वत
(C) नदी
(D) टिब्बा
Answer: (B)
Explanation: ज्वालामुखीय पर्वत बनते हैं।

16. ज्वालामुखी विस्फोट से कौन सी आपदा हो सकती है?
(A) बाढ़
(B) भूकंप
(C) लावा प्रवाह
(D) सभी
Answer: (D)
Explanation: कई प्रकार की आपदाएँ हो सकती हैं।

17. ज्वालामुखी का संबंध किससे है?
(A) वायु
(B) पृथ्वी की आंतरिक ऊर्जा
(C) जल
(D) सूर्य
Answer: (B)
Explanation: आंतरिक ऊर्जा से जुड़ा है।

18. ज्वालामुखी से निकला लावा ठंडा होकर क्या बनता है?
(A) जल
(B) चट्टान
(C) वायु
(D) धातु
Answer: (B)
Explanation: आग्नेय चट्टान बनती है।

19. बेसाल्ट किससे बनता है?
(A) जल
(B) लावा
(C) वायु
(D) धातु
Answer: (B)
Explanation: लावा के ठंडा होने से।

20. ज्वालामुखी का मुख्य कारण क्या है?
(A) वायु
(B) जल
(C) प्लेट विवर्तनिकी
(D) सूर्य
Answer: (C)
Explanation: प्लेट गति से ज्वालामुखी बनते हैं।

21. ज्वालामुखी विस्फोट से कौन सा पदार्थ नहीं निकलता?
(A) लावा
(B) गैस
(C) राख
(D) जल
Answer: (D)
Explanation: जल सीधे नहीं निकलता।

22. ज्वालामुखी के कारण मिट्टी कैसी होती है?
(A) बंजर
(B) उपजाऊ
(C) कठोर
(D) सूखी

Answer: (B)

Explanation: ज्वालामुखीय मिट्टी उपजाऊ होती है।

23. ज्वालामुखी किस मंडल से संबंधित है?

(A) वायुमंडल

(B) स्थलमंडल

(C) जलमंडल

(D) जीवमंडल

Answer: (B)

Explanation: यह स्थलमंडल की प्रक्रिया है।

24. ज्वालामुखी के नीचे किसका भंडार होता है?

(A) जल

(B) मैग्मा

(C) वायु

(D) धूल

Answer: (B)

Explanation: मैग्मा जमा रहता है।

25. ज्वालामुखी विस्फोट से वायु में क्या फैलता है?

(A) जल

(B) गैस और राख

(C) धातु

(D) प्रकाश

Answer: (B)

Explanation: गैस और राख फैलती है।

26. ज्वालामुखी विस्फोट के दौरान सबसे अधिक कौन सा पदार्थ निकलता है?

(A) जल

(B) लावा

(C) वायु

(D) धातु

Answer: (B)

Explanation: लावा प्रमुख रूप से निकलता है।

27. ज्वालामुखी से निकलने वाली गैसों में कौन सी प्रमुख है?

(A) ऑक्सीजन

(B) कार्बन डाइऑक्साइड

(C) हाइड्रोजन

(D) नाइट्रोजन

Answer: (B)

Explanation: कार्बन डाइऑक्साइड प्रमुख गैस है।

28. ज्वालामुखी विस्फोट से कौन सी चट्टान बनती है?

(A) अवसादी

(B) आग्नेय

(C) रूपांतरित

(D) जैविक

Answer: (B)

Explanation: लावा ठंडा होकर आग्नेय चट्टान बनाता है।

29. ज्वालामुखी के मुख से निकलने वाली राख को क्या कहते हैं?

(A) धूल

(B) ज्वालामुखीय राख

(C) गैस

(D) भाप

Answer: (B)

Explanation: इसे ज्वालामुखीय राख कहते हैं।

30. ज्वालामुखी विस्फोट से बनने वाला गड्ढा क्या कहलाता है?

(A) फॉल्ट

(B) क्रेटर

(C) घाटी

(D) पठार

Answer: (B)

Explanation: ज्वालामुखी का मुख क्रेटर कहलाता है।

31. ज्वालामुखी विस्फोट के समय तापमान कैसा होता है?

(A) कम

(B) अधिक

(C) समान

(D) ठंडा

Answer: (B)

Explanation: तापमान बहुत अधिक होता है।

32. ज्वालामुखी किस क्षेत्र में अधिक सक्रिय होते हैं?

(A) स्थिर क्षेत्र

(B) प्लेट सीमाएँ

(C) मैदान

(D) रेगिस्तान

Answer: (B)

Explanation: प्लेट सीमाओं पर सक्रियता अधिक होती है।

33. ज्वालामुखी से निकलने वाला लावा कितनी गति से बहता है?

(A) बहुत तेज

(B) मध्यम

(C) धीमी

(D) स्थिर

Answer: (C)

Explanation: लावा सामान्यतः धीमी गति से बहता है।

34. ज्वालामुखी विस्फोट से वायु में क्या प्रभाव पड़ता है?

(A) शुद्धता

(B) प्रदूषण

(C) ठंडक

(D) नमी

Answer: (B)

Explanation: गैस और राख से प्रदूषण बढ़ता है।

35. ज्वालामुखी से निकली राख का क्या प्रभाव होता है?

(A) भूमि उपजाऊ

(B) जल सूखना

(C) वायु शुद्ध

(D) ताप कम

Answer: (A)

Explanation: राख मिट्टी को उपजाऊ बनाती है।

36. ज्वालामुखी विस्फोट से कौन सी गैस जीवन के लिए हानिकारक है?

(A) ऑक्सीजन

(B) कार्बन डाइऑक्साइड

(C) नाइट्रोजन

(D) हाइड्रोजन

Answer: (B)
Explanation: अधिक मात्रा में यह हानिकारक होती है।

37. ज्वालामुखी विस्फोट से कौन सी आपदा हो सकती है?
(A) आग
(B) धूल
(C) लावा प्रवाह
(D) सभी
Answer: (D)
Explanation: कई प्रकार के खतरे होते हैं।

38. ज्वालामुखी के नीचे जमा पदार्थ क्या कहलाता है?
(A) लावा
(B) मैग्मा
(C) राख
(D) गैस
Answer: (B)
Explanation: अंदर मैग्मा होता है।

39. ज्वालामुखी विस्फोट के दौरान सबसे खतरनाक क्या होता है?
(A) जल
(B) लावा
(C) वायु
(D) प्रकाश
Answer: (B)
Explanation: लावा विनाशकारी होता है।

40. ज्वालामुखी विस्फोट का मुख्य कारण क्या है?
(A) वायु
(B) जल
(C) दबाव
(D) ताप
Answer: (C)
Explanation: मैग्मा का दबाव विस्फोट करता है।

41. ज्वालामुखी से निकलने वाला पदार्थ ठंडा होकर क्या बनता है?
(A) जल
(B) चट्टान
(C) वायु
(D) धातु
Answer: (B)
Explanation: आग्नेय चट्टान बनती है।

42. ज्वालामुखी के कारण कौन सी भूमि बनती है?
(A) बंजर
(B) उपजाऊ
(C) कठोर
(D) शुष्क
Answer: (B)
Explanation: ज्वालामुखीय मिट्टी उपजाऊ होती है।

43. ज्वालामुखी विस्फोट के दौरान धुआँ किससे बनता है?
(A) जल
(B) गैस
(C) वायु
(D) धूल
Answer: (B)

Explanation: गैस और राख से धुआँ बनता है।

44. ज्वालामुखी से निकलने वाला लावा ठंडा होकर किस प्रकार की चट्टान बनाता है?

(A) अवसादी
(B) आग्नेय
(C) रूपांतरित
(D) जैविक

Answer: (B)

Explanation: यह आग्नेय चट्टान बनाता है।

45. ज्वालामुखी विस्फोट के समय कौन सी ध्वनि सुनाई देती है?

(A) शांत
(B) तेज
(C) मध्यम
(D) धीमी

Answer: (B)

Explanation: विस्फोट के समय तेज आवाज होती है।

46. ज्वालामुखी विस्फोट से कौन सा क्षेत्र प्रभावित होता है?

(A) केवल पर्वत
(B) केवल मैदान
(C) आसपास का क्षेत्र
(D) केवल जल

Answer: (C)

Explanation: आसपास के क्षेत्र प्रभावित होते हैं।

47. ज्वालामुखी विस्फोट से जल स्रोतों पर क्या प्रभाव पड़ता है?

(A) शुद्ध
(B) प्रदूषित
(C) सूखना
(D) बढ़ना

Answer: (B)

Explanation: राख से जल दूषित होता है।

48. ज्वालामुखी विस्फोट से तापमान पर क्या प्रभाव पड़ता है?

(A) घटता है
(B) बढ़ता है
(C) समान रहता है
(D) बदलता नहीं

Answer: (B)

Explanation: तापमान बढ़ जाता है।

49. ज्वालामुखी से निकलने वाली राख कितनी ऊँचाई तक जा सकती है?

(A) कम
(B) अधिक
(C) मध्यम
(D) शून्य

Answer: (B)

Explanation: राख ऊँचाई तक जा सकती है।

50. ज्वालामुखी विस्फोट से कौन सा खतरा होता है?

(A) आग
(B) धूल
(C) लावा
(D) सभी

Answer: (D)

Explanation: सभी प्रकार के खतरे होते हैं।

51. ज्वालामुखी के कारण कौन सी मिट्टी बनती है?

(A) बंजर
(B) उपजाऊ
(C) शुष्क
(D) कठोर
Answer: (B)
Explanation: ज्वालामुखीय मिट्टी उपजाऊ होती है।

52. ज्वालामुखी विस्फोट से कौन सी गैस निकलती है?

(A) ऑक्सीजन
(B) कार्बन डाइऑक्साइड
(C) नाइट्रोजन
(D) सभी
Answer: (D)
Explanation: विभिन्न गैसें निकलती हैं।

53. ज्वालामुखी विस्फोट का मुख्य प्रभाव क्या है?

(A) ठंडक
(B) गर्मी
(C) नमी
(D) शुष्कता
Answer: (B)
Explanation: अत्यधिक गर्मी उत्पन्न होती है।

54. ज्वालामुखी से निकलने वाला पदार्थ किस अवस्था में होता है?

(A) ठोस
(B) तरल
(C) गैसीय
(D) सभी
Answer: (D)
Explanation: तीनों अवस्थाओं में पदार्थ निकलते हैं।

55. ज्वालामुखी विस्फोट से कौन सी चट्टान बनती है?

(A) अवसादी
(B) आग्नेय
(C) रूपांतरित
(D) जैविक
Answer: (B)
Explanation: आग्नेय चट्टान बनती है।

56. ज्वालामुखी विस्फोट से वायु में क्या फैलता है?

(A) जल
(B) गैस
(C) राख
(D) सभी
Answer: (D)
Explanation: गैस और राख फैलती है।

57. ज्वालामुखी के कारण कौन सी आपदा आती है?

(A) बाढ़
(B) सूखा
(C) लावा प्रवाह
(D) वर्षा
Answer: (C)
Explanation: लावा प्रवाह मुख्य

आपदा है।

58. ज्वालामुखी विस्फोट का मुख्य कारण क्या है?

(A) जल
(B) वायु
(C) दबाव
(D) प्रकाश

Answer: (C)

Explanation: दबाव बढ़ने से विस्फोट होता है।

59. ज्वालामुखी से निकलने वाला लावा ठंडा होकर क्या बनाता है?

(A) जल
(B) चट्टान
(C) वायु
(D) गैस

Answer: (B)

Explanation: चट्टान बनती है।

60. ज्वालामुखी विस्फोट से कौन सा क्षेत्र अधिक प्रभावित होता है?

(A) दूर क्षेत्र
(B) निकट क्षेत्र
(C) जल क्षेत्र
(D) वायु क्षेत्र

Answer: (B)

Explanation: आसपास का क्षेत्र अधिक प्रभावित होता है।

61. ज्वालामुखी विस्फोट से क्या नुकसान होता है?

(A) जीवन हानि
(B) संपत्ति हानि
(C) पर्यावरण हानि
(D) सभी

Answer: (D)

Explanation: सभी प्रकार का नुकसान होता है।

62. ज्वालामुखी विस्फोट से कौन सा लाभ होता है?

(A) उपजाऊ मिट्टी
(B) खनिज
(C) भूमि निर्माण
(D) सभी

Answer: (D)

Explanation: कई लाभ भी होते हैं।

63. ज्वालामुखी का संबंध किससे है?

(A) वायु
(B) जल
(C) पृथ्वी की आंतरिक ऊर्जा
(D) सूर्य

Answer: (C)

Explanation: आंतरिक ऊर्जा से संबंधित है।

64. ज्वालामुखी विस्फोट के दौरान कौन सा पदार्थ नहीं निकलता?

(A) लावा
(B) गैस
(C) राख
(D) बर्फ

Answer: (D)

Explanation: बर्फ नहीं निकलती।

65. ज्वालामुखी विस्फोट से जल स्रोत क्यों प्रभावित होते हैं?

(A) वायु
(B) राख
(C) ताप
(D) प्रकाश
Answer: (B)
Explanation: राख से जल दूषित होता है।

66. ज्वालामुखी विस्फोट से कौन सी गैस अधिक हानिकारक होती है?
(A) ऑक्सीजन
(B) कार्बन डाइऑक्साइड
(C) नाइट्रोजन
(D) हाइड्रोजन
Answer: (B)
Explanation: यह जीवन के लिए हानिकारक है।

67. ज्वालामुखी विस्फोट से वायु क्यों प्रदूषित होती है?
(A) जल
(B) गैस और राख
(C) ताप
(D) प्रकाश
Answer: (B)
Explanation: गैस और राख कारण हैं।

68. ज्वालामुखी विस्फोट के दौरान कौन सी प्रक्रिया होती है?
(A) अपक्षय
(B) निक्षेपण
(C) विस्फोट
(D) अपरदन
Answer: (C)
Explanation: मैग्मा का विस्फोट होता है।

69. ज्वालामुखी विस्फोट का संबंध किससे है?
(A) बाह्य प्रक्रिया
(B) आंतरिक प्रक्रिया
(C) जैविक प्रक्रिया
(D) रासायनिक प्रक्रिया
Answer: (B)
Explanation: यह आंतरिक प्रक्रिया है।

70. ज्वालामुखी विस्फोट से कौन सी संरचना बनती है?
(A) पर्वत
(B) घाटी
(C) मैदान
(D) नदी
Answer: (A)
Explanation: ज्वालामुखीय पर्वत बनते हैं।

71. ज्वालामुखी विस्फोट से कौन सा खतरा होता है?
(A) लावा
(B) गैस
(C) राख
(D) सभी
Answer: (D)
Explanation: सभी खतरनाक हैं।

72. ज्वालामुखी विस्फोट के समय क्या करना चाहिए?
(A) पास जाना

(B) दूर रहना
(C) खड़ा रहना
(D) दौड़ना
Answer: (B)
Explanation: सुरक्षित दूरी जरूरी है।

73. ज्वालामुखी विस्फोट से कौन सी ऊर्जा निकलती है?
(A) सौर
(B) आंतरिक
(C) जल
(D) वायु
Answer: (B)
Explanation: आंतरिक ऊर्जा निकलती है।

74. ज्वालामुखी विस्फोट से कौन सी गैस वायु में मिलती है?
(A) ऑक्सीजन
(B) कार्बन डाइऑक्साइड
(C) नाइट्रोजन
(D) सभी
Answer: (D)
Explanation: कई गैसें निकलती हैं।

75. ज्वालामुखी विस्फोट से कौन सा प्रभाव होता है?
(A) गर्मी
(B) धुआँ
(C) राख
(D) सभी
Answer: (D)
Explanation: सभी प्रभाव होते हैं।

76. ज्वालामुखी विस्फोट से कौन सा क्षेत्र प्रभावित होता है?
(A) केवल जल
(B) केवल वायु
(C) आसपास का क्षेत्र
(D) केवल पर्वत
Answer: (C)
Explanation: आसपास का क्षेत्र प्रभावित होता है।

77. ज्वालामुखी विस्फोट का मुख्य कारण क्या है?
(A) जल
(B) वायु
(C) दबाव
(D) प्रकाश
Answer: (C)
Explanation: दबाव के कारण विस्फोट होता है।

78. ज्वालामुखी विस्फोट से कौन सी चट्टान बनती है?
(A) अवसादी
(B) आग्नेय
(C) रूपांतरित
(D) जैविक
Answer: (B)
Explanation: आग्नेय चट्टान बनती है।

79. ज्वालामुखी विस्फोट से कौन सी मिट्टी बनती है?
(A) बंजर
(B) उपजाऊ
(C) शुष्क
(D) कठोर

Answer: (B)
Explanation: उपजाऊ मिट्टी बनती है।

80. ज्वालामुखी विस्फोट से कौन सी गैस निकलती है?
(A) ऑक्सीजन
(B) कार्बन डाइऑक्साइड
(C) नाइट्रोजन
(D) सभी
Answer: (D)
Explanation: सभी प्रकार की गैसें निकलती हैं।

81. ज्वालामुखी विस्फोट से क्या बनता है?
(A) पर्वत
(B) मैदान
(C) नदी
(D) टिब्बा
Answer: (A)
Explanation: ज्वालामुखीय पर्वत बनते हैं।

82. ज्वालामुखी विस्फोट का प्रभाव क्या है?
(A) प्रदूषण
(B) गर्मी
(C) राख
(D) सभी
Answer: (D)
Explanation: सभी प्रभाव होते हैं।

83. ज्वालामुखी विस्फोट से कौन सी आपदा आती है?
(A) लावा
(B) राख
(C) गैस
(D) सभी
Answer: (D)
Explanation: सभी प्रकार की आपदाएँ होती हैं।

84. ज्वालामुखी विस्फोट से क्या लाभ होता है?
(A) मिट्टी उपजाऊ
(B) खनिज
(C) भूमि निर्माण
(D) सभी
Answer: (D)
Explanation: कई लाभ भी होते हैं।

85. ज्वालामुखी का संबंध किससे है?
(A) पृथ्वी
(B) जल
(C) वायु
(D) सूर्य
Answer: (A)
Explanation: यह पृथ्वी की प्रक्रिया है।

86. ज्वालामुखी विस्फोट से कौन सा खतरा होता है?
(A) लावा
(B) गैस
(C) राख
(D) सभी
Answer: (D)
Explanation: सभी खतरनाक हैं।

87. ज्वालामुखी विस्फोट से क्या

प्रभाव होता है?

(A) ताप

(B) धुआँ

(C) राख

(D) सभी

Answer: (D)

Explanation: सभी प्रभाव होते हैं।

88. ज्वालामुखी विस्फोट का मुख्य कारण क्या है?

(A) वायु

(B) जल

(C) दबाव

(D) प्रकाश

Answer: (C)

Explanation: दबाव के कारण विस्फोट होता है।

89. ज्वालामुखी विस्फोट से क्या बनता है?

(A) पर्वत

(B) मैदान

(C) नदी

(D) टिब्बा

Answer: (A)

Explanation: पर्वत बनते हैं।

90. ज्वालामुखी विस्फोट का प्रभाव क्या है?

(A) प्रदूषण

(B) गर्मी

(C) राख

(D) सभी

Answer: (D)

Explanation: सभी प्रभाव होते हैं।

91. ज्वालामुखी विस्फोट से कौन सी गैस निकलती है?

(A) ऑक्सीजन

(B) कार्बन डाइऑक्साइड

(C) नाइट्रोजन

(D) सभी

Answer: (D)

Explanation: कई गैसें निकलती हैं।

92. ज्वालामुखी विस्फोट से कौन सी मिट्टी बनती है?

(A) बंजर

(B) उपजाऊ

(C) शुष्क

(D) कठोर

Answer: (B)

Explanation: उपजाऊ मिट्टी बनती है।

93. ज्वालामुखी विस्फोट का मुख्य प्रभाव क्या है?

(A) गर्मी

(B) धुआँ

(C) राख

(D) सभी

Answer: (D)

Explanation: सभी प्रभाव होते हैं।

94. ज्वालामुखी विस्फोट से कौन सा क्षेत्र प्रभावित होता है?

(A) आसपास

(B) दूर

(C) जल

(D) वायु

Answer: (A)

Explanation: आसपास का क्षेत्र प्रभावित होता है।

95. ज्वालामुखी विस्फोट से कौन सा खतरा होता है?

(A) लावा
(B) गैस
(C) राख
(D) सभी

Answer: (D)

Explanation: सभी खतरनाक हैं।

96. ज्वालामुखी विस्फोट का संबंध किससे है?

(A) बाह्य प्रक्रिया
(B) आंतरिक प्रक्रिया
(C) जैविक प्रक्रिया
(D) रासायनिक प्रक्रिया

Answer: (B)

Explanation: आंतरिक प्रक्रिया है।

97. ज्वालामुखी विस्फोट से क्या बनता है?

(A) पर्वत
(B) मैदान
(C) नदी
(D) टिब्बा

Answer: (A)

Explanation: पर्वत बनते हैं।

98. ज्वालामुखी विस्फोट का मुख्य कारण क्या है?

(A) जल
(B) वायु
(C) दबाव
(D) प्रकाश

Answer: (C)

Explanation: दबाव के कारण विस्फोट होता है।

99. ज्वालामुखी विस्फोट से कौन सा प्रभाव होता है?

(A) ताप
(B) धुआँ
(C) राख
(D) सभी

Answer: (D)

Explanation: सभी प्रभाव होते हैं।

100. ज्वालामुखी विस्फोट का मुख्य निष्कर्ष क्या है?

(A) पृथ्वी स्थिर है
(B) पृथ्वी गतिशील है
(C) पृथ्वी ठंडी है
(D) पृथ्वी शुष्क है

Answer: (B)

Explanation: यह पृथ्वी की आंतरिक गतिशीलता को दर्शाता है।

Chapter 7: स्थलरूप

1. स्थलरूप किसे कहा जाता है?

(A) जल का रूप
(B) पृथ्वी की सतह के प्राकृतिक रूप
(C) वायु का प्रवाह
(D) ताप का परिवर्तन

Answer: (B)

Explanation: पृथ्वी की सतह के विभिन्न आकारों को स्थलरूप कहते हैं।

2. स्थलरूपों को मुख्यतः कितने प्रकारों में बाँटा जाता है?

(A) 2
(B) 3
(C) 4
(D) 5
Answer: (B)
Explanation: पर्वत, पठार और मैदान तीन मुख्य प्रकार हैं।

3. पर्वत क्या है?

(A) समतल भूमि
(B) ऊँचा स्थलरूप
(C) जल क्षेत्र
(D) घाटी
Answer: (B)
Explanation: ऊँचाई वाला स्थलरूप पर्वत कहलाता है।

4. पठार क्या है?

(A) समतल और ऊँचा क्षेत्र
(B) नीचा क्षेत्र
(C) जल क्षेत्र
(D) पर्वत
Answer: (A)
Explanation: पठार ऊँचा और समतल होता है।

5. मैदान क्या है?

(A) ऊँचा क्षेत्र
(B) समतल और नीचा क्षेत्र
(C) जल क्षेत्र
(D) पर्वत
Answer: (B)
Explanation: मैदान समतल और नीचा होता है।

6. विश्व का सबसे ऊँचा पर्वत कौन सा है?

(A) कंचनजंगा
(B) एवरेस्ट
(C) नंदा देवी
(D) धौलागिरी
Answer: (B)
Explanation: माउंट एवरेस्ट सबसे ऊँचा है।

7. हिमालय किस प्रकार का पर्वत है?

(A) ज्वालामुखीय
(B) मोड़दार
(C) अवशिष्ट
(D) ब्लॉक
Answer: (B)
Explanation: हिमालय मोड़दार पर्वत है।

8. ब्लॉक पर्वत कैसे बनते हैं?

(A) मोड़ से
(B) भ्रंश से
(C) ज्वालामुखी से
(D) अपरदन से
Answer: (B)
Explanation: भ्रंश के कारण बनते हैं।

9. ज्वालामुखीय पर्वत कैसे बनते हैं?

(A) अपरदन
(B) जमाव
(C) लावा से
(D) जल से

Answer: (C)
Explanation: लावा के ठंडा होने से बनते हैं।

10. अवशिष्ट पर्वत कैसे बनते हैं?
(A) अपरदन से
(B) जमाव से
(C) ज्वालामुखी से
(D) जल से
Answer: (A)
Explanation: अपरदन के बाद बचे भाग से बनते हैं।

11. पठार का उदाहरण कौन सा है?
(A) हिमालय
(B) दक्कन का पठार
(C) गंगा मैदान
(D) नील नदी
Answer: (B)
Explanation: दक्कन पठार एक प्रमुख पठार है।

12. मैदान का उदाहरण कौन सा है?
(A) हिमालय
(B) दक्कन
(C) गंगा का मैदान
(D) अरावली
Answer: (C)
Explanation: गंगा मैदान प्रमुख है।

13. पर्वतों का मुख्य उपयोग क्या है?
(A) कृषि
(B) जल स्रोत
(C) खनिज
(D) सभी
Answer: (D)
Explanation: पर्वत कई संसाधन देते हैं।

14. पठार किस लिए प्रसिद्ध होते हैं?
(A) जल
(B) खनिज
(C) वायु
(D) ताप
Answer: (B)
Explanation: पठार खनिजों से समृद्ध होते हैं।

15. मैदान किसके लिए उपयुक्त होते हैं?
(A) उद्योग
(B) कृषि
(C) जल
(D) वायु
Answer: (B)
Explanation: समतल भूमि कृषि के लिए अच्छी है।

16. स्थलरूपों का निर्माण किससे होता है?
(A) वायु
(B) जल
(C) आंतरिक और बाह्य प्रक्रियाएँ
(D) सूर्य
Answer: (C)
Explanation: दोनों प्रकार की प्रक्रियाएँ जिम्मेदार हैं।

17. नदी द्वारा बनाए गए स्थलरूप क्या कहलाते हैं?

(A) वायवीय

(B) जल स्थलरूप

(C) हिमानी

(D) ज्वालामुखीय

Answer: (B)

Explanation: नदी जल स्थलरूप बनाती है।

18. वायु द्वारा बनाए गए स्थलरूप कहाँ पाए जाते हैं?

(A) पर्वत

(B) रेगिस्तान

(C) मैदान

(D) जल क्षेत्र

Answer: (B)

Explanation: रेगिस्तान में अधिक होते हैं।

19. हिमनद द्वारा बनाए गए स्थलरूप कहाँ पाए जाते हैं?

(A) मैदान

(B) पर्वत

(C) रेगिस्तान

(D) जल

Answer: (B)

Explanation: हिमालय जैसे क्षेत्रों में पाए जाते हैं।

20. डेल्टा किस प्रकार का स्थलरूप है?

(A) पर्वत

(B) पठार

(C) नदी निक्षेप

(D) वायु स्थलरूप

Answer: (C)

Explanation: नदी द्वारा बनाया गया निक्षेप है।

21. घाटी क्या है?

(A) ऊँचा क्षेत्र

(B) नीचा क्षेत्र

(C) जल

(D) पर्वत

Answer: (B)

Explanation: पर्वतों के बीच नीचा क्षेत्र घाटी है।

22. जलप्रपात किससे बनता है?

(A) वायु

(B) जल

(C) ताप

(D) प्रकाश

Answer: (B)

Explanation: नदी के ऊँचाई से गिरने पर बनता है।

23. रेगिस्तान में बनने वाला स्थलरूप क्या है?

(A) डेल्टा

(B) टिब्बा

(C) घाटी

(D) पठार

Answer: (B)

Explanation: रेत के टिब्बे बनते हैं।

24. पर्वतों का निर्माण किससे होता है?

(A) वायु

(B) प्लेट टकराव

(C) जल
(D) प्रकाश
Answer: (B)
Explanation: प्लेट टकराव से पर्वत बनते हैं।

25. स्थलरूपों का अध्ययन किसमें होता है?
(A) जीवविज्ञान
(B) भूगोल
(C) रसायन
(D) भौतिकी
Answer: (B)
Explanation: भूगोल में अध्ययन होता है।

26. स्थलरूपों का निर्माण किन प्रक्रियाओं से होता है?
(A) केवल आंतरिक
(B) केवल बाह्य
(C) आंतरिक और बाह्य दोनों
(D) कोई नहीं
Answer: (C)
Explanation: दोनों प्रकार की प्रक्रियाएँ मिलकर स्थलरूप बनाती हैं।

27. अपरदन से कौन सा स्थलरूप बनता है?
(A) पर्वत
(B) घाटी
(C) पठार
(D) मैदान
Answer: (B)
Explanation: अपरदन से घाटियाँ बनती हैं।

28. निक्षेपण से कौन सा स्थलरूप बनता है?
(A) पर्वत
(B) घाटी
(C) मैदान
(D) टिब्बा
Answer: (C)
Explanation: निक्षेपण से मैदान बनते हैं।

29. नदी के मुहाने पर बनने वाला स्थलरूप क्या है?
(A) पठार
(B) डेल्टा
(C) घाटी
(D) पर्वत
Answer: (B)
Explanation: नदी द्वारा लाए गए अवसाद से डेल्टा बनता है।

30. वायु अपरदन से कौन सा स्थलरूप बनता है?
(A) घाटी
(B) टिब्बा
(C) पठार
(D) पर्वत
Answer: (B)
Explanation: वायु से रेत के टिब्बे बनते हैं।

31. हिमनद द्वारा बनाए गए स्थलरूप को क्या कहते हैं?
(A) वायवीय
(B) हिमानी

(C) जल
(D) ज्वालामुखीय
Answer: (B)
Explanation: हिमनद द्वारा हिमानी स्थलरूप बनते हैं।

32. 'यू-आकार की घाटी' किससे बनती है?
(A) नदी
(B) वायु
(C) हिमनद
(D) ज्वालामुखी
Answer: (C)
Explanation: हिमनद द्वारा यू-आकार की घाटी बनती है।

33. 'वी-आकार की घाटी' किससे बनती है?
(A) नदी
(B) वायु
(C) हिमनद
(D) ज्वालामुखी
Answer: (A)
Explanation: नदी अपरदन से वी-आकार की घाटी बनती है।

34. पठार का किनारा क्या कहलाता है?
(A) घाटी
(B) कगार
(C) टिब्बा
(D) डेल्टा
Answer: (B)
Explanation: पठार का किनारा कगार कहलाता है।

35. पर्वतों के बीच का समतल भाग क्या कहलाता है?
(A) घाटी
(B) पठार
(C) मैदान
(D) टिब्बा
Answer: (A)
Explanation: पर्वतों के बीच घाटी होती है।

36. जलप्रपात का निर्माण किससे होता है?
(A) वायु
(B) जल प्रवाह में ऊँचाई अंतर
(C) ताप
(D) प्रकाश
Answer: (B)
Explanation: ऊँचाई से जल गिरने पर बनता है।

37. स्थलरूपों के परिवर्तन का मुख्य कारण क्या है?
(A) वायु
(B) जल
(C) समय और प्रक्रियाएँ
(D) सूर्य
Answer: (C)
Explanation: समय के साथ प्रक्रियाएँ परिवर्तन करती हैं।

38. मैदानों में मिट्टी उपजाऊ क्यों होती है?
(A) जल
(B) अवसाद
(C) वायु

(D) ताप
Answer: (B)
Explanation: नदियों द्वारा लाए गए अवसाद उपजाऊ बनाते हैं।

39. मरुस्थल में कौन सा स्थलरूप प्रमुख होता है?
(A) घाटी
(B) टिब्बा
(C) पठार
(D) पर्वत
Answer: (B)
Explanation: रेत के टिब्बे प्रमुख होते हैं।

40. स्थलरूपों के निर्माण में सबसे धीमी प्रक्रिया कौन सी है?
(A) भूकंप
(B) ज्वालामुखी
(C) अपरदन
(D) विस्फोट
Answer: (C)
Explanation: अपरदन धीरे-धीरे होता है।

41. डेल्टा किस प्रकार के निक्षेप का उदाहरण है?
(A) वायवीय
(B) नदी
(C) हिमानी
(D) ज्वालामुखीय
Answer: (B)
Explanation: नदी द्वारा बनाया गया निक्षेप है।

42. पर्वतों की ऊँचाई किससे कम होती है?
(A) निर्माण
(B) अपरदन
(C) निक्षेपण
(D) जल
Answer: (B)
Explanation: अपरदन से ऊँचाई घटती है।

43. पठार का दूसरा नाम क्या है?
(A) उच्चभूमि
(B) निम्नभूमि
(C) जलभूमि
(D) पर्वत
Answer: (A)
Explanation: इसे उच्चभूमि कहते हैं।

44. मैदानों का निर्माण मुख्यतः किससे होता है?
(A) ज्वालामुखी
(B) निक्षेपण
(C) भूकंप
(D) वायु
Answer: (B)
Explanation: अवसाद जमा होने से मैदान बनते हैं।

45. पर्वतों का निर्माण किस प्रक्रिया से होता है?
(A) बाह्य
(B) आंतरिक
(C) दोनों
(D) कोई नहीं
Answer: (B)

Explanation: आंतरिक प्रक्रियाओं से पर्वत बनते हैं।

46. घाटियों का निर्माण किससे होता है?
(A) निक्षेपण
(B) अपरदन
(C) ज्वालामुखी
(D) भूकंप
Answer: (B)
Explanation: अपरदन से घाटियाँ बनती हैं।

47. स्थलरूपों का अध्ययन क्या कहलाता है?
(A) भूविज्ञान
(B) भूआकृति विज्ञान
(C) जीवविज्ञान
(D) रसायन
Answer: (B)
Explanation: इसे जियोमॉर्फोलॉजी कहते हैं।

48. स्थलरूपों का सबसे बड़ा परिवर्तन किससे होता है?
(A) समय
(B) जल
(C) वायु
(D) ताप
Answer: (A)
Explanation: समय के साथ परिवर्तन होता है।

49. वायु अपरदन से कौन सा स्थलरूप बनता है?
(A) घाटी
(B) टिब्बा
(C) पठार
(D) पर्वत
Answer: (B)
Explanation: रेत के टिब्बे बनते हैं।

50. हिमानी अपरदन से कौन सा स्थलरूप बनता है?
(A) डेल्टा
(B) यू-आकार घाटी
(C) टिब्बा
(D) पठार
Answer: (B)
Explanation: हिमनद यू-आकार घाटी बनाते हैं।

51. नदी अपरदन से कौन सा स्थलरूप बनता है?
(A) टिब्बा
(B) वी-आकार घाटी
(C) पठार
(D) पर्वत
Answer: (B)
Explanation: नदी से वी-आकार घाटी बनती है।

52. स्थलरूपों का निर्माण किस ऊर्जा से होता है?
(A) सौर
(B) आंतरिक
(C) बाह्य
(D) सभी
Answer: (D)
Explanation: सभी प्रकार की ऊर्जा कार्य करती हैं।

53. पर्वतों के बीच बहने वाली नदी क्या बनाती है?

(A) मैदान

(B) घाटी

(C) पठार

(D) टिब्बा

Answer: (B)

Explanation: घाटी बनती है।

54. पठार में कौन सा संसाधन अधिक मिलता है?

(A) जल

(B) खनिज

(C) वायु

(D) ताप

Answer: (B)

Explanation: खनिज प्रचुर मात्रा में होते हैं।

55. मैदानों में कौन सी गतिविधि अधिक होती है?

(A) खनन

(B) कृषि

(C) ज्वालामुखी

(D) भूकंप

Answer: (B)

Explanation: कृषि के लिए उपयुक्त हैं।

56. स्थलरूपों का निर्माण किससे प्रभावित होता है?

(A) जल

(B) वायु

(C) ताप

(D) सभी

Answer: (D)

Explanation: सभी कारक प्रभाव डालते हैं।

57. पर्वतों की ऊँचाई क्यों घटती है?

(A) निर्माण

(B) अपरदन

(C) निक्षेपण

(D) जल

Answer: (B)

Explanation: अपरदन से ऊँचाई कम होती है।

58. पठार का निर्माण कैसे होता है?

(A) ज्वालामुखी

(B) उठाव

(C) अपरदन

(D) सभी

Answer: (D)

Explanation: विभिन्न प्रक्रियाओं से बनते हैं।

59. मैदानों का निर्माण किससे होता है?

(A) भूकंप

(B) ज्वालामुखी

(C) निक्षेपण

(D) वायु

Answer: (C)

Explanation: अवसाद जमा होते हैं।

60. स्थलरूपों का मुख्य उद्देश्य क्या है?

(A) निर्माण

(B) परिवर्तन
(C) विकास
(D) सभी
Answer: (D)
Explanation: सभी प्रक्रियाएँ शामिल हैं।

61. स्थलरूपों का परिवर्तन किससे होता है?
(A) समय
(B) जल
(C) वायु
(D) सभी
Answer: (D)
Explanation: सभी कारक मिलकर परिवर्तन करते हैं।

62. डेल्टा कहाँ बनता है?
(A) पर्वत
(B) नदी का मुहाना
(C) पठार
(D) मैदान
Answer: (B)
Explanation: नदी के अंत में बनता है।

63. टिब्बे कहाँ पाए जाते हैं?
(A) पर्वत
(B) रेगिस्तान
(C) मैदान
(D) जल
Answer: (B)
Explanation: रेत के टिब्बे मरुस्थल में होते हैं।

64. स्थलरूपों का निर्माण किससे नहीं होता?
(A) जल
(B) वायु
(C) सूर्य
(D) प्लेट गति
Answer: (C)
Explanation: सूर्य अप्रत्यक्ष भूमिका निभाता है।

65. घाटी का निर्माण किससे होता है?
(A) अपरदन
(B) निक्षेपण
(C) ज्वालामुखी
(D) भूकंप
Answer: (A)
Explanation: अपरदन से घाटी बनती है।

66. पर्वतों का निर्माण किससे होता है?
(A) प्लेट टकराव
(B) जल
(C) वायु
(D) ताप
Answer: (A)
Explanation: प्लेट टकराव मुख्य कारण है।

67. पठार का निर्माण किससे होता है?
(A) उठाव
(B) ज्वालामुखी
(C) अपरदन
(D) सभी

Answer: (D)

Explanation: सभी प्रक्रियाएँ शामिल हैं।

68. मैदानों का निर्माण किससे होता है?

(A) जल निक्षेप

(B) वायु

(C) ताप

(D) प्रकाश

Answer: (A)

Explanation: नदी अवसाद जमा करती है।

69. स्थलरूपों का अध्ययन किसमें होता है?

(A) भूगोल

(B) जीवविज्ञान

(C) रसायन

(D) भौतिकी

Answer: (A)

Explanation: भूगोल में अध्ययन होता है।

70. स्थलरूपों का मुख्य कारण क्या है?

(A) ऊर्जा

(B) समय

(C) प्रक्रियाएँ

(D) सभी

Answer: (D)

Explanation: सभी कारक मिलकर कार्य करते हैं।

71. स्थलरूपों में परिवर्तन किससे होता है?

(A) जल

(B) वायु

(C) ताप

(D) सभी

Answer: (D)

Explanation: सभी कारक परिवर्तन करते हैं।

72. डेल्टा का निर्माण किससे होता है?

(A) वायु

(B) नदी

(C) हिमनद

(D) ज्वालामुखी

Answer: (B)

Explanation: नदी अवसाद जमा करती है।

73. टिब्बे किससे बनते हैं?

(A) जल

(B) वायु

(C) हिमनद

(D) ज्वालामुखी

Answer: (B)

Explanation: वायु रेत जमा करती है।

74. घाटी किससे बनती है?

(A) निक्षेपण

(B) अपरदन

(C) ज्वालामुखी

(D) भूकंप

Answer: (B)

Explanation: अपरदन से बनती है।

75. पर्वतों का निर्माण किससे

होता है?

(A) प्लेट गति

(B) जल

(C) वायु

(D) ताप

Answer: (A)

Explanation: प्लेट विवर्तनिकी कारण है।

76. पठार किसका उदाहरण है?

(A) उच्चभूमि

(B) निम्नभूमि

(C) जलभूमि

(D) पर्वत

Answer: (A)

Explanation: यह ऊँचा समतल क्षेत्र है।

77. मैदान किसका उदाहरण है?

(A) उच्चभूमि

(B) निम्नभूमि

(C) जलभूमि

(D) पर्वत

Answer: (B)

Explanation: समतल नीचा क्षेत्र है।

78. स्थलरूपों का निर्माण किससे प्रभावित होता है?

(A) जल

(B) वायु

(C) ताप

(D) सभी

Answer: (D)

Explanation: सभी कारक प्रभाव डालते हैं।

79. पर्वतों की ऊँचाई क्यों घटती है?

(A) अपरदन

(B) निक्षेपण

(C) निर्माण

(D) जल

Answer: (A)

Explanation: अपरदन से ऊँचाई कम होती है।

80. स्थलरूपों का परिवर्तन किससे होता है?

(A) समय

(B) प्रक्रियाएँ

(C) ऊर्जा

(D) सभी

Answer: (D)

Explanation: सभी कारण मिलकर परिवर्तन करते हैं।

81. स्थलरूपों का मुख्य प्रभाव क्या है?

(A) जल

(B) वायु

(C) पर्यावरण

(D) प्रकाश

Answer: (C)

Explanation: पर्यावरण प्रभावित होता है।

82. डेल्टा किसका उदाहरण है?

(A) निक्षेप

(B) अपरदन

(C) ज्वालामुखी

(D) भूकंप

Answer: (A)
Explanation: यह निक्षेपण का उदाहरण है।

83. टिब्बे किसका उदाहरण हैं?
(A) अपरदन
(B) निक्षेप
(C) ज्वालामुखी
(D) भूकंप
Answer: (B)
Explanation: वायु द्वारा निक्षेप।

84. घाटी किसका उदाहरण है?
(A) अपरदन
(B) निक्षेप
(C) ज्वालामुखी
(D) भूकंप
Answer: (A)
Explanation: अपरदन से बनती है।

85. पर्वत किसका उदाहरण है?
(A) आंतरिक प्रक्रिया
(B) बाह्य प्रक्रिया
(C) दोनों
(D) कोई नहीं
Answer: (A)
Explanation: आंतरिक प्रक्रियाओं से बनते हैं।

86. पठार किससे बनते हैं?
(A) उठाव
(B) ज्वालामुखी
(C) अपरदन
(D) सभी
Answer: (D)
Explanation: सभी प्रक्रियाएँ शामिल हैं।

87. मैदान किससे बनते हैं?
(A) जल निक्षेप
(B) वायु
(C) ताप
(D) प्रकाश
Answer: (A)
Explanation: नदी अवसाद जमा करती है।

88. स्थलरूपों का अध्ययन किससे संबंधित है?
(A) पृथ्वी
(B) जल
(C) वायु
(D) प्रकाश
Answer: (A)
Explanation: पृथ्वी से संबंधित है।

89. स्थलरूपों का मुख्य उद्देश्य क्या है?
(A) निर्माण
(B) परिवर्तन
(C) विकास
(D) सभी
Answer: (D)
Explanation: सभी प्रक्रियाएँ शामिल हैं।

90. स्थलरूपों का परिवर्तन किससे होता है?
(A) समय
(B) जल
(C) वायु
(D) सभी

Answer: (D)

Explanation: सभी कारक जिम्मेदार हैं।

91. स्थलरूपों का प्रभाव किस पर पड़ता है?

(A) पर्यावरण

(B) जल

(C) वायु

(D) प्रकाश

Answer: (A)

Explanation: पर्यावरण प्रभावित होता है।

92. डेल्टा का निर्माण किससे होता है?

(A) नदी

(B) वायु

(C) हिमनद

(D) ज्वालामुखी

Answer: (A)

Explanation: नदी द्वारा।

93. टिब्बे कहाँ बनते हैं?

(A) पर्वत

(B) रेगिस्तान

(C) मैदान

(D) जल

Answer: (B)

Explanation: मरुस्थल में बनते हैं।

94. घाटी किससे बनती है?

(A) अपरदन

(B) निक्षेपण

(C) ज्वालामुखी

(D) भूकंप

Answer: (A)

Explanation: अपरदन से।

95. पर्वतों का निर्माण किससे होता है?

(A) प्लेट टकराव

(B) जल

(C) वायु

(D) ताप

Answer: (A)

Explanation: प्लेट विवर्तनिकी से।

96. पठार का निर्माण कैसे होता है?

(A) उठाव

(B) ज्वालामुखी

(C) अपरदन

(D) सभी

Answer: (D)

Explanation: विभिन्न प्रक्रियाओं से।

97. मैदान का निर्माण किससे होता है?

(A) निक्षेपण

(B) अपरदन

(C) ज्वालामुखी

(D) भूकंप

Answer: (A)

Explanation: अवसाद जमा होते हैं।

98. स्थलरूपों का अध्ययन किसमें होता है?

(A) भूगोल

(B) जीवविज्ञान

(C) रसायन

(D) भौतिकी

Answer: (A)
Explanation: भूगोल में।

99. स्थलरूपों का मुख्य कारण क्या है?
(A) जल
(B) वायु
(C) प्रक्रियाएँ
(D) सभी
Answer: (D)
Explanation: सभी कारक मिलकर कार्य करते हैं।

100. स्थलरूपों का निष्कर्ष क्या है?
(A) पृथ्वी स्थिर है
(B) पृथ्वी गतिशील है
(C) पृथ्वी ठंडी है
(D) पृथ्वी शुष्क है
Answer: (B)
Explanation: स्थलरूप परिवर्तनशील हैं, जो पृथ्वी की गतिशीलता को दर्शाते हैं।

Chapter 8: मृदा

1. मृदा किसे कहते हैं?
(A) जल
(B) चट्टानों का चूर्णित रूप
(C) वायु
(D) धातु
Answer: (B)
Explanation: चट्टानों के अपक्षय से बनी परत मृदा कहलाती है।

2. मृदा का निर्माण किससे होता है?
(A) वायु
(B) जल
(C) चट्टानों के अपक्षय से
(D) सूर्य
Answer: (C)
Explanation: चट्टानों के टूटने से मृदा बनती है।

3. मृदा के मुख्य घटक कौन-कौन से हैं?
(A) खनिज
(B) जल
(C) वायु
(D) सभी
Answer: (D)
Explanation: मृदा में खनिज, जल और वायु होते हैं।

4. मृदा की सबसे ऊपरी परत क्या कहलाती है?
(A) उपमृदा
(B) अवमृदा
(C) शीर्ष मृदा
(D) चट्टान
Answer: (C)
Explanation: शीर्ष मृदा सबसे उपजाऊ होती है।

5. मृदा की उर्वरता किस पर निर्भर करती है?
(A) रंग
(B) संरचना
(C) पोषक तत्व

(D) सभी

Answer: (D)

Explanation: सभी कारक उर्वरता को प्रभावित करते हैं।

6. मृदा के निर्माण में कितना समय लगता है?

(A) कुछ दिन

(B) कुछ वर्ष

(C) सैकड़ों वर्ष

(D) हजारों वर्ष

Answer: (D)

Explanation: मृदा बनने में बहुत समय लगता है।

7. मृदा अपरदन क्या है?

(A) निर्माण

(B) मृदा का बह जाना

(C) जमाव

(D) ताप

Answer: (B)

Explanation: मृदा का हटना अपरदन कहलाता है।

8. मृदा अपरदन का मुख्य कारण क्या है?

(A) जल

(B) वायु

(C) मानव गतिविधियाँ

(D) सभी

Answer: (D)

Explanation: सभी कारण जिम्मेदार हैं।

9. जल अपरदन से क्या होता है?

(A) मृदा का बहना

(B) मृदा बनना

(C) ताप बढ़ना

(D) वायु चलना

Answer: (A)

Explanation: जल मृदा को बहा ले जाता है।

10. वायु अपरदन कहाँ अधिक होता है?

(A) पर्वत

(B) रेगिस्तान

(C) मैदान

(D) जंगल

Answer: (B)

Explanation: शुष्क क्षेत्रों में वायु अपरदन अधिक होता है।

11. भारत में सबसे अधिक पाई जाने वाली मृदा कौन सी है?

(A) काली

(B) जलोढ़

(C) लाल

(D) लैटराइट

Answer: (B)

Explanation: जलोढ़ मृदा व्यापक रूप से पाई जाती है।

12. काली मिट्टी किस फसल के लिए उपयुक्त है?

(A) गेहूँ

(B) कपास

(C) चावल

(D) ज्वार

Answer: (B)

Explanation: काली मिट्टी कपास के

लिए उपयुक्त है।

13. लाल मिट्टी का रंग किसके कारण होता है?

(A) लोहा

(B) जल

(C) वायु

(D) ताप

Answer: (A)

Explanation: लोहे की उपस्थिति से लाल रंग होता है।

14. लैटराइट मिट्टी कहाँ पाई जाती है?

(A) मैदान

(B) पर्वत

(C) उच्च वर्षा वाले क्षेत्र

(D) रेगिस्तान

Answer: (C)

Explanation: अधिक वर्षा वाले क्षेत्रों में मिलती है।

15. जलोढ़ मिट्टी किससे बनती है?

(A) वायु

(B) जल द्वारा लाए गए अवसाद

(C) ताप

(D) प्रकाश

Answer: (B)

Explanation: नदियाँ अवसाद जमा करती हैं।

16. मृदा का pH किससे संबंधित है?

(A) ताप

(B) अम्लता और क्षारीयता

(C) जल

(D) वायु

Answer: (B)

Explanation: pH मृदा की अम्लीयता बताता है।

17. मृदा संरक्षण क्यों आवश्यक है?

(A) उत्पादन बढ़ाने के लिए

(B) अपरदन रोकने के लिए

(C) पर्यावरण बचाने के लिए

(D) सभी

Answer: (D)

Explanation: सभी कारण महत्वपूर्ण हैं।

18. वनों की कटाई से क्या होता है?

(A) मृदा संरक्षण

(B) मृदा अपरदन

(C) जल बढ़ना

(D) वायु शुद्ध

Answer: (B)

Explanation: कटाई से मृदा बहती है।

19. समतलीकरण से क्या होता है?

(A) मृदा संरक्षण

(B) अपरदन

(C) ताप

(D) वायु

Answer: (A)

Explanation: मृदा का संरक्षण होता है।

20. मृदा की उर्वरता बढ़ाने के लिए क्या उपयोगी है?

(A) उर्वरक
(B) जल
(C) वायु
(D) ताप
Answer: (A)
Explanation: उर्वरक पोषक तत्व बढ़ाते हैं।

21. मृदा में नमी किससे आती है?
(A) वायु
(B) जल
(C) ताप
(D) प्रकाश
Answer: (B)
Explanation: जल से नमी आती है।

22. मृदा का निर्माण किस प्रक्रिया से होता है?
(A) अपरदन
(B) अपक्षय
(C) निक्षेपण
(D) सभी
Answer: (D)
Explanation: सभी प्रक्रियाएँ शामिल हैं।

23. मृदा की बनावट किससे निर्धारित होती है?
(A) कण आकार
(B) जल
(C) वायु
(D) ताप
Answer: (A)
Explanation: कणों का आकार बनावट तय करता है।

24. रेतीली मिट्टी कैसी होती है?
(A) जलधारण अधिक
(B) जलधारण कम
(C) उपजाऊ
(D) कठोर
Answer: (B)
Explanation: पानी जल्दी निकल जाता है।

25. चिकनी मिट्टी कैसी होती है?
(A) जलधारण कम
(B) जलधारण अधिक
(C) शुष्क
(D) कठोर
Answer: (B)
Explanation: पानी रोकने की क्षमता अधिक होती है।

26. दोमट मिट्टी किसका मिश्रण होती है?
(A) रेत और चिकनी मिट्टी
(B) जल और वायु
(C) पत्थर और धातु
(D) केवल रेत
Answer: (A)
Explanation: दोमट मिट्टी में रेत और चिकनी मिट्टी का संतुलित मिश्रण होता है।

27. मृदा की उर्वरता किससे कम होती है?
(A) उर्वरक
(B) अपरदन
(C) सिंचाई
(D) वर्षा

Answer: (B)
Explanation: अपरदन से पोषक तत्व नष्ट होते हैं।

28. मृदा संरक्षण का एक उपाय क्या है?
(A) वनों की कटाई
(B) समतलीकरण
(C) अधिक जुताई
(D) जल बहाव
Answer: (B)
Explanation: समतलीकरण से मृदा संरक्षण होता है।

29. कंटूर खेती किसके लिए उपयोगी है?
(A) उत्पादन बढ़ाने
(B) मृदा अपरदन रोकने
(C) जल बढ़ाने
(D) ताप कम करने
Answer: (B)
Explanation: ढाल पर मृदा बहाव कम होता है।

30. टेरेस खेती कहाँ की जाती है?
(A) मैदान
(B) पर्वत
(C) रेगिस्तान
(D) जल क्षेत्र
Answer: (B)
Explanation: ढाल वाले क्षेत्रों में सीढ़ीनुमा खेती होती है।

31. मृदा का रंग किस पर निर्भर करता है?
(A) जल
(B) खनिज
(C) वायु
(D) ताप
Answer: (B)
Explanation: खनिजों के कारण रंग बदलता है।

32. मृदा में कार्बनिक पदार्थ को क्या कहते हैं?
(A) ह्यूमस
(B) खनिज
(C) जल
(D) वायु
Answer: (A)
Explanation: ह्यूमस पौधों के अवशेषों से बनता है।

33. ह्यूमस मृदा के लिए क्यों महत्वपूर्ण है?
(A) रंग के लिए
(B) उर्वरता के लिए
(C) ताप के लिए
(D) वायु के लिए
Answer: (B)
Explanation: यह पोषक तत्व बढ़ाता है।

34. मृदा की जलधारण क्षमता किस पर निर्भर करती है?
(A) ताप
(B) बनावट
(C) वायु
(D) प्रकाश
Answer: (B)
Explanation: कण आकार

जलधारण को प्रभावित करता है।

35. मृदा में वायु का क्या महत्व है?

(A) पौधों के लिए

(B) जल के लिए

(C) ताप के लिए

(D) रंग के लिए

Answer: (A)

Explanation: पौधों की जड़ों को वायु की आवश्यकता होती है।

36. मृदा अपरदन रोकने का उपाय क्या है?

(A) वनों की कटाई

(B) वृक्षारोपण

(C) अधिक जुताई

(D) जल बहाव

Answer: (B)

Explanation: पेड़ लगाने से मृदा सुरक्षित रहती है।

37. अधिक वर्षा से क्या होता है?

(A) मृदा संरक्षण

(B) अपरदन

(C) ताप

(D) वायु

Answer: (B)

Explanation: वर्षा से मृदा बह सकती है।

38. मृदा का सबसे उपजाऊ प्रकार कौन सा है?

(A) रेतीली

(B) दोमट

(C) चिकनी

(D) पथरीली

Answer: (B)

Explanation: दोमट मिट्टी सबसे उपयुक्त होती है।

39. मृदा का निर्माण किन कारकों से होता है?

(A) जल

(B) वायु

(C) ताप

(D) सभी

Answer: (D)

Explanation: सभी कारक योगदान देते हैं।

40. मृदा में जल का क्या कार्य है?

(A) पोषण देना

(B) ताप बढ़ाना

(C) वायु बनाना

(D) रंग बदलना

Answer: (A)

Explanation: जल पोषक तत्वों को घोलकर पौधों तक पहुँचाता है।

41. मृदा की परतों को क्या कहते हैं?

(A) स्तर

(B) क्षितिज

(C) रेखा

(D) भाग

Answer: (B)

Explanation: इन्हें मृदा क्षितिज कहते हैं।

42. A-क्षितिज क्या है?

(A) सबसे नीचे

(B) शीर्ष मृदा

(C) चट्टान
(D) जल
Answer: (B)
Explanation: यह उपजाऊ शीर्ष परत है।

43. B-क्षितिज क्या है?
(A) शीर्ष मृदा
(B) उपमृदा
(C) चट्टान
(D) वायु
Answer: (B)
Explanation: यह मध्य परत होती है।

44. C-क्षितिज क्या है?
(A) शीर्ष मृदा
(B) उपमृदा
(C) मूल चट्टान
(D) जल
Answer: (C)
Explanation: यह चट्टान के पास की परत है।

45. मृदा संरक्षण का मुख्य उद्देश्य क्या है?
(A) जल
(B) उत्पादन
(C) मृदा बचाना
(D) वायु
Answer: (C)
Explanation: मृदा को सुरक्षित रखना मुख्य उद्देश्य है।

46. मृदा में पोषक तत्व किससे मिलते हैं?
(A) जल
(B) खनिज
(C) वायु
(D) ताप
Answer: (B)
Explanation: खनिज पोषण देते हैं।

47. मृदा की उर्वरता कैसे बढ़ाई जा सकती है?
(A) उर्वरक
(B) जल
(C) वायु
(D) ताप
Answer: (A)
Explanation: उर्वरक पोषक तत्व बढ़ाते हैं।

48. मृदा में नाइट्रोजन का क्या महत्व है?
(A) रंग
(B) वृद्धि
(C) ताप
(D) वायु
Answer: (B)
Explanation: पौधों की वृद्धि में सहायक है।

49. मृदा में जल की कमी से क्या होता है?
(A) वृद्धि
(B) सूखापन
(C) उर्वरता
(D) ताप
Answer: (B)
Explanation: मृदा सूखी हो जाती है।

50. मृदा में वायु की कमी से क्या होता है?

(A) पौधे मर सकते हैं

(B) जल बढ़ता है

(C) ताप घटता है

(D) रंग बदलता है

Answer: (A)

Explanation: जड़ों को वायु नहीं मिलती।

51. मृदा संरक्षण के लिए कौन सा उपाय उचित है?

(A) वृक्षारोपण

(B) वनों की कटाई

(C) अधिक जुताई

(D) जल बहाव

Answer: (A)

Explanation: पेड़ मृदा को स्थिर रखते हैं।

52. मृदा अपरदन का मुख्य कारण क्या है?

(A) जल

(B) वायु

(C) मानव गतिविधियाँ

(D) सभी

Answer: (D)

Explanation: सभी कारण जिम्मेदार हैं।

53. मृदा का सबसे महत्वपूर्ण घटक क्या है?

(A) जल

(B) वायु

(C) खनिज

(D) सभी

Answer: (D)

Explanation: सभी आवश्यक हैं।

54. मृदा का रंग किससे प्रभावित होता है?

(A) जल

(B) खनिज

(C) वायु

(D) ताप

Answer: (B)

Explanation: खनिज रंग निर्धारित करते हैं।

55. मृदा में ह्यूमस का क्या कार्य है?

(A) रंग

(B) उर्वरता

(C) ताप

(D) वायु

Answer: (B)

Explanation: उर्वरता बढ़ाता है।

56. मृदा में जल का क्या कार्य है?

(A) पोषण

(B) ताप

(C) वायु

(D) रंग

Answer: (A)

Explanation: पोषक तत्व पहुँचाता है।

57. मृदा में वायु का क्या महत्व है?

(A) जड़ों के लिए

(B) जल के लिए

(C) ताप के लिए

(D) रंग के लिए
Answer: (A)
Explanation: जड़ों को ऑक्सीजन मिलती है।

58. मृदा संरक्षण का उपाय क्या है?
(A) वृक्षारोपण
(B) कटाई
(C) जल बहाव
(D) ताप
Answer: (A)
Explanation: पेड़ मृदा बचाते हैं।

59. मृदा की उर्वरता किससे घटती है?
(A) उर्वरक
(B) अपरदन
(C) सिंचाई
(D) वर्षा
Answer: (B)
Explanation: पोषक तत्व बह जाते हैं।

60. मृदा का निर्माण किससे होता है?
(A) अपक्षय
(B) जल
(C) वायु
(D) सभी
Answer: (D)
Explanation: सभी प्रक्रियाएँ शामिल हैं।

61. मृदा का मुख्य कार्य क्या है?
(A) जल
(B) पौधों को पोषण
(C) वायु
(D) ताप
Answer: (B)
Explanation: पौधों को पोषण देती है।

62. मृदा में जल की मात्रा क्यों आवश्यक है?
(A) पोषण
(B) ताप
(C) वायु
(D) रंग
Answer: (A)
Explanation: पोषक तत्व घुलते हैं।

63. मृदा की संरचना किससे बनती है?
(A) कण
(B) जल
(C) वायु
(D) ताप
Answer: (A)
Explanation: कणों से संरचना बनती है।

64. मृदा में वायु क्यों आवश्यक है?
(A) जड़ों के लिए
(B) जल के लिए
(C) ताप के लिए
(D) रंग के लिए
Answer: (A)
Explanation: जड़ों को ऑक्सीजन चाहिए।

65. मृदा संरक्षण क्यों जरूरी है?

(A) उत्पादन
(B) पर्यावरण
(C) संसाधन
(D) सभी
Answer: (D)
Explanation: सभी कारण महत्वपूर्ण हैं।

66. मृदा अपरदन से क्या होता है?
(A) उर्वरता बढ़ती है
(B) उर्वरता घटती है
(C) ताप बढ़ता है
(D) वायु बढ़ती है
Answer: (B)
Explanation: पोषक तत्व कम हो जाते हैं।

67. मृदा में नमी किससे आती है?
(A) वायु
(B) जल
(C) ताप
(D) प्रकाश
Answer: (B)
Explanation: जल से नमी मिलती है।

68. मृदा में पोषक तत्व कहाँ से आते हैं?
(A) खनिज
(B) जल
(C) वायु
(D) ताप
Answer: (A)
Explanation: खनिज स्रोत हैं।

69. मृदा का उपयोग किसमें होता है?
(A) कृषि
(B) निर्माण
(C) उद्योग
(D) सभी
Answer: (D)
Explanation: मृदा बहुउपयोगी है।

70. मृदा का निर्माण कितना समय लेता है?
(A) दिन
(B) वर्ष
(C) सैकड़ों वर्ष
(D) हजारों वर्ष
Answer: (D)
Explanation: यह बहुत धीमी प्रक्रिया है।

71. मृदा की गुणवत्ता किससे प्रभावित होती है?
(A) जल
(B) वायु
(C) ताप
(D) सभी
Answer: (D)
Explanation: सभी कारक प्रभाव डालते हैं।

72. मृदा में ह्यूमस क्यों महत्वपूर्ण है?
(A) रंग
(B) उर्वरता
(C) ताप
(D) वायु
Answer: (B)

Explanation: उर्वरता बढ़ाता है।

73. मृदा संरक्षण का उपाय क्या है?

(A) वृक्षारोपण

(B) कटाई

(C) जल बहाव

(D) ताप

Answer: (A)

Explanation: पेड़ मृदा बचाते हैं।

74. मृदा में जल की भूमिका क्या है?

(A) पोषण

(B) ताप

(C) वायु

(D) रंग

Answer: (A)

Explanation: पोषक तत्व पहुँचाता है।

75. मृदा में वायु की भूमिका क्या है?

(A) जड़ें

(B) जल

(C) ताप

(D) रंग

Answer: (A)

Explanation: जड़ों को ऑक्सीजन मिलती है।

76. मृदा का मुख्य उपयोग क्या है?

(A) कृषि

(B) निर्माण

(C) उद्योग

(D) सभी

Answer: (D)

Explanation: सभी क्षेत्रों में उपयोग होता है।

77. मृदा का निर्माण किससे होता है?

(A) अपक्षय

(B) जल

(C) वायु

(D) सभी

Answer: (D)

Explanation: सभी प्रक्रियाएँ शामिल हैं।

78. मृदा का संरक्षण कैसे होता है?

(A) वृक्षारोपण

(B) कटाई

(C) जल बहाव

(D) ताप

Answer: (A)

Explanation: पेड़ मृदा बचाते हैं।

79. मृदा की उर्वरता कैसे बढ़ती है?

(A) उर्वरक

(B) जल

(C) वायु

(D) ताप

Answer: (A)

Explanation: उर्वरक उपयोगी हैं।

80. मृदा का महत्व क्या है?

(A) कृषि

(B) पर्यावरण

(C) संसाधन

(D) सभी

Answer: (D)

Explanation: सभी क्षेत्रों में महत्वपूर्ण है।

81. मृदा में जल क्यों जरूरी है?

(A) पोषण

(B) ताप

(C) वायु

(D) रंग

Answer: (A)

Explanation: पोषक तत्व पहुँचाता है।

82. मृदा में वायु क्यों जरूरी है?

(A) जड़ों के लिए

(B) जल के लिए

(C) ताप के लिए

(D) रंग के लिए

Answer: (A)

Explanation: जड़ों को ऑक्सीजन चाहिए।

83. मृदा का निर्माण किससे होता है?

(A) अपक्षय

(B) जल

(C) वायु

(D) सभी

Answer: (D)

Explanation: सभी प्रक्रियाएँ शामिल हैं।

84. मृदा का संरक्षण क्यों जरूरी है?

(A) उत्पादन

(B) पर्यावरण

(C) संसाधन

(D) सभी

Answer: (D)

Explanation: सभी कारण महत्वपूर्ण हैं।

85. मृदा की उर्वरता किससे बढ़ती है?

(A) उर्वरक

(B) जल

(C) वायु

(D) ताप

Answer: (A)

Explanation: उर्वरक उपयोगी हैं।

86. मृदा का मुख्य कार्य क्या है?

(A) पोषण

(B) जल

(C) वायु

(D) ताप

Answer: (A)

Explanation: पौधों को पोषण देती है।

87. मृदा का निर्माण किससे होता है?

(A) अपक्षय

(B) जल

(C) वायु

(D) सभी

Answer: (D)

Explanation: सभी प्रक्रियाएँ शामिल हैं।

88. मृदा संरक्षण का उपाय क्या है?

(A) वृक्षारोपण
(B) कटाई
(C) जल बहाव
(D) ताप
Answer: (A)
Explanation: पेड़ मृदा बचाते हैं।

89. मृदा का महत्व क्या है?
(A) कृषि
(B) पर्यावरण
(C) संसाधन
(D) सभी
Answer: (D)
Explanation: सभी क्षेत्रों में महत्वपूर्ण है।

90. मृदा की उर्वरता किससे घटती है?
(A) उर्वरक
(B) अपरदन
(C) सिंचाई
(D) वर्षा
Answer: (B)
Explanation: पोषक तत्व बह जाते हैं।

91. मृदा का उपयोग कहाँ होता है?
(A) कृषि
(B) निर्माण
(C) उद्योग
(D) सभी
Answer: (D)
Explanation: सभी क्षेत्रों में उपयोग होता है।

92. मृदा का निर्माण किससे होता है?
(A) अपक्षय
(B) जल
(C) वायु
(D) सभी
Answer: (D)
Explanation: सभी प्रक्रियाएँ शामिल हैं।

93. मृदा का संरक्षण कैसे किया जा सकता है?
(A) वृक्षारोपण
(B) कटाई
(C) जल बहाव
(D) ताप
Answer: (A)
Explanation: पेड़ मृदा बचाते हैं।

94. मृदा का महत्व क्या है?
(A) कृषि
(B) पर्यावरण
(C) संसाधन
(D) सभी
Answer: (D)
Explanation: सभी क्षेत्रों में महत्वपूर्ण है।

95. मृदा में ह्यूमस क्यों जरूरी है?
(A) रंग
(B) उर्वरता
(C) ताप
(D) वायु
Answer: (B)
Explanation: उर्वरता बढ़ाता है।

96. मृदा में जल का कार्य क्या है?
(A) पोषण
(B) ताप
(C) वायु
(D) रंग
Answer: (A)
Explanation: पोषक तत्व पहुँचाता है।

97. मृदा में वायु का कार्य क्या है?
(A) जड़ों के लिए
(B) जल के लिए
(C) ताप के लिए
(D) रंग के लिए
Answer: (A)
Explanation: जड़ों को ऑक्सीजन मिलती है।

98. मृदा का निर्माण किससे होता है?
(A) अपक्षय
(B) जल
(C) वायु
(D) सभी
Answer: (D)
Explanation: सभी प्रक्रियाएँ शामिल हैं।

99. मृदा का संरक्षण क्यों आवश्यक है?
(A) उत्पादन
(B) पर्यावरण
(C) संसाधन
(D) सभी
Answer: (D)
Explanation: सभी कारण महत्वपूर्ण हैं।

100. मृदा का निष्कर्ष क्या है?
(A) स्थिर है
(B) गतिशील है
(C) ठंडी है
(D) शुष्क है
Answer: (B)
Explanation: मृदा लगातार बदलती और विकसित होती रहती है।

Chapter 9: वायुमंडल

1. वायुमंडल क्या है?
(A) जल का आवरण
(B) पृथ्वी को घेरने वाली गैसों की परत
(C) ठोस परत
(D) प्रकाश
Answer: (B)
Explanation: वायुमंडल गैसों का आवरण है जो पृथ्वी को घेरे रहता है।

2. वायुमंडल की सबसे निचली परत कौन सी है?
(A) समताप मंडल
(B) क्षोभमंडल
(C) आयनमंडल
(D) बहिर्मंडल
Answer: (B)
Explanation: क्षोभमंडल सबसे निचली परत है।

3. वायुमंडल की सबसे ऊपरी

परत कौन सी है?
(A) क्षोभमंडल
(B) समताप मंडल
(C) बहिर्मंडल
(D) मध्यमंडल
Answer: (C)
Explanation: बहिर्मंडल सबसे ऊपर होता है।

4. मौसम की घटनाएँ किस परत में होती हैं?
(A) समताप मंडल
(B) क्षोभमंडल
(C) आयनमंडल
(D) बहिर्मंडल
Answer: (B)
Explanation: मौसम क्षोभमंडल में होता है।

5. ओजोन परत कहाँ पाई जाती है?
(A) क्षोभमंडल
(B) समताप मंडल
(C) मध्यमंडल
(D) बहिर्मंडल
Answer: (B)
Explanation: ओजोन परत समताप मंडल में होती है।

6. वायुमंडल में सबसे अधिक गैस कौन सी है?
(A) ऑक्सीजन
(B) नाइट्रोजन
(C) कार्बन डाइऑक्साइड
(D) हाइड्रोजन
Answer: (B)
Explanation: नाइट्रोजन लगभग 78 प्रतिशत है।

7. वायुमंडल में ऑक्सीजन का प्रतिशत कितना है?
(A) 21 प्रतिशत
(B) 50 प्रतिशत
(C) 78 प्रतिशत
(D) 10 प्रतिशत
Answer: (A)
Explanation: ऑक्सीजन लगभग 21 प्रतिशत है।

8. वायुदाब किससे मापा जाता है?
(A) थर्मामीटर
(B) बैरोमीटर
(C) हाइड्रोमीटर
(D) अल्टीमीटर
Answer: (B)
Explanation: बैरोमीटर वायुदाब मापता है।

9. तापमान किससे मापा जाता है?
(A) बैरोमीटर
(B) थर्मामीटर
(C) अल्टीमीटर
(D) हाइड्रोमीटर
Answer: (B)
Explanation: थर्मामीटर ताप मापता है।

10. पवन क्या है?
(A) जल
(B) वायु का प्रवाह
(C) ताप

(D) प्रकाश

Answer: (B)

Explanation: वायु के चलने को पवन कहते हैं।

11. वायुदाब किसके कारण होता है?

(A) जल

(B) वायु का भार

(C) ताप

(D) प्रकाश

Answer: (B)

Explanation: वायु का भार दबाव बनाता है।

12. उच्च वायुदाब क्षेत्र में वायु कैसी होती है?

(A) हल्की

(B) भारी

(C) गर्म

(D) ठंडी

Answer: (B)

Explanation: उच्च दाब में वायु भारी होती है।

13. निम्न वायुदाब क्षेत्र में वायु कैसी होती है?

(A) भारी

(B) हल्की

(C) ठंडी

(D) स्थिर

Answer: (B)

Explanation: निम्न दाब में वायु हल्की होती है।

14. पवन की दिशा किससे निर्धारित होती है?

(A) जल

(B) दाब अंतर

(C) ताप

(D) प्रकाश

Answer: (B)

Explanation: दाब अंतर से पवन चलती है।

15. मानसून क्या है?

(A) वायु

(B) मौसमी पवन

(C) जल

(D) ताप

Answer: (B)

Explanation: मानसून मौसमी पवन है।

16. वर्षा कैसे होती है?

(A) वायु

(B) जल वाष्प का संघनन

(C) ताप

(D) प्रकाश

Answer: (B)

Explanation: जल वाष्प संघनित होकर वर्षा बनती है।

17. बादल कैसे बनते हैं?

(A) वायु

(B) जल वाष्प के संघनन से

(C) ताप

(D) प्रकाश

Answer: (B)

Explanation: संघनन से बादल बनते हैं।

18. आर्द्रता क्या है?
(A) ताप
(B) वायु में जल वाष्प
(C) जल
(D) प्रकाश
Answer: (B)
Explanation: वायु में जल वाष्प की मात्रा आर्द्रता है।

19. ओजोन परत का कार्य क्या है?
(A) ताप बढ़ाना
(B) पराबैंगनी किरणों से रक्षा
(C) जल बनाना
(D) वायु बनाना
Answer: (B)
Explanation: यह हानिकारक किरणों से बचाती है।

20. वायुमंडल का मुख्य कार्य क्या है?
(A) जल देना
(B) जीवन की रक्षा
(C) ताप बढ़ाना
(D) वायु बनाना
Answer: (B)
Explanation: यह जीवन के लिए आवश्यक है।

21. समताप मंडल में क्या विशेष है?
(A) वर्षा
(B) ओजोन परत
(C) वायु
(D) ताप
Answer: (B)
Explanation: ओजोन परत यहाँ होती है।

22. मध्यमंडल में क्या होता है?
(A) वर्षा
(B) उल्काएँ जलती हैं
(C) पवन
(D) ताप
Answer: (B)
Explanation: उल्काएँ जल जाती हैं।

23. आयनमंडल का उपयोग किसमें होता है?
(A) जल
(B) संचार
(C) ताप
(D) प्रकाश
Answer: (B)
Explanation: रेडियो तरंगें परावर्तित होती हैं।

24. बहिर्मंडल में क्या होता है?
(A) वायु
(B) उपग्रह
(C) जल
(D) ताप
Answer: (B)
Explanation: उपग्रह इस परत में होते हैं।

25. वायुमंडल का ताप किससे प्रभावित होता है?
(A) सूर्य
(B) जल
(C) वायु
(D) सभी

Answer: (D)

Explanation: सभी कारक प्रभाव डालते हैं।

26. वायुमंडल में कार्बन डाइऑक्साइड का मुख्य कार्य क्या है?

(A) श्वसन

(B) प्रकाश संश्लेषण

(C) ताप बढ़ाना

(D) वायु बनाना

Answer: (B)

Explanation: पौधे प्रकाश संश्लेषण में इसका उपयोग करते हैं।

27. ग्रीनहाउस प्रभाव किससे होता है?

(A) ऑक्सीजन

(B) कार्बन डाइऑक्साइड

(C) नाइट्रोजन

(D) हाइड्रोजन

Answer: (B)

Explanation: यह गैस ताप को रोकती है।

28. वायुमंडल में नाइट्रोजन का क्या कार्य है?

(A) श्वसन

(B) संतुलन बनाए रखना

(C) ताप बढ़ाना

(D) जल बनाना

Answer: (B)

Explanation: यह वायुमंडल को स्थिर रखती है।

29. वायुमंडल में सबसे कम मात्रा में कौन सी गैस होती है?

(A) नाइट्रोजन

(B) ऑक्सीजन

(C) कार्बन डाइऑक्साइड

(D) आर्गन

Answer: (C)

Explanation: कार्बन डाइऑक्साइड बहुत कम मात्रा में होती है।

30. वायुदाब कहाँ अधिक होता है?

(A) ऊँचाई पर

(B) समुद्र तल पर

(C) पर्वत पर

(D) आकाश में

Answer: (B)

Explanation: समुद्र तल पर वायु का भार अधिक होता है।

31. ऊँचाई बढ़ने पर वायुदाब पर क्या प्रभाव पड़ता है?

(A) बढ़ता है

(B) घटता है

(C) समान रहता है

(D) समाप्त हो जाता है

Answer: (B)

Explanation: ऊँचाई पर वायुदाब कम होता है।

32. तापमान बढ़ने पर वायु का घनत्व कैसा होता है?

(A) बढ़ता है

(B) घटता है

(C) समान रहता है

(D) समाप्त होता है

Answer: (B)

Explanation: गर्म वायु हल्की होती है।

33. ठंडी वायु कैसी होती है?

(A) हल्की

(B) भारी

(C) गैसीय

(D) तरल

Answer: (B)

Explanation: ठंडी वायु भारी होती है।

34. पवन किस दिशा में बहती है?

(A) निम्न से उच्च दाब

(B) उच्च से निम्न दाब

(C) समान दाब

(D) कोई नहीं

Answer: (B)

Explanation: पवन उच्च दाब से निम्न दाब की ओर बहती है।

35. चक्रवात किससे बनते हैं?

(A) उच्च दाब

(B) निम्न दाब

(C) वायु

(D) जल

Answer: (B)

Explanation: निम्न दाब क्षेत्र में चक्रवात बनते हैं।

36. प्रतिचक्रवात किससे बनते हैं?

(A) निम्न दाब

(B) उच्च दाब

(C) जल

(D) ताप

Answer: (B)

Explanation: उच्च दाब क्षेत्र में बनते हैं।

37. वायुमंडल का सबसे घना भाग कौन सा है?

(A) क्षोभमंडल

(B) समताप मंडल

(C) मध्यमंडल

(D) बहिर्मंडल

Answer: (A)

Explanation: सबसे अधिक गैसें इसी परत में हैं।

38. जेट स्ट्रीम कहाँ पाई जाती है?

(A) क्षोभमंडल

(B) समताप मंडल

(C) मध्यमंडल

(D) बहिर्मंडल

Answer: (B)

Explanation: यह समताप मंडल में बहती है।

39. ओजोन परत का नाश किससे होता है?

(A) CO2

(B) CFC

(C) O2

(D) N2

Answer: (B)

Explanation: क्लोरोफ्लोरोकार्बन हानिकारक है।

40. वायुमंडल पृथ्वी को किससे बचाता है?

(A) जल

(B) पराबैंगनी किरणें

(C) वायु

(D) ताप

Answer: (B)

Explanation: ओजोन परत UV किरणों से बचाती है।

41. वर्षा के कितने प्रकार होते हैं?

(A) 2

(B) 3

(C) 4

(D) 5

Answer: (B)

Explanation: संवहन, पर्वतीय और चक्रवाती।

42. संवहन वर्षा कहाँ होती है?

(A) पर्वत

(B) गर्म क्षेत्र

(C) समुद्र

(D) रेगिस्तान

Answer: (B)

Explanation: गर्म क्षेत्रों में होती है।

43. पर्वतीय वर्षा कब होती है?

(A) मैदान

(B) पर्वत से टकराने पर

(C) समुद्र

(D) रेगिस्तान

Answer: (B)

Explanation: पवन पर्वत से टकराकर वर्षा करती है।

44. चक्रवाती वर्षा किससे होती है?

(A) ताप

(B) दाब

(C) चक्रवात

(D) वायु

Answer: (C)

Explanation: चक्रवात से वर्षा होती है।

45. आर्द्रता मापने का यंत्र क्या है?

(A) बैरोमीटर

(B) हाइग्रोमीटर

(C) थर्मामीटर

(D) अल्टीमीटर

Answer: (B)

Explanation: हाइग्रोमीटर आर्द्रता मापता है।

46. तापमान घटने पर क्या होता है?

(A) वायु हल्की

(B) वायु भारी

(C) वायु गायब

(D) वायु गर्म

Answer: (B)

Explanation: ठंडी वायु भारी होती है।

47. पवन की गति किससे मापी जाती है?

(A) बैरोमीटर

(B) एनीमोमीटर

(C) थर्मामीटर

(D) हाइग्रोमीटर

Answer: (B)

Explanation: एनीमोमीटर गति मापता है।

48. वायुमंडल का कौन सा भाग संचार में सहायक है?

(A) क्षोभमंडल

(B) आयनमंडल
(C) समताप मंडल
(D) मध्यमंडल
Answer: (B)
Explanation: रेडियो तरंगें परावर्तित होती हैं।

49. वायुमंडल में गैसों का संतुलन क्यों जरूरी है?

(A) जल
(B) जीवन
(C) ताप
(D) वायु
Answer: (B)
Explanation: जीवन के लिए आवश्यक है।

50. वायुमंडल का मुख्य स्रोत क्या है?

(A) जल
(B) पृथ्वी
(C) सूर्य
(D) वायु
Answer: (B)
Explanation: गैसें पृथ्वी से उत्पन्न हुई हैं।

51. वायुमंडल में धूल कणों का क्या कार्य है?

(A) ताप
(B) वर्षा में सहायक
(C) वायु
(D) जल
Answer: (B)
Explanation: संघनन में मदद करते हैं।

52. बादल बनने के लिए क्या आवश्यक है?

(A) वायु
(B) जल वाष्प
(C) ताप
(D) प्रकाश
Answer: (B)
Explanation: जल वाष्प आवश्यक है।

53. वायुमंडल का ताप किससे आता है?

(A) जल
(B) पृथ्वी
(C) सूर्य
(D) वायु
Answer: (C)
Explanation: सूर्य ऊर्जा का स्रोत है।

54. वायुमंडल में ओजोन का क्या महत्व है?

(A) जल
(B) UV से सुरक्षा
(C) वायु
(D) ताप
Answer: (B)
Explanation: हानिकारक किरणों से बचाता है।

55. वायुमंडल में गैसों का संतुलन किसके लिए जरूरी है?

(A) जल
(B) जीवन
(C) ताप

(D) वायु
Answer: (B)
Explanation: जीवन के लिए आवश्यक है।

56. वायुदाब का प्रभाव किस पर पड़ता है?
(A) पवन
(B) मौसम
(C) वर्षा
(D) सभी
Answer: (D)
Explanation: सभी प्रभावित होते हैं।

57. पवन की दिशा किससे बदलती है?
(A) ताप
(B) दाब
(C) पृथ्वी का घूर्णन
(D) सभी
Answer: (D)
Explanation: सभी कारक प्रभाव डालते हैं।

58. वायुमंडल में जल वाष्प का स्रोत क्या है?
(A) नदियाँ
(B) समुद्र
(C) झीलें
(D) सभी
Answer: (D)
Explanation: सभी स्रोत हैं।

59. वायुमंडल का सबसे महत्वपूर्ण कार्य क्या है?
(A) जल
(B) जीवन की रक्षा
(C) ताप
(D) वायु
Answer: (B)
Explanation: जीवन संभव बनाता है।

60. वायुमंडल में ताप का वितरण किससे प्रभावित होता है?
(A) अक्षांश
(B) ऊँचाई
(C) समुद्र
(D) सभी
Answer: (D)
Explanation: सभी कारक प्रभाव डालते हैं।

61. वायुमंडल में कौन सी गैस श्वसन के लिए आवश्यक है?
(A) नाइट्रोजन
(B) ऑक्सीजन
(C) कार्बन डाइऑक्साइड
(D) हाइड्रोजन
Answer: (B)
Explanation: ऑक्सीजन श्वसन के लिए जरूरी है।

62. वायुमंडल में ताप बढ़ने से क्या होता है?
(A) वायु भारी
(B) वायु हल्की
(C) वायु स्थिर
(D) वायु ठंडी
Answer: (B)
Explanation: गर्म वायु हल्की होती

है।

63. वायुमंडल में ठंड बढ़ने से क्या होता है?

(A) वायु हल्की

(B) वायु भारी

(C) वायु गायब

(D) वायु गर्म

Answer: (B)

Explanation: ठंडी वायु भारी होती है।

64. वायुमंडल का कौन सा भाग सबसे ठंडा है?

(A) क्षोभमंडल

(B) समताप मंडल

(C) मध्यमंडल

(D) बहिर्मंडल

Answer: (C)

Explanation: मध्यमंडल सबसे ठंडा होता है।

65. वायुमंडल का कौन सा भाग सबसे गर्म है?

(A) क्षोभमंडल

(B) समताप मंडल

(C) आयनमंडल

(D) मध्यमंडल

Answer: (C)

Explanation: आयनमंडल में ताप अधिक होता है।

66. वायुमंडल का मुख्य घटक क्या है?

(A) जल

(B) वायु

(C) ताप

(D) प्रकाश

Answer: (B)

Explanation: गैसों का मिश्रण है।

67. वायुमंडल का प्रभाव किस पर पड़ता है?

(A) मौसम

(B) जल

(C) वायु

(D) प्रकाश

Answer: (A)

Explanation: मौसम प्रभावित होता है।

68. वायुमंडल में गैसों का संतुलन क्यों जरूरी है?

(A) जल

(B) जीवन

(C) ताप

(D) वायु

Answer: (B)

Explanation: जीवन के लिए आवश्यक है।

69. वायुमंडल का अध्ययन किसमें होता है?

(A) भूगोल

(B) जीवविज्ञान

(C) रसायन

(D) भौतिकी

Answer: (A)

Explanation: भूगोल में अध्ययन होता है।

70. वायुमंडल का मुख्य उद्देश्य

क्या है?
(A) जल
(B) जीवन की रक्षा
(C) ताप
(D) वायु
Answer: (B)
Explanation: जीवन को सुरक्षित रखना।

71. वायुमंडल का प्रभाव किस पर पड़ता है?
(A) मौसम
(B) जल
(C) वायु
(D) प्रकाश
Answer: (A)
Explanation: मौसम नियंत्रित करता है।

72. वायुमंडल में जल वाष्प क्यों जरूरी है?
(A) वर्षा
(B) ताप
(C) वायु
(D) प्रकाश
Answer: (A)
Explanation: वर्षा के लिए आवश्यक है।

73. वायुमंडल में कौन सी गैस पौधों के लिए आवश्यक है?
(A) ऑक्सीजन
(B) कार्बन डाइऑक्साइड
(C) नाइट्रोजन
(D) हाइड्रोजन
Answer: (B)
Explanation: प्रकाश संश्लेषण में उपयोग होती है।

74. वायुमंडल में कौन सी गैस सबसे अधिक है?
(A) ऑक्सीजन
(B) नाइट्रोजन
(C) CO2
(D) आर्गन
Answer: (B)
Explanation: नाइट्रोजन प्रमुख है।

75. वायुमंडल का ताप किससे नियंत्रित होता है?
(A) सूर्य
(B) जल
(C) वायु
(D) सभी
Answer: (D)
Explanation: सभी कारक प्रभाव डालते हैं।

76. वायुमंडल का महत्व क्या है?
(A) जीवन
(B) मौसम
(C) सुरक्षा
(D) सभी
Answer: (D)
Explanation: सभी में महत्वपूर्ण है।

77. वायुमंडल का निर्माण किससे हुआ?
(A) पृथ्वी
(B) जल
(C) वायु

(D) सूर्य
Answer: (A)
Explanation: गैसें पृथ्वी से निकलीं।

78. वायुमंडल का मुख्य कार्य क्या है?

(A) जल
(B) जीवन रक्षा
(C) ताप
(D) वायु
Answer: (B)
Explanation: जीवन के लिए जरूरी है।

79. वायुमंडल का प्रभाव किस पर पड़ता है?

(A) मौसम
(B) जल
(C) वायु
(D) प्रकाश
Answer: (A)
Explanation: मौसम प्रभावित होता है।

80. वायुमंडल का अध्ययन किसमें होता है?

(A) भूगोल
(B) जीवविज्ञान
(C) रसायन
(D) भौतिकी
Answer: (A)
Explanation: भूगोल में अध्ययन होता है।

81. वायुमंडल का महत्व क्या है?

(A) जीवन
(B) मौसम
(C) सुरक्षा
(D) सभी
Answer: (D)
Explanation: सभी में महत्वपूर्ण है।

82. वायुमंडल का मुख्य घटक क्या है?

(A) जल
(B) वायु
(C) ताप
(D) प्रकाश
Answer: (B)
Explanation: गैसों का मिश्रण है।

83. वायुमंडल का ताप किससे आता है?

(A) सूर्य
(B) जल
(C) वायु
(D) पृथ्वी
Answer: (A)
Explanation: सूर्य ऊर्जा देता है।

84. वायुमंडल में गैसों का संतुलन क्यों जरूरी है?

(A) जल
(B) जीवन
(C) ताप
(D) वायु
Answer: (B)
Explanation: जीवन के लिए आवश्यक है।

85. वायुमंडल का प्रभाव किस पर पड़ता है?

(A) मौसम
(B) जल
(C) वायु
(D) प्रकाश
Answer: (A)
Explanation: मौसम प्रभावित होता है।

86. वायुमंडल का अध्ययन किसमें होता है?
(A) भूगोल
(B) जीवविज्ञान
(C) रसायन
(D) भौतिकी
Answer: (A)
Explanation: भूगोल में अध्ययन होता है।

87. वायुमंडल का मुख्य कार्य क्या है?
(A) जल
(B) जीवन रक्षा
(C) ताप
(D) वायु
Answer: (B)
Explanation: जीवन को सुरक्षित रखता है।

88. वायुमंडल का महत्व क्या है?
(A) जीवन
(B) मौसम
(C) सुरक्षा
(D) सभी
Answer: (D)
Explanation: सभी में महत्वपूर्ण है।

89. वायुमंडल का प्रभाव किस पर पड़ता है?
(A) मौसम
(B) जल
(C) वायु
(D) प्रकाश
Answer: (A)
Explanation: मौसम नियंत्रित करता है।

90. वायुमंडल का मुख्य घटक क्या है?
(A) जल
(B) वायु
(C) ताप
(D) प्रकाश
Answer: (B)
Explanation: गैसों का मिश्रण है।

91. वायुमंडल का ताप किससे नियंत्रित होता है?
(A) सूर्य
(B) जल
(C) वायु
(D) सभी
Answer: (D)
Explanation: सभी कारक प्रभाव डालते हैं।

92. वायुमंडल का महत्व क्या है?
(A) जीवन
(B) मौसम
(C) सुरक्षा
(D) सभी
Answer: (D)

Explanation: सभी में महत्वपूर्ण है।

93. वायुमंडल का निर्माण किससे हुआ?

(A) पृथ्वी
(B) जल
(C) वायु
(D) सूर्य

Answer: (A)

Explanation: पृथ्वी से गैसें निकलीं।

94. वायुमंडल का मुख्य कार्य क्या है?

(A) जल
(B) जीवन रक्षा
(C) ताप
(D) वायु

Answer: (B)

Explanation: जीवन संभव बनाता है।

95. वायुमंडल का प्रभाव किस पर पड़ता है?

(A) मौसम
(B) जल
(C) वायु
(D) प्रकाश

Answer: (A)

Explanation: मौसम प्रभावित होता है।

96. वायुमंडल का अध्ययन किसमें होता है?

(A) भूगोल
(B) जीवविज्ञान
(C) रसायन
(D) भौतिकी

Answer: (A)

Explanation: भूगोल में अध्ययन होता है।

97. वायुमंडल का महत्व क्या है?

(A) जीवन
(B) मौसम
(C) सुरक्षा
(D) सभी

Answer: (D)

Explanation: सभी में महत्वपूर्ण है।

98. वायुमंडल का मुख्य घटक क्या है?

(A) जल
(B) वायु
(C) ताप
(D) प्रकाश

Answer: (B)

Explanation: गैसों का मिश्रण है।

99. वायुमंडल का ताप किससे आता है?

(A) सूर्य
(B) जल
(C) वायु
(D) पृथ्वी

Answer: (A)

Explanation: सूर्य ऊर्जा देता है।

100. वायुमंडल का निष्कर्ष क्या है?

(A) स्थिर है
(B) गतिशील है
(C) ठंडा है

(D) शुष्क है
Answer: (B)
Explanation: वायुमंडल लगातार बदलता रहता है।

Chapter 10: जलवायु एवं मौसम

1. मौसम क्या है?
(A) लंबे समय की स्थिति
(B) किसी स्थान की अल्पकालिक वायुमंडलीय स्थिति
(C) जल का प्रवाह
(D) वायु का दबाव
Answer: (B)
Explanation: मौसम कम समय की स्थिति को दर्शाता है।

2. जलवायु क्या है?
(A) दैनिक स्थिति
(B) दीर्घकालिक मौसम का औसत
(C) जल की मात्रा
(D) वायु का प्रवाह
Answer: (B)
Explanation: जलवायु लंबे समय का औसत है।

3. मौसम और जलवायु में मुख्य अंतर क्या है?
(A) स्थान
(B) समय अवधि
(C) ताप
(D) जल
Answer: (B)
Explanation: मौसम अल्पकालिक, जलवायु दीर्घकालिक होती है।

4. मौसम का अध्ययन किसमें होता है?
(A) भूगोल
(B) मौसम विज्ञान
(C) जीवविज्ञान
(D) रसायन
Answer: (B)
Explanation: मौसम विज्ञान में अध्ययन होता है।

5. जलवायु का अध्ययन किसमें होता है?
(A) जीवविज्ञान
(B) जलवायु विज्ञान
(C) रसायन
(D) भौतिकी
Answer: (B)
Explanation: इसे क्लाइमेटोलॉजी कहते हैं।

6. मौसम के प्रमुख तत्व कौन से हैं?
(A) ताप
(B) आर्द्रता
(C) वर्षा
(D) सभी
Answer: (D)
Explanation: सभी तत्व मिलकर मौसम बनाते हैं।

7. जलवायु को प्रभावित करने वाला प्रमुख कारक कौन सा है?
(A) अक्षांश
(B) ऊँचाई

(C) समुद्र से दूरी
(D) सभी
Answer: (D)
Explanation: सभी कारक जलवायु को प्रभावित करते हैं।

8. भूमध्य रेखा के पास जलवायु कैसी होती है?
(A) ठंडी
(B) गर्म और आर्द्र
(C) शुष्क
(D) मध्यम
Answer: (B)
Explanation: यहाँ ताप और आर्द्रता अधिक होती है।

9. ध्रुवीय क्षेत्रों की जलवायु कैसी होती है?
(A) गर्म
(B) ठंडी
(C) आर्द्र
(D) शुष्क
Answer: (B)
Explanation: यहाँ ताप बहुत कम होता है।

10. मरुस्थलीय जलवायु कैसी होती है?
(A) आर्द्र
(B) शुष्क
(C) ठंडी
(D) नम
Answer: (B)
Explanation: वर्षा कम होती है।

11. मानसूनी जलवायु कहाँ पाई जाती है?
(A) यूरोप
(B) भारत
(C) अफ्रीका
(D) अमेरिका
Answer: (B)
Explanation: भारत में मानसूनी जलवायु है।

12. मानसून क्या है?
(A) वर्षा
(B) मौसमी पवन
(C) ताप
(D) वायु
Answer: (B)
Explanation: यह दिशा बदलने वाली पवन है।

13. वर्षा मापने का यंत्र क्या है?
(A) बैरोमीटर
(B) रेन गेज
(C) थर्मामीटर
(D) हाइग्रोमीटर
Answer: (B)
Explanation: रेन गेज वर्षा मापता है।

14. आर्द्रता मापने का यंत्र क्या है?
(A) बैरोमीटर
(B) हाइग्रोमीटर
(C) थर्मामीटर
(D) एनीमोमीटर
Answer: (B)
Explanation: यह आर्द्रता मापता है।

15. पवन की गति मापने का यंत्र क्या है?

(A) बैरोमीटर

(B) एनीमोमीटर

(C) थर्मामीटर

(D) हाइग्रोमीटर

Answer: (B)

Explanation: पवन की गति मापता है।

16. जलवायु परिवर्तन का मुख्य कारण क्या है?

(A) जल

(B) ग्रीनहाउस गैसें

(C) वायु

(D) ताप

Answer: (B)

Explanation: ग्रीनहाउस गैसें ताप बढ़ाती हैं।

17. ग्रीनहाउस प्रभाव क्या है?

(A) ताप कम होना

(B) ताप का बढ़ना

(C) जल बनना

(D) वायु बनना

Answer: (B)

Explanation: गैसें ताप को रोकती हैं।

18. मौसम में परिवर्तन कितनी जल्दी होता है?

(A) धीमी गति से

(B) तेजी से

(C) स्थिर रहता है

(D) नहीं बदलता

Answer: (B)

Explanation: मौसम जल्दी बदलता है।

19. जलवायु में परिवर्तन कितनी गति से होता है?

(A) तेजी से

(B) धीरे-धीरे

(C) नहीं बदलता

(D) तुरंत

Answer: (B)

Explanation: जलवायु लंबे समय में बदलती है।

20. वर्षा के प्रकार कितने होते हैं?

(A) 2

(B) 3

(C) 4

(D) 5

Answer: (B)

Explanation: संवहन, पर्वतीय, चक्रवाती।

21. संवहन वर्षा कहाँ होती है?

(A) ठंडे क्षेत्र

(B) गर्म क्षेत्र

(C) पर्वत

(D) समुद्र

Answer: (B)

Explanation: गर्म क्षेत्रों में होती है।

22. पर्वतीय वर्षा कब होती है?

(A) मैदान

(B) पर्वत से टकराने पर

(C) समुद्र

(D) रेगिस्तान

Answer: (B)

Explanation: पवन पर्वत से टकराकर वर्षा करती है।

23. चक्रवाती वर्षा किससे होती है?

(A) ताप

(B) चक्रवात

(C) जल

(D) वायु

Answer: (B)

Explanation: चक्रवात से होती है।

24. तापमान को प्रभावित करने वाला प्रमुख कारक क्या है?

(A) अक्षांश

(B) ऊँचाई

(C) समुद्र

(D) सभी

Answer: (D)

Explanation: सभी कारक प्रभाव डालते हैं।

25. समुद्र के पास जलवायु कैसी होती है?

(A) अत्यधिक गर्म

(B) संतुलित

(C) अत्यधिक ठंडी

(D) शुष्क

Answer: (B)

Explanation: समुद्र ताप को संतुलित करता है।

26. महाद्वीपीय क्षेत्रों की जलवायु कैसी होती है?

(A) संतुलित

(B) अत्यधिक तापांतर वाली

(C) आर्द्र

(D) ठंडी

Answer: (B)

Explanation: समुद्र से दूर होने के कारण तापांतर अधिक होता है।

27. समुद्री जलवायु का मुख्य गुण क्या है?

(A) अत्यधिक गर्म

(B) संतुलित तापमान

(C) शुष्कता

(D) अत्यधिक ठंड

Answer: (B)

Explanation: समुद्र ताप को नियंत्रित करता है।

28. ऊँचाई बढ़ने पर तापमान पर क्या प्रभाव पड़ता है?

(A) बढ़ता है

(B) घटता है

(C) समान रहता है

(D) अचानक बढ़ता है

Answer: (B)

Explanation: ऊँचाई पर तापमान कम होता है।

29. वर्षा का मुख्य स्रोत क्या है?

(A) नदियाँ

(B) समुद्र

(C) झीलें

(D) वायु

Answer: (B)

Explanation: अधिकांश जल वाष्प समुद्र से आता है।

30. आर्द्रता अधिक होने पर मौसम

कैसा लगता है?
(A) ठंडा
(B) गर्म और चिपचिपा
(C) शुष्क
(D) सुहावना
Answer: (B)
Explanation: अधिक आर्द्रता से चिपचिपाहट बढ़ती है।

31. शुष्क जलवायु कहाँ पाई जाती है?
(A) पर्वत
(B) रेगिस्तान
(C) समुद्र
(D) मैदान
Answer: (B)
Explanation: वर्षा कम होने से शुष्कता होती है।

32. जलवायु को प्रभावित करने वाला कारक कौन सा नहीं है?
(A) अक्षांश
(B) ऊँचाई
(C) समुद्र से दूरी
(D) रंग
Answer: (D)
Explanation: रंग का प्रभाव नहीं होता।

33. मानसून पवन की दिशा क्यों बदलती है?
(A) ताप अंतर
(B) जल
(C) वायु
(D) प्रकाश
Answer: (A)
Explanation: भूमि और समुद्र के ताप अंतर से दिशा बदलती है।

34. भारत में दक्षिण-पश्चिम मानसून कब आता है?
(A) जनवरी
(B) जून
(C) सितंबर
(D) दिसंबर
Answer: (B)
Explanation: जून में मानसून प्रवेश करता है।

35. भारत में उत्तर-पूर्व मानसून कब आता है?
(A) मार्च
(B) जून
(C) अक्टूबर
(D) जनवरी
Answer: (C)
Explanation: अक्टूबर में लौटता मानसून आता है।

36. चक्रवात किस क्षेत्र में अधिक बनते हैं?
(A) ध्रुव
(B) उष्णकटिबंधीय क्षेत्र
(C) पर्वत
(D) रेगिस्तान
Answer: (B)
Explanation: गर्म समुद्री जल से चक्रवात बनते हैं।

37. प्रतिचक्रवात में वायु का प्रवाह कैसा होता है?

(A) अंदर की ओर
(B) बाहर की ओर
(C) ऊपर की ओर
(D) नीचे की ओर
Answer: (B)
Explanation: उच्च दाब से वायु बाहर की ओर बहती है।

38. निम्न दाब क्षेत्र में वायु का प्रवाह कैसा होता है?
(A) बाहर
(B) अंदर
(C) स्थिर
(D) ऊपर
Answer: (B)
Explanation: वायु अंदर की ओर आती है।

39. वर्षा के लिए आवश्यक शर्त क्या है?
(A) ताप
(B) जल वाष्प
(C) संघनन
(D) सभी
Answer: (D)
Explanation: सभी आवश्यक हैं।

40. जलवायु परिवर्तन का प्रभाव किस पर पड़ता है?
(A) कृषि
(B) जल
(C) पर्यावरण
(D) सभी
Answer: (D)
Explanation: सभी प्रभावित होते हैं।

41. वैश्विक तापवृद्धि किससे होती है?
(A) जल
(B) ग्रीनहाउस गैसें
(C) वायु
(D) प्रकाश
Answer: (B)
Explanation: गैसें ताप बढ़ाती हैं।

42. जलवायु परिवर्तन से क्या होता है?
(A) ताप बढ़ता है
(B) वर्षा बदलती है
(C) मौसम प्रभावित होता है
(D) सभी
Answer: (D)
Explanation: सभी प्रभाव होते हैं।

43. मौसम का पूर्वानुमान किससे किया जाता है?
(A) उपग्रह
(B) कंप्यूटर
(C) उपकरण
(D) सभी
Answer: (D)
Explanation: सभी का उपयोग होता है।

44. जलवायु का सबसे महत्वपूर्ण तत्व क्या है?
(A) ताप
(B) वर्षा
(C) आर्द्रता
(D) सभी
Answer: (D)

Explanation: सभी तत्व महत्वपूर्ण हैं।

45. समुद्र का जलवायु पर क्या प्रभाव है?

(A) ताप बढ़ाता है

(B) ताप संतुलित करता है

(C) वर्षा कम करता है

(D) वायु रोकता है

Answer: (B)

Explanation: समुद्र ताप संतुलित करता है।

46. पवन की दिशा किससे प्रभावित होती है?

(A) ताप

(B) दाब

(C) पृथ्वी का घूर्णन

(D) सभी

Answer: (D)

Explanation: सभी कारक प्रभाव डालते हैं।

47. जलवायु क्षेत्र कितने प्रकार के होते हैं?

(A) 2

(B) 3

(C) 4

(D) 5

Answer: (B)

Explanation: उष्णकटिबंधीय, समशीतोष्ण, शीत।

48. उष्णकटिबंधीय क्षेत्र कहाँ स्थित है?

(A) ध्रुव

(B) कर्क और मकर रेखा के बीच

(C) पर्वत

(D) समुद्र

Answer: (B)

Explanation: यह क्षेत्र गर्म होता है।

49. समशीतोष्ण जलवायु कैसी होती है?

(A) बहुत गर्म

(B) बहुत ठंडी

(C) मध्यम

(D) शुष्क

Answer: (C)

Explanation: ताप मध्यम रहता है।

50. शीत जलवायु कहाँ पाई जाती है?

(A) भूमध्य

(B) ध्रुव

(C) मैदान

(D) रेगिस्तान

Answer: (B)

Explanation: ध्रुवों में ठंड होती है।

51. वर्षा का वितरण किससे प्रभावित होता है?

(A) पवन

(B) स्थलाकृति

(C) ताप

(D) सभी

Answer: (D)

Explanation: सभी कारक प्रभाव डालते हैं।

52. जलवायु का प्रभाव किस पर पड़ता है?

(A) वनस्पति
(B) जनसंख्या
(C) कृषि
(D) सभी
Answer: (D)
Explanation: सभी प्रभावित होते हैं।

53. मौसम का सबसे परिवर्तनशील तत्व कौन सा है?
(A) ताप
(B) वर्षा
(C) पवन
(D) सभी
Answer: (D)
Explanation: सभी तेजी से बदलते हैं।

54. जलवायु का अध्ययन क्यों महत्वपूर्ण है?
(A) कृषि
(B) योजना
(C) पर्यावरण
(D) सभी
Answer: (D)
Explanation: सभी में उपयोगी है।

55. मानसून भारत के लिए क्यों महत्वपूर्ण है?
(A) जल
(B) कृषि
(C) जीवन
(D) सभी
Answer: (D)
Explanation: सभी के लिए आवश्यक है।

56. चक्रवात का मुख्य कारण क्या है?
(A) उच्च दाब
(B) निम्न दाब
(C) जल
(D) ताप
Answer: (B)
Explanation: निम्न दाब क्षेत्र में बनता है।

57. प्रतिचक्रवात का मुख्य कारण क्या है?
(A) निम्न दाब
(B) उच्च दाब
(C) जल
(D) ताप
Answer: (B)
Explanation: उच्च दाब क्षेत्र में बनता है।

58. जलवायु परिवर्तन का प्रमुख कारण क्या है?
(A) प्राकृतिक
(B) मानव गतिविधियाँ
(C) दोनों
(D) कोई नहीं
Answer: (C)
Explanation: दोनों कारण जिम्मेदार हैं।

59. मौसम का मुख्य आधार क्या है?
(A) वायु
(B) जल
(C) ताप

(D) सभी
Answer: (D)
Explanation: सभी तत्व शामिल हैं।

60. जलवायु का मुख्य आधार क्या है?

(A) ताप
(B) वर्षा
(C) आर्द्रता
(D) सभी
Answer: (D)
Explanation: सभी तत्व शामिल हैं।

61. मौसम का परिवर्तन किससे होता है?

(A) वायु
(B) ताप
(C) दाब
(D) सभी
Answer: (D)
Explanation: सभी कारक जिम्मेदार हैं।

62. जलवायु का परिवर्तन किससे होता है?

(A) समय
(B) ताप
(C) मानव
(D) सभी
Answer: (D)
Explanation: सभी कारण प्रभाव डालते हैं।

63. वर्षा का मुख्य कारण क्या है?

(A) ताप
(B) संघनन
(C) वायु
(D) प्रकाश
Answer: (B)
Explanation: जल वाष्प का संघनन आवश्यक है।

64. मौसम का प्रभाव किस पर पड़ता है?

(A) जीवन
(B) कृषि
(C) परिवहन
(D) सभी
Answer: (D)
Explanation: सभी प्रभावित होते हैं।

65. जलवायु का प्रभाव किस पर पड़ता है?

(A) वनस्पति
(B) जनसंख्या
(C) कृषि
(D) सभी
Answer: (D)
Explanation: सभी प्रभावित होते हैं।

66. मौसम का अध्ययन किसमें होता है?

(A) भूगोल
(B) मौसम विज्ञान
(C) रसायन
(D) भौतिकी
Answer: (B)
Explanation: मौसम विज्ञान में अध्ययन होता है।

67. जलवायु का अध्ययन किसमें होता है?

(A) जीवविज्ञान
(B) जलवायु विज्ञान
(C) रसायन
(D) भौतिकी
Answer: (B)
Explanation: क्लाइमेटोलॉजी में अध्ययन होता है।

68. मौसम का मुख्य तत्व क्या है?
(A) ताप
(B) वर्षा
(C) पवन
(D) सभी
Answer: (D)
Explanation: सभी तत्व शामिल हैं।

69. जलवायु का मुख्य तत्व क्या है?
(A) ताप
(B) वर्षा
(C) आर्द्रता
(D) सभी
Answer: (D)
Explanation: सभी तत्व शामिल हैं।

70. मौसम का प्रभाव किस पर पड़ता है?
(A) जीवन
(B) कृषि
(C) परिवहन
(D) सभी
Answer: (D)
Explanation: सभी प्रभावित होते हैं।

71. जलवायु का मुख्य प्रभाव क्या है?
(A) वनस्पति
(B) जनसंख्या
(C) कृषि
(D) सभी
Answer: (D)
Explanation: सभी प्रभावित होते हैं।

72. मौसम का मुख्य उद्देश्य क्या है?
(A) जानकारी देना
(B) परिवर्तन
(C) विकास
(D) सभी
Answer: (A)
Explanation: वर्तमान स्थिति बताता है।

73. जलवायु का मुख्य उद्देश्य क्या है?
(A) दीर्घकालिक जानकारी
(B) परिवर्तन
(C) विकास
(D) सभी
Answer: (A)
Explanation: लंबे समय का औसत बताता है।

74. मौसम का निष्कर्ष क्या है?
(A) स्थिर है
(B) बदलता रहता है
(C) ठंडा है
(D) शुष्क है
Answer: (B)
Explanation: मौसम तेजी से बदलता है।

75. जलवायु का निष्कर्ष क्या है?
(A) स्थिर
(B) धीरे बदलती है
(C) ठंडी
(D) शुष्क
Answer: (B)
Explanation: जलवायु धीरे-धीरे बदलती है।

76. मौसम का आधार क्या है?
(A) वायु
(B) ताप
(C) जल
(D) सभी
Answer: (D)
Explanation: सभी तत्व शामिल हैं।

77. जलवायु का आधार क्या है?
(A) ताप
(B) वर्षा
(C) आर्द्रता
(D) सभी
Answer: (D)
Explanation: सभी तत्व शामिल हैं।

78. मौसम का अध्ययन क्यों जरूरी है?
(A) पूर्वानुमान
(B) सुरक्षा
(C) योजना
(D) सभी
Answer: (D)
Explanation: सभी में उपयोगी है।

79. जलवायु का अध्ययन क्यों जरूरी है?
(A) कृषि
(B) योजना
(C) पर्यावरण
(D) सभी
Answer: (D)
Explanation: सभी में उपयोगी है।

80. मौसम का प्रभाव किस पर पड़ता है?
(A) जीवन
(B) कृषि
(C) परिवहन
(D) सभी
Answer: (D)
Explanation: सभी प्रभावित होते हैं।

81. जलवायु का प्रभाव किस पर पड़ता है?
(A) वनस्पति
(B) जनसंख्या
(C) कृषि
(D) सभी
Answer: (D)
Explanation: सभी प्रभावित होते हैं।

82. मौसम का परिवर्तन किससे होता है?
(A) ताप
(B) वायु
(C) दाब
(D) सभी
Answer: (D)
Explanation: सभी कारक जिम्मेदार हैं।

83. जलवायु का परिवर्तन किससे

होता है?

(A) समय

(B) मानव

(C) प्रकृति

(D) सभी

Answer: (D)

Explanation: सभी कारण प्रभाव डालते हैं।

84. मौसम का मुख्य तत्व क्या है?

(A) ताप

(B) वर्षा

(C) पवन

(D) सभी

Answer: (D)

Explanation: सभी तत्व शामिल हैं।

85. जलवायु का मुख्य तत्व क्या है?

(A) ताप

(B) वर्षा

(C) आर्द्रता

(D) सभी

Answer: (D)

Explanation: सभी तत्व शामिल हैं।

86. मौसम का अध्ययन किसमें होता है?

(A) मौसम विज्ञान

(B) भूगोल

(C) रसायन

(D) भौतिकी

Answer: (A)

Explanation: मौसम विज्ञान में होता है।

87. जलवायु का अध्ययन किसमें होता है?

(A) जलवायु विज्ञान

(B) भूगोल

(C) रसायन

(D) भौतिकी

Answer: (A)

Explanation: क्लाइमेटोलॉजी में होता है।

88. मौसम का मुख्य कार्य क्या है?

(A) वर्तमान स्थिति बताना

(B) भविष्य बताना

(C) जल देना

(D) वायु देना

Answer: (A)

Explanation: वर्तमान स्थिति दर्शाता है।

89. जलवायु का मुख्य कार्य क्या है?

(A) दीर्घकालिक जानकारी देना

(B) वर्तमान स्थिति

(C) जल देना

(D) वायु देना

Answer: (A)

Explanation: लंबे समय का औसत बताता है।

90. मौसम का निष्कर्ष क्या है?

(A) स्थिर

(B) बदलता

(C) ठंडा

(D) शुष्क

Answer: (B)

Explanation: लगातार बदलता है।

91. जलवायु का निष्कर्ष क्या है?

(A) स्थिर

(B) धीरे बदलती

(C) ठंडी

(D) शुष्क

Answer: (B)

Explanation: धीरे परिवर्तन होता है।

92. मौसम का आधार क्या है?

(A) ताप

(B) जल

(C) वायु

(D) सभी

Answer: (D)

Explanation: सभी तत्व शामिल हैं।

93. जलवायु का आधार क्या है?

(A) ताप

(B) वर्षा

(C) आर्द्रता

(D) सभी

Answer: (D)

Explanation: सभी तत्व शामिल हैं।

94. मौसम का प्रभाव किस पर पड़ता है?

(A) जीवन

(B) कृषि

(C) परिवहन

(D) सभी

Answer: (D)

Explanation: सभी प्रभावित होते हैं।

95. जलवायु का प्रभाव किस पर पड़ता है?

(A) वनस्पति

(B) जनसंख्या

(C) कृषि

(D) सभी

Answer: (D)

Explanation: सभी प्रभावित होते हैं।

96. मौसम का अध्ययन क्यों जरूरी है?

(A) पूर्वानुमान

(B) सुरक्षा

(C) योजना

(D) सभी

Answer: (D)

Explanation: सभी में उपयोगी है।

97. जलवायु का अध्ययन क्यों जरूरी है?

(A) कृषि

(B) योजना

(C) पर्यावरण

(D) सभी

Answer: (D)

Explanation: सभी में उपयोगी है।

98. मौसम का मुख्य उद्देश्य क्या है?

(A) जानकारी देना

(B) परिवर्तन

(C) विकास

(D) सभी

Answer: (A)

Explanation: वर्तमान स्थिति बताता है।

99. जलवायु का मुख्य उद्देश्य क्या

है?

(A) दीर्घकालिक जानकारी

(B) परिवर्तन

(C) विकास

(D) सभी

Answer: (A)

Explanation: लंबे समय का औसत बताता है।

100. जलवायु एवं मौसम का निष्कर्ष क्या है?

(A) स्थिर हैं

(B) परिवर्तनशील हैं

(C) ठंडे हैं

(D) शुष्क हैं

Answer: (B)

Explanation: दोनों समय के साथ बदलते रहते हैं।

Chapter 11: महाद्वीप एवं महासागर

1. महाद्वीप क्या है?

(A) जल का भाग

(B) विशाल स्थलखंड

(C) वायु का भाग

(D) पर्वत

Answer: (B)

Explanation: बड़े स्थलीय क्षेत्र को महाद्वीप कहते हैं।

2. पृथ्वी पर कुल कितने महाद्वीप हैं?

(A) 5

(B) 6

(C) 7

(D) 8

Answer: (C)

Explanation: पृथ्वी पर 7 महाद्वीप हैं।

3. सबसे बड़ा महाद्वीप कौन सा है?

(A) अफ्रीका

(B) एशिया

(C) यूरोप

(D) ऑस्ट्रेलिया

Answer: (B)

Explanation: एशिया सबसे बड़ा महाद्वीप है।

4. सबसे छोटा महाद्वीप कौन सा है?

(A) यूरोप

(B) ऑस्ट्रेलिया

(C) अंटार्कटिका

(D) अफ्रीका

Answer: (B)

Explanation: ऑस्ट्रेलिया सबसे छोटा है।

5. सबसे अधिक जनसंख्या वाला महाद्वीप कौन सा है?

(A) अफ्रीका

(B) एशिया

(C) यूरोप

(D) अमेरिका

Answer: (B)

Explanation: एशिया में सबसे अधिक जनसंख्या है।

6. सबसे कम जनसंख्या वाला महाद्वीप कौन सा है?
(A) अंटार्कटिका
(B) यूरोप
(C) ऑस्ट्रेलिया
(D) अफ्रीका
Answer: (A)
Explanation: अंटार्कटिका में स्थायी जनसंख्या नहीं है।

7. पृथ्वी पर कुल कितने महासागर हैं?
(A) 3
(B) 4
(C) 5
(D) 6
Answer: (C)
Explanation: पाँच प्रमुख महासागर हैं।

8. सबसे बड़ा महासागर कौन सा है?
(A) अटलांटिक
(B) हिंद
(C) प्रशांत
(D) आर्कटिक
Answer: (C)
Explanation: प्रशांत महासागर सबसे बड़ा है।

9. सबसे छोटा महासागर कौन सा है?
(A) आर्कटिक
(B) अटलांटिक
(C) हिंद
(D) दक्षिणी
Answer: (A)
Explanation: आर्कटिक महासागर सबसे छोटा है।

10. सबसे गहरा महासागर कौन सा है?
(A) हिंद
(B) अटलांटिक
(C) प्रशांत
(D) आर्कटिक
Answer: (C)
Explanation: प्रशांत महासागर सबसे गहरा है।

11. पृथ्वी की सतह का कितना भाग जल से ढका है?
(A) 50 प्रतिशत
(B) 60 प्रतिशत
(C) 71 प्रतिशत
(D) 80 प्रतिशत
Answer: (C)
Explanation: लगभग 71 प्रतिशत भाग जल से ढका है।

12. एशिया और यूरोप को मिलाकर क्या कहा जाता है?
(A) यूरेशिया
(B) अफ्रो-एशिया
(C) यूरो-अमेरिका
(D) एशिया-अफ्रीका
Answer: (A)
Explanation: दोनों मिलकर यूरेशिया कहलाते हैं।

13. अफ्रीका को किस रेखा द्वारा

दो भागों में बाँटा जाता है?
(A) कर्क रेखा
(B) मकर रेखा
(C) भूमध्य रेखा
(D) प्रधान मध्यान्ह रेखा
Answer: (C)
Explanation: भूमध्य रेखा अफ्रीका को दो भागों में बाँटती है।

14. अंटार्कटिका किस ध्रुव पर स्थित है?
(A) उत्तरी
(B) दक्षिणी
(C) पूर्वी
(D) पश्चिमी
Answer: (B)
Explanation: यह दक्षिण ध्रुव पर है।

15. उत्तरी ध्रुव किस महासागर में स्थित है?
(A) अटलांटिक
(B) आर्कटिक
(C) प्रशांत
(D) हिंद
Answer: (B)
Explanation: उत्तरी ध्रुव आर्कटिक महासागर में है।

16. हिंद महासागर का नाम किस देश से जुड़ा है?
(A) चीन
(B) भारत
(C) जापान
(D) ऑस्ट्रेलिया
Answer: (B)
Explanation: इसका नाम भारत से जुड़ा है।

17. अटलांटिक महासागर किन दो महाद्वीपों के बीच है?
(A) एशिया और अफ्रीका
(B) अमेरिका और यूरोप
(C) ऑस्ट्रेलिया और एशिया
(D) अफ्रीका और ऑस्ट्रेलिया
Answer: (B)
Explanation: यह अमेरिका और यूरोप के बीच है।

18. प्रशांत महासागर किन महाद्वीपों के बीच है?
(A) एशिया और अमेरिका
(B) यूरोप और अफ्रीका
(C) अफ्रीका और ऑस्ट्रेलिया
(D) यूरोप और अमेरिका
Answer: (A)
Explanation: एशिया और अमेरिका के बीच स्थित है।

19. विश्व का सबसे बड़ा द्वीप कौन सा है?
(A) ऑस्ट्रेलिया
(B) ग्रीनलैंड
(C) श्रीलंका
(D) जापान
Answer: (B)
Explanation: ग्रीनलैंड सबसे बड़ा द्वीप है।

20. कौन सा महाद्वीप पूरी तरह बर्फ से ढका है?
(A) यूरोप

(B) अंटार्कटिका
(C) एशिया
(D) अफ्रीका
Answer: (B)
Explanation: अंटार्कटिका बर्फ से ढका है।

21. अफ्रीका को किस नाम से जाना जाता है?
(A) अंधकार महाद्वीप
(B) उजाला महाद्वीप
(C) जल महाद्वीप
(D) ठंडा महाद्वीप
Answer: (A)
Explanation: इसे अंधकार महाद्वीप कहा जाता है।

22. ऑस्ट्रेलिया को क्या कहा जाता है?
(A) सबसे बड़ा महाद्वीप
(B) सबसे छोटा महाद्वीप
(C) सबसे ठंडा महाद्वीप
(D) सबसे गर्म महाद्वीप
Answer: (B)
Explanation: यह सबसे छोटा महाद्वीप है।

23. एशिया में कौन सा महासागर नहीं है?
(A) हिंद
(B) प्रशांत
(C) आर्कटिक
(D) अटलांटिक
Answer: (D)
Explanation: अटलांटिक एशिया को सीधे नहीं छूता।

24. यूरोप और अफ्रीका के बीच कौन सा समुद्र है?
(A) लाल सागर
(B) भूमध्य सागर
(C) अरब सागर
(D) काला सागर
Answer: (B)
Explanation: भूमध्य सागर दोनों को अलग करता है।

25. लाल सागर किन महाद्वीपों के बीच है?
(A) एशिया और यूरोप
(B) एशिया और अफ्रीका
(C) अफ्रीका और यूरोप
(D) एशिया और ऑस्ट्रेलिया
Answer: (B)
Explanation: यह एशिया और अफ्रीका के बीच है।

26. आर्कटिक महासागर किस क्षेत्र में स्थित है?
(A) भूमध्य रेखा
(B) उत्तरी ध्रुव
(C) दक्षिणी ध्रुव
(D) मध्य क्षेत्र
Answer: (B)
Explanation: यह उत्तरी ध्रुव के आसपास स्थित है।

27. दक्षिणी महासागर किसके चारों ओर फैला है?
(A) एशिया
(B) अंटार्कटिका

(C) अफ्रीका
(D) ऑस्ट्रेलिया
Answer: (B)
Explanation: यह अंटार्कटिका को घेरता है।

28. कौन सा महाद्वीप पूरी तरह दक्षिणी गोलार्ध में है?
(A) एशिया
(B) यूरोप
(C) ऑस्ट्रेलिया
(D) अफ्रीका
Answer: (C)
Explanation: ऑस्ट्रेलिया पूरी तरह दक्षिणी गोलार्ध में है।

29. कौन सा महाद्वीप उत्तरी और दक्षिणी दोनों गोलार्ध में स्थित है?
(A) एशिया
(B) अफ्रीका
(C) यूरोप
(D) ऑस्ट्रेलिया
Answer: (B)
Explanation: भूमध्य रेखा अफ्रीका को काटती है।

30. पृथ्वी का सबसे ठंडा महाद्वीप कौन सा है?
(A) यूरोप
(B) अंटार्कटिका
(C) एशिया
(D) ऑस्ट्रेलिया
Answer: (B)
Explanation: अंटार्कटिका सबसे ठंडा है।

31. पृथ्वी का सबसे गर्म महाद्वीप कौन सा है?
(A) अफ्रीका
(B) एशिया
(C) ऑस्ट्रेलिया
(D) दक्षिण अमेरिका
Answer: (A)
Explanation: अफ्रीका में तापमान अधिक रहता है।

32. विश्व का सबसे बड़ा महासागर कौन सा है?
(A) अटलांटिक
(B) हिंद
(C) प्रशांत
(D) आर्कटिक
Answer: (C)
Explanation: प्रशांत महासागर सबसे बड़ा है।

33. विश्व का दूसरा सबसे बड़ा महासागर कौन सा है?
(A) हिंद
(B) अटलांटिक
(C) आर्कटिक
(D) दक्षिणी
Answer: (B)
Explanation: अटलांटिक दूसरा सबसे बड़ा है।

34. विश्व का सबसे छोटा महासागर कौन सा है?
(A) आर्कटिक
(B) अटलांटिक
(C) हिंद

(D) दक्षिणी

Answer: (A)

Explanation: आर्कटिक सबसे छोटा है।

35. महाद्वीपों के विभाजन का आधार क्या है?

(A) जल

(B) स्थल

(C) वायु

(D) ताप

Answer: (B)

Explanation: स्थलखंडों के आधार पर विभाजन होता है।

36. पृथ्वी पर कुल कितने प्रमुख महासागर माने जाते हैं?

(A) 3

(B) 4

(C) 5

(D) 6

Answer: (C)

Explanation: पाँच प्रमुख महासागर हैं।

37. प्रशांत महासागर का नाम किसने दिया?

(A) कोलंबस

(B) मैगेलन

(C) वास्को द गामा

(D) कुक

Answer: (B)

Explanation: मैगेलन ने नाम दिया।

38. अटलांटिक महासागर का आकार कैसा है?

(A) गोल

(B) S आकार

(C) त्रिकोण

(D) चौकोर

Answer: (B)

Explanation: इसका आकार S जैसा है।

39. हिंद महासागर किस दिशा में अधिक फैला है?

(A) उत्तर

(B) दक्षिण

(C) पूर्व

(D) पश्चिम

Answer: (B)

Explanation: दक्षिण दिशा में अधिक फैला है।

40. महासागरों का जल कैसा होता है?

(A) मीठा

(B) खारा

(C) शुद्ध

(D) ठंडा

Answer: (B)

Explanation: महासागर का जल खारा होता है।

41. समुद्र और महासागर में क्या अंतर है?

(A) कोई नहीं

(B) आकार में अंतर

(C) जल में अंतर

(D) ताप में अंतर

Answer: (B)

Explanation: महासागर बड़े होते हैं।

42. सबसे बड़ा समुद्र कौन सा है?

(A) लाल सागर

(B) अरब सागर

(C) दक्षिण चीन सागर

(D) भूमध्य सागर

Answer: (C)

Explanation: यह सबसे बड़ा समुद्र है।

43. भूमध्य सागर किन महाद्वीपों के बीच है?

(A) एशिया और यूरोप

(B) यूरोप और अफ्रीका

(C) अफ्रीका और एशिया

(D) अमेरिका और यूरोप

Answer: (B)

Explanation: यूरोप और अफ्रीका के बीच है।

44. काला सागर कहाँ स्थित है?

(A) एशिया

(B) यूरोप

(C) दोनों के बीच

(D) अफ्रीका

Answer: (C)

Explanation: यूरोप और एशिया के बीच है।

45. सबसे बड़ा द्वीप कौन सा है?

(A) श्रीलंका

(B) ग्रीनलैंड

(C) जापान

(D) मेडागास्कर

Answer: (B)

Explanation: ग्रीनलैंड सबसे बड़ा है।

46. द्वीप क्या है?

(A) चारों ओर जल से घिरा स्थल

(B) जल क्षेत्र

(C) पर्वत

(D) मैदान

Answer: (A)

Explanation: जल से घिरा स्थल द्वीप है।

47. प्रायद्वीप क्या है?

(A) चारों ओर जल

(B) तीन ओर जल

(C) दो ओर जल

(D) कोई नहीं

Answer: (B)

Explanation: तीन ओर जल से घिरा होता है।

48. भारत कौन सा प्रायद्वीप है?

(A) छोटा

(B) बड़ा

(C) मध्यम

(D) कोई नहीं

Answer: (B)

Explanation: भारत बड़ा प्रायद्वीप है।

49. महाद्वीपों का निर्माण किससे हुआ?

(A) जल

(B) प्लेट विवर्तनिकी

(C) वायु

(D) ताप

Answer: (B)

Explanation: प्लेट गति से बने।

50. महासागरों का निर्माण किससे हुआ?

(A) जल संचय

(B) प्लेट विवर्तनिकी

(C) वायु

(D) ताप

Answer: (B)

Explanation: प्लेट विवर्तनिकी कारण है।

51. पृथ्वी का कितना भाग स्थल है?

(A) 29 प्रतिशत

(B) 50 प्रतिशत

(C) 60 प्रतिशत

(D) 71 प्रतिशत

Answer: (A)

Explanation: लगभग 29 प्रतिशत स्थल है।

52. सबसे अधिक द्वीप किस महासागर में हैं?

(A) अटलांटिक

(B) हिंद

(C) प्रशांत

(D) आर्कटिक

Answer: (C)

Explanation: प्रशांत में अधिक द्वीप हैं।

53. महासागर का औसत गहराई किसमें अधिक है?

(A) अटलांटिक

(B) प्रशांत

(C) हिंद

(D) आर्कटिक

Answer: (B)

Explanation: प्रशांत सबसे गहरा है।

54. समुद्री जल में लवणता क्यों होती है?

(A) वायु

(B) खनिज

(C) ताप

(D) प्रकाश

Answer: (B)

Explanation: खनिज घुलने से लवणता होती है।

55. महासागर जल का मुख्य स्रोत क्या है?

(A) नदियाँ

(B) वर्षा

(C) हिम

(D) सभी

Answer: (D)

Explanation: सभी स्रोत योगदान देते हैं।

56. महासागर जल का उपयोग किसमें होता है?

(A) परिवहन

(B) मछली पालन

(C) व्यापार

(D) सभी

Answer: (D)

Explanation: कई उपयोग हैं।

57. समुद्र की लहरें किससे बनती हैं?

(A) वायु
(B) जल
(C) ताप
(D) प्रकाश

Answer: (A)

Explanation: वायु से लहरें बनती हैं।

58. ज्वार-भाटा किससे होता है?

(A) सूर्य
(B) चंद्रमा
(C) वायु
(D) जल

Answer: (B)

Explanation: चंद्रमा का गुरुत्वाकर्षण कारण है।

59. ज्वार-भाटा का उपयोग किसमें होता है?

(A) ऊर्जा
(B) परिवहन
(C) कृषि
(D) सभी

Answer: (A)

Explanation: ज्वारीय ऊर्जा उत्पन्न होती है।

60. महासागर का ताप किससे प्रभावित होता है?

(A) सूर्य
(B) वायु
(C) गहराई
(D) सभी

Answer: (D)

Explanation: सभी कारक प्रभाव डालते हैं।

61. महासागरों में धाराएँ किससे बनती हैं?

(A) वायु
(B) ताप
(C) लवणता
(D) सभी

Answer: (D)

Explanation: सभी कारण मिलकर धाराएँ बनाते हैं।

62. गर्म समुद्री धाराएँ क्या करती हैं?

(A) ताप घटाती हैं
(B) ताप बढ़ाती हैं
(C) वर्षा रोकती हैं
(D) वायु रोकती हैं

Answer: (B)

Explanation: गर्म धाराएँ ताप बढ़ाती हैं।

63. ठंडी धाराएँ क्या करती हैं?

(A) ताप बढ़ाती हैं
(B) ताप घटाती हैं
(C) जल बढ़ाती हैं
(D) वायु बढ़ाती हैं

Answer: (B)

Explanation: ठंडी धाराएँ ताप घटाती हैं।

64. महासागर का सबसे गहरा भाग क्या कहलाता है?

(A) घाटी
(B) गर्त

(C) मैदान
(D) पठार
Answer: (B)
Explanation: इसे महासागरीय गर्त कहते हैं।

65. मैरियाना गर्त कहाँ है?
(A) अटलांटिक
(B) हिंद
(C) प्रशांत
(D) आर्कटिक
Answer: (C)
Explanation: यह प्रशांत में है।

66. महाद्वीपों का आकार क्यों बदलता है?
(A) वायु
(B) प्लेट गति
(C) जल
(D) ताप
Answer: (B)
Explanation: प्लेट विवर्तनिकी कारण है।

67. महासागर का रंग नीला क्यों दिखता है?
(A) वायु
(B) प्रकाश परावर्तन
(C) ताप
(D) जल
Answer: (B)
Explanation: प्रकाश के कारण नीला दिखता है।

68. महाद्वीपों का अध्ययन किसमें होता है?
(A) भूगोल
(B) जीवविज्ञान
(C) रसायन
(D) भौतिकी
Answer: (A)
Explanation: भूगोल में अध्ययन होता है।

69. महासागरों का अध्ययन किसमें होता है?
(A) समुद्र विज्ञान
(B) भूगोल
(C) रसायन
(D) भौतिकी
Answer: (A)
Explanation: ओशनोग्राफी में अध्ययन होता है।

70. महासागर का महत्व क्या है?
(A) जल
(B) जलवायु
(C) संसाधन
(D) सभी
Answer: (D)
Explanation: सभी में महत्वपूर्ण हैं।

71. महाद्वीपों का महत्व क्या है?
(A) निवास
(B) संसाधन
(C) कृषि
(D) सभी
Answer: (D)
Explanation: सभी उपयोग हैं।

72. महासागर का प्रभाव किस पर पड़ता है?

(A) जलवायु
(B) वर्षा
(C) ताप
(D) सभी
Answer: (D)
Explanation: सभी प्रभावित होते हैं।

73. महाद्वीपों का निर्माण किससे हुआ?
(A) प्लेट गति
(B) जल
(C) वायु
(D) ताप
Answer: (A)
Explanation: प्लेट विवर्तनिकी कारण है।

74. महासागरों का निर्माण किससे हुआ?
(A) प्लेट गति
(B) जल
(C) वायु
(D) ताप
Answer: (A)
Explanation: प्लेट विवर्तनिकी कारण है।

75. महाद्वीपों का वितरण किससे प्रभावित है?
(A) प्लेट गति
(B) जल
(C) वायु
(D) ताप
Answer: (A)
Explanation: प्लेट गति से वितरण होता है।

76. महासागर का वितरण किससे प्रभावित है?
(A) प्लेट गति
(B) जल
(C) वायु
(D) ताप
Answer: (A)
Explanation: प्लेट विवर्तनिकी कारण है।

77. महाद्वीपों का मुख्य कार्य क्या है?
(A) निवास
(B) संसाधन
(C) कृषि
(D) सभी
Answer: (D)
Explanation: सभी कार्य महत्वपूर्ण हैं।

78. महासागर का मुख्य कार्य क्या है?
(A) जल
(B) जलवायु नियंत्रण
(C) संसाधन
(D) सभी
Answer: (D)
Explanation: सभी कार्य महत्वपूर्ण हैं।

79. महाद्वीपों का प्रभाव किस पर पड़ता है?
(A) जनसंख्या
(B) जलवायु

(C) संसाधन
(D) सभी
Answer: (D)
Explanation: सभी प्रभावित होते हैं।

80. महासागर का प्रभाव किस पर पड़ता है?
(A) जलवायु
(B) वर्षा
(C) ताप
(D) सभी
Answer: (D)
Explanation: सभी प्रभावित होते हैं।

81. महाद्वीपों का निष्कर्ष क्या है?
(A) स्थिर
(B) गतिशील
(C) ठंडे
(D) शुष्क
Answer: (B)
Explanation: प्लेट गति से बदलते रहते हैं।

82. महासागर का निष्कर्ष क्या है?
(A) स्थिर
(B) गतिशील
(C) ठंडे
(D) शुष्क
Answer: (B)
Explanation: धाराएँ और ज्वार-भाटा परिवर्तन करते हैं।

83. महाद्वीपों का अध्ययन क्यों जरूरी है?
(A) संसाधन
(B) जनसंख्या
(C) योजना
(D) सभी
Answer: (D)
Explanation: सभी में उपयोगी है।

84. महासागरों का अध्ययन क्यों जरूरी है?
(A) जल
(B) जलवायु
(C) संसाधन
(D) सभी
Answer: (D)
Explanation: सभी में उपयोगी है।

85. महासागर का ताप किससे प्रभावित होता है?
(A) सूर्य
(B) गहराई
(C) धाराएँ
(D) सभी
Answer: (D)
Explanation: सभी कारक प्रभाव डालते हैं।

86. महासागर का जल क्यों खारा होता है?
(A) वायु
(B) खनिज
(C) ताप
(D) प्रकाश
Answer: (B)
Explanation: घुले खनिजों के कारण।

87. महाद्वीपों का निर्माण किससे हुआ?

(A) प्लेट गति
(B) जल
(C) वायु
(D) ताप
Answer: (A)
Explanation: प्लेट विवर्तनिकी कारण है।

88. महासागर का निर्माण किससे हुआ?
(A) प्लेट गति
(B) जल
(C) वायु
(D) ताप
Answer: (A)
Explanation: प्लेट विवर्तनिकी कारण है।

89. महाद्वीपों का वितरण किससे प्रभावित है?
(A) प्लेट गति
(B) जल
(C) वायु
(D) ताप
Answer: (A)
Explanation: प्लेट गति से प्रभावित।

90. महासागर का वितरण किससे प्रभावित है?
(A) प्लेट गति
(B) जल
(C) वायु
(D) ताप
Answer: (A)
Explanation: प्लेट विवर्तनिकी कारण है।

91. महाद्वीपों का मुख्य उपयोग क्या है?
(A) निवास
(B) संसाधन
(C) कृषि
(D) सभी
Answer: (D)
Explanation: सभी उपयोग हैं।

92. महासागर का मुख्य उपयोग क्या है?
(A) जल
(B) व्यापार
(C) मछली
(D) सभी
Answer: (D)
Explanation: सभी उपयोग हैं।

93. महाद्वीपों का प्रभाव किस पर पड़ता है?
(A) जनसंख्या
(B) जलवायु
(C) संसाधन
(D) सभी
Answer: (D)
Explanation: सभी प्रभावित होते हैं।

94. महासागर का प्रभाव किस पर पड़ता है?
(A) जलवायु
(B) वर्षा
(C) ताप
(D) सभी
Answer: (D)

Explanation: सभी प्रभावित होते हैं।

95. महाद्वीपों का महत्व क्या है?

(A) निवास

(B) संसाधन

(C) कृषि

(D) सभी

Answer: (D)

Explanation: सभी में महत्वपूर्ण हैं।

96. महासागर का महत्व क्या है?

(A) जल

(B) जलवायु

(C) संसाधन

(D) सभी

Answer: (D)

Explanation: सभी में महत्वपूर्ण हैं।

97. महाद्वीपों का अध्ययन किसमें होता है?

(A) भूगोल

(B) जीवविज्ञान

(C) रसायन

(D) भौतिकी

Answer: (A)

Explanation: भूगोल में अध्ययन होता है।

98. महासागरों का अध्ययन किसमें होता है?

(A) समुद्र विज्ञान

(B) भूगोल

(C) रसायन

(D) भौतिकी

Answer: (A)

Explanation: ओशनोग्राफी में अध्ययन होता है।

99. महाद्वीपों का निष्कर्ष क्या है?

(A) स्थिर

(B) गतिशील

(C) ठंडे

(D) शुष्क

Answer: (B)

Explanation: प्लेट गति से बदलते हैं।

100. महाद्वीप एवं महासागर का निष्कर्ष क्या है?

(A) स्थिर हैं

(B) गतिशील हैं

(C) ठंडे हैं

(D) शुष्क हैं

Answer: (B)

Explanation: दोनों निरंतर परिवर्तनशील हैं।

Chapter 12: एशिया

1. एशिया महाद्वीप का क्षेत्रफल लगभग कितना है?

(A) 20 मिलियन वर्ग किमी

(B) 30 मिलियन वर्ग किमी

(C) 44 मिलियन वर्ग किमी

(D) 60 मिलियन वर्ग किमी

Answer: (C)

Explanation: एशिया का क्षेत्रफल लगभग 44 मिलियन वर्ग किमी है।

2. एशिया विश्व के किस भाग में स्थित है?

(A) केवल उत्तरी गोलार्ध
(B) केवल दक्षिणी गोलार्ध
(C) मुख्यतः उत्तरी और पूर्वी गोलार्ध
(D) पश्चिमी गोलार्ध
Answer: (C)
Explanation: एशिया मुख्यतः उत्तरी और पूर्वी गोलार्ध में है।

3. एशिया की जनसंख्या विश्व की कुल जनसंख्या का लगभग कितना प्रतिशत है?

(A) 30 प्रतिशत
(B) 45 प्रतिशत
(C) 60 प्रतिशत
(D) 75 प्रतिशत
Answer: (C)
Explanation: लगभग 60 प्रतिशत जनसंख्या एशिया में है।

4. एशिया का सबसे ऊँचा पर्वत कौन सा है?

(A) कंचनजंगा
(B) एवरेस्ट
(C) नंगा पर्वत
(D) धौलागिरी
Answer: (B)
Explanation: माउंट एवरेस्ट एशिया में स्थित है।

5. विश्व की सबसे ऊँची पर्वतमाला कौन सी है?

(A) एंडीज
(B) हिमालय
(C) आल्प्स
(D) रॉकी
Answer: (B)
Explanation: हिमालय सबसे ऊँची पर्वतमाला है।

6. एशिया की सबसे लंबी नदी कौन सी है?

(A) गंगा
(B) यांग्त्से
(C) सिंधु
(D) मेकांग
Answer: (B)
Explanation: यांग्त्से एशिया की सबसे लंबी नदी है।

7. गंगा नदी कहाँ से निकलती है?

(A) यमुनोत्री
(B) गंगोत्री
(C) बद्रीनाथ
(D) केदारनाथ
Answer: (B)
Explanation: गंगोत्री ग्लेशियर से निकलती है।

8. एशिया का सबसे बड़ा मरुस्थल कौन सा है?

(A) थार
(B) गोबी
(C) सहारा
(D) कालाहारी
Answer: (B)
Explanation: गोबी मरुस्थल एशिया में है।

9. एशिया का सबसे बड़ा देश कौन सा है?

(A) चीन

(B) भारत
(C) रूस
(D) जापान
Answer: (C)
Explanation: रूस एशिया का सबसे बड़ा देश है।

10. एशिया का सबसे अधिक जनसंख्या वाला देश कौन सा है?
(A) भारत
(B) चीन
(C) जापान
(D) इंडोनेशिया
Answer: (B)
Explanation: चीन में सबसे अधिक जनसंख्या है।

11. एशिया का सबसे छोटा देश कौन सा है?
(A) मालदीव
(B) भूटान
(C) नेपाल
(D) श्रीलंका
Answer: (A)
Explanation: मालदीव सबसे छोटा देश है।

12. एशिया में कितने देश हैं?
(A) 30
(B) 40
(C) 48
(D) 60
Answer: (C)
Explanation: एशिया में लगभग 48 देश हैं।

13. एशिया और यूरोप को अलग करने वाली पर्वतमाला कौन सी है?
(A) हिमालय
(B) उरल
(C) आल्प्स
(D) एंडीज
Answer: (B)
Explanation: उरल पर्वत दोनों को अलग करते हैं।

14. एशिया का सबसे ठंडा स्थान कौन सा है?
(A) साइबेरिया
(B) टोक्यो
(C) दिल्ली
(D) बैंकॉक
Answer: (A)
Explanation: साइबेरिया अत्यधिक ठंडा है।

15. एशिया का सबसे गर्म क्षेत्र कौन सा है?
(A) साइबेरिया
(B) अरब प्रायद्वीप
(C) जापान
(D) चीन
Answer: (B)
Explanation: अरब क्षेत्र बहुत गर्म है।

16. एशिया की प्रमुख फसल कौन सी है?
(A) गेहूँ
(B) चावल

(C) मक्का
(D) जौ
Answer: (B)
Explanation: चावल प्रमुख फसल है।

17. एशिया में सबसे अधिक वर्षा कहाँ होती है?
(A) थार
(B) मेघालय
(C) गोबी
(D) अरब
Answer: (B)
Explanation: मेघालय में अत्यधिक वर्षा होती है।

18. एशिया का सबसे बड़ा द्वीप कौन सा है?
(A) श्रीलंका
(B) सुमात्रा
(C) जावा
(D) बोर्नियो
Answer: (D)
Explanation: बोर्नियो सबसे बड़ा द्वीप है।

19. एशिया का सबसे बड़ा प्रायद्वीप कौन सा है?
(A) भारत
(B) अरब
(C) कोरिया
(D) मलाया
Answer: (B)
Explanation: अरब प्रायद्वीप सबसे बड़ा है।

20. एशिया में सबसे अधिक जनसंख्या घनत्व कहाँ है?
(A) चीन
(B) भारत
(C) बांग्लादेश
(D) जापान
Answer: (C)
Explanation: बांग्लादेश में घनत्व अधिक है।

21. एशिया का सबसे लंबा पर्वत कौन सा है?
(A) हिमालय
(B) कुनलुन
(C) उरल
(D) तियान शान
Answer: (A)
Explanation: हिमालय एशिया की प्रमुख और लंबी पर्वतमाला है।

22. एशिया की सबसे गहरी झील कौन सी है?
(A) कैस्पियन सागर
(B) बैकाल झील
(C) अराल सागर
(D) डेड सी
Answer: (B)
Explanation: बैकाल झील विश्व की सबसे गहरी झील है।

23. एशिया का सबसे बड़ा पठार कौन सा है?
(A) दक्कन
(B) तिब्बत
(C) ईरान

(D) मंगोलिया

Answer: (B)

Explanation: तिब्बती पठार सबसे बड़ा है।

24. एशिया का सबसे बड़ा सागर कौन सा है?

(A) लाल सागर

(B) कैस्पियन सागर

(C) अरब सागर

(D) काला सागर

Answer: (B)

Explanation: कैस्पियन सागर सबसे बड़ा बंद जल निकाय है।

25. एशिया में सबसे अधिक वन क्षेत्र कहाँ है?

(A) भारत

(B) चीन

(C) रूस

(D) जापान

Answer: (C)

Explanation: रूस के साइबेरिया क्षेत्र में विशाल वन हैं।

26. एशिया का प्रमुख धर्म कौन सा है?

(A) ईसाई

(B) इस्लाम

(C) हिंदू

(D) सभी

Answer: (D)

Explanation: एशिया में अनेक धर्म उत्पन्न हुए हैं।

27. एशिया में सबसे अधिक बोली जाने वाली भाषा कौन सी है?

(A) हिंदी

(B) चीनी

(C) अंग्रेजी

(D) अरबी

Answer: (B)

Explanation: चीनी भाषा सबसे अधिक बोली जाती है।

28. एशिया का सबसे विकसित देश कौन सा है?

(A) भारत

(B) जापान

(C) चीन

(D) नेपाल

Answer: (B)

Explanation: जापान अत्यधिक विकसित देश है।

29. एशिया में सबसे अधिक तेल भंडार कहाँ है?

(A) भारत

(B) चीन

(C) पश्चिम एशिया

(D) जापान

Answer: (C)

Explanation: मध्य पूर्व तेल के लिए प्रसिद्ध है।

30. एशिया की सबसे लंबी नदी कौन सी है?

(A) गंगा

(B) यांग्त्से

(C) ब्रह्मपुत्र

(D) सिंधु

Answer: (B)

Explanation: यांग्त्से सबसे लंबी नदी है।

31. एशिया में सबसे अधिक जनसंख्या घनत्व किस देश में है?

(A) भारत

(B) चीन

(C) बांग्लादेश

(D) जापान

Answer: (C)

Explanation: बांग्लादेश में घनत्व बहुत अधिक है।

32. एशिया का सबसे बड़ा बंदरगाह कौन सा है?

(A) मुंबई

(B) शंघाई

(C) टोक्यो

(D) सिंगापुर

Answer: (B)

Explanation: शंघाई विश्व के बड़े बंदरगाहों में है।

33. एशिया में सबसे अधिक वर्षा वाला स्थान कौन सा है?

(A) चेरापूंजी

(B) मासिनराम

(C) गोबी

(D) थार

Answer: (B)

Explanation: मासिनराम में सबसे अधिक वर्षा होती है।

34. एशिया का सबसे बड़ा द्वीप समूह कौन सा है?

(A) जापान

(B) इंडोनेशिया

(C) श्रीलंका

(D) मालदीव

Answer: (B)

Explanation: इंडोनेशिया द्वीपों का समूह है।

35. एशिया में सबसे लंबा रेलवे नेटवर्क किस देश में है?

(A) भारत

(B) चीन

(C) रूस

(D) जापान

Answer: (C)

Explanation: रूस में विशाल रेलवे नेटवर्क है।

36. एशिया का सबसे बड़ा जलप्रपात कौन सा है?

(A) जोग

(B) एंजेल

(C) हुआंगोशू

(D) विक्टोरिया

Answer: (C)

Explanation: हुआंगोशू जलप्रपात चीन में है।

37. एशिया का सबसे बड़ा रेगिस्तान कौन सा है?

(A) थार

(B) गोबी

(C) अरब

(D) कालाहारी

Answer: (B)

Explanation: गोबी सबसे बड़ा मरुस्थल है।

38. एशिया का सबसे बड़ा मैदान कौन सा है?

(A) गंगा मैदान

(B) साइबेरियन मैदान

(C) दक्कन

(D) मेसोपोटामिया

Answer: (B)

Explanation: साइबेरियन मैदान विशाल है।

39. एशिया का सबसे बड़ा झील समूह कहाँ है?

(A) भारत

(B) चीन

(C) रूस

(D) जापान

Answer: (C)

Explanation: रूस में कई झीलें हैं।

40. एशिया का सबसे अधिक औद्योगिक देश कौन सा है?

(A) भारत

(B) जापान

(C) चीन

(D) कोरिया

Answer: (C)

Explanation: चीन तेजी से औद्योगिक हुआ है।

41. एशिया का सबसे बड़ा धार्मिक स्थल कौन सा है?

(A) मक्का

(B) काशी

(C) यरुशलम

(D) ल्हासा

Answer: (A)

Explanation: मक्का इस्लाम का प्रमुख स्थल है।

42. एशिया में सबसे अधिक कृषि कहाँ होती है?

(A) पर्वत

(B) मैदान

(C) रेगिस्तान

(D) समुद्र

Answer: (B)

Explanation: मैदान कृषि के लिए उपयुक्त हैं।

43. एशिया का सबसे बड़ा व्यापारिक केंद्र कौन सा है?

(A) टोक्यो

(B) शंघाई

(C) सिंगापुर

(D) दुबई

Answer: (C)

Explanation: सिंगापुर प्रमुख व्यापारिक केंद्र है।

44. एशिया का सबसे बड़ा हवाई अड्डा कहाँ है?

(A) भारत

(B) चीन

(C) सऊदी अरब

(D) जापान

Answer: (B)

Explanation: चीन में बड़े हवाई अड्डे हैं।

45. एशिया का सबसे बड़ा ऊर्जा स्रोत क्या है?

(A) जल

(B) तेल

(C) वायु

(D) कोयला

Answer: (B)

Explanation: तेल प्रमुख ऊर्जा स्रोत है।

46. एशिया में सबसे अधिक कोयला कहाँ है?

(A) भारत

(B) चीन

(C) जापान

(D) नेपाल

Answer: (B)

Explanation: चीन में कोयला भंडार अधिक है।

47. एशिया का सबसे बड़ा नदी डेल्टा कौन सा है?

(A) गंगा-ब्रह्मपुत्र

(B) नील

(C) अमेजन

(D) मिसिसिपी

Answer: (A)

Explanation: यह विश्व का सबसे बड़ा डेल्टा है।

48. एशिया का सबसे बड़ा वन क्षेत्र कहाँ है?

(A) भारत

(B) चीन

(C) रूस

(D) जापान

Answer: (C)

Explanation: साइबेरिया में विशाल वन हैं।

49. एशिया में सबसे अधिक जनसंख्या वृद्धि कहाँ है?

(A) जापान

(B) भारत

(C) चीन

(D) नेपाल

Answer: (B)

Explanation: भारत में वृद्धि दर अधिक है।

50. एशिया का सबसे बड़ा निर्यातक देश कौन सा है?

(A) भारत

(B) चीन

(C) जापान

(D) कोरिया

Answer: (B)

Explanation: चीन बड़ा निर्यातक है।

51. एशिया का सबसे बड़ा आयातक देश कौन सा है?

(A) भारत

(B) चीन

(C) जापान

(D) कोरिया

Answer: (C)

Explanation: जापान आयात पर निर्भर है।

52. एशिया का सबसे बड़ा शहर कौन सा है?

(A) दिल्ली
(B) टोक्यो
(C) शंघाई
(D) बीजिंग
Answer: (B)
Explanation: टोक्यो सबसे बड़ा महानगर है।

53. एशिया का सबसे बड़ा बंदरगाह कौन सा है?
(A) मुंबई
(B) शंघाई
(C) टोक्यो
(D) सिंगापुर
Answer: (B)
Explanation: शंघाई प्रमुख बंदरगाह है।

54. एशिया का सबसे बड़ा उद्योग क्षेत्र कहाँ है?
(A) भारत
(B) चीन
(C) जापान
(D) कोरिया
Answer: (B)
Explanation: चीन औद्योगिक रूप से अग्रणी है।

55. एशिया का सबसे बड़ा कृषि उत्पादक देश कौन सा है?
(A) भारत
(B) चीन
(C) जापान
(D) नेपाल
Answer: (B)
Explanation: चीन कृषि में अग्रणी है।

56. एशिया का सबसे बड़ा मछली उत्पादक देश कौन सा है?
(A) भारत
(B) चीन
(C) जापान
(D) कोरिया
Answer: (B)
Explanation: चीन मछली उत्पादन में अग्रणी है।

57. एशिया का सबसे बड़ा रेल नेटवर्क किस देश में है?
(A) भारत
(B) चीन
(C) रूस
(D) जापान
Answer: (C)
Explanation: रूस में विशाल रेल नेटवर्क है।

58. एशिया का सबसे बड़ा पर्यटन देश कौन सा है?
(A) भारत
(B) चीन
(C) थाईलैंड
(D) जापान
Answer: (C)
Explanation: थाईलैंड पर्यटन के लिए प्रसिद्ध है।

59. एशिया का सबसे बड़ा जलविद्युत उत्पादक देश कौन सा है?

(A) भारत
(B) चीन
(C) जापान
(D) नेपाल
Answer: (B)
Explanation: चीन जलविद्युत में अग्रणी है।

60. एशिया का सबसे बड़ा बंदरगाह शहर कौन सा है?
(A) मुंबई
(B) शंघाई
(C) टोक्यो
(D) सिंगापुर
Answer: (B)
Explanation: शंघाई प्रमुख बंदरगाह है।

61. एशिया का सबसे बड़ा औद्योगिक क्षेत्र कहाँ है?
(A) भारत
(B) चीन
(C) जापान
(D) कोरिया
Answer: (B)
Explanation: चीन में उद्योग अधिक हैं।

62. एशिया का सबसे बड़ा निर्यात क्षेत्र कौन सा है?
(A) भारत
(B) चीन
(C) जापान
(D) कोरिया
Answer: (B)
Explanation: चीन निर्यात में अग्रणी है।

63. एशिया का सबसे बड़ा आयात क्षेत्र कौन सा है?
(A) भारत
(B) चीन
(C) जापान
(D) कोरिया
Answer: (C)
Explanation: जापान आयात पर निर्भर है।

64. एशिया का सबसे बड़ा बाजार कौन सा है?
(A) भारत
(B) चीन
(C) जापान
(D) कोरिया
Answer: (B)
Explanation: चीन का बाजार बड़ा है।

65. एशिया का सबसे बड़ा उत्पादन क्षेत्र कौन सा है?
(A) भारत
(B) चीन
(C) जापान
(D) कोरिया
Answer: (B)
Explanation: चीन उत्पादन में अग्रणी है।

66. एशिया का सबसे बड़ा उपभोक्ता देश कौन सा है?
(A) भारत

(B) चीन
(C) जापान
(D) कोरिया
Answer: (B)
Explanation: जनसंख्या अधिक होने से उपभोग अधिक है।

67. एशिया का सबसे बड़ा कृषि क्षेत्र कौन सा है?

(A) भारत
(B) चीन
(C) जापान
(D) नेपाल
Answer: (B)
Explanation: चीन में कृषि व्यापक है।

68. एशिया का सबसे बड़ा जल संसाधन किस देश में है?

(A) भारत
(B) चीन
(C) रूस
(D) जापान
Answer: (C)
Explanation: रूस में जल संसाधन अधिक हैं।

69. एशिया का सबसे बड़ा वन क्षेत्र किस देश में है?

(A) भारत
(B) चीन
(C) रूस
(D) जापान
Answer: (C)
Explanation: साइबेरिया में वन हैं।

70. एशिया का सबसे बड़ा खनिज उत्पादक देश कौन सा है?

(A) भारत
(B) चीन
(C) जापान
(D) कोरिया
Answer: (B)
Explanation: चीन खनिज उत्पादन में अग्रणी है।

71. एशिया का सबसे बड़ा ऊर्जा उत्पादक देश कौन सा है?

(A) भारत
(B) चीन
(C) सऊदी अरब
(D) जापान
Answer: (C)
Explanation: सऊदी अरब तेल उत्पादन में अग्रणी है।

72. एशिया का सबसे बड़ा निर्यातक क्षेत्र कौन सा है?

(A) भारत
(B) चीन
(C) जापान
(D) कोरिया
Answer: (B)
Explanation: चीन निर्यात में अग्रणी है।

73. एशिया का सबसे बड़ा आयातक क्षेत्र कौन सा है?

(A) भारत
(B) चीन
(C) जापान

(D) कोरिया
Answer: (C)
Explanation: जापान आयात पर निर्भर है।

74. एशिया का सबसे बड़ा औद्योगिक उत्पादन किस देश में है?
(A) भारत
(B) चीन
(C) जापान
(D) कोरिया
Answer: (B)
Explanation: चीन अग्रणी है।

75. एशिया का सबसे बड़ा कृषि उत्पादन किस देश में है?
(A) भारत
(B) चीन
(C) जापान
(D) नेपाल
Answer: (B)
Explanation: चीन अग्रणी है।

76. एशिया का सबसे बड़ा मछली उत्पादन किस देश में है?
(A) भारत
(B) चीन
(C) जापान
(D) कोरिया
Answer: (B)
Explanation: चीन अग्रणी है।

77. एशिया का सबसे बड़ा पर्यटन केंद्र कौन सा है?
(A) भारत
(B) चीन
(C) थाईलैंड
(D) जापान
Answer: (C)
Explanation: थाईलैंड प्रसिद्ध है।

78. एशिया का सबसे बड़ा परिवहन नेटवर्क किस देश में है?
(A) भारत
(B) चीन
(C) रूस
(D) जापान
Answer: (C)
Explanation: रूस में विशाल नेटवर्क है।

79. एशिया का सबसे बड़ा व्यापार केंद्र कौन सा है?
(A) मुंबई
(B) शंघाई
(C) सिंगापुर
(D) टोक्यो
Answer: (C)
Explanation: सिंगापुर प्रमुख है।

80. एशिया का सबसे बड़ा आर्थिक क्षेत्र कौन सा है?
(A) भारत
(B) चीन
(C) जापान
(D) कोरिया
Answer: (B)
Explanation: चीन की अर्थव्यवस्था बड़ी है।

81. एशिया का निष्कर्ष क्या है?
(A) छोटा महाद्वीप
(B) विविधता वाला महाद्वीप
(C) ठंडा महाद्वीप
(D) शुष्क महाद्वीप
Answer: (B)
Explanation: एशिया में विविधता अधिक है।

82. एशिया का महत्व क्या है?
(A) जनसंख्या
(B) संसाधन
(C) संस्कृति
(D) सभी
Answer: (D)
Explanation: सभी में महत्वपूर्ण है।

83. एशिया का प्रभाव किस पर पड़ता है?
(A) अर्थव्यवस्था
(B) संस्कृति
(C) राजनीति
(D) सभी
Answer: (D)
Explanation: वैश्विक प्रभाव है।

84. एशिया का मुख्य गुण क्या है?
(A) विविधता
(B) एकरूपता
(C) शुष्कता
(D) ठंड
Answer: (A)
Explanation: यहाँ विविधता है।

85. एशिया का सबसे बड़ा योगदान क्या है?
(A) संस्कृति
(B) धर्म
(C) अर्थव्यवस्था
(D) सभी
Answer: (D)
Explanation: सभी क्षेत्रों में योगदान है।

86. एशिया का मुख्य आधार क्या है?
(A) संसाधन
(B) जनसंख्या
(C) जलवायु
(D) सभी
Answer: (D)
Explanation: सभी कारक महत्वपूर्ण हैं।

87. एशिया का अध्ययन क्यों जरूरी है?
(A) संसाधन
(B) जनसंख्या
(C) योजना
(D) सभी
Answer: (D)
Explanation: सभी में उपयोगी है।

88. एशिया का मुख्य कार्य क्या है?
(A) निवास
(B) उत्पादन
(C) व्यापार
(D) सभी
Answer: (D)
Explanation: सभी कार्य होते हैं।

89. एशिया का प्रभाव किस पर

पड़ता है?
(A) जलवायु
(B) अर्थव्यवस्था
(C) संस्कृति
(D) सभी
Answer: (D)
Explanation: सभी प्रभावित होते हैं।

90. एशिया का मुख्य उद्देश्य क्या है?
(A) विकास
(B) उत्पादन
(C) व्यापार
(D) सभी
Answer: (D)
Explanation: सभी क्षेत्रों में विकास होता है।

91. एशिया का निष्कर्ष क्या है?
(A) स्थिर
(B) गतिशील
(C) ठंडा
(D) शुष्क
Answer: (B)
Explanation: लगातार विकासशील है।

92. एशिया का महत्व क्या है?
(A) जनसंख्या
(B) संसाधन
(C) संस्कृति
(D) सभी
Answer: (D)
Explanation: सभी में महत्वपूर्ण है।

93. एशिया का प्रभाव किस पर पड़ता है?
(A) अर्थव्यवस्था
(B) संस्कृति
(C) राजनीति
(D) सभी
Answer: (D)
Explanation: वैश्विक प्रभाव है।

94. एशिया का मुख्य गुण क्या है?
(A) विविधता
(B) एकरूपता
(C) शुष्कता
(D) ठंड
Answer: (A)
Explanation: विविधता है।

95. एशिया का योगदान क्या है?
(A) संस्कृति
(B) धर्म
(C) अर्थव्यवस्था
(D) सभी
Answer: (D)
Explanation: सभी क्षेत्रों में योगदान है।

96. एशिया का आधार क्या है?
(A) संसाधन
(B) जनसंख्या
(C) जलवायु
(D) सभी
Answer: (D)
Explanation: सभी महत्वपूर्ण हैं।

97. एशिया का अध्ययन क्यों जरूरी है?
(A) संसाधन

(B) जनसंख्या
(C) योजना
(D) सभी
Answer: (D)
Explanation: सभी में उपयोगी है।

98. एशिया का मुख्य कार्य क्या है?
(A) निवास
(B) उत्पादन
(C) व्यापार
(D) सभी
Answer: (D)
Explanation: सभी कार्य होते हैं।

99. एशिया का प्रभाव किस पर पड़ता है?
(A) जलवायु
(B) अर्थव्यवस्था
(C) संस्कृति
(D) सभी
Answer: (D)
Explanation: सभी प्रभावित होते हैं।

100. एशिया का अंतिम निष्कर्ष क्या है?
(A) छोटा महाद्वीप
(B) विविध और महत्वपूर्ण महाद्वीप
(C) ठंडा महाद्वीप
(D) शुष्क महाद्वीप
Answer: (B)
Explanation: एशिया विश्व का सबसे महत्वपूर्ण और विविध महाद्वीप है।

Chapter 13: अफ्रीका

1. अफ्रीका महाद्वीप का क्षेत्रफल लगभग कितना है?
(A) 20 मिलियन वर्ग किमी
(B) 30 मिलियन वर्ग किमी
(C) 45 मिलियन वर्ग किमी
(D) 60 मिलियन वर्ग किमी
Answer: (B)
Explanation: अफ्रीका का क्षेत्रफल लगभग 30 मिलियन वर्ग किमी है।

2. अफ्रीका को किस नाम से जाना जाता है?
(A) उजाला महाद्वीप
(B) अंधकार महाद्वीप
(C) जल महाद्वीप
(D) ठंडा महाद्वीप
Answer: (B)
Explanation: पुराने समय में जानकारी की कमी के कारण इसे अंधकार महाद्वीप कहा गया।

3. अफ्रीका में भूमध्य रेखा क्या करती है?
(A) नहीं गुजरती
(B) बीच से गुजरती है
(C) उत्तर में है
(D) दक्षिण में है
Answer: (B)
Explanation: भूमध्य रेखा अफ्रीका को दो भागों में बाँटती है।

4. अफ्रीका का सबसे बड़ा देश कौन सा है?
(A) नाइजीरिया
(B) सूडान

(C) अल्जीरिया
(D) मिस्र
Answer: (C)
Explanation: क्षेत्रफल के आधार पर अल्जीरिया सबसे बड़ा है।

5. अफ्रीका की सबसे लंबी नदी कौन सी है?
(A) नील
(B) कांगो
(C) नाइजर
(D) जाम्बेजी
Answer: (A)
Explanation: नील नदी विश्व की सबसे लंबी नदी है।

6. नील नदी कहाँ गिरती है?
(A) लाल सागर
(B) भूमध्य सागर
(C) अरब सागर
(D) अटलांटिक महासागर
Answer: (B)
Explanation: नील नदी भूमध्य सागर में गिरती है।

7. अफ्रीका का सबसे बड़ा मरुस्थल कौन सा है?
(A) कालाहारी
(B) सहारा
(C) गोबी
(D) थार
Answer: (B)
Explanation: सहारा विश्व का सबसे बड़ा गर्म मरुस्थल है।

8. अफ्रीका का सबसे ऊँचा पर्वत कौन सा है?
(A) किलिमंजारो
(B) एटलस
(C) ड्रैकेंसबर्ग
(D) रुवेनजोरी
Answer: (A)
Explanation: किलिमंजारो सबसे ऊँचा पर्वत है।

9. अफ्रीका की सबसे बड़ी झील कौन सी है?
(A) विक्टोरिया
(B) टैंगान्यीका
(C) मलावी
(D) चाड
Answer: (A)
Explanation: विक्टोरिया झील सबसे बड़ी है।

10. अफ्रीका की सबसे गहरी झील कौन सी है?
(A) विक्टोरिया
(B) टैंगान्यीका
(C) चाड
(D) मलावी
Answer: (B)
Explanation: टैंगान्यीका झील बहुत गहरी है।

11. अफ्रीका का सबसे अधिक जनसंख्या वाला देश कौन सा है?
(A) मिस्र
(B) नाइजीरिया
(C) केन्या
(D) सूडान

Answer: (B)
Explanation: नाइजीरिया में सबसे अधिक जनसंख्या है।

12. अफ्रीका का सबसे विकसित देश कौन सा माना जाता है?
(A) केन्या
(B) दक्षिण अफ्रीका
(C) मिस्र
(D) इथियोपिया
Answer: (B)
Explanation: दक्षिण अफ्रीका विकसित माना जाता है।

13. अफ्रीका में कौन सा महासागर नहीं है?
(A) अटलांटिक
(B) हिंद
(C) प्रशांत
(D) कोई नहीं
Answer: (C)
Explanation: प्रशांत महासागर अफ्रीका को नहीं छूता।

14. अफ्रीका का प्रमुख पठार कौन सा है?
(A) तिब्बत
(B) अफ्रीकी पठार
(C) दक्कन
(D) ईरान
Answer: (B)
Explanation: अफ्रीका का अधिकांश भाग पठारी है।

15. अफ्रीका में सबसे अधिक वर्षा कहाँ होती है?
(A) सहारा
(B) कांगो बेसिन
(C) कालाहारी
(D) नामीब
Answer: (B)
Explanation: कांगो क्षेत्र में अधिक वर्षा होती है।

16. अफ्रीका का सबसे शुष्क क्षेत्र कौन सा है?
(A) कांगो
(B) सहारा
(C) नाइजर
(D) केन्या
Answer: (B)
Explanation: सहारा मरुस्थल अत्यधिक शुष्क है।

17. अफ्रीका में कौन सी जलवायु प्रमुख है?
(A) शीत
(B) उष्णकटिबंधीय
(C) समशीतोष्ण
(D) ध्रुवीय
Answer: (B)
Explanation: अफ्रीका मुख्यतः उष्णकटिबंधीय है।

18. अफ्रीका का प्रमुख कृषि उत्पाद क्या है?
(A) गेहूँ
(B) चावल
(C) कोको
(D) मक्का
Answer: (C)

Explanation: कोको प्रमुख निर्यात फसल है।

19. अफ्रीका में सबसे अधिक खनिज कहाँ हैं?

(A) उत्तरी
(B) दक्षिणी
(C) मध्य
(D) पूर्वी

Answer: (B)

Explanation: दक्षिण अफ्रीका खनिजों के लिए प्रसिद्ध है।

20. अफ्रीका में सबसे अधिक वन कहाँ पाए जाते हैं?

(A) सहारा
(B) कांगो बेसिन
(C) कालाहारी
(D) नामीब

Answer: (B)

Explanation: कांगो में घने वन हैं।

21. अफ्रीका का सबसे लंबा पठार कौन सा है?

(A) दक्कन
(B) अफ्रीकी पठार
(C) तिब्बत
(D) ईरान

Answer: (B)

Explanation: अफ्रीका का अधिकांश भाग पठारी है।

22. अफ्रीका की प्रमुख नदी कांगो कहाँ गिरती है?

(A) हिंद महासागर
(B) अटलांटिक महासागर
(C) भूमध्य सागर
(D) लाल सागर

Answer: (B)

Explanation: कांगो नदी अटलांटिक महासागर में गिरती है।

23. अफ्रीका का सबसे बड़ा द्वीप कौन सा है?

(A) श्रीलंका
(B) मेडागास्कर
(C) ग्रीनलैंड
(D) जापान

Answer: (B)

Explanation: मेडागास्कर अफ्रीका का सबसे बड़ा द्वीप है।

24. अफ्रीका में सबसे अधिक जनसंख्या वृद्धि कहाँ है?

(A) मिस्र
(B) नाइजीरिया
(C) केन्या
(D) सूडान

Answer: (B)

Explanation: नाइजीरिया में वृद्धि अधिक है।

25. अफ्रीका का प्रमुख उद्योग क्या है?

(A) आईटी
(B) खनन
(C) वस्त्र
(D) रसायन

Answer: (B)

Explanation: खनिज संसाधनों के कारण खनन प्रमुख है।

26. अफ्रीका में सहारा मरुस्थल कहाँ स्थित है?

(A) दक्षिण
(B) उत्तर
(C) पूर्व
(D) पश्चिम

Answer: (B)

Explanation: सहारा उत्तरी अफ्रीका में है।

27. कालाहारी मरुस्थल कहाँ है?

(A) उत्तर
(B) दक्षिण
(C) पूर्व
(D) पश्चिम

Answer: (B)

Explanation: यह दक्षिणी अफ्रीका में स्थित है।

28. नामीब मरुस्थल कहाँ स्थित है?

(A) उत्तर
(B) दक्षिण-पश्चिम
(C) पूर्व
(D) मध्य

Answer: (B)

Explanation: नामीब दक्षिण-पश्चिम में है।

29. अफ्रीका की सबसे बड़ी झील विक्टोरिया किन देशों में है?

(A) एक देश
(B) दो देश
(C) तीन देश
(D) चार देश

Answer: (C)

Explanation: केन्या, तंजानिया और युगांडा में फैली है।

30. अफ्रीका की सबसे गहरी झील टैंगान्यीका कहाँ है?

(A) उत्तर
(B) पूर्वी अफ्रीका
(C) पश्चिम
(D) दक्षिण

Answer: (B)

Explanation: यह पूर्वी अफ्रीका में स्थित है।

31. अफ्रीका का सबसे ऊँचा ज्वालामुखी कौन सा है?

(A) किलिमंजारो
(B) एटलस
(C) ड्रैकेंसबर्ग
(D) रुवेनजोरी

Answer: (A)

Explanation: किलिमंजारो ज्वालामुखीय पर्वत है।

32. अफ्रीका का प्रमुख पर्वत एटलस कहाँ है?

(A) उत्तर-पश्चिम
(B) दक्षिण
(C) पूर्व
(D) मध्य

Answer: (A)

Explanation: एटलस पर्वत उत्तर-पश्चिम में है।

33. अफ्रीका की प्रमुख घासभूमि क्या कहलाती है?

(A) स्टेपी
(B) प्रेयरी
(C) सवाना
(D) टुंड्रा
Answer: (C)
Explanation: सवाना घासभूमि प्रमुख है।

34. अफ्रीका में टुंड्रा जलवायु कहाँ पाई जाती है?
(A) सहारा
(B) नहीं पाई जाती
(C) कांगो
(D) कालाहारी
Answer: (B)
Explanation: टुंड्रा जलवायु अफ्रीका में नहीं होती।

35. अफ्रीका का प्रमुख निर्यात क्या है?
(A) मशीन
(B) खनिज
(C) आईटी
(D) वाहन
Answer: (B)
Explanation: खनिज निर्यात अधिक है।

36. अफ्रीका में सबसे अधिक हीरा कहाँ पाया जाता है?
(A) मिस्र
(B) दक्षिण अफ्रीका
(C) केन्या
(D) सूडान
Answer: (B)
Explanation: दक्षिण अफ्रीका हीरों के लिए प्रसिद्ध है।

37. अफ्रीका में सबसे अधिक सोना कहाँ पाया जाता है?
(A) मिस्र
(B) दक्षिण अफ्रीका
(C) केन्या
(D) सूडान
Answer: (B)
Explanation: यहाँ सोने के भंडार हैं।

38. अफ्रीका का प्रमुख कृषि क्षेत्र कौन सा है?
(A) सहारा
(B) कांगो
(C) नील घाटी
(D) कालाहारी
Answer: (C)
Explanation: नील घाटी उपजाऊ है।

39. नील नदी की बाढ़ का क्या लाभ है?
(A) विनाश
(B) उपजाऊ मिट्टी
(C) जल कमी
(D) ताप वृद्धि
Answer: (B)
Explanation: बाढ़ से उपजाऊ मिट्टी मिलती है।

40. अफ्रीका की प्रमुख भाषा कौन सी है?
(A) हिंदी
(B) अंग्रेजी

(C) फ्रेंच
(D) दोनों B और C
Answer: (D)
Explanation: अंग्रेजी और फ्रेंच दोनों व्यापक हैं।

41. अफ्रीका में सबसे अधिक मुस्लिम जनसंख्या कहाँ है?
(A) उत्तर अफ्रीका
(B) दक्षिण अफ्रीका
(C) मध्य अफ्रीका
(D) पूर्वी अफ्रीका
Answer: (A)
Explanation: उत्तर अफ्रीका में मुस्लिम अधिक हैं।

42. अफ्रीका में सबसे अधिक ईसाई जनसंख्या कहाँ है?
(A) उत्तर
(B) दक्षिण
(C) मध्य
(D) पूर्व
Answer: (B)
Explanation: दक्षिणी क्षेत्रों में अधिक हैं।

43. अफ्रीका की अर्थव्यवस्था का आधार क्या है?
(A) उद्योग
(B) कृषि
(C) सेवा
(D) आईटी
Answer: (B)
Explanation: कृषि प्रमुख आधार है।

44. अफ्रीका में सबसे अधिक वन कहाँ हैं?
(A) सहारा
(B) कांगो बेसिन
(C) कालाहारी
(D) नामीब
Answer: (B)
Explanation: कांगो क्षेत्र में घने वन हैं।

45. अफ्रीका में सबसे अधिक जलवायु कौन सी है?
(A) शीत
(B) उष्णकटिबंधीय
(C) समशीतोष्ण
(D) ध्रुवीय
Answer: (B)
Explanation: उष्णकटिबंधीय जलवायु प्रमुख है।

46. अफ्रीका का सबसे बड़ा व्यापारिक देश कौन सा है?
(A) केन्या
(B) दक्षिण अफ्रीका
(C) मिस्र
(D) नाइजीरिया
Answer: (B)
Explanation: दक्षिण अफ्रीका व्यापार में अग्रणी है।

47. अफ्रीका का सबसे बड़ा तेल उत्पादक देश कौन सा है?
(A) मिस्र
(B) नाइजीरिया
(C) केन्या
(D) सूडान

Answer: (B)
Explanation: नाइजीरिया प्रमुख तेल उत्पादक है।

48. अफ्रीका का सबसे बड़ा जलविद्युत स्रोत कहाँ है?
(A) नील
(B) कांगो
(C) नाइजर
(D) जाम्बेजी
Answer: (B)
Explanation: कांगो नदी में विशाल क्षमता है।

49. अफ्रीका में सबसे अधिक जनसंख्या घनत्व कहाँ है?
(A) सहारा
(B) नील घाटी
(C) कालाहारी
(D) नामीब
Answer: (B)
Explanation: नील घाटी में घनत्व अधिक है।

50. अफ्रीका का सबसे बड़ा शहर कौन सा है?
(A) काहिरा
(B) लागोस
(C) नैरोबी
(D) जोहांसबर्ग
Answer: (B)
Explanation: लागोस जनसंख्या के अनुसार बड़ा है।

51. अफ्रीका का सबसे बड़ा बंदरगाह कौन सा है?
(A) मोंबासा
(B) केप टाउन
(C) डरबन
(D) अलेक्जेंड्रिया
Answer: (C)
Explanation: डरबन प्रमुख बंदरगाह है।

52. अफ्रीका का सबसे बड़ा रेलवे नेटवर्क किस देश में है?
(A) केन्या
(B) दक्षिण अफ्रीका
(C) मिस्र
(D) नाइजीरिया
Answer: (B)
Explanation: दक्षिण अफ्रीका में व्यापक नेटवर्क है।

53. अफ्रीका का सबसे बड़ा हवाई अड्डा कहाँ है?
(A) काहिरा
(B) जोहांसबर्ग
(C) नैरोबी
(D) लागोस
Answer: (B)
Explanation: जोहांसबर्ग प्रमुख है।

54. अफ्रीका का सबसे बड़ा पर्यटन स्थल कौन सा है?
(A) सहारा
(B) किलिमंजारो
(C) विक्टोरिया फॉल्स
(D) सभी
Answer: (D)
Explanation: सभी प्रमुख पर्यटन

स्थल हैं।

55. विक्टोरिया फॉल्स किस नदी पर है?

(A) नील

(B) कांगो

(C) जाम्बेजी

(D) नाइजर

Answer: (C)

Explanation: यह जाम्बेजी नदी पर है।

56. अफ्रीका का सबसे बड़ा वन्यजीव क्षेत्र कौन सा है?

(A) सहारा

(B) सवाना

(C) कालाहारी

(D) नामीब

Answer: (B)

Explanation: सवाना में वन्यजीव अधिक हैं।

57. अफ्रीका में सबसे अधिक जनसंख्या वृद्धि का कारण क्या है?

(A) शिक्षा

(B) उच्च जन्म दर

(C) उद्योग

(D) जलवायु

Answer: (B)

Explanation: जन्म दर अधिक है।

58. अफ्रीका का सबसे बड़ा निर्यातक देश कौन सा है?

(A) केन्या

(B) दक्षिण अफ्रीका

(C) मिस्र

(D) नाइजीरिया

Answer: (B)

Explanation: दक्षिण अफ्रीका निर्यात में अग्रणी है।

59. अफ्रीका का सबसे बड़ा आयातक देश कौन सा है?

(A) केन्या

(B) दक्षिण अफ्रीका

(C) मिस्र

(D) नाइजीरिया

Answer: (B)

Explanation: दक्षिण अफ्रीका आयात भी अधिक करता है।

60. अफ्रीका का सबसे बड़ा औद्योगिक देश कौन सा है?

(A) केन्या

(B) दक्षिण अफ्रीका

(C) मिस्र

(D) नाइजीरिया

Answer: (B)

Explanation: उद्योगों में अग्रणी है।

61. अफ्रीका का सबसे बड़ा कृषि उत्पादक देश कौन सा है?

(A) केन्या

(B) नाइजीरिया

(C) मिस्र

(D) इथियोपिया

Answer: (B)

Explanation: नाइजीरिया कृषि में अग्रणी है।

62. अफ्रीका का सबसे बड़ा

मछली उत्पादक देश कौन सा है?

(A) केन्या

(B) मिस्र

(C) नाइजीरिया

(D) दक्षिण अफ्रीका

Answer: (B)

Explanation: मिस्र मछली उत्पादन में आगे है।

63. अफ्रीका का सबसे बड़ा वन क्षेत्र किस देश में है?

(A) केन्या

(B) कांगो लोकतांत्रिक गणराज्य

(C) मिस्र

(D) नाइजीरिया

Answer: (B)

Explanation: कांगो में विशाल वन हैं।

64. अफ्रीका का सबसे बड़ा खनिज उत्पादक देश कौन सा है?

(A) केन्या

(B) दक्षिण अफ्रीका

(C) मिस्र

(D) नाइजीरिया

Answer: (B)

Explanation: खनिजों में अग्रणी है।

65. अफ्रीका का सबसे बड़ा ऊर्जा उत्पादक देश कौन सा है?

(A) केन्या

(B) नाइजीरिया

(C) मिस्र

(D) दक्षिण अफ्रीका

Answer: (B)

Explanation: तेल उत्पादन अधिक है।

66. अफ्रीका का सबसे बड़ा परिवहन नेटवर्क किस देश में है?

(A) केन्या

(B) दक्षिण अफ्रीका

(C) मिस्र

(D) नाइजीरिया

Answer: (B)

Explanation: विकसित परिवहन है।

67. अफ्रीका का सबसे बड़ा व्यापारिक केंद्र कौन सा है?

(A) नैरोबी

(B) जोहांसबर्ग

(C) काहिरा

(D) लागोस

Answer: (B)

Explanation: जोहांसबर्ग प्रमुख केंद्र है।

68. अफ्रीका का सबसे बड़ा आर्थिक क्षेत्र कौन सा है?

(A) केन्या

(B) दक्षिण अफ्रीका

(C) मिस्र

(D) नाइजीरिया

Answer: (B)

Explanation: अर्थव्यवस्था मजबूत है।

69. अफ्रीका का सबसे बड़ा उत्पादन क्षेत्र कौन सा है?

(A) केन्या

(B) दक्षिण अफ्रीका

(C) मिस्र
(D) नाइजीरिया
Answer: (B)
Explanation: उत्पादन अधिक है।

70. अफ्रीका का सबसे बड़ा उपभोक्ता देश कौन सा है?
(A) केन्या
(B) नाइजीरिया
(C) मिस्र
(D) दक्षिण अफ्रीका
Answer: (B)
Explanation: जनसंख्या अधिक होने से उपभोग अधिक है।

71. अफ्रीका का मुख्य गुण क्या है?
(A) ठंडा
(B) विविधता
(C) शुष्क
(D) एकरूप
Answer: (B)
Explanation: यहाँ विविध भौगोलिक और सांस्कृतिक विविधता है।

72. अफ्रीका का महत्व क्या है?
(A) संसाधन
(B) जनसंख्या
(C) कृषि
(D) सभी
Answer: (D)
Explanation: सभी क्षेत्रों में महत्वपूर्ण है।

73. अफ्रीका का प्रभाव किस पर पड़ता है?
(A) अर्थव्यवस्था
(B) संस्कृति
(C) राजनीति
(D) सभी
Answer: (D)
Explanation: वैश्विक प्रभाव है।

74. अफ्रीका का मुख्य आधार क्या है?
(A) संसाधन
(B) जनसंख्या
(C) जलवायु
(D) सभी
Answer: (D)
Explanation: सभी कारक महत्वपूर्ण हैं।

75. अफ्रीका का अध्ययन क्यों जरूरी है?
(A) संसाधन
(B) जनसंख्या
(C) योजना
(D) सभी
Answer: (D)
Explanation: सभी में उपयोगी है।

76. अफ्रीका का मुख्य कार्य क्या है?
(A) कृषि
(B) उत्पादन
(C) व्यापार
(D) सभी
Answer: (D)
Explanation: सभी कार्य होते हैं।

77. अफ्रीका का प्रभाव किस पर

पड़ता है?

(A) जलवायु

(B) अर्थव्यवस्था

(C) संस्कृति

(D) सभी

Answer: (D)

Explanation: सभी प्रभावित होते हैं।

78. अफ्रीका का मुख्य उद्देश्य क्या है?

(A) विकास

(B) उत्पादन

(C) व्यापार

(D) सभी

Answer: (D)

Explanation: सभी क्षेत्रों में विकास।

79. अफ्रीका का निष्कर्ष क्या है?

(A) स्थिर

(B) गतिशील

(C) ठंडा

(D) शुष्क

Answer: (B)

Explanation: लगातार परिवर्तनशील और विकासशील है।

80. अफ्रीका का मुख्य योगदान क्या है?

(A) संसाधन

(B) संस्कृति

(C) कृषि

(D) सभी

Answer: (D)

Explanation: सभी क्षेत्रों में योगदान।

81. अफ्रीका का महत्व क्या है?

(A) संसाधन

(B) जनसंख्या

(C) कृषि

(D) सभी

Answer: (D)

Explanation: सभी में महत्वपूर्ण है।

82. अफ्रीका का प्रभाव किस पर पड़ता है?

(A) अर्थव्यवस्था

(B) संस्कृति

(C) राजनीति

(D) सभी

Answer: (D)

Explanation: वैश्विक प्रभाव है।

83. अफ्रीका का मुख्य गुण क्या है?

(A) विविधता

(B) एकरूपता

(C) ठंड

(D) शुष्कता

Answer: (A)

Explanation: विविधता है।

84. अफ्रीका का आधार क्या है?

(A) संसाधन

(B) जनसंख्या

(C) जलवायु

(D) सभी

Answer: (D)

Explanation: सभी महत्वपूर्ण हैं।

85. अफ्रीका का अध्ययन क्यों जरूरी है?

(A) संसाधन
(B) जनसंख्या
(C) योजना
(D) सभी
Answer: (D)
Explanation: सभी में उपयोगी है।

86. अफ्रीका का मुख्य कार्य क्या है?
(A) कृषि
(B) उत्पादन
(C) व्यापार
(D) सभी
Answer: (D)
Explanation: सभी कार्य होते हैं।

87. अफ्रीका का प्रभाव किस पर पड़ता है?
(A) जलवायु
(B) अर्थव्यवस्था
(C) संस्कृति
(D) सभी
Answer: (D)
Explanation: सभी प्रभावित होते हैं।

88. अफ्रीका का मुख्य उद्देश्य क्या है?
(A) विकास
(B) उत्पादन
(C) व्यापार
(D) सभी
Answer: (D)
Explanation: सभी क्षेत्रों में विकास।

89. अफ्रीका का निष्कर्ष क्या है?
(A) स्थिर
(B) गतिशील
(C) ठंडा
(D) शुष्क
Answer: (B)
Explanation: परिवर्तनशील है।

90. अफ्रीका का मुख्य योगदान क्या है?
(A) संसाधन
(B) संस्कृति
(C) कृषि
(D) सभी
Answer: (D)
Explanation: सभी क्षेत्रों में योगदान।

91. अफ्रीका का महत्व क्या है?
(A) संसाधन
(B) जनसंख्या
(C) कृषि
(D) सभी
Answer: (D)
Explanation: सभी में महत्वपूर्ण है।

92. अफ्रीका का प्रभाव किस पर पड़ता है?
(A) अर्थव्यवस्था
(B) संस्कृति
(C) राजनीति
(D) सभी
Answer: (D)
Explanation: वैश्विक प्रभाव है।

93. अफ्रीका का मुख्य गुण क्या है?
(A) विविधता
(B) एकरूपता

(C) ठंड
(D) शुष्कता
Answer: (A)
Explanation: विविधता है।

94. अफ्रीका का आधार क्या है?
(A) संसाधन
(B) जनसंख्या
(C) जलवायु
(D) सभी
Answer: (D)
Explanation: सभी महत्वपूर्ण हैं।

95. अफ्रीका का अध्ययन क्यों जरूरी है?
(A) संसाधन
(B) जनसंख्या
(C) योजना
(D) सभी
Answer: (D)
Explanation: सभी में उपयोगी है।

96. अफ्रीका का मुख्य कार्य क्या है?
(A) कृषि
(B) उत्पादन
(C) व्यापार
(D) सभी
Answer: (D)
Explanation: सभी कार्य होते हैं।

97. अफ्रीका का प्रभाव किस पर पड़ता है?
(A) जलवायु
(B) अर्थव्यवस्था
(C) संस्कृति
(D) सभी
Answer: (D)
Explanation: सभी प्रभावित होते हैं।

98. अफ्रीका का मुख्य उद्देश्य क्या है?
(A) विकास
(B) उत्पादन
(C) व्यापार
(D) सभी
Answer: (D)
Explanation: सभी क्षेत्रों में विकास।

99. अफ्रीका का निष्कर्ष क्या है?
(A) स्थिर
(B) गतिशील
(C) ठंडा
(D) शुष्क
Answer: (B)
Explanation: लगातार परिवर्तनशील है।

100. अफ्रीका का अंतिम निष्कर्ष क्या है?
(A) छोटा महाद्वीप
(B) संसाधन और विविधता से भरपूर महाद्वीप
(C) ठंडा महाद्वीप
(D) शुष्क महाद्वीप
Answer: (B)
Explanation: अफ्रीका संसाधनों और विविधता के लिए महत्वपूर्ण है।

Chapter 14: यूरोप

1. यूरोप महाद्वीप का क्षेत्रफल लगभग कितना है?

(A) 5 मिलियन वर्ग किमी

(B) 10 मिलियन वर्ग किमी

(C) 20 मिलियन वर्ग किमी

(D) 30 मिलियन वर्ग किमी

Answer: (B)

Explanation: यूरोप का क्षेत्रफल लगभग 10 मिलियन वर्ग किमी है।

2. यूरोप किस गोलार्ध में स्थित है?

(A) दक्षिणी

(B) उत्तरी

(C) पश्चिमी

(D) पूर्वी

Answer: (B)

Explanation: यूरोप मुख्यतः उत्तरी गोलार्ध में है।

3. यूरोप और एशिया को मिलाकर क्या कहा जाता है?

(A) अफ्रो-एशिया

(B) यूरेशिया

(C) यूरो-अफ्रीका

(D) एशिया-अमेरिका

Answer: (B)

Explanation: दोनों मिलकर यूरेशिया कहलाते हैं।

4. यूरोप का सबसे बड़ा देश कौन सा है?

(A) फ्रांस

(B) जर्मनी

(C) रूस

(D) इटली

Answer: (C)

Explanation: रूस यूरोप का सबसे बड़ा देश है।

5. यूरोप का सबसे छोटा देश कौन सा है?

(A) मोनाको

(B) वेटिकन सिटी

(C) माल्टा

(D) आइसलैंड

Answer: (B)

Explanation: वेटिकन सिटी सबसे छोटा देश है।

6. यूरोप की सबसे लंबी नदी कौन सी है?

(A) डेन्यूब

(B) वोल्गा

(C) राइन

(D) थेम्स

Answer: (B)

Explanation: वोल्गा यूरोप की सबसे लंबी नदी है।

7. यूरोप की सबसे ऊँची पर्वतमाला कौन सी है?

(A) आल्प्स

(B) उरल

(C) कार्पेथियन

(D) पाइरेनीज

Answer: (A)

Explanation: आल्प्स प्रमुख पर्वतमाला है।

8. यूरोप का सबसे ऊँचा पर्वत कौन सा है?

(A) मोंट ब्लांक
(B) एल्ब्रुस
(C) मैटरहॉर्न
(D) आल्प्स
Answer: (B)
Explanation: माउंट एल्ब्रुस सबसे ऊँचा है।

9. यूरोप की सबसे बड़ी झील कौन सी है?
(A) बाल्टिक
(B) लाडोगा
(C) जेनेवा
(D) विक्टोरिया
Answer: (B)
Explanation: लाडोगा झील सबसे बड़ी है।

10. यूरोप का सबसे बड़ा द्वीप कौन सा है?
(A) आइसलैंड
(B) ग्रेट ब्रिटेन
(C) आयरलैंड
(D) सिसिली
Answer: (B)
Explanation: ग्रेट ब्रिटेन सबसे बड़ा द्वीप है।

11. यूरोप की प्रमुख जलवायु कौन सी है?
(A) उष्णकटिबंधीय
(B) समशीतोष्ण
(C) शीत
(D) ध्रुवीय
Answer: (B)
Explanation: यूरोप में समशीतोष्ण जलवायु है।

12. यूरोप में सबसे अधिक जनसंख्या वाला देश कौन सा है?
(A) फ्रांस
(B) जर्मनी
(C) रूस
(D) इटली
Answer: (C)
Explanation: रूस की जनसंख्या सबसे अधिक है।

13. यूरोप की प्रमुख नदी डेन्यूब किन देशों से गुजरती है?
(A) 5
(B) 7
(C) 10
(D) 12
Answer: (C)
Explanation: डेन्यूब लगभग 10 देशों से गुजरती है।

14. यूरोप का प्रमुख समुद्र कौन सा है?
(A) लाल सागर
(B) भूमध्य सागर
(C) अरब सागर
(D) काला सागर
Answer: (B)
Explanation: भूमध्य सागर महत्वपूर्ण है।

15. यूरोप में औद्योगिक क्रांति कहाँ शुरू हुई?
(A) फ्रांस
(B) जर्मनी

(C) इंग्लैंड
(D) इटली
Answer: (C)
Explanation: इंग्लैंड में औद्योगिक क्रांति शुरू हुई।

16. यूरोप का सबसे विकसित देश कौन सा है?
(A) फ्रांस
(B) जर्मनी
(C) ब्रिटेन
(D) सभी
Answer: (D)
Explanation: कई देश विकसित हैं।

17. यूरोप की प्रमुख भाषा कौन सी है?
(A) हिंदी
(B) अंग्रेजी
(C) चीनी
(D) अरबी
Answer: (B)
Explanation: अंग्रेजी व्यापक रूप से उपयोग होती है।

18. यूरोप में सबसे अधिक कृषि कहाँ होती है?
(A) पर्वत
(B) मैदान
(C) रेगिस्तान
(D) समुद्र
Answer: (B)
Explanation: मैदान कृषि के लिए उपयुक्त हैं।

19. यूरोप का सबसे बड़ा उद्योग देश कौन सा है?
(A) फ्रांस
(B) जर्मनी
(C) इटली
(D) स्पेन
Answer: (B)
Explanation: जर्मनी औद्योगिक रूप से अग्रणी है।

20. यूरोप का सबसे बड़ा बंदरगाह कौन सा है?
(A) लंदन
(B) रॉटरडैम
(C) पेरिस
(D) रोम
Answer: (B)
Explanation: रॉटरडैम प्रमुख बंदरगाह है।

21. यूरोप का सबसे बड़ा प्रायद्वीप कौन सा है?
(A) स्कैंडिनेवियाई
(B) आइबेरियन
(C) बाल्कन
(D) इतालवी
Answer: (A)
Explanation: स्कैंडिनेवियाई प्रायद्वीप सबसे बड़ा है।

22. यूरोप में कौन सा देश द्वीप राष्ट्र है?
(A) जर्मनी
(B) फ्रांस
(C) ब्रिटेन
(D) इटली

Answer: (C)

Explanation: ब्रिटेन एक द्वीप राष्ट्र है।

23. यूरोप का सबसे ठंडा क्षेत्र कौन सा है?

(A) दक्षिण

(B) उत्तर

(C) पूर्व

(D) पश्चिम

Answer: (B)

Explanation: उत्तरी यूरोप अधिक ठंडा है।

24. यूरोप का सबसे गर्म क्षेत्र कौन सा है?

(A) उत्तर

(B) दक्षिण

(C) पूर्व

(D) पश्चिम

Answer: (B)

Explanation: दक्षिणी यूरोप गर्म होता है।

25. यूरोप का सबसे बड़ा मैदान कौन सा है?

(A) रूसी मैदान

(B) फ्रांसीसी मैदान

(C) जर्मन मैदान

(D) इटालियन मैदान

Answer: (A)

Explanation: रूसी मैदान सबसे बड़ा है।

26. यूरोप की सबसे महत्वपूर्ण नदी राइन किस महासागर में गिरती है?

(A) अटलांटिक

(B) प्रशांत

(C) हिंद

(D) आर्कटिक

Answer: (A)

Explanation: राइन अटलांटिक में गिरती है।

27. यूरोप की प्रमुख फसल कौन सी है?

(A) चावल

(B) गेहूँ

(C) जौ

(D) मक्का

Answer: (B)

Explanation: गेहूँ प्रमुख फसल है।

28. यूरोप का सबसे बड़ा वन क्षेत्र कहाँ है?

(A) फ्रांस

(B) जर्मनी

(C) रूस

(D) इटली

Answer: (C)

Explanation: रूस में विशाल वन हैं।

29. यूरोप का सबसे बड़ा खनिज उत्पादक देश कौन सा है?

(A) फ्रांस

(B) जर्मनी

(C) रूस

(D) इटली

Answer: (C)

Explanation: रूस खनिजों में अग्रणी है।

30. यूरोप का सबसे बड़ा जलविद्‌युत उत्पादक देश कौन सा है?

(A) फ्रांस
(B) जर्मनी
(C) नॉर्वे
(D) इटली

Answer: (C)

Explanation: नॉर्वे जलविद्‌युत में अग्रणी है।

31. यूरोप का सबसे बड़ा पर्यटन देश कौन सा है?

(A) जर्मनी
(B) फ्रांस
(C) इटली
(D) स्पेन

Answer: (B)

Explanation: फ्रांस सबसे अधिक पर्यटक आकर्षित करता है।

32. यूरोप का सबसे बड़ा शहर कौन सा है?

(A) पेरिस
(B) लंदन
(C) मॉस्को
(D) बर्लिन

Answer: (C)

Explanation: मॉस्को सबसे बड़ा शहर है।

33. यूरोप का सबसे बड़ा हवाई अड्डा कहाँ है?

(A) लंदन
(B) पेरिस
(C) फ्रैंकफर्ट
(D) एम्स्टर्डम

Answer: (A)

Explanation: लंदन प्रमुख हवाई केंद्र है।

34. यूरोप का सबसे बड़ा व्यापारिक केंद्र कौन सा है?

(A) पेरिस
(B) लंदन
(C) बर्लिन
(D) रोम

Answer: (B)

Explanation: लंदन प्रमुख व्यापारिक केंद्र है।

35. यूरोप का सबसे बड़ा आर्थिक संगठन कौन सा है?

(A) नाटो
(B) यूरोपीय संघ
(C) संयुक्त राष्ट्र
(D) ओपेक

Answer: (B)

Explanation: यूरोपीय संघ प्रमुख आर्थिक संगठन है।

36. यूरोप का सबसे बड़ा निर्यातक देश कौन सा है?

(A) फ्रांस
(B) जर्मनी
(C) इटली
(D) स्पेन

Answer: (B)

Explanation: जर्मनी निर्यात में अग्रणी है।

37. यूरोप का सबसे बड़ा आयातक देश कौन सा है?

(A) फ्रांस
(B) जर्मनी
(C) ब्रिटेन
(D) इटली

Answer: (C)

Explanation: ब्रिटेन आयात में अग्रणी है।

38. यूरोप का सबसे बड़ा औद्योगिक क्षेत्र कहाँ है?

(A) फ्रांस
(B) जर्मनी
(C) इटली
(D) स्पेन

Answer: (B)

Explanation: जर्मनी औद्योगिक केंद्र है।

39. यूरोप का सबसे बड़ा कृषि उत्पादक देश कौन सा है?

(A) फ्रांस
(B) जर्मनी
(C) इटली
(D) स्पेन

Answer: (A)

Explanation: फ्रांस कृषि में अग्रणी है।

40. यूरोप का सबसे बड़ा मछली उत्पादक देश कौन सा है?

(A) फ्रांस
(B) नॉर्वे
(C) जर्मनी
(D) इटली

Answer: (B)

Explanation: नॉर्वे मछली उत्पादन में अग्रणी है।

41. यूरोप का सबसे बड़ा ऊर्जा उत्पादक देश कौन सा है?

(A) फ्रांस
(B) जर्मनी
(C) रूस
(D) इटली

Answer: (C)

Explanation: रूस ऊर्जा उत्पादन में अग्रणी है।

42. यूरोप का सबसे बड़ा परिवहन नेटवर्क किस देश में है?

(A) फ्रांस
(B) जर्मनी
(C) रूस
(D) इटली

Answer: (C)

Explanation: रूस में विस्तृत नेटवर्क है।

43. यूरोप का सबसे बड़ा बाजार कौन सा है?

(A) फ्रांस
(B) जर्मनी
(C) ब्रिटेन
(D) इटली

Answer: (B)

Explanation: जर्मनी का बाजार बड़ा

है।

44. यूरोप का सबसे बड़ा उत्पादन क्षेत्र कौन सा है?

(A) फ्रांस
(B) जर्मनी
(C) इटली
(D) स्पेन

Answer: (B)

Explanation: जर्मनी उत्पादन में अग्रणी है।

45. यूरोप का सबसे बड़ा उपभोक्ता देश कौन सा है?

(A) फ्रांस
(B) जर्मनी
(C) ब्रिटेन
(D) इटली

Answer: (B)

Explanation: जर्मनी में उपभोग अधिक है।

46. यूरोप का सबसे बड़ा वन क्षेत्र किस देश में है?

(A) फ्रांस
(B) जर्मनी
(C) रूस
(D) इटली

Answer: (C)

Explanation: रूस में विशाल वन हैं।

47. यूरोप का सबसे बड़ा खनिज क्षेत्र कहाँ है?

(A) फ्रांस
(B) जर्मनी
(C) रूस
(D) इटली

Answer: (C)

Explanation: रूस खनिजों में समृद्ध है।

48. यूरोप का सबसे बड़ा जल संसाधन किस देश में है?

(A) फ्रांस
(B) जर्मनी
(C) रूस
(D) इटली

Answer: (C)

Explanation: रूस में जल संसाधन अधिक हैं।

49. यूरोप का सबसे बड़ा नदी डेल्टा कौन सा है?

(A) वोल्गा
(B) डेन्यूब
(C) राइन
(D) थेम्स

Answer: (B)

Explanation: डेन्यूब का डेल्टा बड़ा है।

50. यूरोप का सबसे बड़ा समुद्र कौन सा है?

(A) काला सागर
(B) भूमध्य सागर
(C) बाल्टिक सागर
(D) उत्तरी सागर

Answer: (B)

Explanation: भूमध्य सागर प्रमुख है।

51. यूरोप का सबसे बड़ा पर्वतीय क्षेत्र कहाँ है?
(A) फ्रांस
(B) जर्मनी
(C) स्विट्जरलैंड
(D) इटली
Answer: (C)
Explanation: आल्प्स स्विट्जरलैंड में प्रमुख हैं।

52. यूरोप का सबसे बड़ा पर्यटन क्षेत्र कहाँ है?
(A) फ्रांस
(B) इटली
(C) स्पेन
(D) सभी
Answer: (D)
Explanation: कई देश पर्यटन के लिए प्रसिद्ध हैं।

53. यूरोप का सबसे बड़ा सांस्कृतिक केंद्र कौन सा है?
(A) पेरिस
(B) रोम
(C) लंदन
(D) सभी
Answer: (D)
Explanation: सभी महत्वपूर्ण हैं।

54. यूरोप का सबसे बड़ा शिक्षा केंद्र कौन सा है?
(A) ऑक्सफोर्ड
(B) कैम्ब्रिज
(C) हार्वर्ड
(D) A और B
Answer: (D)
Explanation: ऑक्सफोर्ड और कैम्ब्रिज प्रसिद्ध हैं।

55. यूरोप का सबसे बड़ा वैज्ञानिक केंद्र कौन सा है?
(A) फ्रांस
(B) जर्मनी
(C) स्विट्जरलैंड
(D) सभी
Answer: (D)
Explanation: कई देश वैज्ञानिक रूप से अग्रणी हैं।

56. यूरोप का मुख्य गुण क्या है?
(A) विविधता
(B) एकरूपता
(C) शुष्कता
(D) ठंड
Answer: (A)
Explanation: विविध भौगोलिक और सांस्कृतिक विशेषताएँ हैं।

57. यूरोप का महत्व क्या है?
(A) उद्योग
(B) संस्कृति
(C) अर्थव्यवस्था
(D) सभी
Answer: (D)
Explanation: सभी क्षेत्रों में महत्वपूर्ण है।

58. यूरोप का प्रभाव किस पर पड़ता है?
(A) राजनीति
(B) अर्थव्यवस्था

(C) संस्कृति
(D) सभी
Answer: (D)
Explanation: वैश्विक प्रभाव है।

59. यूरोप का आधार क्या है?
(A) उद्योग
(B) संसाधन
(C) जनसंख्या
(D) सभी
Answer: (D)
Explanation: सभी महत्वपूर्ण हैं।

60. यूरोप का अध्ययन क्यों जरूरी है?
(A) योजना
(B) संसाधन
(C) अर्थव्यवस्था
(D) सभी
Answer: (D)
Explanation: सभी में उपयोगी है।

61. यूरोप का मुख्य कार्य क्या है?
(A) उद्योग
(B) व्यापार
(C) उत्पादन
(D) सभी
Answer: (D)
Explanation: सभी कार्य होते हैं।

62. यूरोप का प्रभाव किस पर पड़ता है?
(A) जलवायु
(B) अर्थव्यवस्था
(C) संस्कृति
(D) सभी
Answer: (D)
Explanation: सभी प्रभावित होते हैं।

63. यूरोप का मुख्य उद्देश्य क्या है?
(A) विकास
(B) उत्पादन
(C) व्यापार
(D) सभी
Answer: (D)
Explanation: सभी क्षेत्रों में विकास।

64. यूरोप का निष्कर्ष क्या है?
(A) स्थिर
(B) गतिशील
(C) ठंडा
(D) शुष्क
Answer: (B)
Explanation: लगातार विकासशील है।

65. यूरोप का योगदान क्या है?
(A) विज्ञान
(B) उद्योग
(C) संस्कृति
(D) सभी
Answer: (D)
Explanation: सभी क्षेत्रों में योगदान है।

66. यूरोप का महत्व क्या है?
(A) उद्योग
(B) संस्कृति
(C) अर्थव्यवस्था
(D) सभी
Answer: (D)
Explanation: सभी में महत्वपूर्ण है।

67. यूरोप का प्रभाव किस पर पड़ता है?
(A) राजनीति
(B) अर्थव्यवस्था
(C) संस्कृति
(D) सभी
Answer: (D)
Explanation: वैश्विक प्रभाव है।

68. यूरोप का मुख्य गुण क्या है?
(A) विविधता
(B) एकरूपता
(C) शुष्कता
(D) ठंड
Answer: (A)
Explanation: विविधता है।

69. यूरोप का आधार क्या है?
(A) उद्योग
(B) संसाधन
(C) जनसंख्या
(D) सभी
Answer: (D)
Explanation: सभी महत्वपूर्ण हैं।

70. यूरोप का अध्ययन क्यों जरूरी है?
(A) योजना
(B) संसाधन
(C) अर्थव्यवस्था
(D) सभी
Answer: (D)
Explanation: सभी में उपयोगी है।

71. यूरोप का मुख्य कार्य क्या है?
(A) उद्योग
(B) व्यापार
(C) उत्पादन
(D) सभी
Answer: (D)
Explanation: सभी कार्य होते हैं।

72. यूरोप का प्रभाव किस पर पड़ता है?
(A) जलवायु
(B) अर्थव्यवस्था
(C) संस्कृति
(D) सभी
Answer: (D)
Explanation: सभी प्रभावित होते हैं।

73. यूरोप का मुख्य उद्देश्य क्या है?
(A) विकास
(B) उत्पादन
(C) व्यापार
(D) सभी
Answer: (D)
Explanation: सभी क्षेत्रों में विकास।

74. यूरोप का निष्कर्ष क्या है?
(A) स्थिर
(B) गतिशील
(C) ठंडा
(D) शुष्क
Answer: (B)
Explanation: विकासशील है।

75. यूरोप का योगदान क्या है?
(A) विज्ञान
(B) उद्योग
(C) संस्कृति
(D) सभी

Answer: (D)
Explanation: सभी क्षेत्रों में योगदान।

76. यूरोप का महत्व क्या है?
(A) उद्योग
(B) संस्कृति
(C) अर्थव्यवस्था
(D) सभी
Answer: (D)
Explanation: सभी में महत्वपूर्ण है।

77. यूरोप का प्रभाव किस पर पड़ता है?
(A) राजनीति
(B) अर्थव्यवस्था
(C) संस्कृति
(D) सभी
Answer: (D)
Explanation: वैश्विक प्रभाव है।

78. यूरोप का मुख्य गुण क्या है?
(A) विविधता
(B) एकरूपता
(C) शुष्कता
(D) ठंड
Answer: (A)
Explanation: विविधता है।

79. यूरोप का आधार क्या है?
(A) उद्योग
(B) संसाधन
(C) जनसंख्या
(D) सभी
Answer: (D)
Explanation: सभी महत्वपूर्ण हैं।

80. यूरोप का अध्ययन क्यों जरूरी है?
(A) योजना
(B) संसाधन
(C) अर्थव्यवस्था
(D) सभी
Answer: (D)
Explanation: सभी में उपयोगी है।

81. यूरोप का मुख्य कार्य क्या है?
(A) उद्योग
(B) व्यापार
(C) उत्पादन
(D) सभी
Answer: (D)
Explanation: सभी कार्य होते हैं।

82. यूरोप का प्रभाव किस पर पड़ता है?
(A) जलवायु
(B) अर्थव्यवस्था
(C) संस्कृति
(D) सभी
Answer: (D)
Explanation: सभी प्रभावित होते हैं।

83. यूरोप का मुख्य उद्देश्य क्या है?
(A) विकास
(B) उत्पादन
(C) व्यापार
(D) सभी
Answer: (D)
Explanation: सभी क्षेत्रों में विकास।

84. यूरोप का निष्कर्ष क्या है?
(A) स्थिर
(B) गतिशील

(C) ठंडा
(D) शुष्क
Answer: (B)
Explanation: लगातार विकासशील है।

85. यूरोप का योगदान क्या है?
(A) विज्ञान
(B) उद्योग
(C) संस्कृति
(D) सभी
Answer: (D)
Explanation: सभी क्षेत्रों में योगदान है।

86. यूरोप का महत्व क्या है?
(A) उद्योग
(B) संस्कृति
(C) अर्थव्यवस्था
(D) सभी
Answer: (D)
Explanation: सभी में महत्वपूर्ण है।

87. यूरोप का प्रभाव किस पर पड़ता है?
(A) राजनीति
(B) अर्थव्यवस्था
(C) संस्कृति
(D) सभी
Answer: (D)
Explanation: वैश्विक प्रभाव है।

88. यूरोप का मुख्य गुण क्या है?
(A) विविधता
(B) एकरूपता
(C) शुष्कता
(D) ठंड
Answer: (A)
Explanation: विविधता है।

89. यूरोप का आधार क्या है?
(A) उद्योग
(B) संसाधन
(C) जनसंख्या
(D) सभी
Answer: (D)
Explanation: सभी महत्वपूर्ण हैं।

90. यूरोप का अध्ययन क्यों जरूरी है?
(A) योजना
(B) संसाधन
(C) अर्थव्यवस्था
(D) सभी
Answer: (D)
Explanation: सभी में उपयोगी है।

91. यूरोप का मुख्य कार्य क्या है?
(A) उद्योग
(B) व्यापार
(C) उत्पादन
(D) सभी
Answer: (D)
Explanation: सभी कार्य होते हैं।

92. यूरोप का प्रभाव किस पर पड़ता है?
(A) जलवायु
(B) अर्थव्यवस्था
(C) संस्कृति
(D) सभी
Answer: (D)

Explanation: सभी प्रभावित होते हैं।

93. यूरोप का मुख्य उद्देश्य क्या है?

(A) विकास

(B) उत्पादन

(C) व्यापार

(D) सभी

Answer: (D)

Explanation: सभी क्षेत्रों में विकास।

94. यूरोप का निष्कर्ष क्या है?

(A) स्थिर

(B) गतिशील

(C) ठंडा

(D) शुष्क

Answer: (B)

Explanation: लगातार विकासशील है।

95. यूरोप का योगदान क्या है?

(A) विज्ञान

(B) उद्योग

(C) संस्कृति

(D) सभी

Answer: (D)

Explanation: सभी क्षेत्रों में योगदान है।

96. यूरोप का महत्व क्या है?

(A) उद्योग

(B) संस्कृति

(C) अर्थव्यवस्था

(D) सभी

Answer: (D)

Explanation: सभी में महत्वपूर्ण है।

97. यूरोप का प्रभाव किस पर पड़ता है?

(A) राजनीति

(B) अर्थव्यवस्था

(C) संस्कृति

(D) सभी

Answer: (D)

Explanation: वैश्विक प्रभाव है।

98. यूरोप का मुख्य गुण क्या है?

(A) विविधता

(B) एकरूपता

(C) शुष्कता

(D) ठंड

Answer: (A)

Explanation: विविधता है।

99. यूरोप का आधार क्या है?

(A) उद्योग

(B) संसाधन

(C) जनसंख्या

(D) सभी

Answer: (D)

Explanation: सभी महत्वपूर्ण हैं।

100. यूरोप का अंतिम निष्कर्ष क्या है?

(A) छोटा महाद्वीप

(B) विकसित और प्रभावशाली महाद्वीप

(C) ठंडा महाद्वीप

(D) शुष्क महाद्वीप

Answer: (B)

Explanation: यूरोप वैश्विक स्तर पर अत्यंत प्रभावशाली और विकसित है।

Chapter 15: उत्तरी अमेरिका

1. उत्तरी अमेरिका का क्षेत्रफल लगभग कितना है?
(A) 10 मिलियन वर्ग किमी
(B) 15 मिलियन वर्ग किमी
(C) 24 मिलियन वर्ग किमी
(D) 40 मिलियन वर्ग किमी
Answer: (C)
Explanation: उत्तरी अमेरिका का क्षेत्रफल लगभग 24 मिलियन वर्ग किमी है।

2. उत्तरी अमेरिका किस गोलार्ध में स्थित है?
(A) दक्षिणी
(B) उत्तरी
(C) पश्चिमी
(D) पूर्वी
Answer: (B)
Explanation: यह मुख्यतः उत्तरी गोलार्ध में स्थित है।

3. उत्तरी अमेरिका का सबसे बड़ा देश कौन सा है?
(A) अमेरिका
(B) कनाडा
(C) मेक्सिको
(D) ग्रीनलैंड
Answer: (B)
Explanation: क्षेत्रफल के अनुसार कनाडा सबसे बड़ा है।

4. उत्तरी अमेरिका का सबसे अधिक जनसंख्या वाला देश कौन सा है?
(A) कनाडा
(B) अमेरिका
(C) मेक्सिको
(D) क्यूबा
Answer: (B)
Explanation: अमेरिका में सबसे अधिक जनसंख्या है।

5. उत्तरी अमेरिका का सबसे बड़ा द्वीप कौन सा है?
(A) क्यूबा
(B) ग्रीनलैंड
(C) जमैका
(D) हवाई
Answer: (B)
Explanation: ग्रीनलैंड सबसे बड़ा द्वीप है।

6. उत्तरी अमेरिका की सबसे लंबी नदी कौन सी है?
(A) मिसिसिपी
(B) मिसौरी
(C) मैकेंजी
(D) युकोन
Answer: (A)
Explanation: मिसिसिपी प्रमुख और लंबी नदी है।

7. उत्तरी अमेरिका की सबसे बड़ी झील कौन सी है?
(A) सुपीरियर
(B) मिशिगन
(C) ह्यूरन
(D) एरी
Answer: (A)

Explanation: सुपीरियर झील सबसे बड़ी है।

8. उत्तरी अमेरिका की प्रमुख पर्वतमाला कौन सी है?

(A) आल्प्स
(B) रॉकी
(C) हिमालय
(D) एंडीज

Answer: (B)

Explanation: रॉकी पर्वतमाला प्रमुख है।

9. उत्तरी अमेरिका का सबसे ऊँचा पर्वत कौन सा है?

(A) माउंट मैकिन्ले
(B) माउंट लोगन
(C) माउंट एल्बर्ट
(D) माउंट हूड

Answer: (A)

Explanation: माउंट मैकिन्ले सबसे ऊँचा है।

10. उत्तरी अमेरिका की प्रमुख जलवायु कौन सी है?

(A) उष्णकटिबंधीय
(B) समशीतोष्ण
(C) ध्रुवीय
(D) सभी

Answer: (D)

Explanation: यहाँ विभिन्न जलवायु पाई जाती हैं।

11. उत्तरी अमेरिका में सबसे अधिक कृषि कहाँ होती है?

(A) पर्वत
(B) मैदान
(C) रेगिस्तान
(D) ध्रुव

Answer: (B)

Explanation: मैदान कृषि के लिए उपयुक्त हैं।

12. उत्तरी अमेरिका का सबसे बड़ा मरुस्थल कौन सा है?

(A) सहारा
(B) सोनोरन
(C) गोबी
(D) थार

Answer: (B)

Explanation: सोनोरन मरुस्थल प्रमुख है।

13. उत्तरी अमेरिका का प्रमुख उद्योग कौन सा है?

(A) कृषि
(B) आईटी
(C) विनिर्माण
(D) सभी

Answer: (D)

Explanation: सभी प्रमुख उद्योग हैं।

14. उत्तरी अमेरिका का सबसे विकसित देश कौन सा है?

(A) कनाडा
(B) अमेरिका
(C) मेक्सिको
(D) क्यूबा

Answer: (B)

Explanation: अमेरिका अत्यधिक विकसित है।

15. उत्तरी अमेरिका का सबसे बड़ा बंदरगाह कौन सा है?
(A) न्यूयॉर्क
(B) लॉस एंजेलिस
(C) वैंकूवर
(D) ह्यूस्टन
Answer: (B)
Explanation: लॉस एंजेलिस प्रमुख बंदरगाह है।

16. उत्तरी अमेरिका का सबसे बड़ा मैदान कौन सा है?
(A) प्रेयरी
(B) पम्पास
(C) स्टेपी
(D) टुंड्रा
Answer: (A)
Explanation: प्रेयरी मैदान उत्तरी अमेरिका का प्रमुख मैदान है।

17. उत्तरी अमेरिका में टुंड्रा जलवायु कहाँ पाई जाती है?
(A) दक्षिण
(B) उत्तर
(C) मध्य
(D) पश्चिम
Answer: (B)
Explanation: उत्तरी भाग में टुंड्रा जलवायु पाई जाती है।

18. उत्तरी अमेरिका का सबसे बड़ा वन क्षेत्र कहाँ है?
(A) अमेरिका
(B) कनाडा
(C) मेक्सिको
(D) क्यूबा
Answer: (B)
Explanation: कनाडा में विशाल वन क्षेत्र हैं।

19. उत्तरी अमेरिका की सबसे बड़ी झील सुपीरियर किस समूह का भाग है?
(A) ग्रेट लेक्स
(B) ब्लू लेक्स
(C) रेड लेक्स
(D) स्मॉल लेक्स
Answer: (A)
Explanation: सुपीरियर ग्रेट लेक्स का भाग है।

20. उत्तरी अमेरिका की प्रमुख नदी मिसिसिपी कहाँ गिरती है?
(A) अटलांटिक महासागर
(B) मैक्सिको की खाड़ी
(C) प्रशांत महासागर
(D) आर्कटिक महासागर
Answer: (B)
Explanation: यह मैक्सिको की खाड़ी में गिरती है।

21. उत्तरी अमेरिका का सबसे बड़ा तेल उत्पादक क्षेत्र कौन सा है?
(A) टेक्सास
(B) अलास्का
(C) कैलिफोर्निया
(D) फ्लोरिडा
Answer: (A)
Explanation: टेक्सास प्रमुख तेल

उत्पादक क्षेत्र है।

22. उत्तरी अमेरिका का सबसे बड़ा कोयला उत्पादक क्षेत्र कौन सा है?

(A) एपलाचियन

(B) रॉकी

(C) सिएरा

(D) अलास्का

Answer: (A)

Explanation: एपलाचियन क्षेत्र कोयले के लिए प्रसिद्ध है।

23. उत्तरी अमेरिका का सबसे बड़ा औद्योगिक क्षेत्र कहाँ है?

(A) कनाडा

(B) ग्रेट लेक्स क्षेत्र

(C) मेक्सिको

(D) क्यूबा

Answer: (B)

Explanation: ग्रेट लेक्स क्षेत्र उद्योगों का केंद्र है।

24. उत्तरी अमेरिका का सबसे बड़ा व्यापारिक देश कौन सा है?

(A) कनाडा

(B) अमेरिका

(C) मेक्सिको

(D) क्यूबा

Answer: (B)

Explanation: अमेरिका व्यापार में अग्रणी है।

25. उत्तरी अमेरिका का सबसे बड़ा कृषि उत्पादक देश कौन सा है?

(A) कनाडा

(B) अमेरिका

(C) मेक्सिको

(D) क्यूबा

Answer: (B)

Explanation: अमेरिका कृषि उत्पादन में अग्रणी है।

26. उत्तरी अमेरिका का सबसे बड़ा मछली उत्पादक क्षेत्र कौन सा है?

(A) अटलांटिक तट

(B) प्रशांत तट

(C) आर्कटिक तट

(D) सभी

Answer: (D)

Explanation: सभी तटीय क्षेत्र मछली उत्पादन करते हैं।

27. उत्तरी अमेरिका का सबसे बड़ा परिवहन नेटवर्क किस देश में है?

(A) कनाडा

(B) अमेरिका

(C) मेक्सिको

(D) क्यूबा

Answer: (B)

Explanation: अमेरिका में विस्तृत नेटवर्क है।

28. उत्तरी अमेरिका का सबसे बड़ा हवाई अड्डा कहाँ है?

(A) न्यूयॉर्क

(B) अटलांटा

(C) लॉस एंजेलिस

(D) शिकागो

Answer: (B)

Explanation: अटलांटा हवाई अड्डा सबसे व्यस्त है।

29. उत्तरी अमेरिका का सबसे बड़ा शहर कौन सा है?

(A) न्यूयॉर्क

(B) लॉस एंजेलिस

(C) टोरंटो

(D) मेक्सिको सिटी

Answer: (D)

Explanation: मेक्सिको सिटी सबसे बड़ा शहर है।

30. उत्तरी अमेरिका का सबसे बड़ा पर्यटन स्थल कौन सा है?

(A) नियाग्रा फॉल्स

(B) ग्रैंड कैन्यन

(C) डिज़्नीलैंड

(D) सभी

Answer: (D)

Explanation: सभी प्रमुख पर्यटन स्थल हैं।

31. नियाग्रा जलप्रपात किन देशों की सीमा पर है?

(A) अमेरिका और कनाडा

(B) अमेरिका और मेक्सिको

(C) कनाडा और मेक्सिको

(D) अमेरिका और क्यूबा

Answer: (A)

Explanation: यह अमेरिका और कनाडा की सीमा पर है।

32. ग्रैंड कैन्यन किस नदी द्वारा बना है?

(A) मिसिसिपी

(B) कोलोराडो

(C) युकोन

(D) मैकेंजी

Answer: (B)

Explanation: कोलोराडो नदी द्वारा बना है।

33. उत्तरी अमेरिका की प्रमुख भाषा कौन सी है?

(A) हिंदी

(B) अंग्रेजी

(C) चीनी

(D) अरबी

Answer: (B)

Explanation: अंग्रेजी व्यापक रूप से बोली जाती है।

34. उत्तरी अमेरिका का प्रमुख धर्म कौन सा है?

(A) हिंदू

(B) ईसाई

(C) बौद्ध

(D) इस्लाम

Answer: (B)

Explanation: ईसाई धर्म प्रमुख है।

35. उत्तरी अमेरिका की अर्थव्यवस्था का आधार क्या है?

(A) कृषि

(B) उद्योग

(C) सेवा

(D) सभी

Answer: (D)

Explanation: सभी क्षेत्रों का योगदान है।

36. उत्तरी अमेरिका का सबसे बड़ा निर्यातक देश कौन सा है?

(A) कनाडा

(B) अमेरिका

(C) मेक्सिको

(D) क्यूबा

Answer: (B)

Explanation: अमेरिका निर्यात में अग्रणी है।

37. उत्तरी अमेरिका का सबसे बड़ा आयातक देश कौन सा है?

(A) कनाडा

(B) अमेरिका

(C) मेक्सिको

(D) क्यूबा

Answer: (B)

Explanation: अमेरिका आयात में भी अग्रणी है।

38. उत्तरी अमेरिका का सबसे बड़ा ऊर्जा उत्पादक देश कौन सा है?

(A) कनाडा

(B) अमेरिका

(C) मेक्सिको

(D) क्यूबा

Answer: (B)

Explanation: अमेरिका ऊर्जा उत्पादन में अग्रणी है।

39. उत्तरी अमेरिका का सबसे बड़ा खनिज उत्पादक देश कौन सा है?

(A) कनाडा

(B) अमेरिका

(C) मेक्सिको

(D) क्यूबा

Answer: (A)

Explanation: कनाडा खनिजों में समृद्ध है।

40. उत्तरी अमेरिका का सबसे बड़ा वन क्षेत्र किस देश में है?

(A) कनाडा

(B) अमेरिका

(C) मेक्सिको

(D) क्यूबा

Answer: (A)

Explanation: कनाडा में विशाल वन हैं।

41. उत्तरी अमेरिका का मुख्य गुण क्या है?

(A) विविधता

(B) एकरूपता

(C) शुष्कता

(D) ठंड

Answer: (A)

Explanation: यहाँ विविध भौगोलिक स्थितियाँ हैं।

42. उत्तरी अमेरिका का महत्व क्या है?

(A) उद्योग

(B) अर्थव्यवस्था

(C) संसाधन

(D) सभी

Answer: (D)

Explanation: सभी में महत्वपूर्ण है।

43. उत्तरी अमेरिका का प्रभाव किस पर पड़ता है?

(A) अर्थव्यवस्था

(B) राजनीति

(C) संस्कृति

(D) सभी

Answer: (D)

Explanation: वैश्विक प्रभाव है।

44. उत्तरी अमेरिका का आधार क्या है?

(A) संसाधन

(B) जनसंख्या

(C) उद्योग

(D) सभी

Answer: (D)

Explanation: सभी महत्वपूर्ण हैं।

45. उत्तरी अमेरिका का अध्ययन क्यों जरूरी है?

(A) योजना

(B) संसाधन

(C) अर्थव्यवस्था

(D) सभी

Answer: (D)

Explanation: सभी में उपयोगी है।

46. उत्तरी अमेरिका का मुख्य कार्य क्या है?

(A) उत्पादन

(B) व्यापार

(C) उद्योग

(D) सभी

Answer: (D)

Explanation: सभी कार्य होते हैं।

47. उत्तरी अमेरिका का प्रभाव किस पर पड़ता है?

(A) जलवायु

(B) अर्थव्यवस्था

(C) संस्कृति

(D) सभी

Answer: (D)

Explanation: सभी प्रभावित होते हैं।

48. उत्तरी अमेरिका का मुख्य उद्देश्य क्या है?

(A) विकास

(B) उत्पादन

(C) व्यापार

(D) सभी

Answer: (D)

Explanation: सभी क्षेत्रों में विकास।

49. उत्तरी अमेरिका का निष्कर्ष क्या है?

(A) स्थिर

(B) गतिशील

(C) ठंडा

(D) शुष्क

Answer: (B)

Explanation: लगातार विकासशील है।

50. उत्तरी अमेरिका का योगदान क्या है?

(A) विज्ञान

(B) उद्योग

(C) तकनीक

(D) सभी
Answer: (D)
Explanation: सभी क्षेत्रों में योगदान है।

51. उत्तरी अमेरिका का सबसे बड़ा बाजार कौन सा है?
(A) कनाडा
(B) अमेरिका
(C) मेक्सिको
(D) क्यूबा
Answer: (B)
Explanation: अमेरिका का बाजार सबसे बड़ा है।

52. उत्तरी अमेरिका का सबसे बड़ा उत्पादन क्षेत्र कौन सा है?
(A) कनाडा
(B) अमेरिका
(C) मेक्सिको
(D) क्यूबा
Answer: (B)
Explanation: अमेरिका उत्पादन में अग्रणी है।

53. उत्तरी अमेरिका का सबसे बड़ा उपभोक्ता देश कौन सा है?
(A) कनाडा
(B) अमेरिका
(C) मेक्सिको
(D) क्यूबा
Answer: (B)
Explanation: अमेरिका में उपभोग अधिक है।

54. उत्तरी अमेरिका का सबसे बड़ा परिवहन केंद्र कौन सा है?
(A) न्यूयॉर्क
(B) शिकागो
(C) लॉस एंजेलिस
(D) सभी
Answer: (D)
Explanation: कई बड़े केंद्र हैं।

55. उत्तरी अमेरिका का सबसे बड़ा आर्थिक क्षेत्र कौन सा है?
(A) कनाडा
(B) अमेरिका
(C) मेक्सिको
(D) क्यूबा
Answer: (B)
Explanation: अमेरिका की अर्थव्यवस्था सबसे बड़ी है।

56. उत्तरी अमेरिका का सबसे बड़ा औद्योगिक उत्पादन किस देश में है?
(A) कनाडा
(B) अमेरिका
(C) मेक्सिको
(D) क्यूबा
Answer: (B)
Explanation: अमेरिका औद्योगिक उत्पादन में अग्रणी है।

57. उत्तरी अमेरिका का सबसे बड़ा कृषि उत्पादन किस देश में है?
(A) कनाडा
(B) अमेरिका
(C) मेक्सिको

(D) क्यूबा

Answer: (B)

Explanation: अमेरिका कृषि में अग्रणी है।

58. उत्तरी अमेरिका का सबसे बड़ा ऊर्जा संसाधन किस देश में है?

(A) कनाडा

(B) अमेरिका

(C) मेक्सिको

(D) क्यूबा

Answer: (B)

Explanation: अमेरिका ऊर्जा में अग्रणी है।

59. उत्तरी अमेरिका का सबसे बड़ा जल संसाधन किस देश में है?

(A) कनाडा

(B) अमेरिका

(C) मेक्सिको

(D) क्यूबा

Answer: (A)

Explanation: कनाडा में जल संसाधन अधिक हैं।

60. उत्तरी अमेरिका का सबसे बड़ा वन संसाधन किस देश में है?

(A) कनाडा

(B) अमेरिका

(C) मेक्सिको

(D) क्यूबा

Answer: (A)

Explanation: कनाडा में वन क्षेत्र अधिक है।

61. उत्तरी अमेरिका का महत्व क्या है?

(A) उद्योग

(B) अर्थव्यवस्था

(C) संसाधन

(D) सभी

Answer: (D)

Explanation: सभी क्षेत्रों में महत्वपूर्ण है।

62. उत्तरी अमेरिका का प्रभाव किस पर पड़ता है?

(A) राजनीति

(B) अर्थव्यवस्था

(C) संस्कृति

(D) सभी

Answer: (D)

Explanation: वैश्विक प्रभाव है।

63. उत्तरी अमेरिका का मुख्य गुण क्या है?

(A) विविधता

(B) एकरूपता

(C) शुष्कता

(D) ठंड

Answer: (A)

Explanation: विविधता है।

64. उत्तरी अमेरिका का आधार क्या है?

(A) संसाधन

(B) जनसंख्या

(C) उद्योग

(D) सभी

Answer: (D)

Explanation: सभी महत्वपूर्ण हैं।

65. उत्तरी अमेरिका का अध्ययन क्यों जरूरी है?

(A) योजना

(B) संसाधन

(C) अर्थव्यवस्था

(D) सभी

Answer: (D)

Explanation: सभी में उपयोगी है।

66. उत्तरी अमेरिका का मुख्य कार्य क्या है?

(A) उत्पादन

(B) व्यापार

(C) उद्योग

(D) सभी

Answer: (D)

Explanation: सभी कार्य होते हैं।

67. उत्तरी अमेरिका का प्रभाव किस पर पड़ता है?

(A) जलवायु

(B) अर्थव्यवस्था

(C) संस्कृति

(D) सभी

Answer: (D)

Explanation: सभी प्रभावित होते हैं।

68. उत्तरी अमेरिका का मुख्य उद्देश्य क्या है?

(A) विकास

(B) उत्पादन

(C) व्यापार

(D) सभी

Answer: (D)

Explanation: सभी क्षेत्रों में विकास।

69. उत्तरी अमेरिका का निष्कर्ष क्या है?

(A) स्थिर

(B) गतिशील

(C) ठंडा

(D) शुष्क

Answer: (B)

Explanation: लगातार विकासशील है।

70. उत्तरी अमेरिका का योगदान क्या है?

(A) विज्ञान

(B) उद्योग

(C) तकनीक

(D) सभी

Answer: (D)

Explanation: सभी क्षेत्रों में योगदान है।

71. उत्तरी अमेरिका का महत्व क्या है?

(A) उद्योग

(B) अर्थव्यवस्था

(C) संसाधन

(D) सभी

Answer: (D)

Explanation: सभी में महत्वपूर्ण है।

72. उत्तरी अमेरिका का प्रभाव किस पर पड़ता है?

(A) राजनीति

(B) अर्थव्यवस्था

(C) संस्कृति

(D) सभी
Answer: (D)
Explanation: वैश्विक प्रभाव है।

73. उत्तरी अमेरिका का मुख्य गुण क्या है?
(A) विविधता
(B) एकरूपता
(C) शुष्कता
(D) ठंड
Answer: (A)
Explanation: विविधता है।

74. उत्तरी अमेरिका का आधार क्या है?
(A) संसाधन
(B) जनसंख्या
(C) उद्योग
(D) सभी
Answer: (D)
Explanation: सभी महत्वपूर्ण हैं।

75. उत्तरी अमेरिका का अध्ययन क्यों जरूरी है?
(A) योजना
(B) संसाधन
(C) अर्थव्यवस्था
(D) सभी
Answer: (D)
Explanation: सभी में उपयोगी है।

76. उत्तरी अमेरिका का मुख्य कार्य क्या है?
(A) उत्पादन
(B) व्यापार
(C) उद्योग
(D) सभी
Answer: (D)
Explanation: सभी कार्य होते हैं।

77. उत्तरी अमेरिका का प्रभाव किस पर पड़ता है?
(A) जलवायु
(B) अर्थव्यवस्था
(C) संस्कृति
(D) सभी
Answer: (D)
Explanation: सभी प्रभावित होते हैं।

78. उत्तरी अमेरिका का मुख्य उद्देश्य क्या है?
(A) विकास
(B) उत्पादन
(C) व्यापार
(D) सभी
Answer: (D)
Explanation: सभी क्षेत्रों में विकास।

79. उत्तरी अमेरिका का निष्कर्ष क्या है?
(A) स्थिर
(B) गतिशील
(C) ठंडा
(D) शुष्क
Answer: (B)
Explanation: विकासशील है।

80. उत्तरी अमेरिका का योगदान क्या है?
(A) विज्ञान
(B) उद्योग
(C) तकनीक

(D) सभी

Answer: (D)

Explanation: सभी क्षेत्रों में योगदान।

81. उत्तरी अमेरिका का महत्व क्या है?

(A) उद्योग

(B) अर्थव्यवस्था

(C) संसाधन

(D) सभी

Answer: (D)

Explanation: सभी में महत्वपूर्ण है।

82. उत्तरी अमेरिका का प्रभाव किस पर पड़ता है?

(A) राजनीति

(B) अर्थव्यवस्था

(C) संस्कृति

(D) सभी

Answer: (D)

Explanation: वैश्विक प्रभाव है।

83. उत्तरी अमेरिका का मुख्य गुण क्या है?

(A) विविधता

(B) एकरूपता

(C) शुष्कता

(D) ठंड

Answer: (A)

Explanation: विविधता है।

84. उत्तरी अमेरिका का आधार क्या है?

(A) संसाधन

(B) जनसंख्या

(C) उद्योग

(D) सभी

Answer: (D)

Explanation: सभी महत्वपूर्ण हैं।

85. उत्तरी अमेरिका का अध्ययन क्यों जरूरी है?

(A) योजना

(B) संसाधन

(C) अर्थव्यवस्था

(D) सभी

Answer: (D)

Explanation: सभी में उपयोगी है।

86. उत्तरी अमेरिका का मुख्य कार्य क्या है?

(A) उत्पादन

(B) व्यापार

(C) उद्योग

(D) सभी

Answer: (D)

Explanation: सभी कार्य होते हैं।

87. उत्तरी अमेरिका का प्रभाव किस पर पड़ता है?

(A) जलवायु

(B) अर्थव्यवस्था

(C) संस्कृति

(D) सभी

Answer: (D)

Explanation: सभी प्रभावित होते हैं।

88. उत्तरी अमेरिका का मुख्य उद्देश्य क्या है?

(A) विकास

(B) उत्पादन

(C) व्यापार

(D) सभी

Answer: (D)

Explanation: सभी क्षेत्रों में विकास।

89. उत्तरी अमेरिका का निष्कर्ष क्या है?

(A) स्थिर

(B) गतिशील

(C) ठंडा

(D) शुष्क

Answer: (B)

Explanation: लगातार विकासशील है।

90. उत्तरी अमेरिका का योगदान क्या है?

(A) विज्ञान

(B) उद्योग

(C) तकनीक

(D) सभी

Answer: (D)

Explanation: सभी क्षेत्रों में योगदान है।

91. उत्तरी अमेरिका का महत्व क्या है?

(A) उद्योग

(B) अर्थव्यवस्था

(C) संसाधन

(D) सभी

Answer: (D)

Explanation: सभी में महत्वपूर्ण है।

92. उत्तरी अमेरिका का प्रभाव किस पर पड़ता है?

(A) राजनीति

(B) अर्थव्यवस्था

(C) संस्कृति

(D) सभी

Answer: (D)

Explanation: वैश्विक प्रभाव है।

93. उत्तरी अमेरिका का मुख्य गुण क्या है?

(A) विविधता

(B) एकरूपता

(C) शुष्कता

(D) ठंड

Answer: (A)

Explanation: विविधता है।

94. उत्तरी अमेरिका का आधार क्या है?

(A) संसाधन

(B) जनसंख्या

(C) उद्योग

(D) सभी

Answer: (D)

Explanation: सभी महत्वपूर्ण हैं।

95. उत्तरी अमेरिका का अध्ययन क्यों जरूरी है?

(A) योजना

(B) संसाधन

(C) अर्थव्यवस्था

(D) सभी

Answer: (D)

Explanation: सभी में उपयोगी है।

96. उत्तरी अमेरिका का मुख्य कार्य क्या है?

(A) उत्पादन

(B) व्यापार
(C) उद्योग
(D) सभी
Answer: (D)
Explanation: सभी कार्य होते हैं।

97. उत्तरी अमेरिका का प्रभाव किस पर पड़ता है?
(A) जलवायु
(B) अर्थव्यवस्था
(C) संस्कृति
(D) सभी
Answer: (D)
Explanation: सभी प्रभावित होते हैं।

98. उत्तरी अमेरिका का मुख्य उद्देश्य क्या है?
(A) विकास
(B) उत्पादन
(C) व्यापार
(D) सभी
Answer: (D)
Explanation: सभी क्षेत्रों में विकास।

99. उत्तरी अमेरिका का निष्कर्ष क्या है?
(A) स्थिर
(B) गतिशील
(C) ठंडा
(D) शुष्क
Answer: (B)
Explanation: लगातार विकासशील है।

100. उत्तरी अमेरिका का अंतिम निष्कर्ष क्या है?
(A) छोटा महाद्वीप
(B) विकसित और शक्तिशाली महाद्वीप
(C) ठंडा महाद्वीप
(D) शुष्क महाद्वीप
Answer: (B)
Explanation: उत्तरी अमेरिका वैश्विक स्तर पर अत्यंत विकसित और प्रभावशाली है।

Chapter 16: दक्षिण अमेरिका

1. दक्षिण अमेरिका का क्षेत्रफल लगभग कितना है?
(A) 10 मिलियन वर्ग किमी
(B) 15 मिलियन वर्ग किमी
(C) 18 मिलियन वर्ग किमी
(D) 25 मिलियन वर्ग किमी
Answer: (C)
Explanation: दक्षिण अमेरिका का क्षेत्रफल लगभग 18 मिलियन वर्ग किमी है।

2. दक्षिण अमेरिका किस गोलार्ध में स्थित है?
(A) उत्तरी
(B) दक्षिणी
(C) दोनों
(D) पश्चिमी
Answer: (C)
Explanation: यह मुख्यतः दक्षिणी लेकिन आंशिक रूप से उत्तरी गोलार्ध में है।

3. दक्षिण अमेरिका का सबसे बड़ा देश कौन सा है?
(A) अर्जेंटीना
(B) ब्राज़ील
(C) चिली
(D) पेरू
Answer: (B)
Explanation: ब्राज़ील सबसे बड़ा देश है।

4. दक्षिण अमेरिका का सबसे अधिक जनसंख्या वाला देश कौन सा है?
(A) अर्जेंटीना
(B) ब्राज़ील
(C) पेरू
(D) कोलंबिया
Answer: (B)
Explanation: ब्राज़ील में सबसे अधिक जनसंख्या है।

5. दक्षिण अमेरिका की सबसे लंबी नदी कौन सी है?
(A) अमेजन
(B) ओरिनोको
(C) पराना
(D) पराग्वे
Answer: (A)
Explanation: अमेजन विश्व की सबसे बड़ी नदी है।

6. अमेजन नदी कहाँ गिरती है?
(A) प्रशांत महासागर
(B) अटलांटिक महासागर
(C) हिंद महासागर
(D) आर्कटिक महासागर
Answer: (B)
Explanation: अमेजन अटलांटिक महासागर में गिरती है।

7. दक्षिण अमेरिका की प्रमुख पर्वतमाला कौन सी है?
(A) आल्प्स
(B) एंडीज
(C) रॉकी
(D) हिमालय
Answer: (B)
Explanation: एंडीज पर्वतमाला प्रमुख है।

8. दक्षिण अमेरिका का सबसे ऊँचा पर्वत कौन सा है?
(A) एकांकागुआ
(B) चिम्बोराजो
(C) हुआस्करान
(D) कोटोपैक्सी
Answer: (A)
Explanation: एकांकागुआ सबसे ऊँचा पर्वत है।

9. दक्षिण अमेरिका का सबसे बड़ा मरुस्थल कौन सा है?
(A) अटाकामा
(B) सहारा
(C) गोबी
(D) कालाहारी
Answer: (A)
Explanation: अटाकामा मरुस्थल प्रमुख है।

10. दक्षिण अमेरिका का सबसे

बड़ा वन क्षेत्र कौन सा है?
(A) कांगो
(B) अमेजन
(C) ताइगा
(D) सवाना
Answer: (B)
Explanation: अमेजन वर्षावन सबसे बड़ा है।

11. दक्षिण अमेरिका का प्रमुख मैदान कौन सा है?
(A) प्रेयरी
(B) पम्पास
(C) स्टेपी
(D) टुंड्रा
Answer: (B)
Explanation: पम्पास मैदान प्रसिद्ध है।

12. दक्षिण अमेरिका की प्रमुख घासभूमि क्या कहलाती है?
(A) सवाना
(B) प्रेयरी
(C) पम्पास
(D) स्टेपी
Answer: (C)
Explanation: पम्पास घासभूमि है।

13. दक्षिण अमेरिका की प्रमुख जलवायु कौन सी है?
(A) शीत
(B) उष्णकटिबंधीय
(C) ध्रुवीय
(D) समशीतोष्ण
Answer: (B)
Explanation: उष्णकटिबंधीय जलवायु प्रमुख है।

14. दक्षिण अमेरिका का सबसे बड़ा द्वीप कौन सा है?
(A) क्यूबा
(B) फॉकलैंड
(C) ग्रीनलैंड
(D) श्रीलंका
Answer: (B)
Explanation: फॉकलैंड द्वीप प्रमुख है।

15. दक्षिण अमेरिका का प्रमुख उद्योग कौन सा है?
(A) आईटी
(B) कृषि
(C) खनन
(D) दोनों B और C
Answer: (D)
Explanation: कृषि और खनन दोनों प्रमुख हैं।

16. दक्षिण अमेरिका का सबसे बड़ा पठार कौन सा है?
(A) दक्कन
(B) ब्राज़ीलियन
(C) तिब्बत
(D) ईरान
Answer: (B)
Explanation: ब्राज़ीलियन पठार सबसे बड़ा है।

17. दक्षिण अमेरिका का सबसे ऊँचा ज्वालामुखी कौन सा है?
(A) कोटोपैक्सी

(B) ओजोस डेल सालाडो
(C) चिम्बोराजो
(D) हुआस्करान
Answer: (B)
Explanation: ओजोस डेल सालाडो सबसे ऊँचा ज्वालामुखी है।

18. दक्षिण अमेरिका की प्रमुख नदी ओरिनोको कहाँ गिरती है?
(A) अटलांटिक महासागर
(B) प्रशांत महासागर
(C) हिंद महासागर
(D) आर्कटिक महासागर
Answer: (A)
Explanation: ओरिनोको अटलांटिक में गिरती है।

19. दक्षिण अमेरिका का सबसे बड़ा जलप्रपात कौन सा है?
(A) नियाग्रा
(B) विक्टोरिया
(C) एंजेल
(D) जोग
Answer: (C)
Explanation: एंजेल फॉल्स सबसे ऊँचा जलप्रपात है।

20. एंजेल जलप्रपात किस देश में है?
(A) ब्राज़ील
(B) अर्जेंटीना
(C) वेनेजुएला
(D) पेरू
Answer: (C)
Explanation: यह वेनेजुएला में स्थित है।

21. दक्षिण अमेरिका का सबसे बड़ा कृषि उत्पादक देश कौन सा है?
(A) अर्जेंटीना
(B) ब्राज़ील
(C) पेरू
(D) चिली
Answer: (B)
Explanation: ब्राज़ील कृषि में अग्रणी है।

22. दक्षिण अमेरिका का सबसे बड़ा खनिज उत्पादक देश कौन सा है?
(A) अर्जेंटीना
(B) ब्राज़ील
(C) चिली
(D) पेरू
Answer: (C)
Explanation: चिली तांबा उत्पादन के लिए प्रसिद्ध है।

23. दक्षिण अमेरिका का सबसे बड़ा तेल उत्पादक देश कौन सा है?
(A) ब्राज़ील
(B) वेनेजुएला
(C) अर्जेंटीना
(D) पेरू
Answer: (B)
Explanation: वेनेजुएला में विशाल तेल भंडार हैं।

24. दक्षिण अमेरिका का सबसे बड़ा वन क्षेत्र कहाँ है?

(A) अर्जेंटीना

(B) ब्राज़ील

(C) पेरू

(D) चिली

Answer: (B)

Explanation: अमेजन वन मुख्यतः ब्राज़ील में है।

25. दक्षिण अमेरिका का सबसे बड़ा व्यापारिक देश कौन सा है?

(A) अर्जेंटीना

(B) ब्राज़ील

(C) पेरू

(D) चिली

Answer: (B)

Explanation: ब्राज़ील व्यापार में अग्रणी है।

26. दक्षिण अमेरिका का सबसे बड़ा शहर कौन सा है?

(A) ब्यूनस आयर्स

(B) साओ पाउलो

(C) लीमा

(D) सैंटियागो

Answer: (B)

Explanation: साओ पाउलो सबसे बड़ा शहर है।

27. दक्षिण अमेरिका की प्रमुख भाषा कौन सी है?

(A) अंग्रेजी

(B) स्पेनिश

(C) हिंदी

(D) अरबी

Answer: (B)

Explanation: स्पेनिश व्यापक रूप से बोली जाती है।

28. ब्राज़ील में कौन सी भाषा बोली जाती है?

(A) स्पेनिश

(B) पुर्तगाली

(C) अंग्रेजी

(D) फ्रेंच

Answer: (B)

Explanation: ब्राज़ील में पुर्तगाली बोली जाती है।

29. दक्षिण अमेरिका का प्रमुख धर्म कौन सा है?

(A) हिंदू

(B) ईसाई

(C) बौद्ध

(D) इस्लाम

Answer: (B)

Explanation: ईसाई धर्म प्रमुख है।

30. दक्षिण अमेरिका की अर्थव्यवस्था का आधार क्या है?

(A) कृषि

(B) खनन

(C) उद्योग

(D) सभी

Answer: (D)

Explanation: सभी क्षेत्रों का योगदान है।

31. दक्षिण अमेरिका का सबसे बड़ा निर्यातक देश कौन सा है?

(A) अर्जेंटीना
(B) ब्राज़ील
(C) पेरू
(D) चिली
Answer: (B)
Explanation: ब्राज़ील निर्यात में अग्रणी है।

32. दक्षिण अमेरिका का सबसे बड़ा आयातक देश कौन सा है?
(A) अर्जेंटीना
(B) ब्राज़ील
(C) पेरू
(D) चिली
Answer: (B)
Explanation: ब्राज़ील आयात में भी अग्रणी है।

33. दक्षिण अमेरिका का सबसे बड़ा औद्योगिक देश कौन सा है?
(A) अर्जेंटीना
(B) ब्राज़ील
(C) पेरू
(D) चिली
Answer: (B)
Explanation: ब्राज़ील औद्योगिक रूप से अग्रणी है।

34. दक्षिण अमेरिका का सबसे बड़ा परिवहन नेटवर्क किस देश में है?
(A) अर्जेंटीना
(B) ब्राज़ील
(C) पेरू
(D) चिली
Answer: (B)
Explanation: ब्राज़ील में विस्तृत नेटवर्क है।

35. दक्षिण अमेरिका का सबसे बड़ा हवाई अड्डा कहाँ है?
(A) ब्यूनस आयर्स
(B) साओ पाउलो
(C) लीमा
(D) सैंटियागो
Answer: (B)
Explanation: साओ पाउलो प्रमुख हवाई केंद्र है।

36. दक्षिण अमेरिका का सबसे बड़ा बंदरगाह कौन सा है?
(A) ब्यूनस आयर्स
(B) सैंटोस
(C) लीमा
(D) सैंटियागो
Answer: (B)
Explanation: सैंटोस बंदरगाह प्रमुख है।

37. दक्षिण अमेरिका का सबसे बड़ा ऊर्जा उत्पादक देश कौन सा है?
(A) अर्जेंटीना
(B) ब्राज़ील
(C) वेनेजुएला
(D) चिली
Answer: (C)
Explanation: वेनेजुएला तेल उत्पादन में अग्रणी है।

38. दक्षिण अमेरिका का सबसे

बड़ा जलविद्युत उत्पादक देश कौन सा है?
(A) अर्जेंटीना
(B) ब्राज़ील
(C) पेरू
(D) चिली
Answer: (B)
Explanation: ब्राज़ील जलविद्युत में अग्रणी है।

39. दक्षिण अमेरिका का सबसे बड़ा मछली उत्पादक देश कौन सा है?
(A) अर्जेंटीना
(B) पेरू
(C) ब्राज़ील
(D) चिली
Answer: (B)
Explanation: पेरू मछली उत्पादन में अग्रणी है।

40. दक्षिण अमेरिका का सबसे बड़ा कृषि क्षेत्र कहाँ है?
(A) पम्पास
(B) अमेजन
(C) एंडीज
(D) अटाकामा
Answer: (A)
Explanation: पम्पास कृषि के लिए उपयुक्त है।

41. दक्षिण अमेरिका का सबसे बड़ा बाजार कौन सा है?
(A) अर्जेंटीना
(B) ब्राज़ील
(C) पेरू
(D) चिली
Answer: (B)
Explanation: ब्राज़ील का बाजार बड़ा है।

42. दक्षिण अमेरिका का सबसे बड़ा उत्पादन क्षेत्र कौन सा है?
(A) अर्जेंटीना
(B) ब्राज़ील
(C) पेरू
(D) चिली
Answer: (B)
Explanation: ब्राज़ील उत्पादन में अग्रणी है।

43. दक्षिण अमेरिका का सबसे बड़ा उपभोक्ता देश कौन सा है?
(A) अर्जेंटीना
(B) ब्राज़ील
(C) पेरू
(D) चिली
Answer: (B)
Explanation: जनसंख्या अधिक होने से उपभोग अधिक है।

44. दक्षिण अमेरिका का सबसे बड़ा पर्यटन स्थल कौन सा है?
(A) अमेजन
(B) माचू पिच्चू
(C) एंजेल फॉल्स
(D) सभी
Answer: (D)
Explanation: सभी प्रमुख पर्यटन स्थल हैं।

45. माचू पिच्चू कहाँ स्थित है?
(A) ब्राज़ील
(B) पेरू
(C) चिली
(D) अर्जेंटीना
Answer: (B)
Explanation: यह पेरू में स्थित है।

46. दक्षिण अमेरिका का मुख्य गुण क्या है?
(A) विविधता
(B) एकरूपता
(C) शुष्कता
(D) ठंड
Answer: (A)
Explanation: यहाँ विविध भौगोलिक स्थितियाँ हैं।

47. दक्षिण अमेरिका का महत्व क्या है?
(A) संसाधन
(B) कृषि
(C) खनिज
(D) सभी
Answer: (D)
Explanation: सभी क्षेत्रों में महत्वपूर्ण है।

48. दक्षिण अमेरिका का प्रभाव किस पर पड़ता है?
(A) अर्थव्यवस्था
(B) संस्कृति
(C) पर्यावरण
(D) सभी
Answer: (D)
Explanation: वैश्विक प्रभाव है।

49. दक्षिण अमेरिका का आधार क्या है?
(A) संसाधन
(B) जनसंख्या
(C) उद्योग
(D) सभी
Answer: (D)
Explanation: सभी महत्वपूर्ण हैं।

50. दक्षिण अमेरिका का अध्ययन क्यों जरूरी है?
(A) योजना
(B) संसाधन
(C) अर्थव्यवस्था
(D) सभी
Answer: (D)
Explanation: सभी में उपयोगी है।

51. दक्षिण अमेरिका का मुख्य कार्य क्या है?
(A) कृषि
(B) खनन
(C) व्यापार
(D) सभी
Answer: (D)
Explanation: सभी कार्य होते हैं।

52. दक्षिण अमेरिका का प्रभाव किस पर पड़ता है?
(A) जलवायु
(B) अर्थव्यवस्था
(C) संस्कृति
(D) सभी
Answer: (D)

Explanation: सभी प्रभावित होते हैं।

53. दक्षिण अमेरिका का मुख्य उद्देश्य क्या है?

(A) विकास

(B) उत्पादन

(C) व्यापार

(D) सभी

Answer: (D)

Explanation: सभी क्षेत्रों में विकास।

54. दक्षिण अमेरिका का निष्कर्ष क्या है?

(A) स्थिर

(B) गतिशील

(C) ठंडा

(D) शुष्क

Answer: (B)

Explanation: विकासशील है।

55. दक्षिण अमेरिका का योगदान क्या है?

(A) कृषि

(B) खनिज

(C) जैव विविधता

(D) सभी

Answer: (D)

Explanation: सभी क्षेत्रों में योगदान है।

56. दक्षिण अमेरिका का सबसे बड़ा वन्यजीव क्षेत्र कौन सा है?

(A) अमेजन

(B) पम्पास

(C) एंडीज

(D) अटाकामा

Answer: (A)

Explanation: अमेजन जैव विविधता से भरपूर है।

57. दक्षिण अमेरिका में सबसे अधिक वर्षा कहाँ होती है?

(A) अटाकामा

(B) अमेजन

(C) पम्पास

(D) एंडीज

Answer: (B)

Explanation: अमेजन क्षेत्र में भारी वर्षा होती है।

58. दक्षिण अमेरिका का सबसे शुष्क क्षेत्र कौन सा है?

(A) अमेजन

(B) पम्पास

(C) अटाकामा

(D) एंडीज

Answer: (C)

Explanation: अटाकामा विश्व का शुष्क क्षेत्र है।

59. दक्षिण अमेरिका का सबसे बड़ा नदी बेसिन कौन सा है?

(A) ओरिनोको

(B) अमेजन

(C) पराना

(D) पराग्वे

Answer: (B)

Explanation: अमेजन बेसिन सबसे बड़ा है।

60. दक्षिण अमेरिका का सबसे बड़ा जल संसाधन किस देश में है?

(A) अर्जेंटीना
(B) ब्राज़ील
(C) पेरू
(D) चिली
Answer: (B)
Explanation: ब्राज़ील में विशाल जल संसाधन हैं।

61. दक्षिण अमेरिका का महत्व क्या है?
(A) कृषि
(B) खनिज
(C) जैव विविधता
(D) सभी
Answer: (D)
Explanation: सभी में महत्वपूर्ण है।

62. दक्षिण अमेरिका का प्रभाव किस पर पड़ता है?
(A) पर्यावरण
(B) अर्थव्यवस्था
(C) संस्कृति
(D) सभी
Answer: (D)
Explanation: सभी प्रभावित होते हैं।

63. दक्षिण अमेरिका का मुख्य गुण क्या है?
(A) विविधता
(B) एकरूपता
(C) शुष्कता
(D) ठंड
Answer: (A)
Explanation: विविधता है।

64. दक्षिण अमेरिका का आधार क्या है?
(A) संसाधन
(B) जनसंख्या
(C) उद्योग
(D) सभी
Answer: (D)
Explanation: सभी महत्वपूर्ण हैं।

65. दक्षिण अमेरिका का अध्ययन क्यों जरूरी है?
(A) योजना
(B) संसाधन
(C) अर्थव्यवस्था
(D) सभी
Answer: (D)
Explanation: सभी में उपयोगी है।

66. दक्षिण अमेरिका का मुख्य कार्य क्या है?
(A) कृषि
(B) खनन
(C) व्यापार
(D) सभी
Answer: (D)
Explanation: सभी कार्य होते हैं।

67. दक्षिण अमेरिका का प्रभाव किस पर पड़ता है?
(A) जलवायु
(B) अर्थव्यवस्था
(C) संस्कृति
(D) सभी
Answer: (D)
Explanation: सभी प्रभावित होते हैं।

68. दक्षिण अमेरिका का मुख्य

उद्देश्य क्या है?

(A) विकास

(B) उत्पादन

(C) व्यापार

(D) सभी

Answer: (D)

Explanation: सभी क्षेत्रों में विकास।

69. दक्षिण अमेरिका का निष्कर्ष क्या है?

(A) स्थिर

(B) गतिशील

(C) ठंडा

(D) शुष्क

Answer: (B)

Explanation: विकासशील है।

70. दक्षिण अमेरिका का योगदान क्या है?

(A) कृषि

(B) खनिज

(C) जैव विविधता

(D) सभी

Answer: (D)

Explanation: सभी क्षेत्रों में योगदान है।

71. दक्षिण अमेरिका का महत्व क्या है?

(A) कृषि

(B) खनिज

(C) जैव विविधता

(D) सभी

Answer: (D)

Explanation: सभी में महत्वपूर्ण है।

72. दक्षिण अमेरिका का प्रभाव किस पर पड़ता है?

(A) पर्यावरण

(B) अर्थव्यवस्था

(C) संस्कृति

(D) सभी

Answer: (D)

Explanation: सभी प्रभावित होते हैं।

73. दक्षिण अमेरिका का मुख्य गुण क्या है?

(A) विविधता

(B) एकरूपता

(C) शुष्कता

(D) ठंड

Answer: (A)

Explanation: विविधता है।

74. दक्षिण अमेरिका का आधार क्या है?

(A) संसाधन

(B) जनसंख्या

(C) उद्योग

(D) सभी

Answer: (D)

Explanation: सभी महत्वपूर्ण हैं।

75. दक्षिण अमेरिका का अध्ययन क्यों जरूरी है?

(A) योजना

(B) संसाधन

(C) अर्थव्यवस्था

(D) सभी

Answer: (D)

Explanation: सभी में उपयोगी है।

76. दक्षिण अमेरिका का मुख्य कार्य क्या है?

(A) कृषि

(B) खनन

(C) व्यापार

(D) सभी

Answer: (D)

Explanation: सभी कार्य होते हैं।

77. दक्षिण अमेरिका का प्रभाव किस पर पड़ता है?

(A) जलवायु

(B) अर्थव्यवस्था

(C) संस्कृति

(D) सभी

Answer: (D)

Explanation: सभी प्रभावित होते हैं।

78. दक्षिण अमेरिका का मुख्य उद्देश्य क्या है?

(A) विकास

(B) उत्पादन

(C) व्यापार

(D) सभी

Answer: (D)

Explanation: सभी क्षेत्रों में विकास।

79. दक्षिण अमेरिका का निष्कर्ष क्या है?

(A) स्थिर

(B) गतिशील

(C) ठंडा

(D) शुष्क

Answer: (B)

Explanation: विकासशील है।

80. दक्षिण अमेरिका का योगदान क्या है?

(A) कृषि

(B) खनिज

(C) जैव विविधता

(D) सभी

Answer: (D)

Explanation: सभी क्षेत्रों में योगदान है।

81. दक्षिण अमेरिका का महत्व क्या है?

(A) कृषि

(B) खनिज

(C) जैव विविधता

(D) सभी

Answer: (D)

Explanation: सभी में महत्वपूर्ण है।

82. दक्षिण अमेरिका का प्रभाव किस पर पड़ता है?

(A) पर्यावरण

(B) अर्थव्यवस्था

(C) संस्कृति

(D) सभी

Answer: (D)

Explanation: सभी प्रभावित होते हैं।

83. दक्षिण अमेरिका का मुख्य गुण क्या है?

(A) विविधता

(B) एकरूपता

(C) शुष्कता

(D) ठंड

Answer: (A)

Explanation: विविधता है।

84. दक्षिण अमेरिका का आधार क्या है?

(A) संसाधन

(B) जनसंख्या

(C) उद्योग

(D) सभी

Answer: (D)

Explanation: सभी महत्वपूर्ण हैं।

85. दक्षिण अमेरिका का अध्ययन क्यों जरूरी है?

(A) योजना

(B) संसाधन

(C) अर्थव्यवस्था

(D) सभी

Answer: (D)

Explanation: सभी में उपयोगी है।

86. दक्षिण अमेरिका का मुख्य कार्य क्या है?

(A) कृषि

(B) खनन

(C) व्यापार

(D) सभी

Answer: (D)

Explanation: सभी कार्य होते हैं।

87. दक्षिण अमेरिका का प्रभाव किस पर पड़ता है?

(A) जलवायु

(B) अर्थव्यवस्था

(C) संस्कृति

(D) सभी

Answer: (D)

Explanation: सभी प्रभावित होते हैं।

88. दक्षिण अमेरिका का मुख्य उद्देश्य क्या है?

(A) विकास

(B) उत्पादन

(C) व्यापार

(D) सभी

Answer: (D)

Explanation: सभी क्षेत्रों में विकास।

89. दक्षिण अमेरिका का निष्कर्ष क्या है?

(A) स्थिर

(B) गतिशील

(C) ठंडा

(D) शुष्क

Answer: (B)

Explanation: लगातार विकासशील है।

90. दक्षिण अमेरिका का योगदान क्या है?

(A) कृषि

(B) खनिज

(C) जैव विविधता

(D) सभी

Answer: (D)

Explanation: सभी क्षेत्रों में योगदान है।

91. दक्षिण अमेरिका का महत्व क्या है?

(A) कृषि

(B) खनिज

(C) जैव विविधता

(D) सभी
Answer: (D)
Explanation: सभी में महत्वपूर्ण है।

92. दक्षिण अमेरिका का प्रभाव किस पर पड़ता है?
(A) पर्यावरण
(B) अर्थव्यवस्था
(C) संस्कृति
(D) सभी
Answer: (D)
Explanation: सभी प्रभावित होते हैं।

93. दक्षिण अमेरिका का मुख्य गुण क्या है?
(A) विविधता
(B) एकरूपता
(C) शुष्कता
(D) ठंड
Answer: (A)
Explanation: विविधता है।

94. दक्षिण अमेरिका का आधार क्या है?
(A) संसाधन
(B) जनसंख्या
(C) उद्योग
(D) सभी
Answer: (D)
Explanation: सभी महत्वपूर्ण हैं।

95. दक्षिण अमेरिका का अध्ययन क्यों जरूरी है?
(A) योजना
(B) संसाधन
(C) अर्थव्यवस्था
(D) सभी
Answer: (D)
Explanation: सभी में उपयोगी है।

96. दक्षिण अमेरिका का मुख्य कार्य क्या है?
(A) कृषि
(B) खनन
(C) व्यापार
(D) सभी
Answer: (D)
Explanation: सभी कार्य होते हैं।

97. दक्षिण अमेरिका का प्रभाव किस पर पड़ता है?
(A) जलवायु
(B) अर्थव्यवस्था
(C) संस्कृति
(D) सभी
Answer: (D)
Explanation: सभी प्रभावित होते हैं।

98. दक्षिण अमेरिका का मुख्य उद्देश्य क्या है?
(A) विकास
(B) उत्पादन
(C) व्यापार
(D) सभी
Answer: (D)
Explanation: सभी क्षेत्रों में विकास।

99. दक्षिण अमेरिका का निष्कर्ष क्या है?
(A) स्थिर
(B) गतिशील
(C) ठंडा

(D) शुष्क
Answer: (B)
Explanation: विकासशील है।

100. दक्षिण अमेरिका का अंतिम निष्कर्ष क्या है?
(A) छोटा महाद्वीप
(B) संसाधनों और जैव विविधता से भरपूर महाद्वीप
(C) ठंडा महाद्वीप
(D) शुष्क महाद्वीप
Answer: (B)
Explanation: दक्षिण अमेरिका प्राकृतिक संसाधनों और जैव विविधता के लिए अत्यंत महत्वपूर्ण है।

Chapter 17: ऑस्ट्रेलिया

1. ऑस्ट्रेलिया महाद्वीप का क्षेत्रफल लगभग कितना है?
(A) 5 मिलियन वर्ग किमी
(B) 7.7 मिलियन वर्ग किमी
(C) 10 मिलियन वर्ग किमी
(D) 15 मिलियन वर्ग किमी
Answer: (B)
Explanation: ऑस्ट्रेलिया का क्षेत्रफल लगभग 7.7 मिलियन वर्ग किमी है।

2. ऑस्ट्रेलिया किस गोलार्ध में स्थित है?
(A) उत्तरी
(B) दक्षिणी
(C) पूर्वी
(D) पश्चिमी
Answer: (B)
Explanation: यह दक्षिणी गोलार्ध में स्थित है।

3. ऑस्ट्रेलिया को क्या कहा जाता है?
(A) सबसे बड़ा महाद्वीप
(B) सबसे छोटा महाद्वीप
(C) सबसे ठंडा महाद्वीप
(D) सबसे गर्म महाद्वीप
Answer: (B)
Explanation: यह सबसे छोटा महाद्वीप है।

4. ऑस्ट्रेलिया की राजधानी क्या है?
(A) सिडनी
(B) मेलबर्न
(C) कैनबरा
(D) पर्थ
Answer: (C)
Explanation: कैनबरा राजधानी है।

5. ऑस्ट्रेलिया का सबसे बड़ा शहर कौन सा है?
(A) कैनबरा
(B) सिडनी
(C) मेलबर्न
(D) पर्थ
Answer: (B)
Explanation: सिडनी सबसे बड़ा शहर है।

6. ऑस्ट्रेलिया की सबसे लंबी नदी

कौन सी है?

(A) मरे

(B) डार्लिंग

(C) कूपर

(D) विक्टोरिया

Answer: (A)

Explanation: मरे नदी सबसे लंबी है।

7. ऑस्ट्रेलिया की प्रमुख पर्वतमाला कौन सी है?

(A) एंडीज

(B) ग्रेट डिवाइडिंग रेंज

(C) रॉकी

(D) आल्प्स

Answer: (B)

Explanation: ग्रेट डिवाइडिंग रेंज प्रमुख है।

8. ऑस्ट्रेलिया का सबसे बड़ा मरुस्थल कौन सा है?

(A) सहारा

(B) ग्रेट विक्टोरिया

(C) गोबी

(D) थार

Answer: (B)

Explanation: ग्रेट विक्टोरिया मरुस्थल प्रमुख है।

9. ऑस्ट्रेलिया का सबसे बड़ा द्वीप कौन सा है?

(A) तस्मानिया

(B) न्यू गिनी

(C) फिजी

(D) सोलोमन

Answer: (A)

Explanation: तस्मानिया ऑस्ट्रेलिया का प्रमुख द्वीप है।

10. ऑस्ट्रेलिया की प्रमुख जलवायु कौन सी है?

(A) उष्णकटिबंधीय

(B) शुष्क

(C) समशीतोष्ण

(D) सभी

Answer: (D)

Explanation: विभिन्न प्रकार की जलवायु पाई जाती है।

11. ऑस्ट्रेलिया में सबसे अधिक वर्षा कहाँ होती है?

(A) मध्य भाग

(B) पूर्वी तट

(C) पश्चिम

(D) दक्षिण

Answer: (B)

Explanation: पूर्वी तट पर अधिक वर्षा होती है।

12. ऑस्ट्रेलिया का सबसे शुष्क क्षेत्र कौन सा है?

(A) पूर्व

(B) पश्चिम

(C) मध्य

(D) दक्षिण

Answer: (C)

Explanation: मध्य भाग शुष्क है।

13. ऑस्ट्रेलिया की प्रमुख फसल कौन सी है?

(A) चावल

(B) गेहूँ
(C) मक्का
(D) जौ
Answer: (B)
Explanation: गेहूँ प्रमुख फसल है।

14. ऑस्ट्रेलिया का प्रमुख उद्योग कौन सा है?
(A) आईटी
(B) खनन
(C) वस्त्र
(D) रसायन
Answer: (B)
Explanation: खनन प्रमुख उद्योग है।

15. ऑस्ट्रेलिया का सबसे बड़ा खनिज संसाधन कौन सा है?
(A) सोना
(B) कोयला
(C) लोहा
(D) सभी
Answer: (D)
Explanation: यहाँ विभिन्न खनिज पाए जाते हैं।

16. ऑस्ट्रेलिया का सबसे बड़ा पठार कौन सा है?
(A) दक्कन
(B) पश्चिमी पठार
(C) तिब्बत
(D) ईरान
Answer: (B)
Explanation: पश्चिमी पठार ऑस्ट्रेलिया का सबसे बड़ा भू-भाग है।

17. ऑस्ट्रेलिया का सबसे बड़ा मैदान कौन सा है?
(A) प्रेयरी
(B) सेंट्रल लोवलैंड
(C) पम्पास
(D) स्टेपी
Answer: (B)
Explanation: सेंट्रल लोवलैंड प्रमुख मैदान है।

18. ऑस्ट्रेलिया का सबसे बड़ा नदी तंत्र कौन सा है?
(A) मरे-डार्लिंग
(B) अमेजन
(C) नील
(D) यांग्त्से
Answer: (A)
Explanation: मरे-डार्लिंग बेसिन प्रमुख है।

19. ऑस्ट्रेलिया का सबसे बड़ा जलप्रपात कौन सा है?
(A) जोग
(B) एंजेल
(C) वॉलेमन
(D) नियाग्रा
Answer: (C)
Explanation: वॉलेमन फॉल्स प्रमुख है।

20. ऑस्ट्रेलिया का सबसे बड़ा झील कौन सा है?
(A) आयर
(B) सुपीरियर

(C) विक्टोरिया
(D) बैकाल
Answer: (A)
Explanation: लेक आयर सबसे बड़ी झील है।

21. ऑस्ट्रेलिया में सबसे अधिक जनसंख्या कहाँ रहती है?
(A) मध्य भाग
(B) तटीय क्षेत्र
(C) मरुस्थल
(D) पर्वत
Answer: (B)
Explanation: तटीय क्षेत्रों में जनसंख्या अधिक है।

22. ऑस्ट्रेलिया की प्रमुख भाषा कौन सी है?
(A) हिंदी
(B) अंग्रेजी
(C) फ्रेंच
(D) स्पेनिश
Answer: (B)
Explanation: अंग्रेजी प्रमुख भाषा है।

23. ऑस्ट्रेलिया का प्रमुख धर्म कौन सा है?
(A) हिंदू
(B) ईसाई
(C) बौद्ध
(D) इस्लाम
Answer: (B)
Explanation: ईसाई धर्म प्रमुख है।

24. ऑस्ट्रेलिया का सबसे बड़ा व्यापारिक शहर कौन सा है?
(A) कैनबरा
(B) सिडनी
(C) मेलबर्न
(D) पर्थ
Answer: (B)
Explanation: सिडनी प्रमुख व्यापारिक केंद्र है।

25. ऑस्ट्रेलिया का सबसे बड़ा औद्योगिक क्षेत्र कहाँ है?
(A) सिडनी-मेलबर्न
(B) पर्थ
(C) एडिलेड
(D) डार्विन
Answer: (A)
Explanation: यह क्षेत्र औद्योगिक रूप से विकसित है।

26. ऑस्ट्रेलिया का सबसे बड़ा निर्यातक देश कौन सा है?
(A) सिडनी
(B) ऑस्ट्रेलिया
(C) न्यूजीलैंड
(D) पर्थ
Answer: (B)
Explanation: ऑस्ट्रेलिया स्वयं निर्यात करता है।

27. ऑस्ट्रेलिया का सबसे बड़ा आयातक देश कौन सा है?
(A) ऑस्ट्रेलिया
(B) न्यूजीलैंड
(C) सिडनी
(D) पर्थ

Answer: (A)

Explanation: ऑस्ट्रेलिया आयात भी करता है।

28. ऑस्ट्रेलिया का सबसे बड़ा ऊर्जा उत्पादक क्षेत्र कौन सा है?

(A) पश्चिमी ऑस्ट्रेलिया

(B) पूर्वी

(C) दक्षिणी

(D) उत्तरी

Answer: (A)

Explanation: पश्चिमी क्षेत्र में ऊर्जा संसाधन अधिक हैं।

29. ऑस्ट्रेलिया का सबसे बड़ा खनिज उत्पादक क्षेत्र कौन सा है?

(A) पश्चिमी ऑस्ट्रेलिया

(B) पूर्वी

(C) दक्षिणी

(D) उत्तरी

Answer: (A)

Explanation: खनिज उत्पादन यहाँ अधिक है।

30. ऑस्ट्रेलिया का सबसे बड़ा कृषि क्षेत्र कहाँ है?

(A) मध्य

(B) पूर्वी

(C) दक्षिण-पूर्व

(D) पश्चिम

Answer: (C)

Explanation: दक्षिण-पूर्वी भाग कृषि के लिए उपयुक्त है।

31. ऑस्ट्रेलिया का सबसे बड़ा मछली उत्पादन क्षेत्र कौन सा है?

(A) तटीय क्षेत्र

(B) मध्य

(C) पर्वत

(D) मरुस्थल

Answer: (A)

Explanation: तटीय क्षेत्रों में मछली उत्पादन होता है।

32. ऑस्ट्रेलिया का सबसे बड़ा पर्यटन स्थल कौन सा है?

(A) ग्रेट बैरियर रीफ

(B) सिडनी

(C) मेलबर्न

(D) सभी

Answer: (D)

Explanation: सभी प्रमुख पर्यटन स्थल हैं।

33. ग्रेट बैरियर रीफ कहाँ स्थित है?

(A) पश्चिमी तट

(B) पूर्वी तट

(C) दक्षिण

(D) उत्तर

Answer: (B)

Explanation: यह पूर्वी तट के पास है।

34. ऑस्ट्रेलिया का सबसे बड़ा परिवहन नेटवर्क किस क्षेत्र में है?

(A) मध्य

(B) पूर्वी तट

(C) पश्चिम

(D) उत्तर

Answer: (B)

Explanation: पूर्वी तट विकसित है।

35. ऑस्ट्रेलिया का सबसे बड़ा हवाई अड्डा कहाँ है?

(A) सिडनी

(B) मेलबर्न

(C) पर्थ

(D) कैनबरा

Answer: (A)

Explanation: सिडनी प्रमुख हवाई केंद्र है।

36. ऑस्ट्रेलिया का सबसे बड़ा बंदरगाह कौन सा है?

(A) सिडनी

(B) मेलबर्न

(C) ब्रिस्बेन

(D) पर्थ

Answer: (A)

Explanation: सिडनी प्रमुख बंदरगाह है।

37. ऑस्ट्रेलिया का सबसे बड़ा शहर कौन सा है?

(A) सिडनी

(B) मेलबर्न

(C) पर्थ

(D) एडिलेड

Answer: (A)

Explanation: सिडनी सबसे बड़ा शहर है।

38. ऑस्ट्रेलिया का सबसे बड़ा आर्थिक क्षेत्र कौन सा है?

(A) पूर्वी तट

(B) पश्चिम

(C) उत्तर

(D) मध्य

Answer: (A)

Explanation: पूर्वी तट आर्थिक रूप से विकसित है।

39. ऑस्ट्रेलिया का सबसे बड़ा उत्पादन क्षेत्र कौन सा है?

(A) पूर्वी

(B) पश्चिमी

(C) दक्षिणी

(D) उत्तरी

Answer: (A)

Explanation: पूर्वी क्षेत्र में उत्पादन अधिक है।

40. ऑस्ट्रेलिया का सबसे बड़ा बाजार कहाँ है?

(A) सिडनी

(B) मेलबर्न

(C) पर्थ

(D) एडिलेड

Answer: (A)

Explanation: सिडनी प्रमुख बाजार है।

41. ऑस्ट्रेलिया का मुख्य गुण क्या है?

(A) विविधता

(B) एकरूपता

(C) शुष्कता

(D) ठंड

Answer: (A)

Explanation: विविध भौगोलिक विशेषताएँ हैं।

42. ऑस्ट्रेलिया का महत्व क्या है?
(A) खनिज
(B) कृषि
(C) व्यापार
(D) सभी
Answer: (D)
Explanation: सभी क्षेत्रों में महत्वपूर्ण है।

43. ऑस्ट्रेलिया का प्रभाव किस पर पड़ता है?
(A) अर्थव्यवस्था
(B) पर्यावरण
(C) व्यापार
(D) सभी
Answer: (D)
Explanation: सभी प्रभावित होते हैं।

44. ऑस्ट्रेलिया का आधार क्या है?
(A) संसाधन
(B) जनसंख्या
(C) उद्योग
(D) सभी
Answer: (D)
Explanation: सभी महत्वपूर्ण हैं।

45. ऑस्ट्रेलिया का अध्ययन क्यों जरूरी है?
(A) योजना
(B) संसाधन
(C) अर्थव्यवस्था
(D) सभी
Answer: (D)
Explanation: सभी में उपयोगी है।

46. ऑस्ट्रेलिया का मुख्य कार्य क्या है?
(A) खनन
(B) कृषि
(C) व्यापार
(D) सभी
Answer: (D)
Explanation: सभी कार्य होते हैं।

47. ऑस्ट्रेलिया का प्रभाव किस पर पड़ता है?
(A) जलवायु
(B) अर्थव्यवस्था
(C) पर्यावरण
(D) सभी
Answer: (D)
Explanation: सभी प्रभावित होते हैं।

48. ऑस्ट्रेलिया का मुख्य उद्देश्य क्या है?
(A) विकास
(B) उत्पादन
(C) व्यापार
(D) सभी
Answer: (D)
Explanation: सभी क्षेत्रों में विकास।

49. ऑस्ट्रेलिया का निष्कर्ष क्या है?
(A) स्थिर
(B) गतिशील
(C) ठंडा
(D) शुष्क
Answer: (B)
Explanation: विकासशील है।

50. ऑस्ट्रेलिया का योगदान क्या है?

(A) खनिज

(B) कृषि

(C) पर्यटन

(D) सभी

Answer: (D)

Explanation: सभी क्षेत्रों में योगदान है।

51. ऑस्ट्रेलिया का सबसे बड़ा वन क्षेत्र कहाँ है?

(A) पूर्वी

(B) पश्चिमी

(C) दक्षिणी

(D) उत्तरी

Answer: (A)

Explanation: पूर्वी भाग में वन अधिक हैं।

52. ऑस्ट्रेलिया का सबसे बड़ा जल संसाधन कहाँ है?

(A) मरे-डार्लिंग बेसिन

(B) मध्य

(C) पश्चिम

(D) उत्तर

Answer: (A)

Explanation: यह प्रमुख जल संसाधन क्षेत्र है।

53. ऑस्ट्रेलिया का सबसे बड़ा ऊर्जा संसाधन कहाँ है?

(A) पश्चिम

(B) पूर्व

(C) दक्षिण

(D) उत्तर

Answer: (A)

Explanation: पश्चिमी क्षेत्र में अधिक संसाधन हैं।

54. ऑस्ट्रेलिया का सबसे बड़ा खनिज संसाधन कहाँ है?

(A) पश्चिम

(B) पूर्व

(C) दक्षिण

(D) उत्तर

Answer: (A)

Explanation: खनिज पश्चिम में अधिक हैं।

55. ऑस्ट्रेलिया का सबसे बड़ा कृषि संसाधन कहाँ है?

(A) दक्षिण-पूर्व

(B) पश्चिम

(C) उत्तर

(D) मध्य

Answer: (A)

Explanation: यह क्षेत्र कृषि के लिए उपयुक्त है।

56. ऑस्ट्रेलिया का महत्व क्या है?

(A) खनिज

(B) कृषि

(C) व्यापार

(D) सभी

Answer: (D)

Explanation: सभी में महत्वपूर्ण है।

57. ऑस्ट्रेलिया का प्रभाव किस पर पड़ता है?

(A) अर्थव्यवस्था

(B) पर्यावरण

(C) व्यापार

(D) सभी

Answer: (D)

Explanation: सभी प्रभावित होते हैं।

58. ऑस्ट्रेलिया का मुख्य गुण क्या है?

(A) विविधता

(B) एकरूपता

(C) शुष्कता

(D) ठंड

Answer: (A)

Explanation: विविधता है।

59. ऑस्ट्रेलिया का आधार क्या है?

(A) संसाधन

(B) जनसंख्या

(C) उद्योग

(D) सभी

Answer: (D)

Explanation: सभी महत्वपूर्ण हैं।

60. ऑस्ट्रेलिया का अध्ययन क्यों जरूरी है?

(A) योजना

(B) संसाधन

(C) अर्थव्यवस्था

(D) सभी

Answer: (D)

Explanation: सभी में उपयोगी है।

61. ऑस्ट्रेलिया का मुख्य कार्य क्या है?

(A) खनन

(B) कृषि

(C) व्यापार

(D) सभी

Answer: (D)

Explanation: सभी कार्य होते हैं।

62. ऑस्ट्रेलिया का प्रभाव किस पर पड़ता है?

(A) जलवायु

(B) अर्थव्यवस्था

(C) पर्यावरण

(D) सभी

Answer: (D)

Explanation: सभी प्रभावित होते हैं।

63. ऑस्ट्रेलिया का मुख्य उद्देश्य क्या है?

(A) विकास

(B) उत्पादन

(C) व्यापार

(D) सभी

Answer: (D)

Explanation: सभी क्षेत्रों में विकास।

64. ऑस्ट्रेलिया का निष्कर्ष क्या है?

(A) स्थिर

(B) गतिशील

(C) ठंडा

(D) शुष्क

Answer: (B)

Explanation: विकासशील है।

65. ऑस्ट्रेलिया का योगदान क्या है?

(A) खनिज

(B) कृषि

(C) पर्यटन
(D) सभी
Answer: (D)
Explanation: सभी क्षेत्रों में योगदान है।

66. ऑस्ट्रेलिया का महत्व क्या है?
(A) खनिज
(B) कृषि
(C) व्यापार
(D) सभी
Answer: (D)
Explanation: सभी में महत्वपूर्ण है।

67. ऑस्ट्रेलिया का प्रभाव किस पर पड़ता है?
(A) अर्थव्यवस्था
(B) पर्यावरण
(C) व्यापार
(D) सभी
Answer: (D)
Explanation: सभी प्रभावित होते हैं।

68. ऑस्ट्रेलिया का मुख्य गुण क्या है?
(A) विविधता
(B) एकरूपता
(C) शुष्कता
(D) ठंड
Answer: (A)
Explanation: विविधता है।

69. ऑस्ट्रेलिया का आधार क्या है?
(A) संसाधन
(B) जनसंख्या
(C) उद्योग
(D) सभी
Answer: (D)
Explanation: सभी महत्वपूर्ण हैं।

70. ऑस्ट्रेलिया का अध्ययन क्यों जरूरी है?
(A) योजना
(B) संसाधन
(C) अर्थव्यवस्था
(D) सभी
Answer: (D)
Explanation: सभी में उपयोगी है।

71. ऑस्ट्रेलिया का मुख्य कार्य क्या है?
(A) खनन
(B) कृषि
(C) व्यापार
(D) सभी
Answer: (D)
Explanation: सभी कार्य होते हैं।

72. ऑस्ट्रेलिया का प्रभाव किस पर पड़ता है?
(A) जलवायु
(B) अर्थव्यवस्था
(C) पर्यावरण
(D) सभी
Answer: (D)
Explanation: सभी प्रभावित होते हैं।

73. ऑस्ट्रेलिया का मुख्य उद्देश्य क्या है?
(A) विकास
(B) उत्पादन
(C) व्यापार

(D) सभी

Answer: (D)

Explanation: सभी क्षेत्रों में विकास।

74. ऑस्ट्रेलिया का निष्कर्ष क्या है?

(A) स्थिर

(B) गतिशील

(C) ठंडा

(D) शुष्क

Answer: (B)

Explanation: विकासशील है।

75. ऑस्ट्रेलिया का योगदान क्या है?

(A) खनिज

(B) कृषि

(C) पर्यटन

(D) सभी

Answer: (D)

Explanation: सभी क्षेत्रों में योगदान है।

76. ऑस्ट्रेलिया का महत्व क्या है?

(A) खनिज

(B) कृषि

(C) व्यापार

(D) सभी

Answer: (D)

Explanation: सभी में महत्वपूर्ण है।

77. ऑस्ट्रेलिया का प्रभाव किस पर पड़ता है?

(A) अर्थव्यवस्था

(B) पर्यावरण

(C) व्यापार

(D) सभी

Answer: (D)

Explanation: सभी प्रभावित होते हैं।

78. ऑस्ट्रेलिया का मुख्य गुण क्या है?

(A) विविधता

(B) एकरूपता

(C) शुष्कता

(D) ठंड

Answer: (A)

Explanation: विविधता है।

79. ऑस्ट्रेलिया का आधार क्या है?

(A) संसाधन

(B) जनसंख्या

(C) उद्योग

(D) सभी

Answer: (D)

Explanation: सभी महत्वपूर्ण हैं।

80. ऑस्ट्रेलिया का अध्ययन क्यों जरूरी है?

(A) योजना

(B) संसाधन

(C) अर्थव्यवस्था

(D) सभी

Answer: (D)

Explanation: सभी में उपयोगी है।

81. ऑस्ट्रेलिया का मुख्य कार्य क्या है?

(A) खनन

(B) कृषि

(C) व्यापार

(D) सभी

Answer: (D)

Explanation: सभी कार्य होते हैं।

82. ऑस्ट्रेलिया का प्रभाव किस पर पड़ता है?

(A) जलवायु

(B) अर्थव्यवस्था

(C) पर्यावरण

(D) सभी

Answer: (D)

Explanation: सभी प्रभावित होते हैं।

83. ऑस्ट्रेलिया का मुख्य उद्देश्य क्या है?

(A) विकास

(B) उत्पादन

(C) व्यापार

(D) सभी

Answer: (D)

Explanation: सभी क्षेत्रों में विकास।

84. ऑस्ट्रेलिया का निष्कर्ष क्या है?

(A) स्थिर

(B) गतिशील

(C) ठंडा

(D) शुष्क

Answer: (B)

Explanation: विकासशील है।

85. ऑस्ट्रेलिया का योगदान क्या है?

(A) खनिज

(B) कृषि

(C) पर्यटन

(D) सभी

Answer: (D)

Explanation: सभी क्षेत्रों में योगदान है।

86. ऑस्ट्रेलिया का महत्व क्या है?

(A) खनिज

(B) कृषि

(C) व्यापार

(D) सभी

Answer: (D)

Explanation: सभी में महत्वपूर्ण है।

87. ऑस्ट्रेलिया का प्रभाव किस पर पड़ता है?

(A) अर्थव्यवस्था

(B) पर्यावरण

(C) व्यापार

(D) सभी

Answer: (D)

Explanation: सभी प्रभावित होते हैं।

88. ऑस्ट्रेलिया का मुख्य गुण क्या है?

(A) विविधता

(B) एकरूपता

(C) शुष्कता

(D) ठंड

Answer: (A)

Explanation: विविधता है।

89. ऑस्ट्रेलिया का आधार क्या है?

(A) संसाधन

(B) जनसंख्या

(C) उद्योग

(D) सभी

Answer: (D)

Explanation: सभी महत्वपूर्ण हैं।

90. ऑस्ट्रेलिया का अध्ययन क्यों जरूरी है?

(A) योजना

(B) संसाधन

(C) अर्थव्यवस्था

(D) सभी

Answer: (D)

Explanation: सभी में उपयोगी है।

91. ऑस्ट्रेलिया का मुख्य कार्य क्या है?

(A) खनन

(B) कृषि

(C) व्यापार

(D) सभी

Answer: (D)

Explanation: सभी कार्य होते हैं।

92. ऑस्ट्रेलिया का प्रभाव किस पर पड़ता है?

(A) जलवायु

(B) अर्थव्यवस्था

(C) पर्यावरण

(D) सभी

Answer: (D)

Explanation: सभी प्रभावित होते हैं।

93. ऑस्ट्रेलिया का मुख्य उद्देश्य क्या है?

(A) विकास

(B) उत्पादन

(C) व्यापार

(D) सभी

Answer: (D)

Explanation: सभी क्षेत्रों में विकास।

94. ऑस्ट्रेलिया का निष्कर्ष क्या है?

(A) स्थिर

(B) गतिशील

(C) ठंडा

(D) शुष्क

Answer: (B)

Explanation: विकासशील है।

95. ऑस्ट्रेलिया का योगदान क्या है?

(A) खनिज

(B) कृषि

(C) पर्यटन

(D) सभी

Answer: (D)

Explanation: सभी क्षेत्रों में योगदान है।

96. ऑस्ट्रेलिया का महत्व क्या है?

(A) खनिज

(B) कृषि

(C) व्यापार

(D) सभी

Answer: (D)

Explanation: सभी में महत्वपूर्ण है।

97. ऑस्ट्रेलिया का प्रभाव किस पर पड़ता है?

(A) अर्थव्यवस्था

(B) पर्यावरण

(C) व्यापार

(D) सभी

Answer: (D)

Explanation: सभी प्रभावित होते हैं।

98. ऑस्ट्रेलिया का मुख्य गुण क्या है?

(A) विविधता
(B) एकरूपता
(C) शुष्कता
(D) ठंड

Answer: (A)

Explanation: विविधता है।

99. ऑस्ट्रेलिया का आधार क्या है?

(A) संसाधन
(B) जनसंख्या
(C) उद्योग
(D) सभी

Answer: (D)

Explanation: सभी महत्वपूर्ण हैं।

100. ऑस्ट्रेलिया का अंतिम निष्कर्ष क्या है?

(A) छोटा महाद्वीप
(B) खनिज और संसाधनों से समृद्ध महाद्वीप
(C) ठंडा महाद्वीप
(D) शुष्क महाद्वीप

Answer: (B)

Explanation: ऑस्ट्रेलिया संसाधनों और खनिजों के लिए अत्यंत महत्वपूर्ण है।

Chapter 18: अंटार्कटिका

1. अंटार्कटिका का क्षेत्रफल लगभग कितना है?

(A) 10 मिलियन वर्ग किमी
(B) 12 मिलियन वर्ग किमी
(C) 14 मिलियन वर्ग किमी
(D) 18 मिलियन वर्ग किमी

Answer: (C)

Explanation: अंटार्कटिका का क्षेत्रफल लगभग 14 मिलियन वर्ग किमी है।

2. अंटार्कटिका किस गोलार्ध में स्थित है?

(A) उत्तरी
(B) दक्षिणी
(C) पूर्वी
(D) पश्चिमी

Answer: (B)

Explanation: यह दक्षिणी गोलार्ध में स्थित है।

3. अंटार्कटिका को क्या कहा जाता है?

(A) गर्म महाद्वीप
(B) शुष्क महाद्वीप
(C) बर्फीला महाद्वीप
(D) हरा महाद्वीप

Answer: (C)

Explanation: यह बर्फ से ढका हुआ है।

4. अंटार्कटिका का सबसे ऊँचा पर्वत कौन सा है?

(A) माउंट एवरेस्ट
(B) माउंट विन्सन
(C) माउंट एल्ब्रुस
(D) माउंट किलिमंजारो

Answer: (B)

Explanation: माउंट विन्सन सबसे ऊँचा पर्वत है।

5. अंटार्कटिका में सबसे अधिक कौन सा तत्व पाया जाता है?

(A) जल

(B) बर्फ

(C) रेत

(D) वन

Answer: (B)

Explanation: यहाँ अधिकांश भाग बर्फ से ढका है।

6. अंटार्कटिका में स्थायी जनसंख्या क्यों नहीं है?

(A) जल की कमी

(B) अत्यधिक ठंड

(C) भूमि की कमी

(D) वन की कमी

Answer: (B)

Explanation: अत्यधिक ठंड के कारण स्थायी जनसंख्या नहीं है।

7. अंटार्कटिका का तापमान कैसा होता है?

(A) गर्म

(B) मध्यम

(C) अत्यधिक ठंडा

(D) शुष्क

Answer: (C)

Explanation: यह विश्व का सबसे ठंडा महाद्वीप है।

8. अंटार्कटिका का प्रमुख जीव कौन सा है?

(A) शेर

(B) हाथी

(C) पेंगुइन

(D) बाघ

Answer: (C)

Explanation: पेंगुइन यहाँ पाए जाते हैं।

9. अंटार्कटिका में कौन सा महासागर है?

(A) अटलांटिक

(B) हिंद

(C) प्रशांत

(D) दक्षिणी महासागर

Answer: (D)

Explanation: यह दक्षिणी महासागर से घिरा है।

10. अंटार्कटिका में वर्षा कैसी होती है?

(A) अधिक

(B) मध्यम

(C) बहुत कम

(D) नहीं होती

Answer: (C)

Explanation: यह शुष्क महाद्वीप भी है।

11. अंटार्कटिका का सबसे बड़ा हिमखंड क्या कहलाता है?

(A) ग्लेशियर

(B) आइस शेल्फ

(C) आइस कैप

(D) सभी

Answer: (D)

Explanation: सभी प्रकार की बर्फ संरचनाएँ मिलती हैं।

12. अंटार्कटिका में सबसे प्रसिद्ध शोध केंद्र कौन सा है?

(A) मैकमर्डो
(B) विक्टोरिया
(C) अंटार्कटिक
(D) आर्कटिक

Answer: (A)

Explanation: मैकमर्डो स्टेशन प्रमुख है।

13. अंटार्कटिका का सबसे बड़ा हिम शेल्फ कौन सा है?

(A) रॉस
(B) फिल्खनर
(C) अमेरी
(D) सभी

Answer: (D)

Explanation: कई बड़े हिम शेल्फ हैं।

14. अंटार्कटिका में कौन सा देश स्थायी रूप से नहीं बसता?

(A) अमेरिका
(B) रूस
(C) भारत
(D) कोई नहीं

Answer: (D)

Explanation: कोई भी देश स्थायी रूप से नहीं रहता।

15. अंटार्कटिका का मुख्य उपयोग क्या है?

(A) कृषि
(B) उद्योग
(C) अनुसंधान
(D) व्यापार

Answer: (C)

Explanation: यहाँ वैज्ञानिक अनुसंधान होता है।

16. अंटार्कटिका में भारत का पहला शोध केंद्र कौन सा है?

(A) मैत्री
(B) दक्षिण गंगोत्री
(C) भारती
(D) हिमाद्रि

Answer: (B)

Explanation: दक्षिण गंगोत्री भारत का पहला शोध केंद्र था।

17. अंटार्कटिका में भारत का वर्तमान सक्रिय शोध केंद्र कौन सा है?

(A) दक्षिण गंगोत्री
(B) मैत्री
(C) भारती
(D) दोनों B और C

Answer: (D)

Explanation: मैत्री और भारती दोनों सक्रिय हैं।

18. अंटार्कटिका में सबसे अधिक कौन सा जीव पाया जाता है?

(A) शेर
(B) सील
(C) पेंगुइन
(D) बाघ

Answer: (C)

Explanation: पेंगुइन सबसे प्रमुख जीव है।

19. अंटार्कटिका का सबसे ठंडा स्थान कौन सा है?

(A) मैकमर्डो

(B) वोस्तोक स्टेशन

(C) मैत्री

(D) भारती

Answer: (B)

Explanation: वोस्तोक स्टेशन अत्यधिक ठंडा है।

20. अंटार्कटिका में दिन और रात की अवधि कैसी होती है?

(A) समान

(B) 12 घंटे

(C) 6 महीने दिन और 6 महीने रात

(D) अनियमित

Answer: (C)

Explanation: ध्रुवीय क्षेत्रों में ऐसा होता है।

21. अंटार्कटिका में सबसे तेज़ हवा किस कारण चलती है?

(A) तापमान

(B) दाब अंतर

(C) समुद्र

(D) पर्वत

Answer: (B)

Explanation: दाब अंतर के कारण तेज़ हवाएँ चलती हैं।

22. अंटार्कटिका में सबसे अधिक बर्फ किस रूप में पाई जाती है?

(A) वर्षा

(B) हिमपात

(C) ग्लेशियर

(D) ओले

Answer: (C)

Explanation: ग्लेशियर रूप में अधिक बर्फ होती है।

23. अंटार्कटिका में ओजोन छिद्र किस कारण होता है?

(A) CO2

(B) CFC

(C) O2

(D) N2

Answer: (B)

Explanation: CFC गैसों के कारण ओजोन परत क्षतिग्रस्त होती है।

24. अंटार्कटिका का मुख्य खनिज संसाधन क्या है?

(A) कोयला

(B) लोहा

(C) अज्ञात

(D) सोना

Answer: (C)

Explanation: संसाधनों का उपयोग सीमित और कम ज्ञात है।

25. अंटार्कटिका में सबसे बड़ा हिम शेल्फ कौन सा है?

(A) रॉस

(B) अमेरी

(C) फिल्खनर

(D) सभी

Answer: (A)

Explanation: रॉस आइस शेल्फ सबसे बड़ा है।

26. अंटार्कटिका का सबसे बड़ा ग्लेशियर कौन सा है?

(A) लैम्बर्ट

(B) गंगा

(C) नील

(D) अमेजन

Answer: (A)

Explanation: लैम्बर्ट ग्लेशियर सबसे बड़ा है।

27. अंटार्कटिका का मुख्य जल स्रोत क्या है?

(A) वर्षा

(B) हिमपात

(C) बर्फ

(D) नदियाँ

Answer: (C)

Explanation: बर्फ मुख्य स्रोत है।

28. अंटार्कटिका में सबसे अधिक किस प्रकार की ऊर्जा का उपयोग होता है?

(A) सौर

(B) पवन

(C) डीजल

(D) सभी

Answer: (D)

Explanation: विभिन्न स्रोतों का उपयोग होता है।

29. अंटार्कटिका में सबसे अधिक अनुसंधान किस विषय पर होता है?

(A) कृषि

(B) जलवायु परिवर्तन

(C) उद्योग

(D) व्यापार

Answer: (B)

Explanation: जलवायु परिवर्तन पर अधिक अध्ययन होता है।

30. अंटार्कटिका का सबसे बड़ा वैज्ञानिक केंद्र किस देश का है?

(A) भारत

(B) अमेरिका

(C) रूस

(D) चीन

Answer: (B)

Explanation: अमेरिका का मैकमर्डो स्टेशन बड़ा है।

31. अंटार्कटिका में सबसे अधिक तापमान कहाँ होता है?

(A) तट

(B) मध्य

(C) पर्वत

(D) दक्षिण

Answer: (A)

Explanation: तटीय क्षेत्रों में तापमान अपेक्षाकृत अधिक होता है।

32. अंटार्कटिका में सबसे अधिक ठंड कहाँ होती है?

(A) तट

(B) मध्य

(C) पर्वत

(D) समुद्र

Answer: (B)

Explanation: मध्य भाग अधिक ठंडा होता है।

33. अंटार्कटिका का सबसे बड़ा जीव कौन सा है?

(A) पेंगुइन

(B) व्हेल

(C) सील

(D) मछली

Answer: (B)

Explanation: व्हेल सबसे बड़ा जीव है।

34. अंटार्कटिका में सबसे अधिक मछली कहाँ पाई जाती है?

(A) तट

(B) समुद्र

(C) बर्फ

(D) पर्वत

Answer: (B)

Explanation: समुद्र में अधिक मछलियाँ होती हैं।

35. अंटार्कटिका में सबसे अधिक बर्फ की मोटाई कहाँ है?

(A) तट

(B) मध्य

(C) पर्वत

(D) समुद्र

Answer: (B)

Explanation: मध्य भाग में बर्फ मोटी होती है।

36. अंटार्कटिका का मुख्य गुण क्या है?

(A) गर्म

(B) ठंडा

(C) शुष्क

(D) दोनों B और C

Answer: (D)

Explanation: यह ठंडा और शुष्क दोनों है।

37. अंटार्कटिका का महत्व क्या है?

(A) अनुसंधान

(B) जलवायु

(C) पर्यावरण

(D) सभी

Answer: (D)

Explanation: सभी क्षेत्रों में महत्वपूर्ण है।

38. अंटार्कटिका का प्रभाव किस पर पड़ता है?

(A) जलवायु

(B) समुद्र स्तर

(C) पर्यावरण

(D) सभी

Answer: (D)

Explanation: वैश्विक प्रभाव है।

39. अंटार्कटिका का आधार क्या है?

(A) बर्फ

(B) जल

(C) पर्वत

(D) सभी

Answer: (D)

Explanation: सभी तत्व मौजूद हैं।

40. अंटार्कटिका का अध्ययन क्यों जरूरी है?

(A) जलवायु

(B) पर्यावरण
(C) वैज्ञानिक शोध
(D) सभी
Answer: (D)
Explanation: सभी में उपयोगी है।

41. अंटार्कटिका का मुख्य कार्य क्या है?
(A) अनुसंधान
(B) कृषि
(C) उद्योग
(D) व्यापार
Answer: (A)
Explanation: यहाँ मुख्यतः अनुसंधान होता है।

42. अंटार्कटिका का प्रभाव किस पर पड़ता है?
(A) जलवायु
(B) समुद्र स्तर
(C) पर्यावरण
(D) सभी
Answer: (D)
Explanation: सभी प्रभावित होते हैं।

43. अंटार्कटिका का मुख्य उद्देश्य क्या है?
(A) विकास
(B) अनुसंधान
(C) व्यापार
(D) उत्पादन
Answer: (B)
Explanation: वैज्ञानिक अध्ययन मुख्य उद्देश्य है।

44. अंटार्कटिका का निष्कर्ष क्या है?
(A) गर्म
(B) ठंडा
(C) शुष्क
(D) दोनों B और C
Answer: (D)
Explanation: यह ठंडा और शुष्क है।

45. अंटार्कटिका का योगदान क्या है?
(A) विज्ञान
(B) जलवायु अध्ययन
(C) पर्यावरण
(D) सभी
Answer: (D)
Explanation: सभी क्षेत्रों में योगदान है।

46. अंटार्कटिका का सबसे बड़ा समुद्री जीव कौन सा है?
(A) शार्क
(B) व्हेल
(C) सील
(D) ऑक्टोपस
Answer: (B)
Explanation: व्हेल सबसे बड़ा जीव है।

47. अंटार्कटिका का सबसे बड़ा पक्षी कौन सा है?
(A) पेंगुइन
(B) अल्बाट्रॉस
(C) ईगल
(D) कबूतर

Answer: (B)

Explanation: अल्बाट्रॉस बड़ा पक्षी है।

48. अंटार्कटिका में सबसे अधिक बर्फ किस रूप में है?

(A) हिमपात

(B) ग्लेशियर

(C) आइस शेल्फ

(D) सभी

Answer: (D)

Explanation: सभी रूप मौजूद हैं।

49. अंटार्कटिका में सबसे बड़ा पर्यावरणीय खतरा क्या है?

(A) प्रदूषण

(B) तापमान वृद्धि

(C) बर्फ पिघलना

(D) सभी

Answer: (D)

Explanation: सभी खतरे मौजूद हैं।

50. अंटार्कटिका का सबसे बड़ा प्राकृतिक संसाधन क्या है?

(A) जल

(B) बर्फ

(C) खनिज

(D) वन

Answer: (B)

Explanation: बर्फ सबसे बड़ा संसाधन है।

51. अंटार्कटिका का महत्व क्या है?

(A) विज्ञान

(B) पर्यावरण

(C) जलवायु

(D) सभी

Answer: (D)

Explanation: सभी में महत्वपूर्ण है।

52. अंटार्कटिका का प्रभाव किस पर पड़ता है?

(A) समुद्र स्तर

(B) जलवायु

(C) पर्यावरण

(D) सभी

Answer: (D)

Explanation: सभी प्रभावित होते हैं।

53. अंटार्कटिका का मुख्य गुण क्या है?

(A) ठंड

(B) शुष्कता

(C) बर्फ

(D) सभी

Answer: (D)

Explanation: सभी गुण हैं।

54. अंटार्कटिका का आधार क्या है?

(A) बर्फ

(B) जल

(C) पर्वत

(D) सभी

Answer: (D)

Explanation: सभी महत्वपूर्ण हैं।

55. अंटार्कटिका का अध्ययन क्यों जरूरी है?

(A) विज्ञान

(B) पर्यावरण

(C) जलवायु
(D) सभी
Answer: (D)
Explanation: सभी में उपयोगी है।

56. अंटार्कटिका का मुख्य कार्य क्या है?
(A) अनुसंधान
(B) उत्पादन
(C) व्यापार
(D) कृषि
Answer: (A)
Explanation: अनुसंधान मुख्य कार्य है।

57. अंटार्कटिका का प्रभाव किस पर पड़ता है?
(A) जलवायु
(B) समुद्र स्तर
(C) पर्यावरण
(D) सभी
Answer: (D)
Explanation: सभी प्रभावित होते हैं।

58. अंटार्कटिका का मुख्य उद्देश्य क्या है?
(A) अनुसंधान
(B) विकास
(C) व्यापार
(D) उत्पादन
Answer: (A)
Explanation: अनुसंधान मुख्य उद्देश्य है।

59. अंटार्कटिका का निष्कर्ष क्या है?
(A) ठंडा
(B) शुष्क
(C) बर्फीला
(D) सभी
Answer: (D)
Explanation: सभी गुण हैं।

60. अंटार्कटिका का योगदान क्या है?
(A) विज्ञान
(B) जलवायु अध्ययन
(C) पर्यावरण
(D) सभी
Answer: (D)
Explanation: सभी क्षेत्रों में योगदान है।

61. अंटार्कटिका का महत्व क्या है?
(A) विज्ञान
(B) पर्यावरण
(C) जलवायु
(D) सभी
Answer: (D)
Explanation: सभी में महत्वपूर्ण है।

62. अंटार्कटिका का प्रभाव किस पर पड़ता है?
(A) समुद्र स्तर
(B) जलवायु
(C) पर्यावरण
(D) सभी
Answer: (D)
Explanation: सभी प्रभावित होते हैं।

63. अंटार्कटिका का मुख्य गुण

क्या है?

(A) ठंड

(B) शुष्कता

(C) बर्फ

(D) सभी

Answer: (D)

Explanation: सभी गुण हैं।

64. अंटार्कटिका का आधार क्या है?

(A) बर्फ

(B) जल

(C) पर्वत

(D) सभी

Answer: (D)

Explanation: सभी महत्वपूर्ण हैं।

65. अंटार्कटिका का अध्ययन क्यों जरूरी है?

(A) विज्ञान

(B) पर्यावरण

(C) जलवायु

(D) सभी

Answer: (D)

Explanation: सभी में उपयोगी है।

66. अंटार्कटिका का मुख्य कार्य क्या है?

(A) अनुसंधान

(B) उत्पादन

(C) व्यापार

(D) कृषि

Answer: (A)

Explanation: अनुसंधान मुख्य कार्य है।

67. अंटार्कटिका का प्रभाव किस पर पड़ता है?

(A) जलवायु

(B) समुद्र स्तर

(C) पर्यावरण

(D) सभी

Answer: (D)

Explanation: सभी प्रभावित होते हैं।

68. अंटार्कटिका का मुख्य उद्देश्य क्या है?

(A) अनुसंधान

(B) विकास

(C) व्यापार

(D) उत्पादन

Answer: (A)

Explanation: अनुसंधान मुख्य उद्देश्य है।

69. अंटार्कटिका का निष्कर्ष क्या है?

(A) ठंडा

(B) शुष्क

(C) बर्फीला

(D) सभी

Answer: (D)

Explanation: सभी गुण हैं।

70. अंटार्कटिका का योगदान क्या है?

(A) विज्ञान

(B) जलवायु अध्ययन

(C) पर्यावरण

(D) सभी

Answer: (D)

Explanation: सभी क्षेत्रों में योगदान है।

71. अंटार्कटिका का महत्व क्या है?

(A) विज्ञान
(B) पर्यावरण
(C) जलवायु
(D) सभी
Answer: (D)
Explanation: सभी में महत्वपूर्ण है।

72. अंटार्कटिका का प्रभाव किस पर पड़ता है?

(A) समुद्र स्तर
(B) जलवायु
(C) पर्यावरण
(D) सभी
Answer: (D)
Explanation: सभी प्रभावित होते हैं।

73. अंटार्कटिका का मुख्य गुण क्या है?

(A) ठंड
(B) शुष्कता
(C) बर्फ
(D) सभी
Answer: (D)
Explanation: सभी गुण हैं।

74. अंटार्कटिका का आधार क्या है?

(A) बर्फ
(B) जल
(C) पर्वत
(D) सभी
Answer: (D)
Explanation: सभी महत्वपूर्ण हैं।

75. अंटार्कटिका का अध्ययन क्यों जरूरी है?

(A) विज्ञान
(B) पर्यावरण
(C) जलवायु
(D) सभी
Answer: (D)
Explanation: सभी में उपयोगी है।

76. अंटार्कटिका का मुख्य कार्य क्या है?

(A) अनुसंधान
(B) उत्पादन
(C) व्यापार
(D) कृषि
Answer: (A)
Explanation: अनुसंधान मुख्य कार्य है।

77. अंटार्कटिका का प्रभाव किस पर पड़ता है?

(A) जलवायु
(B) समुद्र स्तर
(C) पर्यावरण
(D) सभी
Answer: (D)
Explanation: सभी प्रभावित होते हैं।

78. अंटार्कटिका का मुख्य उद्देश्य क्या है?

(A) अनुसंधान
(B) विकास
(C) व्यापार

(D) उत्पादन

Answer: (A)

Explanation: अनुसंधान मुख्य उद्देश्य है।

79. अंटार्कटिका का निष्कर्ष क्या है?

(A) ठंडा

(B) शुष्क

(C) बर्फीला

(D) सभी

Answer: (D)

Explanation: सभी गुण हैं।

80. अंटार्कटिका का योगदान क्या है?

(A) विज्ञान

(B) जलवायु अध्ययन

(C) पर्यावरण

(D) सभी

Answer: (D)

Explanation: सभी क्षेत्रों में योगदान है।

81. अंटार्कटिका का महत्व क्या है?

(A) विज्ञान

(B) पर्यावरण

(C) जलवायु

(D) सभी

Answer: (D)

Explanation: सभी में महत्वपूर्ण है।

82. अंटार्कटिका का प्रभाव किस पर पड़ता है?

(A) समुद्र स्तर

(B) जलवायु

(C) पर्यावरण

(D) सभी

Answer: (D)

Explanation: सभी प्रभावित होते हैं।

83. अंटार्कटिका का मुख्य गुण क्या है?

(A) ठंड

(B) शुष्कता

(C) बर्फ

(D) सभी

Answer: (D)

Explanation: सभी गुण हैं।

84. अंटार्कटिका का आधार क्या है?

(A) बर्फ

(B) जल

(C) पर्वत

(D) सभी

Answer: (D)

Explanation: सभी महत्वपूर्ण हैं।

85. अंटार्कटिका का अध्ययन क्यों जरूरी है?

(A) विज्ञान

(B) पर्यावरण

(C) जलवायु

(D) सभी

Answer: (D)

Explanation: सभी में उपयोगी है।

86. अंटार्कटिका का मुख्य कार्य क्या है?

(A) अनुसंधान

(B) उत्पादन
(C) व्यापार
(D) कृषि
Answer: (A)
Explanation: अनुसंधान मुख्य कार्य है।

87. अंटार्कटिका का प्रभाव किस पर पड़ता है?
(A) जलवायु
(B) समुद्र स्तर
(C) पर्यावरण
(D) सभी
Answer: (D)
Explanation: सभी प्रभावित होते हैं।

88. अंटार्कटिका का मुख्य उद्देश्य क्या है?
(A) अनुसंधान
(B) विकास
(C) व्यापार
(D) उत्पादन
Answer: (A)
Explanation: अनुसंधान मुख्य उद्देश्य है।

89. अंटार्कटिका का निष्कर्ष क्या है?
(A) ठंडा
(B) शुष्क
(C) बर्फीला
(D) सभी
Answer: (D)
Explanation: सभी गुण हैं।

90. अंटार्कटिका का योगदान क्या है?
(A) विज्ञान
(B) जलवायु अध्ययन
(C) पर्यावरण
(D) सभी
Answer: (D)
Explanation: सभी क्षेत्रों में योगदान है।

91. अंटार्कटिका का महत्व क्या है?
(A) विज्ञान
(B) पर्यावरण
(C) जलवायु
(D) सभी
Answer: (D)
Explanation: सभी में महत्वपूर्ण है।

92. अंटार्कटिका का प्रभाव किस पर पड़ता है?
(A) समुद्र स्तर
(B) जलवायु
(C) पर्यावरण
(D) सभी
Answer: (D)
Explanation: सभी प्रभावित होते हैं।

93. अंटार्कटिका का मुख्य गुण क्या है?
(A) ठंड
(B) शुष्कता
(C) बर्फ
(D) सभी
Answer: (D)
Explanation: सभी गुण हैं।

94. अंटार्कटिका का आधार क्या है?

(A) बर्फ

(B) जल

(C) पर्वत

(D) सभी

Answer: (D)

Explanation: सभी महत्वपूर्ण हैं।

95. अंटार्कटिका का अध्ययन क्यों जरूरी है?

(A) विज्ञान

(B) पर्यावरण

(C) जलवायु

(D) सभी

Answer: (D)

Explanation: सभी में उपयोगी है।

96. अंटार्कटिका का मुख्य कार्य क्या है?

(A) अनुसंधान

(B) उत्पादन

(C) व्यापार

(D) कृषि

Answer: (A)

Explanation: अनुसंधान मुख्य कार्य है।

97. अंटार्कटिका का प्रभाव किस पर पड़ता है?

(A) जलवायु

(B) समुद्र स्तर

(C) पर्यावरण

(D) सभी

Answer: (D)

Explanation: सभी प्रभावित होते हैं।

98. अंटार्कटिका का मुख्य उद्देश्य क्या है?

(A) अनुसंधान

(B) विकास

(C) व्यापार

(D) उत्पादन

Answer: (A)

Explanation: अनुसंधान मुख्य उद्देश्य है।

99. अंटार्कटिका का निष्कर्ष क्या है?

(A) ठंडा

(B) शुष्क

(C) बर्फीला

(D) सभी

Answer: (D)

Explanation: सभी गुण हैं।

100. अंटार्कटिका का अंतिम निष्कर्ष क्या है?

(A) छोटा महाद्वीप

(B) बर्फ और वैज्ञानिक अनुसंधान का केंद्र

(C) गर्म महाद्वीप

(D) वनयुक्त महाद्वीप

Answer: (B)

Explanation: अंटार्कटिका वैज्ञानिक अनुसंधान और बर्फ के लिए महत्वपूर्ण है।

Chapter 19: भारत की स्थिति एवं विस्तार

1. भारत किस गोलार्ध में स्थित है?
(A) दक्षिणी
(B) उत्तरी
(C) पश्चिमी
(D) पूर्वी
Answer: (B)
Explanation: भारत उत्तरी गोलार्ध में स्थित है।

2. भारत का अक्षांशीय विस्तार क्या है?
(A) 6°4' उ. से 37°6' उ.
(B) 8°4' उ. से 37°6' उ.
(C) 10° उ. से 40° उ.
(D) 5° उ. से 35° उ.
Answer: (B)
Explanation: भारत का अक्षांशीय विस्तार 8°4' उ. से 37°6' उ. है।

3. भारत का देशांतर विस्तार क्या है?
(A) 60° पू. से 90° पू.
(B) 68°7' पू. से 97°25' पू.
(C) 65° पू. से 100° पू.
(D) 70° पू. से 95° पू.
Answer: (B)
Explanation: भारत का देशांतर विस्तार 68°7' पू. से 97°25' पू. है।

4. भारत का कुल क्षेत्रफल कितना है?
(A) 2.4 मिलियन वर्ग किमी
(B) 3.28 मिलियन वर्ग किमी
(C) 4.5 मिलियन वर्ग किमी
(D) 5.2 मिलियन वर्ग किमी
Answer: (B)
Explanation: भारत का क्षेत्रफल लगभग 3.28 मिलियन वर्ग किमी है।

5. क्षेत्रफल की दृष्टि से भारत का विश्व में कौन सा स्थान है?
(A) पाँचवाँ
(B) छठा
(C) सातवाँ
(D) आठवाँ
Answer: (C)
Explanation: भारत क्षेत्रफल में सातवें स्थान पर है।

6. भारत की स्थलीय सीमा कितनी है?
(A) 10,000 किमी
(B) 15,200 किमी
(C) 20,000 किमी
(D) 25,000 किमी
Answer: (B)
Explanation: भारत की स्थलीय सीमा लगभग 15,200 किमी है।

7. भारत की समुद्री तटरेखा कितनी लंबी है?
(A) 5,000 किमी
(B) 6,100 किमी
(C) 7,516 किमी
(D) 9,000 किमी
Answer: (C)
Explanation: कुल तटरेखा लगभग 7,516 किमी है।

8. कर्क रेखा भारत को किस प्रकार विभाजित करती है?

(A) उत्तर और दक्षिण

(B) पूर्व और पश्चिम

(C) पहाड़ी और मैदान

(D) तटीय और आंतरिक

Answer: (A)

Explanation: कर्क रेखा भारत को उष्णकटिबंधीय और उपोष्णकटिबंधीय भागों में बाँटती है।

9. भारत का मानक समय किस देशांतर पर आधारित है?

(A) 82°30' पू.

(B) 75° पू.

(C) 90° पू.

(D) 85° पू.

Answer: (A)

Explanation: भारतीय मानक समय 82°30' पू. देशांतर पर आधारित है।

10. भारत का मानक समय किस स्थान के निकट से लिया गया है?

(A) दिल्ली

(B) इलाहाबाद (प्रयागराज)

(C) मुंबई

(D) कोलकाता

Answer: (B)

Explanation: यह प्रयागराज के निकट से गुजरता है।

11. भारत के दक्षिणी सिरे का नाम क्या है?

(A) कन्याकुमारी

(B) इंदिरा प्वाइंट

(C) रामेश्वरम

(D) लक्षद्वीप

Answer: (B)

Explanation: इंदिरा प्वाइंट सबसे दक्षिणी बिंदु है।

12. भारत के मुख्य भूभाग का दक्षिणी छोर कौन सा है?

(A) कन्याकुमारी

(B) इंदिरा प्वाइंट

(C) लक्षद्वीप

(D) अंडमान

Answer: (A)

Explanation: मुख्य भूमि का दक्षिणी छोर कन्याकुमारी है।

13. भारत का उत्तरीतम बिंदु कौन सा है?

(A) इंदिरा कोल

(B) सियाचिन

(C) कारगिल

(D) लेह

Answer: (A)

Explanation: इंदिरा कोल उत्तरीतम बिंदु है।

14. भारत का पूर्वीतम बिंदु कौन सा है?

(A) किबिथू

(B) कोहिमा

(C) इम्फाल

(D) गुवाहाटी

Answer: (A)

Explanation: किबिथू पूर्वीतम बिंदु है।

15. भारत का पश्चिमीतम बिंदु कौन सा है?

(A) द्वारका

(B) कच्छ

(C) सर क्रीक

(D) जैसलमेर

Answer: (C)

Explanation: सर क्रीक पश्चिमीतम बिंदु है।

16. भारत की स्थलीय सीमा कितने देशों से लगती है?

(A) 5

(B) 6

(C) 7

(D) 8

Answer: (C)

Explanation: भारत की सीमा 7 देशों से लगती है।

17. भारत की समुद्री सीमा किन देशों से लगती है?

(A) श्रीलंका

(B) मालदीव

(C) इंडोनेशिया

(D) सभी

Answer: (D)

Explanation: भारत की समुद्री सीमा इन देशों से जुड़ती है।

18. भारत के उत्तर में कौन सा देश नहीं है?

(A) चीन

(B) नेपाल

(C) भूटान

(D) श्रीलंका

Answer: (D)

Explanation: श्रीलंका दक्षिण में स्थित है।

19. भारत के पश्चिम में कौन सा देश स्थित है?

(A) बांग्लादेश

(B) पाकिस्तान

(C) नेपाल

(D) भूटान

Answer: (B)

Explanation: पाकिस्तान भारत के पश्चिम में है।

20. भारत के पूर्व में कौन सा देश स्थित है?

(A) पाकिस्तान

(B) नेपाल

(C) बांग्लादेश

(D) अफगानिस्तान

Answer: (C)

Explanation: बांग्लादेश पूर्व में है।

21. भारत का भौगोलिक विस्तार किस महासागर से जुड़ा है?

(A) अटलांटिक

(B) प्रशांत

(C) हिंद महासागर

(D) आर्कटिक

Answer: (C)

Explanation: भारत हिंद महासागर से जुड़ा है।

22. भारत की आकृति कैसी है?

(A) गोल

(B) त्रिकोणीय
(C) वर्गाकार
(D) आयताकार
Answer: (B)
Explanation: भारत की आकृति लगभग त्रिकोणीय है।

23. भारत का भौगोलिक स्थान किस महाद्वीप में है?
(A) यूरोप
(B) एशिया
(C) अफ्रीका
(D) ऑस्ट्रेलिया
Answer: (B)
Explanation: भारत एशिया महाद्वीप में स्थित है।

24. भारत के दक्षिण में कौन सा महासागर है?
(A) अटलांटिक
(B) प्रशांत
(C) हिंद महासागर
(D) आर्कटिक
Answer: (C)
Explanation: दक्षिण में हिंद महासागर है।

25. भारत के पूर्व में कौन सा समुद्र है?
(A) अरब सागर
(B) बंगाल की खाड़ी
(C) काला सागर
(D) लाल सागर
Answer: (B)
Explanation: पूर्व में बंगाल की खाड़ी है।

26. भारत के पश्चिम में कौन सा समुद्र है?
(A) बंगाल की खाड़ी
(B) अरब सागर
(C) लाल सागर
(D) भूमध्य सागर
Answer: (B)
Explanation: पश्चिम में अरब सागर है।

27. भारत का विस्तार किस अक्षांश पर अधिक है?
(A) उत्तर
(B) दक्षिण
(C) समान
(D) पूर्व
Answer: (A)
Explanation: उत्तर में अधिक विस्तार है।

28. भारत का विस्तार किस देशांतर पर अधिक है?
(A) पूर्व
(B) पश्चिम
(C) समान
(D) उत्तर
Answer: (A)
Explanation: पूर्व-पश्चिम विस्तार महत्वपूर्ण है।

29. भारत की कुल सीमाएँ कितने प्रकार की हैं?
(A) 1

(B) 2
(C) 3
(D) 4
Answer: (B)
Explanation: स्थलीय और समुद्री दो प्रकार की सीमाएँ हैं।

30. भारत का क्षेत्रफल विश्व के कुल क्षेत्रफल का लगभग कितना प्रतिशत है?

(A) 1%
(B) 2.4%
(C) 5%
(D) 10%
Answer: (B)
Explanation: भारत का क्षेत्रफल लगभग 2.4% है।

31. भारत का अक्षांशीय विस्तार कितने अंश का है?

(A) 20°
(B) 25°
(C) 30°
(D) 35°
Answer: (C)
Explanation: लगभग 30° का विस्तार है।

32. भारत का देशांतर विस्तार कितने अंश का है?

(A) 20°
(B) 25°
(C) 30°
(D) 35°
Answer: (C)
Explanation: लगभग 30° का विस्तार है।

33. भारत का मानक समय GMT से कितना आगे है?

(A) 3 घंटे
(B) 4 घंटे
(C) 5:30 घंटे
(D) 6 घंटे
Answer: (C)
Explanation: भारत GMT से 5:30 घंटे आगे है।

34. भारत के किस राज्य से कर्क रेखा गुजरती है?

(A) गुजरात
(B) राजस्थान
(C) मध्य प्रदेश
(D) सभी
Answer: (D)
Explanation: कर्क रेखा कई राज्यों से गुजरती है।

35. भारत की सबसे लंबी स्थलीय सीमा किस देश के साथ है?

(A) पाकिस्तान
(B) चीन
(C) बांग्लादेश
(D) नेपाल
Answer: (C)
Explanation: बांग्लादेश के साथ सबसे लंबी सीमा है।

36. भारत की सबसे छोटी स्थलीय सीमा किस देश के साथ है?

(A) नेपाल
(B) भूटान

(C) अफगानिस्तान
(D) म्यांमार
Answer: (C)
Explanation: अफगानिस्तान के साथ सीमा सबसे छोटी है।

37. भारत के उत्तर-पश्चिम में कौन सा देश है?
(A) चीन
(B) नेपाल
(C) पाकिस्तान
(D) बांग्लादेश
Answer: (C)
Explanation: पाकिस्तान उत्तर-पश्चिम में है।

38. भारत के उत्तर-पूर्व में कौन सा देश है?
(A) पाकिस्तान
(B) चीन
(C) बांग्लादेश
(D) अफगानिस्तान
Answer: (C)
Explanation: बांग्लादेश उत्तर-पूर्व में है।

39. भारत की आकृति किससे मिलती-जुलती है?
(A) हीरा
(B) त्रिकोण
(C) वृत्त
(D) वर्ग
Answer: (B)
Explanation: त्रिकोणीय आकृति है।

40. भारत की स्थिति किस क्षेत्र में है?
(A) उष्णकटिबंधीय
(B) उपोष्णकटिबंधीय
(C) दोनों
(D) शीत
Answer: (C)
Explanation: दोनों क्षेत्रों में स्थित है।

41. भारत का मध्य भाग किस अक्षांश के पास है?
(A) भूमध्य रेखा
(B) कर्क रेखा
(C) मकर रेखा
(D) ध्रुव
Answer: (B)
Explanation: कर्क रेखा भारत के मध्य से गुजरती है।

42. भारत की समुद्री सीमा कितने महासागरों से जुड़ी है?
(A) 1
(B) 2
(C) 3
(D) 4
Answer: (A)
Explanation: हिंद महासागर से जुड़ी है।

43. भारत के पूर्वी तट को क्या कहा जाता है?
(A) कोरमंडल तट
(B) मालाबार तट
(C) कोंकण तट
(D) कच्छ तट
Answer: (A)

Explanation: पूर्वी तट को कोरमंडल तट कहते हैं।

44. भारत के पश्चिमी तट को क्या कहा जाता है?

(A) कोरमंडल

(B) मालाबार

(C) कोंकण और मालाबार

(D) सुंदरबन

Answer: (C)

Explanation: पश्चिमी तट कोंकण और मालाबार कहलाता है।

45. भारत की स्थिति विश्व में क्यों महत्वपूर्ण है?

(A) व्यापार

(B) स्थान

(C) संसाधन

(D) सभी

Answer: (D)

Explanation: सभी कारण महत्वपूर्ण हैं।

46. भारत का भौगोलिक स्थान किस प्रकार का है?

(A) केंद्र में

(B) किनारे पर

(C) द्वीपीय

(D) महाद्वीपीय

Answer: (D)

Explanation: यह महाद्वीपीय देश है।

47. भारत का विस्तार किस दिशा में अधिक है?

(A) उत्तर-दक्षिण

(B) पूर्व-पश्चिम

(C) समान

(D) कोई नहीं

Answer: (B)

Explanation: पूर्व-पश्चिम विस्तार अधिक है।

48. भारत का समय निर्धारण क्यों आवश्यक है?

(A) व्यापार

(B) प्रशासन

(C) संचार

(D) सभी

Answer: (D)

Explanation: सभी के लिए आवश्यक है।

49. भारत का स्थान किस दृष्टि से महत्वपूर्ण है?

(A) व्यापार

(B) संस्कृति

(C) राजनीति

(D) सभी

Answer: (D)

Explanation: सभी दृष्टियों से महत्वपूर्ण है।

50. भारत का निष्कर्ष क्या है?

(A) छोटा देश

(B) बड़ा और महत्वपूर्ण देश

(C) ठंडा देश

(D) शुष्क देश

Answer: (B)

Explanation: भारत बड़ा और महत्वपूर्ण देश है।

51. भारत का मुख्य गुण क्या है?
(A) विविधता
(B) एकरूपता
(C) शुष्कता
(D) ठंड
Answer: (A)
Explanation: भारत विविधता से भरा है।

52. भारत का महत्व क्या है?
(A) संसाधन
(B) जनसंख्या
(C) अर्थव्यवस्था
(D) सभी
Answer: (D)
Explanation: सभी क्षेत्रों में महत्वपूर्ण है।

53. भारत का प्रभाव किस पर पड़ता है?
(A) व्यापार
(B) संस्कृति
(C) राजनीति
(D) सभी
Answer: (D)
Explanation: वैश्विक प्रभाव है।

54. भारत का आधार क्या है?
(A) संसाधन
(B) जनसंख्या
(C) क्षेत्रफल
(D) सभी
Answer: (D)
Explanation: सभी महत्वपूर्ण हैं।

55. भारत का अध्ययन क्यों जरूरी है?
(A) योजना
(B) संसाधन
(C) विकास
(D) सभी
Answer: (D)
Explanation: सभी में उपयोगी है।

56. भारत का मुख्य कार्य क्या है?
(A) कृषि
(B) उद्योग
(C) सेवा
(D) सभी
Answer: (D)
Explanation: सभी क्षेत्रों में कार्य होता है।

57. भारत का प्रभाव किस पर पड़ता है?
(A) जलवायु
(B) अर्थव्यवस्था
(C) समाज
(D) सभी
Answer: (D)
Explanation: सभी प्रभावित होते हैं।

58. भारत का मुख्य उद्देश्य क्या है?
(A) विकास
(B) उत्पादन
(C) व्यापार
(D) सभी
Answer: (D)
Explanation: सभी क्षेत्रों में विकास।

59. भारत का निष्कर्ष क्या है?

(A) स्थिर
(B) गतिशील
(C) ठंडा
(D) शुष्क
Answer: (B)
Explanation: भारत विकासशील और गतिशील है।

60. भारत का योगदान क्या है?
(A) संस्कृति
(B) अर्थव्यवस्था
(C) विज्ञान
(D) सभी
Answer: (D)
Explanation: सभी क्षेत्रों में योगदान है।

61. भारत का महत्व क्या है?
(A) संसाधन
(B) जनसंख्या
(C) अर्थव्यवस्था
(D) सभी
Answer: (D)
Explanation: सभी में महत्वपूर्ण है।

62. भारत का प्रभाव किस पर पड़ता है?
(A) व्यापार
(B) संस्कृति
(C) राजनीति
(D) सभी
Answer: (D)
Explanation: वैश्विक प्रभाव है।

63. भारत का मुख्य गुण क्या है?
(A) विविधता
(B) एकरूपता
(C) शुष्कता
(D) ठंड
Answer: (A)
Explanation: विविधता है।

64. भारत का आधार क्या है?
(A) संसाधन
(B) जनसंख्या
(C) क्षेत्रफल
(D) सभी
Answer: (D)
Explanation: सभी महत्वपूर्ण हैं।

65. भारत का अध्ययन क्यों जरूरी है?
(A) योजना
(B) संसाधन
(C) विकास
(D) सभी
Answer: (D)
Explanation: सभी में उपयोगी है।

66. भारत का मुख्य कार्य क्या है?
(A) कृषि
(B) उद्योग
(C) सेवा
(D) सभी
Answer: (D)
Explanation: सभी कार्य होते हैं।

67. भारत का प्रभाव किस पर पड़ता है?
(A) जलवायु
(B) अर्थव्यवस्था
(C) समाज

(D) सभी

Answer: (D)

Explanation: सभी प्रभावित होते हैं।

68. भारत का मुख्य उद्देश्य क्या है?

(A) विकास

(B) उत्पादन

(C) व्यापार

(D) सभी

Answer: (D)

Explanation: सभी क्षेत्रों में विकास।

69. भारत का निष्कर्ष क्या है?

(A) स्थिर

(B) गतिशील

(C) ठंडा

(D) शुष्क

Answer: (B)

Explanation: विकासशील है।

70. भारत का योगदान क्या है?

(A) संस्कृति

(B) अर्थव्यवस्था

(C) विज्ञान

(D) सभी

Answer: (D)

Explanation: सभी क्षेत्रों में योगदान है।

71. भारत का महत्व क्या है?

(A) संसाधन

(B) जनसंख्या

(C) अर्थव्यवस्था

(D) सभी

Answer: (D)

Explanation: सभी में महत्वपूर्ण है।

72. भारत का प्रभाव किस पर पड़ता है?

(A) व्यापार

(B) संस्कृति

(C) राजनीति

(D) सभी

Answer: (D)

Explanation: सभी प्रभावित होते हैं।

73. भारत का मुख्य गुण क्या है?

(A) विविधता

(B) एकरूपता

(C) शुष्कता

(D) ठंड

Answer: (A)

Explanation: विविधता है।

74. भारत का आधार क्या है?

(A) संसाधन

(B) जनसंख्या

(C) क्षेत्रफल

(D) सभी

Answer: (D)

Explanation: सभी महत्वपूर्ण हैं।

75. भारत का अध्ययन क्यों जरूरी है?

(A) योजना

(B) संसाधन

(C) विकास

(D) सभी

Answer: (D)

Explanation: सभी में उपयोगी है।

76. भारत का मुख्य कार्य क्या है?
(A) कृषि
(B) उद्योग
(C) सेवा
(D) सभी
Answer: (D)
Explanation: सभी कार्य होते हैं।

77. भारत का प्रभाव किस पर पड़ता है?
(A) जलवायु
(B) अर्थव्यवस्था
(C) समाज
(D) सभी
Answer: (D)
Explanation: सभी प्रभावित होते हैं।

78. भारत का मुख्य उद्देश्य क्या है?
(A) विकास
(B) उत्पादन
(C) व्यापार
(D) सभी
Answer: (D)
Explanation: सभी क्षेत्रों में विकास।

79. भारत का निष्कर्ष क्या है?
(A) स्थिर
(B) गतिशील
(C) ठंडा
(D) शुष्क
Answer: (B)
Explanation: विकासशील है।

80. भारत का योगदान क्या है?
(A) संस्कृति
(B) अर्थव्यवस्था
(C) विज्ञान
(D) सभी
Answer: (D)
Explanation: सभी क्षेत्रों में योगदान है।

81. भारत का महत्व क्या है?
(A) संसाधन
(B) जनसंख्या
(C) अर्थव्यवस्था
(D) सभी
Answer: (D)
Explanation: सभी में महत्वपूर्ण है।

82. भारत का प्रभाव किस पर पड़ता है?
(A) व्यापार
(B) संस्कृति
(C) राजनीति
(D) सभी
Answer: (D)
Explanation: सभी प्रभावित होते हैं।

83. भारत का मुख्य गुण क्या है?
(A) विविधता
(B) एकरूपता
(C) शुष्कता
(D) ठंड
Answer: (A)
Explanation: विविधता है।

84. भारत का आधार क्या है?
(A) संसाधन
(B) जनसंख्या
(C) क्षेत्रफल

(D) सभी

Answer: (D)

Explanation: सभी महत्वपूर्ण हैं।

85. भारत का अध्ययन क्यों जरूरी है?

(A) योजना

(B) संसाधन

(C) विकास

(D) सभी

Answer: (D)

Explanation: सभी में उपयोगी है।

86. भारत का मुख्य कार्य क्या है?

(A) कृषि

(B) उद्योग

(C) सेवा

(D) सभी

Answer: (D)

Explanation: सभी कार्य होते हैं।

87. भारत का प्रभाव किस पर पड़ता है?

(A) जलवायु

(B) अर्थव्यवस्था

(C) समाज

(D) सभी

Answer: (D)

Explanation: सभी प्रभावित होते हैं।

88. भारत का मुख्य उद्देश्य क्या है?

(A) विकास

(B) उत्पादन

(C) व्यापार

(D) सभी

Answer: (D)

Explanation: सभी क्षेत्रों में विकास।

89. भारत का निष्कर्ष क्या है?

(A) स्थिर

(B) गतिशील

(C) ठंडा

(D) शुष्क

Answer: (B)

Explanation: विकासशील है।

90. भारत का योगदान क्या है?

(A) संस्कृति

(B) अर्थव्यवस्था

(C) विज्ञान

(D) सभी

Answer: (D)

Explanation: सभी क्षेत्रों में योगदान है।

91. भारत का महत्व क्या है?

(A) संसाधन

(B) जनसंख्या

(C) अर्थव्यवस्था

(D) सभी

Answer: (D)

Explanation: सभी में महत्वपूर्ण है।

92. भारत का प्रभाव किस पर पड़ता है?

(A) व्यापार

(B) संस्कृति

(C) राजनीति

(D) सभी

Answer: (D)

Explanation: सभी प्रभावित होते हैं।

93. भारत का मुख्य गुण क्या है?
(A) विविधता
(B) एकरूपता
(C) शुष्कता
(D) ठंड
Answer: (A)
Explanation: विविधता है।

94. भारत का आधार क्या है?
(A) संसाधन
(B) जनसंख्या
(C) क्षेत्रफल
(D) सभी
Answer: (D)
Explanation: सभी महत्वपूर्ण हैं।

95. भारत का अध्ययन क्यों जरूरी है?
(A) योजना
(B) संसाधन
(C) विकास
(D) सभी
Answer: (D)
Explanation: सभी में उपयोगी है।

96. भारत का मुख्य कार्य क्या है?
(A) कृषि
(B) उद्योग
(C) सेवा
(D) सभी
Answer: (D)
Explanation: सभी कार्य होते हैं।

97. भारत का प्रभाव किस पर पड़ता है?
(A) जलवायु
(B) अर्थव्यवस्था
(C) समाज
(D) सभी
Answer: (D)
Explanation: सभी प्रभावित होते हैं।

98. भारत का मुख्य उद्देश्य क्या है?
(A) विकास
(B) उत्पादन
(C) व्यापार
(D) सभी
Answer: (D)
Explanation: सभी क्षेत्रों में विकास।

99. भारत का निष्कर्ष क्या है?
(A) स्थिर
(B) गतिशील
(C) ठंडा
(D) शुष्क
Answer: (B)
Explanation: विकासशील है।

100. भारत का अंतिम निष्कर्ष क्या है?
(A) छोटा देश
(B) भौगोलिक रूप से महत्वपूर्ण और विविध देश
(C) ठंडा देश
(D) शुष्क देश
Answer: (B)
Explanation: भारत भौगोलिक, सांस्कृतिक और आर्थिक रूप से अत्यंत महत्वपूर्ण है।

Chapter 20: भारत की भौतिक संरचना

1. भारत की भौतिक संरचना को मुख्यतः कितने भागों में बाँटा गया है?
(A) 3
(B) 4
(C) 5
(D) 6
Answer: (D)
Explanation: भारत को 6 प्रमुख भौतिक भागों में बाँटा जाता है।

2. भारत का सबसे उत्तरी भौतिक भाग कौन सा है?
(A) प्रायद्वीपीय पठार
(B) हिमालय
(C) मैदान
(D) मरुस्थल
Answer: (B)
Explanation: हिमालय भारत का उत्तरी भाग है।

3. हिमालय पर्वतमाला किस प्रकार की पर्वत है?
(A) ज्वालामुखीय
(B) अवसादी
(C) नवीन वलित
(D) अवशिष्ट
Answer: (C)
Explanation: हिमालय नवीन वलित पर्वत है।

4. भारत का सबसे पुराना भौतिक भाग कौन सा है?
(A) हिमालय
(B) उत्तरी मैदान
(C) प्रायद्वीपीय पठार
(D) तटीय क्षेत्र
Answer: (C)
Explanation: प्रायद्वीपीय पठार सबसे पुराना है।

5. गंगा का मैदान किस प्रकार की मिट्टी से बना है?
(A) लाल
(B) काली
(C) जलोढ़
(D) लैटेराइट
Answer: (C)
Explanation: यह जलोढ़ मिट्टी से बना है।

6. थार मरुस्थल भारत के किस भाग में स्थित है?
(A) पूर्व
(B) पश्चिम
(C) उत्तर
(D) दक्षिण
Answer: (B)
Explanation: थार मरुस्थल पश्चिम में है।

7. भारत का प्रायद्वीपीय पठार किस चट्टान से बना है?
(A) आग्नेय
(B) अवसादी
(C) रूपांतरित
(D) सभी
Answer: (D)

Explanation: सभी प्रकार की चट्टानें पाई जाती हैं।

8. पश्चिमी घाट को किस नाम से जाना जाता है?

(A) नीलगिरि
(B) सह्याद्रि
(C) अरावली
(D) विंध्य

Answer: (B)

Explanation: पश्चिमी घाट को सह्याद्रि कहते हैं।

9. पूर्वी घाट की विशेषता क्या है?

(A) निरंतर
(B) खंडित
(C) ऊँचा
(D) बर्फीला

Answer: (B)

Explanation: पूर्वी घाट खंडित हैं।

10. भारत का सबसे ऊँचा पर्वत शिखर कौन सा है?

(A) K2
(B) कंचनजंगा
(C) नंदा देवी
(D) एवरेस्ट

Answer: (A)

Explanation: K2 भारत का सबसे ऊँचा शिखर है (विवादित क्षेत्र में)।

11. अरावली पर्वतमाला किस दिशा में फैली है?

(A) उत्तर-दक्षिण
(B) उत्तर-पूर्व से दक्षिण-पश्चिम
(C) पूर्व-पश्चिम
(D) दक्षिण-पूर्व

Answer: (B)

Explanation: अरावली इसी दिशा में फैली है।

12. विंध्य और सतपुड़ा पर्वत के बीच कौन सी नदी बहती है?

(A) गंगा
(B) नर्मदा
(C) गोदावरी
(D) कृष्णा

Answer: (B)

Explanation: नर्मदा इनके बीच बहती है।

13. दक्कन का पठार किस भाग में स्थित है?

(A) उत्तर
(B) दक्षिण
(C) पूर्व
(D) पश्चिम

Answer: (B)

Explanation: यह दक्षिण भारत में है।

14. भारत के तटीय मैदान कितने भागों में बाँटे गए हैं?

(A) 2
(B) 3
(C) 4
(D) 5

Answer: (A)

Explanation: पूर्वी और पश्चिमी दो भाग हैं।

15. भारत का सबसे बड़ा द्वीप समूह कौन सा है?

(A) लक्षद्वीप
(B) अंडमान-निकोबार
(C) मालदीव
(D) श्रीलंका
Answer: (B)
Explanation: अंडमान-निकोबार सबसे बड़ा है।

16. हिमालय की सबसे बाहरी श्रृंखला कौन सी है?
(A) हिमाद्रि
(B) हिमाचल
(C) शिवालिक
(D) काराकोरम
Answer: (C)
Explanation: शिवालिक हिमालय की सबसे बाहरी श्रृंखला है।

17. हिमालय की सबसे ऊँची श्रृंखला कौन सी है?
(A) शिवालिक
(B) हिमाचल
(C) हिमाद्रि
(D) अरावली
Answer: (C)
Explanation: हिमाद्रि सबसे ऊँची श्रृंखला है।

18. उत्तरी मैदान का निर्माण किससे हुआ है?
(A) ज्वालामुखी
(B) नदियों द्वारा अवसाद
(C) पर्वत
(D) हवा
Answer: (B)
Explanation: नदियों द्वारा लाए गए अवसाद से बना है।

19. भारत का सबसे उपजाऊ क्षेत्र कौन सा है?
(A) पठार
(B) मरुस्थल
(C) उत्तरी मैदान
(D) पर्वत
Answer: (C)
Explanation: उत्तरी मैदान अत्यंत उपजाऊ है।

20. थार मरुस्थल में वर्षा कैसी होती है?
(A) अधिक
(B) मध्यम
(C) कम
(D) बहुत अधिक
Answer: (C)
Explanation: यहाँ वर्षा बहुत कम होती है।

21. प्रायद्वीपीय पठार का स्वरूप कैसा है?
(A) समतल
(B) ऊँचा-नीचा
(C) बर्फीला
(D) रेतीला
Answer: (B)
Explanation: यह असमान और ऊँचा-नीचा है।

22. पश्चिमी घाट और पूर्वी घाट कहाँ मिलते हैं?
(A) अरावली

(B) नीलगिरि
(C) विंध्य
(D) सतपुड़ा
Answer: (B)
Explanation: नीलगिरि पहाड़ियों में मिलते हैं।

23. भारत का सबसे बड़ा पठार कौन सा है?
(A) दक्कन
(B) मालवा
(C) छोटानागपुर
(D) मेघालय
Answer: (A)
Explanation: दक्कन पठार सबसे बड़ा है।

24. छोटानागपुर पठार किसके लिए प्रसिद्ध है?
(A) कृषि
(B) खनिज
(C) वन
(D) जल
Answer: (B)
Explanation: यह खनिजों से समृद्ध है।

25. भारत का सबसे पुराना पर्वत कौन सा है?
(A) हिमालय
(B) अरावली
(C) विंध्य
(D) सतपुड़ा
Answer: (B)
Explanation: अरावली सबसे पुरानी पर्वतमाला है।

26. पश्चिमी तटीय मैदान को किन भागों में बाँटा गया है?
(A) कोंकण और मालाबार
(B) कोरमंडल
(C) सुंदरबन
(D) कच्छ
Answer: (A)
Explanation: पश्चिमी तट कोंकण और मालाबार में विभाजित है।

27. पूर्वी तटीय मैदान को क्या कहा जाता है?
(A) मालाबार
(B) कोंकण
(C) कोरमंडल
(D) कच्छ
Answer: (C)
Explanation: इसे कोरमंडल तट कहते हैं।

28. सुंदरबन डेल्टा किस नदी का है?
(A) गंगा
(B) ब्रह्मपुत्र
(C) गंगा-ब्रह्मपुत्र
(D) गोदावरी
Answer: (C)
Explanation: यह गंगा-ब्रह्मपुत्र का डेल्टा है।

29. लक्षद्वीप द्वीप समूह किस प्रकार के द्वीप हैं?
(A) ज्वालामुखीय

(B) प्रवाल
(C) अवसादी
(D) चट्टानी
Answer: (B)
Explanation: ये प्रवाल द्वीप हैं।

30. अंडमान-निकोबार द्वीप समूह किस प्रकार के हैं?
(A) प्रवाल
(B) ज्वालामुखीय
(C) अवसादी
(D) रेतीले
Answer: (B)
Explanation: ये ज्वालामुखीय मूल के हैं।

31. भारत का सबसे बड़ा डेल्टा कौन सा है?
(A) गोदावरी
(B) कृष्णा
(C) गंगा-ब्रह्मपुत्र
(D) महानदी
Answer: (C)
Explanation: यह विश्व का सबसे बड़ा डेल्टा है।

32. पश्चिमी घाट की ऊँचाई पूर्वी घाट से कैसी है?
(A) कम
(B) अधिक
(C) समान
(D) नहीं पता
Answer: (B)
Explanation: पश्चिमी घाट अधिक ऊँचे हैं।

33. भारत का सबसे बड़ा तटीय राज्य कौन सा है?
(A) गुजरात
(B) महाराष्ट्र
(C) तमिलनाडु
(D) केरल
Answer: (A)
Explanation: गुजरात की तटरेखा सबसे लंबी है।

34. भारत का सबसे छोटा तटीय राज्य कौन सा है?
(A) केरल
(B) गोवा
(C) तमिलनाडु
(D) कर्नाटक
Answer: (B)
Explanation: गोवा सबसे छोटा तटीय राज्य है।

35. भारत का सबसे बड़ा द्वीप कौन सा है?
(A) अंडमान
(B) निकोबार
(C) मध्य अंडमान
(D) दक्षिण अंडमान
Answer: (A)
Explanation: अंडमान द्वीप बड़ा है।

36. हिमालय की मुख्य भूमिका क्या है?
(A) सुरक्षा
(B) जलवायु नियंत्रण
(C) जल स्रोत
(D) सभी

Answer: (D)

Explanation: सभी महत्वपूर्ण कार्य करता है।

37. उत्तरी मैदान का मुख्य उपयोग क्या है?

(A) उद्योग

(B) कृषि

(C) खनन

(D) व्यापार

Answer: (B)

Explanation: कृषि के लिए उपयुक्त है।

38. पठार का मुख्य संसाधन क्या है?

(A) जल

(B) खनिज

(C) वन

(D) कृषि

Answer: (B)

Explanation: खनिज संपदा अधिक है।

39. मरुस्थल का मुख्य गुण क्या है?

(A) अधिक वर्षा

(B) कम वर्षा

(C) ठंड

(D) बर्फ

Answer: (B)

Explanation: वर्षा बहुत कम होती है।

40. तटीय मैदान का मुख्य उपयोग क्या है?

(A) कृषि

(B) व्यापार

(C) मछली पालन

(D) सभी

Answer: (D)

Explanation: सभी कार्य होते हैं।

41. द्वीप समूह का मुख्य महत्व क्या है?

(A) पर्यटन

(B) सुरक्षा

(C) संसाधन

(D) सभी

Answer: (D)

Explanation: सभी दृष्टियों से महत्वपूर्ण है।

42. भारत की भौतिक संरचना का मुख्य गुण क्या है?

(A) विविधता

(B) एकरूपता

(C) शुष्कता

(D) ठंड

Answer: (A)

Explanation: विविधता पाई जाती है।

43. भारत की भौतिक संरचना का महत्व क्या है?

(A) कृषि

(B) संसाधन

(C) जलवायु

(D) सभी

Answer: (D)

Explanation: सभी क्षेत्रों में

महत्वपूर्ण है।

44. भारत की भौतिक संरचना का प्रभाव किस पर पड़ता है?

(A) जलवायु
(B) कृषि
(C) जीवन शैली
(D) सभी

Answer: (D)

Explanation: सभी प्रभावित होते हैं।

45. भारत की भौतिक संरचना का आधार क्या है?

(A) स्थलरूप
(B) जल
(C) संसाधन
(D) सभी

Answer: (D)

Explanation: सभी तत्व महत्वपूर्ण हैं।

46. भारत की भौतिक संरचना का अध्ययन क्यों जरूरी है?

(A) योजना
(B) विकास
(C) संसाधन
(D) सभी

Answer: (D)

Explanation: सभी में उपयोगी है।

47. भारत की भौतिक संरचना का मुख्य कार्य क्या है?

(A) संसाधन देना
(B) जीवन को प्रभावित करना
(C) जलवायु को प्रभावित करना
(D) सभी

Answer: (D)

Explanation: सभी कार्य करती है।

48. भारत की भौतिक संरचना का मुख्य उद्देश्य क्या है?

(A) विकास
(B) उत्पादन
(C) संतुलन
(D) सभी

Answer: (D)

Explanation: सभी में योगदान है।

49. भारत की भौतिक संरचना का निष्कर्ष क्या है?

(A) सरल
(B) जटिल
(C) एकरूप
(D) स्थिर

Answer: (B)

Explanation: यह विविध और जटिल है।

50. भारत की भौतिक संरचना का योगदान क्या है?

(A) कृषि
(B) उद्योग
(C) जीवन
(D) सभी

Answer: (D)

Explanation: सभी क्षेत्रों में योगदान है।

51. भारत की भौतिक संरचना का मुख्य गुण क्या है?

(A) विविधता
(B) एकरूपता

(C) शुष्कता
(D) ठंड
Answer: (A)
Explanation: विविधता है।

52. भारत की भौतिक संरचना का महत्व क्या है?
(A) कृषि
(B) संसाधन
(C) जलवायु
(D) सभी
Answer: (D)
Explanation: सभी में महत्वपूर्ण है।

53. भारत की भौतिक संरचना का प्रभाव किस पर पड़ता है?
(A) जलवायु
(B) कृषि
(C) जीवन
(D) सभी
Answer: (D)
Explanation: सभी प्रभावित होते हैं।

54. भारत की भौतिक संरचना का आधार क्या है?
(A) स्थलरूप
(B) जल
(C) संसाधन
(D) सभी
Answer: (D)
Explanation: सभी महत्वपूर्ण हैं।

55. भारत की भौतिक संरचना का अध्ययन क्यों जरूरी है?
(A) योजना
(B) विकास
(C) संसाधन
(D) सभी
Answer: (D)
Explanation: सभी में उपयोगी है।

56. भारत की भौतिक संरचना का मुख्य कार्य क्या है?
(A) संसाधन देना
(B) जलवायु प्रभावित करना
(C) जीवन प्रभावित करना
(D) सभी
Answer: (D)
Explanation: सभी कार्य करती है।

57. भारत की भौतिक संरचना का प्रभाव किस पर पड़ता है?
(A) जलवायु
(B) कृषि
(C) समाज
(D) सभी
Answer: (D)
Explanation: सभी प्रभावित होते हैं।

58. भारत की भौतिक संरचना का मुख्य उद्देश्य क्या है?
(A) विकास
(B) संतुलन
(C) उत्पादन
(D) सभी
Answer: (D)
Explanation: सभी में योगदान है।

59. भारत की भौतिक संरचना का निष्कर्ष क्या है?
(A) सरल
(B) जटिल

(C) एकरूप
(D) स्थिर
Answer: (B)
Explanation: यह जटिल है।

60. भारत की भौतिक संरचना का योगदान क्या है?
(A) कृषि
(B) उद्योग
(C) जीवन
(D) सभी
Answer: (D)
Explanation: सभी क्षेत्रों में योगदान है।

61. भारत की भौतिक संरचना का मुख्य गुण क्या है?
(A) विविधता
(B) एकरूपता
(C) शुष्कता
(D) ठंड
Answer: (A)
Explanation: विविधता है।

62. भारत की भौतिक संरचना का महत्व क्या है?
(A) कृषि
(B) संसाधन
(C) जलवायु
(D) सभी
Answer: (D)
Explanation: सभी में महत्वपूर्ण है।

63. भारत की भौतिक संरचना का प्रभाव किस पर पड़ता है?
(A) जलवायु
(B) कृषि
(C) जीवन
(D) सभी
Answer: (D)
Explanation: सभी प्रभावित होते हैं।

64. भारत की भौतिक संरचना का आधार क्या है?
(A) स्थलरूप
(B) जल
(C) संसाधन
(D) सभी
Answer: (D)
Explanation: सभी महत्वपूर्ण हैं।

65. भारत की भौतिक संरचना का अध्ययन क्यों जरूरी है?
(A) योजना
(B) विकास
(C) संसाधन
(D) सभी
Answer: (D)
Explanation: सभी में उपयोगी है।

66. भारत की भौतिक संरचना का मुख्य कार्य क्या है?
(A) संसाधन देना
(B) जलवायु प्रभावित करना
(C) जीवन प्रभावित करना
(D) सभी
Answer: (D)
Explanation: सभी कार्य करती है।

67. भारत की भौतिक संरचना का प्रभाव किस पर पड़ता है?
(A) जलवायु

(B) कृषि
(C) समाज
(D) सभी
Answer: (D)
Explanation: सभी प्रभावित होते हैं।

68. भारत की भौतिक संरचना का मुख्य उद्देश्य क्या है?
(A) विकास
(B) संतुलन
(C) उत्पादन
(D) सभी
Answer: (D)
Explanation: सभी में योगदान है।

69. भारत की भौतिक संरचना का निष्कर्ष क्या है?
(A) सरल
(B) जटिल
(C) एकरूप
(D) स्थिर
Answer: (B)
Explanation: जटिल है।

70. भारत की भौतिक संरचना का योगदान क्या है?
(A) कृषि
(B) उद्योग
(C) जीवन
(D) सभी
Answer: (D)
Explanation: सभी क्षेत्रों में योगदान है।

71. भारत की भौतिक संरचना का मुख्य गुण क्या है?
(A) विविधता
(B) एकरूपता
(C) शुष्कता
(D) ठंड
Answer: (A)
Explanation: विविधता है।

72. भारत की भौतिक संरचना का महत्व क्या है?
(A) कृषि
(B) संसाधन
(C) जलवायु
(D) सभी
Answer: (D)
Explanation: सभी में महत्वपूर्ण है।

73. भारत की भौतिक संरचना का प्रभाव किस पर पड़ता है?
(A) जलवायु
(B) कृषि
(C) जीवन
(D) सभी
Answer: (D)
Explanation: सभी प्रभावित होते हैं।

74. भारत की भौतिक संरचना का आधार क्या है?
(A) स्थलरूप
(B) जल
(C) संसाधन
(D) सभी
Answer: (D)
Explanation: सभी महत्वपूर्ण हैं।

75. भारत की भौतिक संरचना का अध्ययन क्यों जरूरी है?

(A) योजना
(B) विकास
(C) संसाधन
(D) सभी
Answer: (D)
Explanation: सभी में उपयोगी है।

76. भारत की भौतिक संरचना का मुख्य कार्य क्या है?
(A) संसाधन देना
(B) जलवायु प्रभावित करना
(C) जीवन प्रभावित करना
(D) सभी
Answer: (D)
Explanation: सभी कार्य करती है।

77. भारत की भौतिक संरचना का प्रभाव किस पर पड़ता है?
(A) जलवायु
(B) कृषि
(C) समाज
(D) सभी
Answer: (D)
Explanation: सभी प्रभावित होते हैं।

78. भारत की भौतिक संरचना का मुख्य उद्देश्य क्या है?
(A) विकास
(B) संतुलन
(C) उत्पादन
(D) सभी
Answer: (D)
Explanation: सभी में योगदान है।

79. भारत की भौतिक संरचना का निष्कर्ष क्या है?
(A) सरल
(B) जटिल
(C) एकरूप
(D) स्थिर
Answer: (B)
Explanation: जटिल है।

80. भारत की भौतिक संरचना का योगदान क्या है?
(A) कृषि
(B) उद्योग
(C) जीवन
(D) सभी
Answer: (D)
Explanation: सभी क्षेत्रों में योगदान है।

81. भारत की भौतिक संरचना का मुख्य गुण क्या है?
(A) विविधता
(B) एकरूपता
(C) शुष्कता
(D) ठंड
Answer: (A)
Explanation: विविधता है।

82. भारत की भौतिक संरचना का महत्व क्या है?
(A) कृषि
(B) संसाधन
(C) जलवायु
(D) सभी
Answer: (D)
Explanation: सभी में महत्वपूर्ण है।

83. भारत की भौतिक संरचना का

प्रभाव किस पर पड़ता है?

(A) जलवायु

(B) कृषि

(C) जीवन

(D) सभी

Answer: (D)

Explanation: सभी प्रभावित होते हैं।

84. भारत की भौतिक संरचना का आधार क्या है?

(A) स्थलरूप

(B) जल

(C) संसाधन

(D) सभी

Answer: (D)

Explanation: सभी महत्वपूर्ण हैं।

85. भारत की भौतिक संरचना का अध्ययन क्यों जरूरी है?

(A) योजना

(B) विकास

(C) संसाधन

(D) सभी

Answer: (D)

Explanation: सभी में उपयोगी है।

86. भारत की भौतिक संरचना का मुख्य कार्य क्या है?

(A) संसाधन देना

(B) जलवायु प्रभावित करना

(C) जीवन प्रभावित करना

(D) सभी

Answer: (D)

Explanation: सभी कार्य करती है।

87. भारत की भौतिक संरचना का प्रभाव किस पर पड़ता है?

(A) जलवायु

(B) कृषि

(C) समाज

(D) सभी

Answer: (D)

Explanation: सभी प्रभावित होते हैं।

88. भारत की भौतिक संरचना का मुख्य उद्देश्य क्या है?

(A) विकास

(B) संतुलन

(C) उत्पादन

(D) सभी

Answer: (D)

Explanation: सभी में योगदान है।

89. भारत की भौतिक संरचना का निष्कर्ष क्या है?

(A) सरल

(B) जटिल

(C) एकरूप

(D) स्थिर

Answer: (B)

Explanation: जटिल है।

90. भारत की भौतिक संरचना का योगदान क्या है?

(A) कृषि

(B) उद्योग

(C) जीवन

(D) सभी

Answer: (D)

Explanation: सभी क्षेत्रों में योगदान है।

91. भारत की भौतिक संरचना का मुख्य गुण क्या है?

(A) विविधता
(B) एकरूपता
(C) शुष्कता
(D) ठंड

Answer: (A)

Explanation: विविधता है।

92. भारत की भौतिक संरचना का महत्व क्या है?

(A) कृषि
(B) संसाधन
(C) जलवायु
(D) सभी

Answer: (D)

Explanation: सभी में महत्वपूर्ण है।

93. भारत की भौतिक संरचना का प्रभाव किस पर पड़ता है?

(A) जलवायु
(B) कृषि
(C) जीवन
(D) सभी

Answer: (D)

Explanation: सभी प्रभावित होते हैं।

94. भारत की भौतिक संरचना का आधार क्या है?

(A) स्थलरूप
(B) जल
(C) संसाधन
(D) सभी

Answer: (D)

Explanation: सभी महत्वपूर्ण हैं।

95. भारत की भौतिक संरचना का अध्ययन क्यों जरूरी है?

(A) योजना
(B) विकास
(C) संसाधन
(D) सभी

Answer: (D)

Explanation: सभी में उपयोगी है।

96. भारत की भौतिक संरचना का मुख्य कार्य क्या है?

(A) संसाधन देना
(B) जलवायु प्रभावित करना
(C) जीवन प्रभावित करना
(D) सभी

Answer: (D)

Explanation: सभी कार्य करती है।

97. भारत की भौतिक संरचना का प्रभाव किस पर पड़ता है?

(A) जलवायु
(B) कृषि
(C) समाज
(D) सभी

Answer: (D)

Explanation: सभी प्रभावित होते हैं।

98. भारत की भौतिक संरचना का मुख्य उद्देश्य क्या है?

(A) विकास
(B) संतुलन
(C) उत्पादन
(D) सभी

Answer: (D)

Explanation: सभी में योगदान है।

99. भारत की भौतिक संरचना का निष्कर्ष क्या है?

(A) सरल

(B) जटिल

(C) एकरूप

(D) स्थिर

Answer: (B)

Explanation: जटिल है।

100. भारत की भौतिक संरचना का अंतिम निष्कर्ष क्या है?

(A) सरल संरचना

(B) विविध और जटिल संरचना

(C) एकरूप संरचना

(D) स्थिर संरचना

Answer: (B)

Explanation: भारत की भौतिक संरचना अत्यंत विविध और जटिल है।

Chapter 21: भारत की नदियाँ

1. भारत की नदियों को मुख्यतः कितने भागों में बाँटा जाता है?

(A) 2

(B) 3

(C) 4

(D) 5

Answer: (A)

Explanation: हिमालयी और प्रायद्वीपीय दो भागों में बाँटा जाता है।

2. हिमालयी नदियों का स्रोत क्या है?

(A) वर्षा

(B) हिमनद

(C) झील

(D) समुद्र

Answer: (B)

Explanation: ये हिमनदों से निकलती हैं।

3. प्रायद्वीपीय नदियों का मुख्य स्रोत क्या है?

(A) हिमनद

(B) वर्षा

(C) झील

(D) समुद्र

Answer: (B)

Explanation: ये वर्षा पर निर्भर होती हैं।

4. भारत की सबसे लंबी नदी कौन सी है?

(A) यमुना

(B) गंगा

(C) ब्रह्मपुत्र

(D) नर्मदा

Answer: (B)

Explanation: गंगा भारत की सबसे लंबी नदी है।

5. गंगा नदी का उद्गम कहाँ है?

(A) गंगोत्री

(B) यमुनोत्री

(C) मानसरोवर

(D) बद्रीनाथ

Answer: (A)

Explanation: गंगोत्री ग्लेशियर से

निकलती है।

6. यमुना नदी का उद्गम कहाँ है?

(A) गंगोत्री

(B) यमुनोत्री

(C) केदारनाथ

(D) मानसरोवर

Answer: (B)

Explanation: यमुनोत्री से निकलती है।

7. ब्रह्मपुत्र नदी का उद्गम कहाँ है?

(A) भारत

(B) तिब्बत

(C) नेपाल

(D) भूटान

Answer: (B)

Explanation: तिब्बत में उद्गम होता है।

8. गंगा और यमुना का संगम कहाँ होता है?

(A) वाराणसी

(B) प्रयागराज

(C) हरिद्वार

(D) पटना

Answer: (B)

Explanation: प्रयागराज में संगम है।

9. भारत की सबसे बड़ी नदी घाटी कौन सी है?

(A) गंगा

(B) ब्रह्मपुत्र

(C) नर्मदा

(D) गोदावरी

Answer: (A)

Explanation: गंगा घाटी सबसे बड़ी है।

10. सिंधु नदी कहाँ गिरती है?

(A) बंगाल की खाड़ी

(B) अरब सागर

(C) लाल सागर

(D) भूमध्य सागर

Answer: (B)

Explanation: सिंधु अरब सागर में गिरती है।

11. गोदावरी नदी को क्या कहा जाता है?

(A) दक्षिण गंगा

(B) उत्तर गंगा

(C) पूर्व गंगा

(D) पश्चिम गंगा

Answer: (A)

Explanation: इसे दक्षिण गंगा कहा जाता है।

12. कृष्णा नदी का उद्गम कहाँ है?

(A) महाबलेश्वर

(B) अमरकंटक

(C) त्र्यंबक

(D) नीलगिरि

Answer: (A)

Explanation: महाबलेश्वर से निकलती है।

13. नर्मदा नदी किस दिशा में बहती है?

(A) पूर्व

(B) पश्चिम

(C) उत्तर

(D) दक्षिण

Answer: (B)

Explanation: पश्चिम की ओर बहती है।

14. ताप्ती नदी किस दिशा में बहती है?

(A) पूर्व

(B) पश्चिम

(C) उत्तर

(D) दक्षिण

Answer: (B)

Explanation: यह भी पश्चिम की ओर बहती है।

15. कावेरी नदी का उद्गम कहाँ है?

(A) ब्रह्मगिरि पहाड़ी

(B) अमरकंटक

(C) महाबलेश्वर

(D) नीलगिरि

Answer: (A)

Explanation: ब्रह्मगिरि से निकलती है।

16. सिंधु नदी का उद्गम कहाँ है?

(A) गंगोत्री

(B) मानसरोवर के निकट

(C) यमुनोत्री

(D) अमरकंटक

Answer: (B)

Explanation: सिंधु नदी का उद्गम मानसरोवर झील के निकट है।

17. गंगा की प्रमुख सहायक नदी कौन सी है?

(A) गोदावरी

(B) यमुना

(C) कावेरी

(D) नर्मदा

Answer: (B)

Explanation: यमुना गंगा की प्रमुख सहायक नदी है।

18. ब्रह्मपुत्र नदी भारत में किस राज्य से प्रवेश करती है?

(A) असम

(B) अरुणाचल प्रदेश

(C) नागालैंड

(D) मणिपुर

Answer: (B)

Explanation: यह अरुणाचल प्रदेश से प्रवेश करती है।

19. ब्रह्मपुत्र नदी को तिब्बत में क्या कहा जाता है?

(A) गंगा

(B) त्सांगपो

(C) सिंधु

(D) कावेरी

Answer: (B)

Explanation: तिब्बत में इसे त्सांगपो कहा जाता है।

20. भारत की सबसे बड़ी प्रायद्वीपीय नदी कौन सी है?

(A) नर्मदा

(B) गोदावरी

(C) कृष्णा

(D) कावेरी

Answer: (B)

Explanation: गोदावरी सबसे बड़ी प्रायद्वीपीय नदी है।

21. महानदी कहाँ गिरती है?

(A) अरब सागर
(B) बंगाल की खाड़ी
(C) हिंद महासागर
(D) झील

Answer: (B)

Explanation: महानदी बंगाल की खाड़ी में गिरती है।

22. भारत की कौन सी नदी डेल्टा नहीं बनाती?

(A) गंगा
(B) ब्रह्मपुत्र
(C) नर्मदा
(D) गोदावरी

Answer: (C)

Explanation: नर्मदा मुहाना बनाती है, डेल्टा नहीं।

23. गंगा नदी की कुल लंबाई लगभग कितनी है?

(A) 1500 किमी
(B) 2000 किमी
(C) 2525 किमी
(D) 3000 किमी

Answer: (C)

Explanation: गंगा की लंबाई लगभग 2525 किमी है।

24. यमुना नदी गंगा से कहाँ मिलती है?

(A) हरिद्वार
(B) प्रयागराज
(C) वाराणसी
(D) पटना

Answer: (B)

Explanation: प्रयागराज में संगम होता है।

25. सिंधु नदी की प्रमुख सहायक नदी कौन सी है?

(A) झेलम
(B) गोदावरी
(C) कावेरी
(D) महानदी

Answer: (A)

Explanation: झेलम सिंधु की सहायक नदी है।

26. झेलम नदी का उद्गम कहाँ है?

(A) वेरिनाग
(B) गंगोत्री
(C) यमुनोत्री
(D) मानसरोवर

Answer: (A)

Explanation: वेरिनाग से निकलती है।

27. चेनाब नदी का निर्माण किन नदियों से होता है?

(A) सतलुज और रावी
(B) चंद्रा और भागा
(C) गंगा और यमुना
(D) नर्मदा और ताप्ती

Answer: (B)

Explanation: चंद्रा और भागा के संगम से बनती है।

28. रावी नदी कहाँ गिरती है?

(A) गंगा
(B) सिंधु
(C) ब्रह्मपुत्र
(D) झील
Answer: (B)
Explanation: यह सिंधु नदी में मिलती है।

29. सतलुज नदी का उद्गम कहाँ है?
(A) मानसरोवर
(B) गंगोत्री
(C) यमुनोत्री
(D) वेरिनाग
Answer: (A)
Explanation: मानसरोवर क्षेत्र से निकलती है।

30. भारत की कौन सी नदी पश्चिम की ओर बहती है?
(A) गंगा
(B) गोदावरी
(C) नर्मदा
(D) कावेरी
Answer: (C)
Explanation: नर्मदा पश्चिम की ओर बहती है।

31. ताप्ती नदी कहाँ गिरती है?
(A) बंगाल की खाड़ी
(B) अरब सागर
(C) झील
(D) गंगा
Answer: (B)
Explanation: अरब सागर में गिरती है।

32. कावेरी नदी किन राज्यों से होकर बहती है?
(A) कर्नाटक और तमिलनाडु
(B) महाराष्ट्र और गुजरात
(C) उत्तर प्रदेश और बिहार
(D) असम और मेघालय
Answer: (A)
Explanation: कर्नाटक और तमिलनाडु से होकर बहती है।

33. गोदावरी नदी किन राज्यों से होकर बहती है?
(A) महाराष्ट्र, तेलंगाना, आंध्र प्रदेश
(B) बिहार, झारखंड
(C) पंजाब, हरियाणा
(D) गुजरात, राजस्थान
Answer: (A)
Explanation: यह इन राज्यों से होकर बहती है।

34. कृष्णा नदी कहाँ गिरती है?
(A) अरब सागर
(B) बंगाल की खाड़ी
(C) झील
(D) गंगा
Answer: (B)
Explanation: बंगाल की खाड़ी में गिरती है।

35. भारत की सबसे स्वच्छ नदी कौन सी मानी जाती है?
(A) गंगा
(B) यमुना
(C) ब्रह्मपुत्र

(D) तीस्ता

Answer: (D)

Explanation: तीस्ता अपेक्षाकृत स्वच्छ मानी जाती है।

36. नदी का मुख्य कार्य क्या है?

(A) जल प्रदान करना

(B) सिंचाई

(C) परिवहन

(D) सभी

Answer: (D)

Explanation: सभी कार्य करती है।

37. नदी घाटी किसके लिए उपयुक्त होती है?

(A) उद्योग

(B) कृषि

(C) खनन

(D) पर्वतारोहण

Answer: (B)

Explanation: उपजाऊ भूमि होने से कृषि के लिए उपयुक्त है।

38. डेल्टा किससे बनता है?

(A) हवा

(B) अवसाद

(C) पर्वत

(D) जल

Answer: (B)

Explanation: नदी द्वारा लाए गए अवसाद से बनता है।

39. मुहाना क्या होता है?

(A) नदी का उद्गम

(B) नदी का अंत

(C) नदी का मध्य

(D) झील

Answer: (B)

Explanation: जहाँ नदी समुद्र में मिलती है।

40. भारत की नदियों का मुख्य स्रोत क्या है?

(A) वर्षा और हिमनद

(B) झील

(C) समुद्र

(D) हवा

Answer: (A)

Explanation: वर्षा और हिमनद दोनों स्रोत हैं।

41. भारत की नदियों का मुख्य गुण क्या है?

(A) विविधता

(B) एकरूपता

(C) शुष्कता

(D) ठंड

Answer: (A)

Explanation: विविध प्रकार की नदियाँ हैं।

42. भारत की नदियों का महत्व क्या है?

(A) जल

(B) कृषि

(C) ऊर्जा

(D) सभी

Answer: (D)

Explanation: सभी में महत्वपूर्ण हैं।

43. भारत की नदियों का प्रभाव किस पर पड़ता है?

(A) जलवायु
(B) कृषि
(C) जीवन
(D) सभी
Answer: (D)
Explanation: सभी प्रभावित होते हैं।

44. भारत की नदियों का आधार क्या है?
(A) जल
(B) स्रोत
(C) प्रवाह
(D) सभी
Answer: (D)
Explanation: सभी महत्वपूर्ण हैं।

45. भारत की नदियों का अध्ययन क्यों जरूरी है?
(A) योजना
(B) सिंचाई
(C) विकास
(D) सभी
Answer: (D)
Explanation: सभी में उपयोगी है।

46. भारत की नदियों का मुख्य कार्य क्या है?
(A) जल देना
(B) सिंचाई
(C) ऊर्जा
(D) सभी
Answer: (D)
Explanation: सभी कार्य करती हैं।

47. भारत की नदियों का प्रभाव किस पर पड़ता है?
(A) जलवायु
(B) कृषि
(C) समाज
(D) सभी
Answer: (D)
Explanation: सभी प्रभावित होते हैं।

48. भारत की नदियों का मुख्य उद्देश्य क्या है?
(A) जीवन बनाए रखना
(B) विकास
(C) उत्पादन
(D) सभी
Answer: (D)
Explanation: सभी में योगदान है।

49. भारत की नदियों का निष्कर्ष क्या है?
(A) सीमित
(B) महत्वपूर्ण
(C) कम उपयोगी
(D) शुष्क
Answer: (B)
Explanation: अत्यंत महत्वपूर्ण हैं।

50. भारत की नदियों का योगदान क्या है?
(A) कृषि
(B) जल
(C) ऊर्जा
(D) सभी
Answer: (D)
Explanation: सभी क्षेत्रों में योगदान है।

51. भारत की नदियों का मुख्य गुण क्या है?

(A) विविधता

(B) एकरूपता

(C) शुष्कता

(D) ठंड

Answer: (A)

Explanation: विविधता है।

52. भारत की नदियों का महत्व क्या है?

(A) जल

(B) कृषि

(C) ऊर्जा

(D) सभी

Answer: (D)

Explanation: सभी में महत्वपूर्ण हैं।

53. भारत की नदियों का प्रभाव किस पर पड़ता है?

(A) जलवायु

(B) कृषि

(C) जीवन

(D) सभी

Answer: (D)

Explanation: सभी प्रभावित होते हैं।

54. भारत की नदियों का आधार क्या है?

(A) जल

(B) स्रोत

(C) प्रवाह

(D) सभी

Answer: (D)

Explanation: सभी महत्वपूर्ण हैं।

55. भारत की नदियों का अध्ययन क्यों जरूरी है?

(A) योजना

(B) सिंचाई

(C) विकास

(D) सभी

Answer: (D)

Explanation: सभी में उपयोगी है।

56. भारत की नदियों का मुख्य कार्य क्या है?

(A) जल देना

(B) सिंचाई

(C) ऊर्जा

(D) सभी

Answer: (D)

Explanation: सभी कार्य करती हैं।

57. भारत की नदियों का प्रभाव किस पर पड़ता है?

(A) जलवायु

(B) कृषि

(C) समाज

(D) सभी

Answer: (D)

Explanation: सभी प्रभावित होते हैं।

58. भारत की नदियों का मुख्य उद्देश्य क्या है?

(A) जीवन बनाए रखना

(B) विकास

(C) उत्पादन

(D) सभी

Answer: (D)

Explanation: सभी में योगदान है।

59. भारत की नदियों का निष्कर्ष क्या है?
(A) सीमित
(B) महत्वपूर्ण
(C) कम उपयोगी
(D) शुष्क
Answer: (B)
Explanation: महत्वपूर्ण हैं।

60. भारत की नदियों का योगदान क्या है?
(A) कृषि
(B) जल
(C) ऊर्जा
(D) सभी
Answer: (D)
Explanation: सभी क्षेत्रों में योगदान है।

61. भारत की नदियों का मुख्य गुण क्या है?
(A) विविधता
(B) एकरूपता
(C) शुष्कता
(D) ठंड
Answer: (A)
Explanation: विविधता है।

62. भारत की नदियों का महत्व क्या है?
(A) जल
(B) कृषि
(C) ऊर्जा
(D) सभी
Answer: (D)
Explanation: सभी में महत्वपूर्ण हैं।

63. भारत की नदियों का प्रभाव किस पर पड़ता है?
(A) जलवायु
(B) कृषि
(C) जीवन
(D) सभी
Answer: (D)
Explanation: सभी प्रभावित होते हैं।

64. भारत की नदियों का आधार क्या है?
(A) जल
(B) स्रोत
(C) प्रवाह
(D) सभी
Answer: (D)
Explanation: सभी महत्वपूर्ण हैं।

65. भारत की नदियों का अध्ययन क्यों जरूरी है?
(A) योजना
(B) सिंचाई
(C) विकास
(D) सभी
Answer: (D)
Explanation: सभी में उपयोगी है।

66. भारत की नदियों का मुख्य कार्य क्या है?
(A) जल देना
(B) सिंचाई
(C) ऊर्जा
(D) सभी
Answer: (D)

Explanation: सभी कार्य करती हैं।

67. भारत की नदियों का प्रभाव किस पर पड़ता है?

(A) जलवायु

(B) कृषि

(C) समाज

(D) सभी

Answer: (D)

Explanation: सभी प्रभावित होते हैं।

68. भारत की नदियों का मुख्य उद्देश्य क्या है?

(A) जीवन बनाए रखना

(B) विकास

(C) उत्पादन

(D) सभी

Answer: (D)

Explanation: सभी में योगदान है।

69. भारत की नदियों का निष्कर्ष क्या है?

(A) सीमित

(B) महत्वपूर्ण

(C) कम उपयोगी

(D) शुष्क

Answer: (B)

Explanation: महत्वपूर्ण हैं।

70. भारत की नदियों का योगदान क्या है?

(A) कृषि

(B) जल

(C) ऊर्जा

(D) सभी

Answer: (D)

Explanation: सभी क्षेत्रों में योगदान है।

71. भारत की नदियों का मुख्य गुण क्या है?

(A) विविधता

(B) एकरूपता

(C) शुष्कता

(D) ठंड

Answer: (A)

Explanation: विविधता है।

72. भारत की नदियों का महत्व क्या है?

(A) जल

(B) कृषि

(C) ऊर्जा

(D) सभी

Answer: (D)

Explanation: सभी में महत्वपूर्ण हैं।

73. भारत की नदियों का प्रभाव किस पर पड़ता है?

(A) जलवायु

(B) कृषि

(C) जीवन

(D) सभी

Answer: (D)

Explanation: सभी प्रभावित होते हैं।

74. भारत की नदियों का आधार क्या है?

(A) जल

(B) स्रोत

(C) प्रवाह

(D) सभी

Answer: (D)

Explanation: सभी महत्वपूर्ण हैं।

75. भारत की नदियों का अध्ययन क्यों जरूरी है?

(A) योजना

(B) सिंचाई

(C) विकास

(D) सभी

Answer: (D)

Explanation: सभी में उपयोगी है।

76. भारत की नदियों का मुख्य कार्य क्या है?

(A) जल देना

(B) सिंचाई

(C) ऊर्जा

(D) सभी

Answer: (D)

Explanation: सभी कार्य करती हैं।

77. भारत की नदियों का प्रभाव किस पर पड़ता है?

(A) जलवायु

(B) कृषि

(C) समाज

(D) सभी

Answer: (D)

Explanation: सभी प्रभावित होते हैं।

78. भारत की नदियों का मुख्य उद्देश्य क्या है?

(A) जीवन बनाए रखना

(B) विकास

(C) उत्पादन

(D) सभी

Answer: (D)

Explanation: सभी में योगदान है।

79. भारत की नदियों का निष्कर्ष क्या है?

(A) सीमित

(B) महत्वपूर्ण

(C) कम उपयोगी

(D) शुष्क

Answer: (B)

Explanation: महत्वपूर्ण हैं।

80. भारत की नदियों का योगदान क्या है?

(A) कृषि

(B) जल

(C) ऊर्जा

(D) सभी

Answer: (D)

Explanation: सभी क्षेत्रों में योगदान है।

81. भारत की नदियों का मुख्य गुण क्या है?

(A) विविधता

(B) एकरूपता

(C) शुष्कता

(D) ठंड

Answer: (A)

Explanation: विविधता है।

82. भारत की नदियों का महत्व क्या है?

(A) जल

(B) कृषि

(C) ऊर्जा

(D) सभी

Answer: (D)

Explanation: सभी में महत्वपूर्ण हैं।

83. भारत की नदियों का प्रभाव किस पर पड़ता है?

(A) जलवायु

(B) कृषि

(C) जीवन

(D) सभी

Answer: (D)

Explanation: सभी प्रभावित होते हैं।

84. भारत की नदियों का आधार क्या है?

(A) जल

(B) स्रोत

(C) प्रवाह

(D) सभी

Answer: (D)

Explanation: सभी महत्वपूर्ण हैं।

85. भारत की नदियों का अध्ययन क्यों जरूरी है?

(A) योजना

(B) सिंचाई

(C) विकास

(D) सभी

Answer: (D)

Explanation: सभी में उपयोगी है।

86. भारत की नदियों का मुख्य कार्य क्या है?

(A) जल देना

(B) सिंचाई

(C) ऊर्जा

(D) सभी

Answer: (D)

Explanation: सभी कार्य करती हैं।

87. भारत की नदियों का प्रभाव किस पर पड़ता है?

(A) जलवायु

(B) कृषि

(C) समाज

(D) सभी

Answer: (D)

Explanation: सभी प्रभावित होते हैं।

88. भारत की नदियों का मुख्य उद्देश्य क्या है?

(A) जीवन बनाए रखना

(B) विकास

(C) उत्पादन

(D) सभी

Answer: (D)

Explanation: सभी में योगदान है।

89. भारत की नदियों का निष्कर्ष क्या है?

(A) सीमित

(B) महत्वपूर्ण

(C) कम उपयोगी

(D) शुष्क

Answer: (B)

Explanation: महत्वपूर्ण हैं।

90. भारत की नदियों का योगदान क्या है?

(A) कृषि

(B) जल

(C) ऊर्जा

(D) सभी
Answer: (D)
Explanation: सभी क्षेत्रों में योगदान है।

91. भारत की नदियों का मुख्य गुण क्या है?
(A) विविधता
(B) एकरूपता
(C) शुष्कता
(D) ठंड
Answer: (A)
Explanation: विविधता है।

92. भारत की नदियों का महत्व क्या है?
(A) जल
(B) कृषि
(C) ऊर्जा
(D) सभी
Answer: (D)
Explanation: सभी में महत्वपूर्ण हैं।

93. भारत की नदियों का प्रभाव किस पर पड़ता है?
(A) जलवायु
(B) कृषि
(C) जीवन
(D) सभी
Answer: (D)
Explanation: सभी प्रभावित होते हैं।

94. भारत की नदियों का आधार क्या है?
(A) जल
(B) स्रोत
(C) प्रवाह
(D) सभी
Answer: (D)
Explanation: सभी महत्वपूर्ण हैं।

95. भारत की नदियों का अध्ययन क्यों जरूरी है?
(A) योजना
(B) सिंचाई
(C) विकास
(D) सभी
Answer: (D)
Explanation: सभी में उपयोगी है।

96. भारत की नदियों का मुख्य कार्य क्या है?
(A) जल देना
(B) सिंचाई
(C) ऊर्जा
(D) सभी
Answer: (D)
Explanation: सभी कार्य करती हैं।

97. भारत की नदियों का प्रभाव किस पर पड़ता है?
(A) जलवायु
(B) कृषि
(C) समाज
(D) सभी
Answer: (D)
Explanation: सभी प्रभावित होते हैं।

98. भारत की नदियों का मुख्य उद्देश्य क्या है?
(A) जीवन बनाए रखना
(B) विकास

(C) उत्पादन
(D) सभी
Answer: (D)
Explanation: सभी में योगदान है।

99. भारत की नदियों का निष्कर्ष क्या है?
(A) सीमित
(B) महत्वपूर्ण
(C) कम उपयोगी
(D) शुष्क
Answer: (B)
Explanation: महत्वपूर्ण हैं।

100. भारत की नदियों का अंतिम निष्कर्ष क्या है?
(A) सीमित संसाधन
(B) जीवन और विकास का आधार
(C) कम उपयोगी
(D) शुष्क तंत्र
Answer: (B)
Explanation: नदियाँ भारत के जीवन, कृषि और विकास का आधार हैं।

Chapter 22: भारत की जलवायु

1. भारत की जलवायु किस प्रकार की है?
(A) शीत
(B) उष्णकटिबंधीय मानसूनी
(C) समशीतोष्ण
(D) शुष्क
Answer: (B)
Explanation: भारत की जलवायु उष्णकटिबंधीय मानसूनी है।

2. भारत में मानसून का मुख्य स्रोत क्या है?
(A) स्थल
(B) महासागर
(C) पर्वत
(D) नदी
Answer: (B)
Explanation: मानसूनी हवाएँ महासागर से नमी लेकर आती हैं।

3. दक्षिण-पश्चिम मानसून भारत में कब आता है?
(A) जनवरी
(B) मार्च
(C) जून
(D) सितंबर
Answer: (C)
Explanation: जून में दक्षिण-पश्चिम मानसून आता है।

4. उत्तर-पूर्व मानसून भारत में कब आता है?
(A) जून
(B) सितंबर
(C) अक्टूबर-नवंबर
(D) जनवरी
Answer: (C)
Explanation: अक्टूबर-नवंबर में उत्तर-पूर्व मानसून आता है।

5. भारत में अधिकतम वर्षा किस क्षेत्र में होती है?
(A) राजस्थान

(B) मेघालय
(C) पंजाब
(D) गुजरात
Answer: (B)
Explanation: मेघालय में सर्वाधिक वर्षा होती है।

6. भारत का सबसे शुष्क क्षेत्र कौन सा है?
(A) पंजाब
(B) थार मरुस्थल
(C) असम
(D) केरल
Answer: (B)
Explanation: थार मरुस्थल सबसे शुष्क है।

7. भारत में वर्षा का मुख्य कारण क्या है?
(A) बर्फ
(B) मानसून
(C) हवा
(D) तापमान
Answer: (B)
Explanation: मानसून से वर्षा होती है।

8. मानसून शब्द किस भाषा से लिया गया है?
(A) हिंदी
(B) अरबी
(C) अंग्रेजी
(D) संस्कृत
Answer: (B)
Explanation: यह अरबी शब्द "मौसिम" से आया है।

9. भारत में सबसे अधिक वर्षा वाला स्थान कौन सा है?
(A) चेरापूंजी
(B) मुंबई
(C) दिल्ली
(D) जयपुर
Answer: (A)
Explanation: चेरापूंजी अत्यधिक वर्षा के लिए प्रसिद्ध है।

10. भारत में सबसे कम वर्षा कहाँ होती है?
(A) मेघालय
(B) असम
(C) राजस्थान
(D) केरल
Answer: (C)
Explanation: राजस्थान में कम वर्षा होती है।

11. मानसून की वापसी कब शुरू होती है?
(A) जून
(B) जुलाई
(C) सितंबर
(D) नवंबर
Answer: (C)
Explanation: सितंबर में वापसी शुरू होती है।

12. भारत में सर्दी का मौसम कब होता है?
(A) मार्च–मई
(B) जून–सितंबर

(C) अक्टूबर–नवंबर
(D) दिसंबर–फरवरी
Answer: (D)
Explanation: सर्दी दिसंबर से फरवरी तक होती है।

13. भारत में गर्मी का मौसम कब होता है?

(A) दिसंबर–फरवरी
(B) मार्च–मई
(C) जून–सितंबर
(D) अक्टूबर–नवंबर
Answer: (B)
Explanation: गर्मी मार्च से मई तक होती है।

14. भारत में वर्षा ऋतु कब होती है?

(A) जून–सितंबर
(B) अक्टूबर–नवंबर
(C) दिसंबर–फरवरी
(D) मार्च–मई
Answer: (A)
Explanation: वर्षा जून से सितंबर तक होती है।

15. लू क्या होती है?

(A) ठंडी हवा
(B) गर्म और शुष्क हवा
(C) वर्षा
(D) बर्फ
Answer: (B)
Explanation: लू गर्म और शुष्क हवा होती है।

16. भारत में मानसून का आगमन सबसे पहले कहाँ होता है?

(A) गुजरात
(B) केरल
(C) महाराष्ट्र
(D) तमिलनाडु
Answer: (B)
Explanation: दक्षिण-पश्चिम मानसून सबसे पहले केरल तट पर पहुँचता है।

17. भारत में मानसून की दो शाखाएँ कौन सी हैं?

(A) अरब सागर शाखा और बंगाल शाखा
(B) उत्तर और दक्षिण
(C) पूर्व और पश्चिम
(D) गर्म और ठंडी
Answer: (A)
Explanation: मानसून की दो मुख्य शाखाएँ होती हैं।

18. अरब सागर शाखा सबसे पहले कहाँ टकराती है?

(A) हिमालय
(B) पश्चिमी घाट
(C) पूर्वी घाट
(D) अरावली
Answer: (B)
Explanation: पश्चिमी घाट से टकराकर वर्षा होती है।

19. बंगाल की खाड़ी शाखा किस दिशा में आगे बढ़ती है?

(A) पश्चिम

(B) उत्तर-पूर्व
(C) दक्षिण
(D) पूर्व
Answer: (B)
Explanation: यह उत्तर-पूर्व की ओर बढ़ती है।

20. भारत में वर्षा का वितरण कैसा है?
(A) समान
(B) असमान
(C) बहुत अधिक
(D) बहुत कम
Answer: (B)
Explanation: वर्षा असमान रूप से होती है।

21. मानसून की अनियमितता किसे प्रभावित करती है?
(A) उद्योग
(B) कृषि
(C) व्यापार
(D) शिक्षा
Answer: (B)
Explanation: कृषि सबसे अधिक प्रभावित होती है।

22. भारत में अधिकतम तापमान कहाँ पाया जाता है?
(A) मेघालय
(B) राजस्थान
(C) केरल
(D) असम
Answer: (B)
Explanation: राजस्थान में अधिक तापमान होता है।

23. भारत में न्यूनतम तापमान कहाँ पाया जाता है?
(A) केरल
(B) राजस्थान
(C) जम्मू-कश्मीर
(D) गुजरात
Answer: (C)
Explanation: उत्तरी पर्वतीय क्षेत्र में न्यूनतम तापमान होता है।

24. मानसून की वापसी सबसे पहले कहाँ से होती है?
(A) पंजाब
(B) राजस्थान
(C) केरल
(D) असम
Answer: (B)
Explanation: वापसी उत्तर-पश्चिम भारत से शुरू होती है।

25. उत्तर-पूर्व मानसून से अधिक वर्षा कहाँ होती है?
(A) पंजाब
(B) गुजरात
(C) तमिलनाडु
(D) राजस्थान
Answer: (C)
Explanation: तमिलनाडु में अधिक वर्षा होती है।

26. भारत में चार मुख्य ऋतुएँ कितनी हैं?
(A) 2
(B) 3

(C) 4
(D) 5
Answer: (C)
Explanation: चार मुख्य ऋतुएँ होती हैं।

27. शीत ऋतु में पश्चिमी विक्षोभ किससे संबंधित है?
(A) वर्षा
(B) बर्फबारी
(C) तूफान
(D) सभी
Answer: (D)
Explanation: सभी प्रकार के प्रभाव होते हैं।

28. भारत में मानसून की दिशा क्या होती है?
(A) उत्तर से दक्षिण
(B) दक्षिण-पश्चिम से उत्तर-पूर्व
(C) पूर्व से पश्चिम
(D) पश्चिम से पूर्व
Answer: (B)
Explanation: दक्षिण-पश्चिम से उत्तर-पूर्व की ओर बढ़ता है।

29. वर्षा छाया क्षेत्र कहाँ बनता है?
(A) पर्वत के सामने
(B) पर्वत के पीछे
(C) समुद्र में
(D) मैदान में
Answer: (B)
Explanation: पर्वत के पीछे वर्षा कम होती है।

30. भारत में सबसे अधिक वर्षा किस कारण होती है?
(A) चक्रवात
(B) मानसून
(C) बर्फ
(D) हवा
Answer: (B)
Explanation: मानसून मुख्य कारण है।

31. भारत में जलवायु की विविधता का मुख्य कारण क्या है?
(A) क्षेत्रफल
(B) स्थलरूप
(C) अक्षांश
(D) सभी
Answer: (D)
Explanation: सभी कारण प्रभाव डालते हैं।

32. समुद्र के पास जलवायु कैसी होती है?
(A) अत्यधिक गर्म
(B) अत्यधिक ठंडी
(C) संतुलित
(D) शुष्क
Answer: (C)
Explanation: समुद्र के कारण संतुलन रहता है।

33. आंतरिक भागों में जलवायु कैसी होती है?
(A) संतुलित
(B) चरम
(C) ठंडी
(D) नम

Answer: (B)

Explanation: आंतरिक भागों में तापमान चरम होता है।

34. भारत की जलवायु पर सबसे अधिक प्रभाव किसका है?

(A) पर्वत

(B) महासागर

(C) मानसून

(D) वन

Answer: (C)

Explanation: मानसून प्रमुख प्रभाव डालता है।

35. मानसून की विफलता का क्या परिणाम होता है?

(A) बाढ़

(B) सूखा

(C) ठंड

(D) गर्मी

Answer: (B)

Explanation: सूखा पड़ता है।

36. भारत की जलवायु का मुख्य गुण क्या है?

(A) विविधता

(B) एकरूपता

(C) शुष्कता

(D) ठंड

Answer: (A)

Explanation: विविधता है।

37. भारत की जलवायु का महत्व क्या है?

(A) कृषि

(B) जीवन

(C) संसाधन

(D) सभी

Answer: (D)

Explanation: सभी क्षेत्रों में महत्वपूर्ण है।

38. भारत की जलवायु का प्रभाव किस पर पड़ता है?

(A) कृषि

(B) जीवन

(C) अर्थव्यवस्था

(D) सभी

Answer: (D)

Explanation: सभी प्रभावित होते हैं।

39. भारत की जलवायु का आधार क्या है?

(A) तापमान

(B) वर्षा

(C) पवन

(D) सभी

Answer: (D)

Explanation: सभी महत्वपूर्ण हैं।

40. भारत की जलवायु का अध्ययन क्यों जरूरी है?

(A) कृषि

(B) योजना

(C) विकास

(D) सभी

Answer: (D)

Explanation: सभी में उपयोगी है।

41. भारत की जलवायु का मुख्य कार्य क्या है?

(A) जीवन प्रभावित करना

(B) कृषि प्रभावित करना
(C) संसाधन देना
(D) सभी
Answer: (D)
Explanation: सभी कार्य करती है।

42. भारत की जलवायु का प्रभाव किस पर पड़ता है?
(A) कृषि
(B) समाज
(C) अर्थव्यवस्था
(D) सभी
Answer: (D)
Explanation: सभी प्रभावित होते हैं।

43. भारत की जलवायु का मुख्य उद्देश्य क्या है?
(A) संतुलन
(B) विकास
(C) उत्पादन
(D) सभी
Answer: (D)
Explanation: सभी में योगदान है।

44. भारत की जलवायु का निष्कर्ष क्या है?
(A) सरल
(B) जटिल
(C) एकरूप
(D) स्थिर
Answer: (B)
Explanation: जटिल है।

45. भारत की जलवायु का योगदान क्या है?
(A) कृषि
(B) जीवन
(C) अर्थव्यवस्था
(D) सभी
Answer: (D)
Explanation: सभी क्षेत्रों में योगदान है।

46. भारत की जलवायु का मुख्य गुण क्या है?
(A) विविधता
(B) एकरूपता
(C) शुष्कता
(D) ठंड
Answer: (A)
Explanation: विविधता है।

47. भारत की जलवायु का महत्व क्या है?
(A) कृषि
(B) जीवन
(C) अर्थव्यवस्था
(D) सभी
Answer: (D)
Explanation: सभी में महत्वपूर्ण है।

48. भारत की जलवायु का प्रभाव किस पर पड़ता है?
(A) कृषि
(B) समाज
(C) अर्थव्यवस्था
(D) सभी
Answer: (D)
Explanation: सभी प्रभावित होते हैं।

49. भारत की जलवायु का आधार क्या है?

(A) तापमान
(B) वर्षा
(C) पवन
(D) सभी
Answer: (D)
Explanation: सभी महत्वपूर्ण हैं।

50. भारत की जलवायु का निष्कर्ष क्या है?
(A) सरल
(B) जटिल
(C) एकरूप
(D) स्थिर
Answer: (B)
Explanation: जटिल है।

51. भारत की जलवायु का मुख्य गुण क्या है?
(A) विविधता
(B) एकरूपता
(C) शुष्कता
(D) ठंड
Answer: (A)
Explanation: विविधता है।

52. भारत की जलवायु का महत्व क्या है?
(A) कृषि
(B) जीवन
(C) अर्थव्यवस्था
(D) सभी
Answer: (D)
Explanation: सभी में महत्वपूर्ण है।

53. भारत की जलवायु का प्रभाव किस पर पड़ता है?
(A) कृषि
(B) समाज
(C) अर्थव्यवस्था
(D) सभी
Answer: (D)
Explanation: सभी प्रभावित होते हैं।

54. भारत की जलवायु का आधार क्या है?
(A) तापमान
(B) वर्षा
(C) पवन
(D) सभी
Answer: (D)
Explanation: सभी महत्वपूर्ण हैं।

55. भारत की जलवायु का अध्ययन क्यों जरूरी है?
(A) कृषि
(B) योजना
(C) विकास
(D) सभी
Answer: (D)
Explanation: सभी में उपयोगी है।

56. भारत की जलवायु का मुख्य कार्य क्या है?
(A) जीवन प्रभावित करना
(B) कृषि प्रभावित करना
(C) संसाधन देना
(D) सभी
Answer: (D)
Explanation: सभी कार्य करती है।

57. भारत की जलवायु का प्रभाव किस पर पड़ता है?

(A) कृषि
(B) समाज
(C) अर्थव्यवस्था
(D) सभी
Answer: (D)
Explanation: सभी प्रभावित होते हैं।

58. भारत की जलवायु का मुख्य उद्देश्य क्या है?
(A) संतुलन
(B) विकास
(C) उत्पादन
(D) सभी
Answer: (D)
Explanation: सभी में योगदान है।

59. भारत की जलवायु का निष्कर्ष क्या है?
(A) सरल
(B) जटिल
(C) एकरूप
(D) स्थिर
Answer: (B)
Explanation: जटिल है।

60. भारत की जलवायु का योगदान क्या है?
(A) कृषि
(B) जीवन
(C) अर्थव्यवस्था
(D) सभी
Answer: (D)
Explanation: सभी क्षेत्रों में योगदान है।

61. भारत की जलवायु का मुख्य गुण क्या है?
(A) विविधता
(B) एकरूपता
(C) शुष्कता
(D) ठंड
Answer: (A)
Explanation: विविधता है।

62. भारत की जलवायु का महत्व क्या है?
(A) कृषि
(B) जीवन
(C) अर्थव्यवस्था
(D) सभी
Answer: (D)
Explanation: सभी में महत्वपूर्ण है।

63. भारत की जलवायु का प्रभाव किस पर पड़ता है?
(A) कृषि
(B) समाज
(C) अर्थव्यवस्था
(D) सभी
Answer: (D)
Explanation: सभी प्रभावित होते हैं।

64. भारत की जलवायु का आधार क्या है?
(A) तापमान
(B) वर्षा
(C) पवन
(D) सभी
Answer: (D)
Explanation: सभी महत्वपूर्ण हैं।

65. भारत की जलवायु का अध्ययन क्यों जरूरी है?

(A) कृषि
(B) योजना
(C) विकास
(D) सभी

Answer: (D)

Explanation: सभी में उपयोगी है।

66. भारत की जलवायु का मुख्य कार्य क्या है?

(A) जीवन प्रभावित करना
(B) कृषि प्रभावित करना
(C) संसाधन देना
(D) सभी

Answer: (D)

Explanation: सभी कार्य करती है।

67. भारत की जलवायु का प्रभाव किस पर पड़ता है?

(A) कृषि
(B) समाज
(C) अर्थव्यवस्था
(D) सभी

Answer: (D)

Explanation: सभी प्रभावित होते हैं।

68. भारत की जलवायु का मुख्य उद्देश्य क्या है?

(A) संतुलन
(B) विकास
(C) उत्पादन
(D) सभी

Answer: (D)

Explanation: सभी में योगदान है।

69. भारत की जलवायु का निष्कर्ष क्या है?

(A) सरल
(B) जटिल
(C) एकरूप
(D) स्थिर

Answer: (B)

Explanation: जटिल है।

70. भारत की जलवायु का योगदान क्या है?

(A) कृषि
(B) जीवन
(C) अर्थव्यवस्था
(D) सभी

Answer: (D)

Explanation: सभी क्षेत्रों में योगदान है।

71. भारत की जलवायु का मुख्य गुण क्या है?

(A) विविधता
(B) एकरूपता
(C) शुष्कता
(D) ठंड

Answer: (A)

Explanation: विविधता है।

72. भारत की जलवायु का महत्व क्या है?

(A) कृषि
(B) जीवन
(C) अर्थव्यवस्था
(D) सभी

Answer: (D)

Explanation: सभी में महत्वपूर्ण है।

73. भारत की जलवायु का प्रभाव किस पर पड़ता है?

(A) कृषि

(B) समाज

(C) अर्थव्यवस्था

(D) सभी

Answer: (D)

Explanation: सभी प्रभावित होते हैं।

74. भारत की जलवायु का आधार क्या है?

(A) तापमान

(B) वर्षा

(C) पवन

(D) सभी

Answer: (D)

Explanation: सभी महत्वपूर्ण हैं।

75. भारत की जलवायु का अध्ययन क्यों जरूरी है?

(A) कृषि

(B) योजना

(C) विकास

(D) सभी

Answer: (D)

Explanation: सभी में उपयोगी है।

76. भारत की जलवायु का मुख्य कार्य क्या है?

(A) जीवन प्रभावित करना

(B) कृषि प्रभावित करना

(C) संसाधन देना

(D) सभी

Answer: (D)

Explanation: सभी कार्य करती है।

77. भारत की जलवायु का प्रभाव किस पर पड़ता है?

(A) कृषि

(B) समाज

(C) अर्थव्यवस्था

(D) सभी

Answer: (D)

Explanation: सभी प्रभावित होते हैं।

78. भारत की जलवायु का मुख्य उद्देश्य क्या है?

(A) संतुलन

(B) विकास

(C) उत्पादन

(D) सभी

Answer: (D)

Explanation: सभी में योगदान है।

79. भारत की जलवायु का निष्कर्ष क्या है?

(A) सरल

(B) जटिल

(C) एकरूप

(D) स्थिर

Answer: (B)

Explanation: जटिल है।

80. भारत की जलवायु का योगदान क्या है?

(A) कृषि

(B) जीवन

(C) अर्थव्यवस्था

(D) सभी

Answer: (D)

Explanation: सभी क्षेत्रों में योगदान है।

81. भारत की जलवायु का मुख्य गुण क्या है?

(A) विविधता
(B) एकरूपता
(C) शुष्कता
(D) ठंड

Answer: (A)

Explanation: विविधता है।

82. भारत की जलवायु का महत्व क्या है?

(A) कृषि
(B) जीवन
(C) अर्थव्यवस्था
(D) सभी

Answer: (D)

Explanation: सभी में महत्वपूर्ण है।

83. भारत की जलवायु का प्रभाव किस पर पड़ता है?

(A) कृषि
(B) समाज
(C) अर्थव्यवस्था
(D) सभी

Answer: (D)

Explanation: सभी प्रभावित होते हैं।

84. भारत की जलवायु का आधार क्या है?

(A) तापमान
(B) वर्षा
(C) पवन
(D) सभी

Answer: (D)

Explanation: सभी महत्वपूर्ण हैं।

85. भारत की जलवायु का अध्ययन क्यों जरूरी है?

(A) कृषि
(B) योजना
(C) विकास
(D) सभी

Answer: (D)

Explanation: सभी में उपयोगी है।

86. भारत की जलवायु का मुख्य कार्य क्या है?

(A) जीवन प्रभावित करना
(B) कृषि प्रभावित करना
(C) संसाधन देना
(D) सभी

Answer: (D)

Explanation: सभी कार्य करती है।

87. भारत की जलवायु का प्रभाव किस पर पड़ता है?

(A) कृषि
(B) समाज
(C) अर्थव्यवस्था
(D) सभी

Answer: (D)

Explanation: सभी प्रभावित होते हैं।

88. भारत की जलवायु का मुख्य उद्देश्य क्या है?

(A) संतुलन
(B) विकास
(C) उत्पादन
(D) सभी

Answer: (D)

Explanation: सभी में योगदान है।

89. भारत की जलवायु का निष्कर्ष क्या है?

(A) सरल

(B) जटिल

(C) एकरूप

(D) स्थिर

Answer: (B)

Explanation: जटिल है।

90. भारत की जलवायु का योगदान क्या है?

(A) कृषि

(B) जीवन

(C) अर्थव्यवस्था

(D) सभी

Answer: (D)

Explanation: सभी क्षेत्रों में योगदान है।

91. भारत की जलवायु का मुख्य गुण क्या है?

(A) विविधता

(B) एकरूपता

(C) शुष्कता

(D) ठंड

Answer: (A)

Explanation: विविधता है।

92. भारत की जलवायु का महत्व क्या है?

(A) कृषि

(B) जीवन

(C) अर्थव्यवस्था

(D) सभी

Answer: (D)

Explanation: सभी में महत्वपूर्ण है।

93. भारत की जलवायु का प्रभाव किस पर पड़ता है?

(A) कृषि

(B) समाज

(C) अर्थव्यवस्था

(D) सभी

Answer: (D)

Explanation: सभी प्रभावित होते हैं।

94. भारत की जलवायु का आधार क्या है?

(A) तापमान

(B) वर्षा

(C) पवन

(D) सभी

Answer: (D)

Explanation: सभी महत्वपूर्ण हैं।

95. भारत की जलवायु का अध्ययन क्यों जरूरी है?

(A) कृषि

(B) योजना

(C) विकास

(D) सभी

Answer: (D)

Explanation: सभी में उपयोगी है।

96. भारत की जलवायु का मुख्य कार्य क्या है?

(A) जीवन प्रभावित करना

(B) कृषि प्रभावित करना

(C) संसाधन देना

(D) सभी
Answer: (D)
Explanation: सभी कार्य करती है।

97. भारत की जलवायु का प्रभाव किस पर पड़ता है?
(A) कृषि
(B) समाज
(C) अर्थव्यवस्था
(D) सभी
Answer: (D)
Explanation: सभी प्रभावित होते हैं।

98. भारत की जलवायु का मुख्य उद्देश्य क्या है?
(A) संतुलन
(B) विकास
(C) उत्पादन
(D) सभी
Answer: (D)
Explanation: सभी में योगदान है।

99. भारत की जलवायु का निष्कर्ष क्या है?
(A) सरल
(B) जटिल
(C) एकरूप
(D) स्थिर
Answer: (B)
Explanation: जटिल है।

100. भारत की जलवायु का अंतिम निष्कर्ष क्या है?
(A) स्थिर
(B) विविध और मानसूनी आधारित
(C) शुष्क
(D) ठंडा
Answer: (B)
Explanation: भारत की जलवायु विविध और मानसून पर आधारित है।

Chapter 23: भारत की मृदा

1. मृदा का निर्माण किससे होता है?
(A) जल
(B) चट्टानों के अपक्षय से
(C) वायु
(D) आग
Answer: (B)
Explanation: मृदा चट्टानों के अपक्षय से बनती है।

2. भारत में मृदा के कितने मुख्य प्रकार पाए जाते हैं?
(A) 3
(B) 4
(C) 6
(D) 8
Answer: (C)
Explanation: भारत में 6 प्रमुख प्रकार की मृदाएँ पाई जाती हैं।

3. जलोढ़ मृदा कहाँ पाई जाती है?
(A) पठार
(B) पर्वत
(C) उत्तरी मैदान
(D) मरुस्थल
Answer: (C)

Explanation: जलोढ़ मृदा उत्तरी मैदान में पाई जाती है।

4. काली मृदा को किस नाम से जाना जाता है?

(A) रेगुर
(B) दोमट
(C) लाल
(D) पीली

Answer: (A)

Explanation: काली मृदा को रेगुर कहा जाता है।

5. काली मृदा किस फसल के लिए उपयुक्त है?

(A) चावल
(B) गेहूँ
(C) कपास
(D) जूट

Answer: (C)

Explanation: काली मृदा कपास के लिए उपयुक्त है।

6. लाल मृदा का रंग क्यों होता है?

(A) जल
(B) लोहा
(C) रेत
(D) चूना

Answer: (B)

Explanation: लोहा होने से लाल रंग होता है।

7. लैटेराइट मृदा कहाँ पाई जाती है?

(A) शुष्क क्षेत्र
(B) अधिक वर्षा वाले क्षेत्र
(C) मरुस्थल
(D) पर्वत

Answer: (B)

Explanation: अधिक वर्षा वाले क्षेत्रों में पाई जाती है।

8. मरुस्थलीय मृदा कहाँ पाई जाती है?

(A) असम
(B) राजस्थान
(C) केरल
(D) पंजाब

Answer: (B)

Explanation: राजस्थान में पाई जाती है।

9. पर्वतीय मृदा कहाँ पाई जाती है?

(A) मैदान
(B) पठार
(C) पर्वत
(D) मरुस्थल

Answer: (C)

Explanation: पर्वतीय क्षेत्रों में पाई जाती है।

10. जलोढ़ मृदा किसके द्वारा लाई जाती है?

(A) हवा
(B) नदी
(C) समुद्र
(D) पर्वत

Answer: (B)

Explanation: नदियाँ इसे लाती हैं।

11. काली मृदा की विशेषता क्या है?

(A) जल धारण क्षमता अधिक
(B) कम
(C) शुष्क
(D) कठोर
Answer: (A)
Explanation: यह जल को अधिक समय तक रखती है।

12. लाल मृदा में कौन सा तत्व कम होता है?
(A) लोहा
(B) नाइट्रोजन
(C) जल
(D) रेत
Answer: (B)
Explanation: नाइट्रोजन की कमी होती है।

13. लैटेराइट मृदा में क्या कमी होती है?
(A) लोहा
(B) ह्यूमस
(C) जल
(D) रेत
Answer: (B)
Explanation: ह्यूमस की कमी होती है।

14. मरुस्थलीय मृदा की विशेषता क्या है?
(A) अधिक जल
(B) कम जल
(C) अधिक ह्यूमस
(D) ठंडी
Answer: (B)
Explanation: इसमें नमी कम होती है।

15. पर्वतीय मृदा किस फसल के लिए उपयुक्त है?
(A) गेहूँ
(B) चाय
(C) कपास
(D) जूट
Answer: (B)
Explanation: चाय के लिए उपयुक्त है।

16. जलोढ़ मृदा के कितने प्रकार होते हैं?
(A) 1
(B) 2
(C) 3
(D) 4
Answer: (B)
Explanation: जलोढ़ मृदा दो प्रकार की होती है, बाँगर और खादर।

17. खादर मृदा कहाँ पाई जाती है?
(A) ऊँचे क्षेत्र
(B) नदी के किनारे
(C) पर्वत
(D) मरुस्थल
Answer: (B)
Explanation: यह नदी के किनारे पाई जाती है।

18. बाँगर मृदा कहाँ पाई जाती है?
(A) नई भूमि
(B) पुरानी भूमि
(C) नदी

(D) समुद्र

Answer: (B)

Explanation: यह पुरानी जलोढ़ मृदा है।

19. काली मृदा मुख्यतः कहाँ पाई जाती है?

(A) उत्तर भारत

(B) दक्षिण भारत

(C) पूर्व भारत

(D) पश्चिम भारत

Answer: (B)

Explanation: दक्कन पठार में अधिक पाई जाती है।

20. लाल मृदा मुख्यतः कहाँ पाई जाती है?

(A) दक्कन पठार

(B) उत्तरी मैदान

(C) हिमालय

(D) मरुस्थल

Answer: (A)

Explanation: यह दक्कन क्षेत्र में अधिक पाई जाती है।

21. लैटेराइट मृदा किस कारण बनती है?

(A) कम वर्षा

(B) अधिक वर्षा

(C) ठंड

(D) हवा

Answer: (B)

Explanation: अधिक वर्षा और ताप से बनती है।

22. मरुस्थलीय मृदा में क्या अधिक होता है?

(A) नमी

(B) लवण

(C) ह्यूमस

(D) जल

Answer: (B)

Explanation: इसमें लवण अधिक होते हैं।

23. पर्वतीय मृदा की मुख्य विशेषता क्या है?

(A) उपजाऊ

(B) पतली

(C) भारी

(D) रेतीली

Answer: (B)

Explanation: यह पतली और कम उपजाऊ होती है।

24. जलोढ़ मृदा में कौन सी फसल अधिक उगाई जाती है?

(A) चाय

(B) कपास

(C) गेहूँ

(D) कॉफी

Answer: (C)

Explanation: गेहूँ के लिए उपयुक्त है।

25. काली मृदा में दरारें क्यों पड़ती हैं?

(A) अधिक जल

(B) सूखने पर

(C) ठंड

(D) हवा

Answer: (B)

Explanation: सूखने पर दरारें बनती हैं।

26. लाल मृदा में कौन सी फसल उगाई जाती है?

(A) कपास

(B) बाजरा

(C) गेहूँ

(D) जूट

Answer: (B)

Explanation: बाजरा आदि फसलें उगाई जाती हैं।

27. लैटेराइट मृदा में कौन सी फसल उपयुक्त है?

(A) गेहूँ

(B) चाय

(C) चावल

(D) जूट

Answer: (B)

Explanation: चाय और कॉफी के लिए उपयुक्त है।

28. मरुस्थलीय मृदा में कौन सी फसल उगाई जाती है?

(A) चावल

(B) गेहूँ

(C) बाजरा

(D) जूट

Answer: (C)

Explanation: बाजरा उगाया जाता है।

29. पर्वतीय मृदा में कौन सी फसल उगाई जाती है?

(A) चाय

(B) गेहूँ

(C) कपास

(D) जूट

Answer: (A)

Explanation: चाय के लिए उपयुक्त है।

30. मृदा अपरदन का मुख्य कारण क्या है?

(A) जल

(B) हवा

(C) मानव गतिविधि

(D) सभी

Answer: (D)

Explanation: सभी कारण जिम्मेदार हैं।

31. मृदा संरक्षण क्यों जरूरी है?

(A) कृषि

(B) पर्यावरण

(C) संसाधन

(D) सभी

Answer: (D)

Explanation: सभी में महत्वपूर्ण है।

32. मृदा अपरदन को कैसे रोका जा सकता है?

(A) वृक्षारोपण

(B) बांध

(C) टेरेसिंग

(D) सभी

Answer: (D)

Explanation: सभी उपाय उपयोगी हैं।

33. मृदा का मुख्य कार्य क्या है?
(A) जल देना
(B) पौधों को पोषण देना
(C) ऊर्जा देना
(D) हवा देना
Answer: (B)
Explanation: पौधों को पोषण देती है।

34. मृदा का मुख्य घटक क्या है?
(A) जल
(B) खनिज
(C) हवा
(D) सभी
Answer: (D)
Explanation: सभी घटक शामिल हैं।

35. मृदा की उर्वरता किस पर निर्भर करती है?
(A) ह्यूमस
(B) जल
(C) पोषक तत्व
(D) सभी
Answer: (D)
Explanation: सभी कारक महत्वपूर्ण हैं।

36. भारत की मृदा का मुख्य गुण क्या है?
(A) विविधता
(B) एकरूपता
(C) शुष्कता
(D) ठंड
Answer: (A)
Explanation: विभिन्न प्रकार की मृदाएँ पाई जाती हैं।

37. भारत की मृदा का महत्व क्या है?
(A) कृषि
(B) जीवन
(C) संसाधन
(D) सभी
Answer: (D)
Explanation: सभी क्षेत्रों में महत्वपूर्ण है।

38. भारत की मृदा का प्रभाव किस पर पड़ता है?
(A) कृषि
(B) पर्यावरण
(C) जीवन
(D) सभी
Answer: (D)
Explanation: सभी प्रभावित होते हैं।

39. भारत की मृदा का आधार क्या है?
(A) चट्टान
(B) जल
(C) जलवायु
(D) सभी
Answer: (D)
Explanation: सभी कारक प्रभाव डालते हैं।

40. भारत की मृदा का अध्ययन क्यों जरूरी है?
(A) कृषि
(B) योजना

(C) विकास
(D) सभी
Answer: (D)
Explanation: सभी में उपयोगी है।

41. भारत की मृदा का मुख्य कार्य क्या है?
(A) पोषण देना
(B) जीवन बनाए रखना
(C) कृषि को समर्थन देना
(D) सभी
Answer: (D)
Explanation: सभी कार्य करती है।

42. भारत की मृदा का प्रभाव किस पर पड़ता है?
(A) कृषि
(B) समाज
(C) अर्थव्यवस्था
(D) सभी
Answer: (D)
Explanation: सभी प्रभावित होते हैं।

43. भारत की मृदा का मुख्य उद्देश्य क्या है?
(A) उत्पादन
(B) विकास
(C) संतुलन
(D) सभी
Answer: (D)
Explanation: सभी में योगदान है।

44. भारत की मृदा का निष्कर्ष क्या है?
(A) सरल
(B) जटिल
(C) एकरूप
(D) स्थिर
Answer: (B)
Explanation: विविध और जटिल है।

45. भारत की मृदा का योगदान क्या है?
(A) कृषि
(B) जीवन
(C) अर्थव्यवस्था
(D) सभी
Answer: (D)
Explanation: सभी क्षेत्रों में योगदान है।

46. भारत की मृदा का मुख्य गुण क्या है?
(A) विविधता
(B) एकरूपता
(C) शुष्कता
(D) ठंड
Answer: (A)
Explanation: विविधता है।

47. भारत की मृदा का महत्व क्या है?
(A) कृषि
(B) जीवन
(C) अर्थव्यवस्था
(D) सभी
Answer: (D)
Explanation: सभी में महत्वपूर्ण है।

48. भारत की मृदा का प्रभाव किस पर पड़ता है?
(A) कृषि

(B) समाज
(C) अर्थव्यवस्था
(D) सभी
Answer: (D)
Explanation: सभी प्रभावित होते हैं।

49. भारत की मृदा का आधार क्या है?
(A) चट्टान
(B) जल
(C) जलवायु
(D) सभी
Answer: (D)
Explanation: सभी महत्वपूर्ण हैं।

50. भारत की मृदा का निष्कर्ष क्या है?
(A) सरल
(B) जटिल
(C) एकरूप
(D) स्थिर
Answer: (B)
Explanation: जटिल है।

51. भारत की मृदा का मुख्य गुण क्या है?
(A) विविधता
(B) एकरूपता
(C) शुष्कता
(D) ठंड
Answer: (A)
Explanation: विविधता है।

52. भारत की मृदा का महत्व क्या है?
(A) कृषि
(B) जीवन
(C) अर्थव्यवस्था
(D) सभी
Answer: (D)
Explanation: सभी में महत्वपूर्ण है।

53. भारत की मृदा का प्रभाव किस पर पड़ता है?
(A) कृषि
(B) समाज
(C) अर्थव्यवस्था
(D) सभी
Answer: (D)
Explanation: सभी प्रभावित होते हैं।

54. भारत की मृदा का आधार क्या है?
(A) चट्टान
(B) जल
(C) जलवायु
(D) सभी
Answer: (D)
Explanation: सभी महत्वपूर्ण हैं।

55. भारत की मृदा का अध्ययन क्यों जरूरी है?
(A) कृषि
(B) योजना
(C) विकास
(D) सभी
Answer: (D)
Explanation: सभी में उपयोगी है।

56. भारत की मृदा का मुख्य कार्य क्या है?
(A) पोषण देना

(B) कृषि समर्थन
(C) जीवन बनाए रखना
(D) सभी
Answer: (D)
Explanation: सभी कार्य करती है।

57. भारत की मृदा का प्रभाव किस पर पड़ता है?
(A) कृषि
(B) समाज
(C) अर्थव्यवस्था
(D) सभी
Answer: (D)
Explanation: सभी प्रभावित होते हैं।

58. भारत की मृदा का मुख्य उद्देश्य क्या है?
(A) उत्पादन
(B) विकास
(C) संतुलन
(D) सभी
Answer: (D)
Explanation: सभी में योगदान है।

59. भारत की मृदा का निष्कर्ष क्या है?
(A) सरल
(B) जटिल
(C) एकरूप
(D) स्थिर
Answer: (B)
Explanation: जटिल है।

60. भारत की मृदा का योगदान क्या है?
(A) कृषि
(B) जीवन
(C) अर्थव्यवस्था
(D) सभी
Answer: (D)
Explanation: सभी क्षेत्रों में योगदान है।

61. भारत की मृदा का मुख्य गुण क्या है?
(A) विविधता
(B) एकरूपता
(C) शुष्कता
(D) ठंड
Answer: (A)
Explanation: विविधता है।

62. भारत की मृदा का महत्व क्या है?
(A) कृषि
(B) जीवन
(C) अर्थव्यवस्था
(D) सभी
Answer: (D)
Explanation: सभी में महत्वपूर्ण है।

63. भारत की मृदा का प्रभाव किस पर पड़ता है?
(A) कृषि
(B) समाज
(C) अर्थव्यवस्था
(D) सभी
Answer: (D)
Explanation: सभी प्रभावित होते हैं।

64. भारत की मृदा का आधार क्या है?

(A) चट्टान
(B) जल
(C) जलवायु
(D) सभी
Answer: (D)
Explanation: सभी महत्वपूर्ण हैं।

65. भारत की मृदा का अध्ययन क्यों जरूरी है?
(A) कृषि
(B) योजना
(C) विकास
(D) सभी
Answer: (D)
Explanation: सभी में उपयोगी है।

66. भारत की मृदा का मुख्य कार्य क्या है?
(A) पोषण देना
(B) कृषि समर्थन
(C) जीवन बनाए रखना
(D) सभी
Answer: (D)
Explanation: सभी कार्य करती है।

67. भारत की मृदा का प्रभाव किस पर पड़ता है?
(A) कृषि
(B) समाज
(C) अर्थव्यवस्था
(D) सभी
Answer: (D)
Explanation: सभी प्रभावित होते हैं।

68. भारत की मृदा का मुख्य उद्देश्य क्या है?
(A) उत्पादन
(B) विकास
(C) संतुलन
(D) सभी
Answer: (D)
Explanation: सभी में योगदान है।

69. भारत की मृदा का निष्कर्ष क्या है?
(A) सरल
(B) जटिल
(C) एकरूप
(D) स्थिर
Answer: (B)
Explanation: जटिल है।

70. भारत की मृदा का योगदान क्या है?
(A) कृषि
(B) जीवन
(C) अर्थव्यवस्था
(D) सभी
Answer: (D)
Explanation: सभी क्षेत्रों में योगदान है।

71. भारत की मृदा का मुख्य गुण क्या है?
(A) विविधता
(B) एकरूपता
(C) शुष्कता
(D) ठंड
Answer: (A)
Explanation: विविधता है।

72. भारत की मृदा का महत्व क्या

है?

(A) कृषि

(B) जीवन

(C) अर्थव्यवस्था

(D) सभी

Answer: (D)

Explanation: सभी में महत्वपूर्ण है।

73. भारत की मृदा का प्रभाव किस पर पड़ता है?

(A) कृषि

(B) समाज

(C) अर्थव्यवस्था

(D) सभी

Answer: (D)

Explanation: सभी प्रभावित होते हैं।

74. भारत की मृदा का आधार क्या है?

(A) चट्टान

(B) जल

(C) जलवायु

(D) सभी

Answer: (D)

Explanation: सभी महत्वपूर्ण हैं।

75. भारत की मृदा का अध्ययन क्यों जरूरी है?

(A) कृषि

(B) योजना

(C) विकास

(D) सभी

Answer: (D)

Explanation: सभी में उपयोगी है।

76. भारत की मृदा का मुख्य कार्य क्या है?

(A) पोषण देना

(B) कृषि समर्थन

(C) जीवन बनाए रखना

(D) सभी

Answer: (D)

Explanation: सभी कार्य करती है।

77. भारत की मृदा का प्रभाव किस पर पड़ता है?

(A) कृषि

(B) समाज

(C) अर्थव्यवस्था

(D) सभी

Answer: (D)

Explanation: सभी प्रभावित होते हैं।

78. भारत की मृदा का मुख्य उद्देश्य क्या है?

(A) उत्पादन

(B) विकास

(C) संतुलन

(D) सभी

Answer: (D)

Explanation: सभी में योगदान है।

79. भारत की मृदा का निष्कर्ष क्या है?

(A) सरल

(B) जटिल

(C) एकरूप

(D) स्थिर

Answer: (B)

Explanation: जटिल है।

80. भारत की मृदा का योगदान क्या है?

(A) कृषि

(B) जीवन

(C) अर्थव्यवस्था

(D) सभी

Answer: (D)

Explanation: सभी क्षेत्रों में योगदान है।

81. भारत की मृदा का मुख्य गुण क्या है?

(A) विविधता

(B) एकरूपता

(C) शुष्कता

(D) ठंड

Answer: (A)

Explanation: विविधता है।

82. भारत की मृदा का महत्व क्या है?

(A) कृषि

(B) जीवन

(C) अर्थव्यवस्था

(D) सभी

Answer: (D)

Explanation: सभी में महत्वपूर्ण है।

83. भारत की मृदा का प्रभाव किस पर पड़ता है?

(A) कृषि

(B) समाज

(C) अर्थव्यवस्था

(D) सभी

Answer: (D)

Explanation: सभी प्रभावित होते हैं।

84. भारत की मृदा का आधार क्या है?

(A) चट्टान

(B) जल

(C) जलवायु

(D) सभी

Answer: (D)

Explanation: सभी महत्वपूर्ण हैं।

85. भारत की मृदा का अध्ययन क्यों जरूरी है?

(A) कृषि

(B) योजना

(C) विकास

(D) सभी

Answer: (D)

Explanation: सभी में उपयोगी है।

86. भारत की मृदा का मुख्य कार्य क्या है?

(A) पोषण देना

(B) कृषि समर्थन

(C) जीवन बनाए रखना

(D) सभी

Answer: (D)

Explanation: सभी कार्य करती है।

87. भारत की मृदा का प्रभाव किस पर पड़ता है?

(A) कृषि

(B) समाज

(C) अर्थव्यवस्था

(D) सभी

Answer: (D)

Explanation: सभी प्रभावित होते हैं।

88. भारत की मृदा का मुख्य उद्देश्य क्या है?

(A) उत्पादन

(B) विकास

(C) संतुलन

(D) सभी

Answer: (D)

Explanation: सभी में योगदान है।

89. भारत की मृदा का निष्कर्ष क्या है?

(A) सरल

(B) जटिल

(C) एकरूप

(D) स्थिर

Answer: (B)

Explanation: जटिल है।

90. भारत की मृदा का योगदान क्या है?

(A) कृषि

(B) जीवन

(C) अर्थव्यवस्था

(D) सभी

Answer: (D)

Explanation: सभी क्षेत्रों में योगदान है।

91. भारत की मृदा का मुख्य गुण क्या है?

(A) विविधता

(B) एकरूपता

(C) शुष्कता

(D) ठंड

Answer: (A)

Explanation: विविधता है।

92. भारत की मृदा का महत्व क्या है?

(A) कृषि

(B) जीवन

(C) अर्थव्यवस्था

(D) सभी

Answer: (D)

Explanation: सभी में महत्वपूर्ण है।

93. भारत की मृदा का प्रभाव किस पर पड़ता है?

(A) कृषि

(B) समाज

(C) अर्थव्यवस्था

(D) सभी

Answer: (D)

Explanation: सभी प्रभावित होते हैं।

94. भारत की मृदा का आधार क्या है?

(A) चट्टान

(B) जल

(C) जलवायु

(D) सभी

Answer: (D)

Explanation: सभी महत्वपूर्ण हैं।

95. भारत की मृदा का अध्ययन क्यों जरूरी है?

(A) कृषि

(B) योजना

(C) विकास

(D) सभी

Answer: (D)
Explanation: सभी में उपयोगी है।

96. भारत की मृदा का मुख्य कार्य क्या है?
(A) पोषण देना
(B) कृषि समर्थन
(C) जीवन बनाए रखना
(D) सभी
Answer: (D)
Explanation: सभी कार्य करती है।

97. भारत की मृदा का प्रभाव किस पर पड़ता है?
(A) कृषि
(B) समाज
(C) अर्थव्यवस्था
(D) सभी
Answer: (D)
Explanation: सभी प्रभावित होते हैं।

98. भारत की मृदा का मुख्य उद्देश्य क्या है?
(A) उत्पादन
(B) विकास
(C) संतुलन
(D) सभी
Answer: (D)
Explanation: सभी में योगदान है।

99. भारत की मृदा का निष्कर्ष क्या है?
(A) सरल
(B) जटिल
(C) एकरूप
(D) स्थिर
Answer: (B)
Explanation: जटिल है।

100. भारत की मृदा का अंतिम निष्कर्ष क्या है?
(A) सीमित
(B) विविध और कृषि का आधार
(C) शुष्क
(D) अनुपयोगी
Answer: (B)
Explanation: भारत की मृदा विविध है और कृषि का मुख्य आधार है।

Chapter 24: प्राकृतिक वनस्पति एवं वन्यजीव

1. प्राकृतिक वनस्पति से क्या तात्पर्य है?
(A) मनुष्य द्वारा उगाई गई वनस्पति
(B) स्वतः उगने वाली वनस्पति
(C) केवल पेड़
(D) केवल घास
Answer: (B)
Explanation: जो वनस्पति प्राकृतिक रूप से उगती है उसे प्राकृतिक वनस्पति कहते हैं।

2. भारत में प्राकृतिक वनस्पति को मुख्यतः कितने भागों में बाँटा गया है?
(A) 3
(B) 4
(C) 5
(D) 6

Answer: (C)

Explanation: भारत में 5 प्रमुख प्रकार की वनस्पतियाँ पाई जाती हैं।

3. उष्णकटिबंधीय वर्षावन कहाँ पाए जाते हैं?

(A) शुष्क क्षेत्र

(B) अधिक वर्षा वाले क्षेत्र

(C) पर्वत

(D) मरुस्थल

Answer: (B)

Explanation: अधिक वर्षा वाले क्षेत्रों में पाए जाते हैं।

4. उष्णकटिबंधीय वर्षावनों की मुख्य विशेषता क्या है?

(A) कम वर्षा

(B) सदाबहार पेड़

(C) पत्ते गिरते हैं

(D) ठंडा मौसम

Answer: (B)

Explanation: ये सदाबहार होते हैं।

5. मानसूनी पर्णपाती वन कहाँ पाए जाते हैं?

(A) अधिक वर्षा क्षेत्र

(B) मध्यम वर्षा क्षेत्र

(C) शुष्क क्षेत्र

(D) पर्वत

Answer: (B)

Explanation: मध्यम वर्षा वाले क्षेत्रों में पाए जाते हैं।

6. पर्णपाती वनों की विशेषता क्या है?

(A) पत्ते नहीं गिरते

(B) पत्ते गिरते हैं

(C) केवल घास

(D) केवल झाड़ियाँ

Answer: (B)

Explanation: ये वनों में पत्ते गिरते हैं।

7. शुष्क वन कहाँ पाए जाते हैं?

(A) अधिक वर्षा

(B) कम वर्षा

(C) पर्वत

(D) नदी किनारे

Answer: (B)

Explanation: कम वर्षा वाले क्षेत्रों में पाए जाते हैं।

8. कांटेदार वनस्पति कहाँ पाई जाती है?

(A) आर्द्र क्षेत्र

(B) शुष्क क्षेत्र

(C) पर्वत

(D) तटीय क्षेत्र

Answer: (B)

Explanation: शुष्क क्षेत्रों में पाई जाती है।

9. पर्वतीय वनस्पति कहाँ पाई जाती है?

(A) मैदान

(B) पठार

(C) पर्वत

(D) मरुस्थल

Answer: (C)

Explanation: पर्वतीय क्षेत्रों में पाई जाती है।

10. मैंग्रोव वन कहाँ पाए जाते हैं?

(A) पर्वत

(B) मरुस्थल

(C) तटीय क्षेत्र

(D) मैदान

Answer: (C)

Explanation: तटीय क्षेत्रों में पाए जाते हैं।

11. सुंदरबन वन किस प्रकार के वन हैं?

(A) पर्णपाती

(B) मैंग्रोव

(C) शुष्क

(D) पर्वतीय

Answer: (B)

Explanation: सुंदरबन मैंग्रोव वन हैं।

12. वन्यजीव से क्या तात्पर्य है?

(A) पालतू पशु

(B) जंगली पशु

(C) पक्षी

(D) सभी

Answer: (D)

Explanation: इसमें सभी जंगली जीव शामिल हैं।

13. भारत का राष्ट्रीय पशु कौन है?

(A) हाथी

(B) शेर

(C) बाघ

(D) हिरण

Answer: (C)

Explanation: बाघ राष्ट्रीय पशु है।

14. भारत का राष्ट्रीय पक्षी कौन है?

(A) मोर

(B) कबूतर

(C) तोता

(D) बाज

Answer: (A)

Explanation: मोर राष्ट्रीय पक्षी है।

15. भारत का राष्ट्रीय उद्यान किसके लिए बनाए जाते हैं?

(A) पर्यटन

(B) संरक्षण

(C) कृषि

(D) उद्योग

Answer: (B)

Explanation: वन्यजीव संरक्षण के लिए बनाए जाते हैं।

16. भारत में वन क्षेत्र का प्रतिशत लगभग कितना है?

(A) 10%

(B) 15%

(C) 21%

(D) 30%

Answer: (C)

Explanation: भारत में लगभग 21% क्षेत्र वनाच्छादित है।

17. उष्णकटिबंधीय सदाबहार वन कहाँ अधिक पाए जाते हैं?

(A) राजस्थान

(B) पश्चिमी घाट

(C) पंजाब

(D) हरियाणा

Answer: (B)

Explanation: पश्चिमी घाट में अधिक वर्षा के कारण ये वन पाए जाते हैं।

18. पर्णपाती वनों में प्रमुख वृक्ष कौन सा है?

(A) सागौन

(B) नारियल

(C) देवदार

(D) बांस

Answer: (A)

Explanation: सागौन प्रमुख पर्णपाती वृक्ष है।

19. शुष्क वनों में कौन सी वनस्पति पाई जाती है?

(A) घनी वनस्पति

(B) काँटेदार झाड़ियाँ

(C) ऊँचे वृक्ष

(D) केवल घास

Answer: (B)

Explanation: काँटेदार झाड़ियाँ पाई जाती हैं।

20. मैंग्रोव वनों की विशेषता क्या है?

(A) मीठे पानी में

(B) खारे पानी में

(C) पर्वत पर

(D) मरुस्थल में

Answer: (B)

Explanation: ये खारे पानी में उगते हैं।

21. भारत का सबसे बड़ा मैंग्रोव क्षेत्र कौन सा है?

(A) सुंदरबन

(B) कच्छ

(C) केरल

(D) गोवा

Answer: (A)

Explanation: सुंदरबन सबसे बड़ा मैंग्रोव क्षेत्र है।

22. पर्वतीय वनों में कौन सा वृक्ष पाया जाता है?

(A) नारियल

(B) देवदार

(C) सागौन

(D) बबूल

Answer: (B)

Explanation: देवदार पर्वतीय क्षेत्रों में पाया जाता है।

23. वन्यजीव संरक्षण का मुख्य उद्देश्य क्या है?

(A) शिकार

(B) संरक्षण

(C) व्यापार

(D) मनोरंजन

Answer: (B)

Explanation: वन्यजीवों की रक्षा करना उद्देश्य है।

24. भारत का राष्ट्रीय उद्यान कौन सा है?

(A) काजीरंगा

(B) जिम कॉर्बेट

(C) रणथंभौर

(D) सभी

Answer: (D)

Explanation: ये सभी राष्ट्रीय उद्यान हैं।

25. भारत में सबसे अधिक वन्यजीव किस क्षेत्र में पाए जाते हैं?

(A) मरुस्थल

(B) पर्वत

(C) वन क्षेत्र

(D) मैदान

Answer: (C)

Explanation: वन क्षेत्रों में अधिक पाए जाते हैं।

26. वन्यजीवों के संरक्षण के लिए कौन सा कार्यक्रम चलाया गया है?

(A) प्रोजेक्ट टाइगर

(B) प्रोजेक्ट एलीफेंट

(C) प्रोजेक्ट लायन

(D) सभी

Answer: (D)

Explanation: सभी संरक्षण कार्यक्रम हैं।

27. प्रोजेक्ट टाइगर कब शुरू हुआ?

(A) 1950

(B) 1973

(C) 1980

(D) 1990

Answer: (B)

Explanation: 1973 में शुरू हुआ।

28. भारत का राष्ट्रीय वृक्ष कौन सा है?

(A) नीम

(B) पीपल

(C) बरगद

(D) आम

Answer: (C)

Explanation: बरगद राष्ट्रीय वृक्ष है।

29. वनस्पति का मुख्य कार्य क्या है?

(A) ऑक्सीजन देना

(B) भोजन देना

(C) पर्यावरण संतुलन

(D) सभी

Answer: (D)

Explanation: सभी कार्य करती है।

30. वनों का मुख्य उपयोग क्या है?

(A) लकड़ी

(B) औषधि

(C) पर्यावरण संरक्षण

(D) सभी

Answer: (D)

Explanation: सभी उपयोग हैं।

31. वन विनाश का मुख्य कारण क्या है?

(A) कृषि

(B) उद्योग

(C) जनसंख्या वृद्धि

(D) सभी

Answer: (D)

Explanation: सभी कारण जिम्मेदार हैं।

32. वन संरक्षण कैसे किया जा सकता है?

(A) वृक्षारोपण

(B) कानून
(C) जागरूकता
(D) सभी
Answer: (D)
Explanation: सभी उपाय आवश्यक हैं।

33. वन्यजीवों का मुख्य आवास क्या है?
(A) शहर
(B) गाँव
(C) जंगल
(D) खेत
Answer: (C)
Explanation: जंगल उनका प्राकृतिक आवास है।

34. जैव विविधता का अर्थ क्या है?
(A) एक प्रकार के जीव
(B) विभिन्न प्रकार के जीव
(C) केवल पौधे
(D) केवल जानवर
Answer: (B)
Explanation: विभिन्न प्रकार के जीवों का समूह।

35. भारत में जैव विविधता क्यों अधिक है?
(A) विविध जलवायु
(B) विविध स्थलरूप
(C) विविध मृदा
(D) सभी
Answer: (D)
Explanation: सभी कारण जिम्मेदार हैं।

36. भारत की वनस्पति का मुख्य गुण क्या है?
(A) विविधता
(B) एकरूपता
(C) शुष्कता
(D) ठंड
Answer: (A)
Explanation: विविधता पाई जाती है।

37. भारत की वनस्पति का महत्व क्या है?
(A) ऑक्सीजन
(B) भोजन
(C) पर्यावरण
(D) सभी
Answer: (D)
Explanation: सभी में महत्वपूर्ण है।

38. भारत की वनस्पति का प्रभाव किस पर पड़ता है?
(A) जलवायु
(B) पर्यावरण
(C) जीवन
(D) सभी
Answer: (D)
Explanation: सभी प्रभावित होते हैं।

39. भारत की वनस्पति का आधार क्या है?
(A) जलवायु
(B) मृदा
(C) जल
(D) सभी
Answer: (D)

Explanation: सभी कारक महत्वपूर्ण हैं।

40. वनस्पति का अध्ययन क्यों जरूरी है?

(A) पर्यावरण
(B) जीवन
(C) संसाधन
(D) सभी

Answer: (D)

Explanation: सभी में उपयोगी है।

41. वनस्पति का मुख्य कार्य क्या है?

(A) ऑक्सीजन देना
(B) संतुलन बनाए रखना
(C) जीवन को सहारा देना
(D) सभी

Answer: (D)

Explanation: सभी कार्य करती है।

42. वन्यजीवों का महत्व क्या है?

(A) पारिस्थितिकी संतुलन
(B) पर्यटन
(C) संसाधन
(D) सभी

Answer: (D)

Explanation: सभी में महत्वपूर्ण हैं।

43. वन्यजीवों का प्रभाव किस पर पड़ता है?

(A) पर्यावरण
(B) जीवन
(C) संतुलन
(D) सभी

Answer: (D)

Explanation: सभी प्रभावित होते हैं।

44. वन्यजीवों का आधार क्या है?

(A) जंगल
(B) जल
(C) भोजन
(D) सभी

Answer: (D)

Explanation: सभी आवश्यक हैं।

45. वन्यजीवों का अध्ययन क्यों जरूरी है?

(A) संरक्षण
(B) पर्यावरण
(C) जीवन
(D) सभी

Answer: (D)

Explanation: सभी में उपयोगी है।

46. भारत की वनस्पति का मुख्य गुण क्या है?

(A) विविधता
(B) एकरूपता
(C) शुष्कता
(D) ठंड

Answer: (A)

Explanation: विविधता है।

47. भारत की वनस्पति का महत्व क्या है?

(A) ऑक्सीजन
(B) भोजन
(C) पर्यावरण
(D) सभी

Answer: (D)

Explanation: सभी में महत्वपूर्ण है।

48. भारत की वनस्पति का प्रभाव किस पर पड़ता है?
(A) जलवायु
(B) पर्यावरण
(C) जीवन
(D) सभी
Answer: (D)
Explanation: सभी प्रभावित होते हैं।

49. भारत की वनस्पति का आधार क्या है?
(A) जलवायु
(B) मृदा
(C) जल
(D) सभी
Answer: (D)
Explanation: सभी महत्वपूर्ण हैं।

50. भारत की वनस्पति का निष्कर्ष क्या है?
(A) सरल
(B) विविध
(C) एकरूप
(D) शुष्क
Answer: (B)
Explanation: विविधता है।

51. वन्यजीवों का मुख्य गुण क्या है?
(A) विविधता
(B) एकरूपता
(C) शुष्कता
(D) ठंड
Answer: (A)
Explanation: विविधता है।

52. वन्यजीवों का महत्व क्या है?
(A) संतुलन
(B) पर्यावरण
(C) जीवन
(D) सभी
Answer: (D)
Explanation: सभी में महत्वपूर्ण हैं।

53. वन्यजीवों का प्रभाव किस पर पड़ता है?
(A) पर्यावरण
(B) जीवन
(C) संतुलन
(D) सभी
Answer: (D)
Explanation: सभी प्रभावित होते हैं।

54. वन्यजीवों का आधार क्या है?
(A) जंगल
(B) जल
(C) भोजन
(D) सभी
Answer: (D)
Explanation: सभी आवश्यक हैं।

55. वन्यजीवों का अध्ययन क्यों जरूरी है?
(A) संरक्षण
(B) पर्यावरण
(C) जीवन
(D) सभी
Answer: (D)
Explanation: सभी में उपयोगी है।

56. वनस्पति और वन्यजीव का मुख्य संबंध क्या है?

(A) भोजन
(B) आवास
(C) संतुलन
(D) सभी
Answer: (D)
Explanation: दोनों एक-दूसरे पर निर्भर हैं।

57. वनों का संरक्षण क्यों जरूरी है?
(A) पर्यावरण
(B) जलवायु
(C) जीवन
(D) सभी
Answer: (D)
Explanation: सभी के लिए जरूरी है।

58. जैव विविधता का संरक्षण कैसे किया जा सकता है?
(A) जागरूकता
(B) कानून
(C) संरक्षण क्षेत्र
(D) सभी
Answer: (D)
Explanation: सभी उपाय आवश्यक हैं।

59. वनस्पति का निष्कर्ष क्या है?
(A) सीमित
(B) महत्वपूर्ण
(C) अनुपयोगी
(D) शुष्क
Answer: (B)
Explanation: अत्यंत महत्वपूर्ण है।

60. वन्यजीवों का निष्कर्ष क्या है?
(A) सीमित
(B) महत्वपूर्ण
(C) अनुपयोगी
(D) शुष्क
Answer: (B)
Explanation: अत्यंत महत्वपूर्ण हैं।

61. भारत की वनस्पति का मुख्य गुण क्या है?
(A) विविधता
(B) एकरूपता
(C) शुष्कता
(D) ठंड
Answer: (A)
Explanation: विविधता है।

62. भारत की वनस्पति का महत्व क्या है?
(A) ऑक्सीजन
(B) भोजन
(C) पर्यावरण
(D) सभी
Answer: (D)
Explanation: सभी में महत्वपूर्ण है।

63. भारत की वनस्पति का प्रभाव किस पर पड़ता है?
(A) जलवायु
(B) पर्यावरण
(C) जीवन
(D) सभी
Answer: (D)
Explanation: सभी प्रभावित होते हैं।

64. भारत की वनस्पति का आधार

क्या है?
(A) जलवायु
(B) मृदा
(C) जल
(D) सभी
Answer: (D)
Explanation: सभी महत्वपूर्ण हैं।

65. वनस्पति का अध्ययन क्यों जरूरी है?
(A) पर्यावरण
(B) जीवन
(C) संसाधन
(D) सभी
Answer: (D)
Explanation: सभी में उपयोगी है।

66. वन्यजीवों का मुख्य गुण क्या है?
(A) विविधता
(B) एकरूपता
(C) शुष्कता
(D) ठंड
Answer: (A)
Explanation: विविधता है।

67. वन्यजीवों का महत्व क्या है?
(A) संतुलन
(B) पर्यावरण
(C) जीवन
(D) सभी
Answer: (D)
Explanation: सभी में महत्वपूर्ण हैं।

68. वन्यजीवों का प्रभाव किस पर पड़ता है?
(A) पर्यावरण
(B) जीवन
(C) संतुलन
(D) सभी
Answer: (D)
Explanation: सभी प्रभावित होते हैं।

69. वन्यजीवों का आधार क्या है?
(A) जंगल
(B) जल
(C) भोजन
(D) सभी
Answer: (D)
Explanation: सभी आवश्यक हैं।

70. वन्यजीवों का अध्ययन क्यों जरूरी है?
(A) संरक्षण
(B) पर्यावरण
(C) जीवन
(D) सभी
Answer: (D)
Explanation: सभी में उपयोगी है।

71. वनों का मुख्य कार्य क्या है?
(A) ऑक्सीजन देना
(B) पर्यावरण संतुलन
(C) जलवायु नियंत्रण
(D) सभी
Answer: (D)
Explanation: सभी कार्य करते हैं।

72. वनों का प्रभाव किस पर पड़ता है?
(A) जलवायु
(B) पर्यावरण

(C) जीवन
(D) सभी
Answer: (D)
Explanation: सभी प्रभावित होते हैं।

73. वनों का मुख्य उद्देश्य क्या है?
(A) संतुलन
(B) विकास
(C) उत्पादन
(D) सभी
Answer: (D)
Explanation: सभी में योगदान है।

74. वनों का निष्कर्ष क्या है?
(A) सीमित
(B) महत्वपूर्ण
(C) अनुपयोगी
(D) शुष्क
Answer: (B)
Explanation: महत्वपूर्ण हैं।

75. वनों का योगदान क्या है?
(A) ऑक्सीजन
(B) संसाधन
(C) जीवन
(D) सभी
Answer: (D)
Explanation: सभी क्षेत्रों में योगदान है।

76. वनस्पति का मुख्य गुण क्या है?
(A) विविधता
(B) एकरूपता
(C) शुष्कता
(D) ठंड
Answer: (A)
Explanation: विविधता है।

77. वनस्पति का महत्व क्या है?
(A) ऑक्सीजन
(B) भोजन
(C) पर्यावरण
(D) सभी
Answer: (D)
Explanation: सभी में महत्वपूर्ण है।

78. वनस्पति का प्रभाव किस पर पड़ता है?
(A) जलवायु
(B) पर्यावरण
(C) जीवन
(D) सभी
Answer: (D)
Explanation: सभी प्रभावित होते हैं।

79. वनस्पति का आधार क्या है?
(A) जलवायु
(B) मृदा
(C) जल
(D) सभी
Answer: (D)
Explanation: सभी महत्वपूर्ण हैं।

80. वनस्पति का निष्कर्ष क्या है?
(A) सीमित
(B) महत्वपूर्ण
(C) अनुपयोगी
(D) शुष्क
Answer: (B)
Explanation: महत्वपूर्ण है।

81. वन्यजीवों का मुख्य गुण क्या है?
(A) विविधता
(B) एकरूपता
(C) शुष्कता
(D) ठंड
Answer: (A)
Explanation: विविधता है।

82. वन्यजीवों का महत्व क्या है?
(A) संतुलन
(B) पर्यावरण
(C) जीवन
(D) सभी
Answer: (D)
Explanation: सभी में महत्वपूर्ण हैं।

83. वन्यजीवों का प्रभाव किस पर पड़ता है?
(A) पर्यावरण
(B) जीवन
(C) संतुलन
(D) सभी
Answer: (D)
Explanation: सभी प्रभावित होते हैं।

84. वन्यजीवों का आधार क्या है?
(A) जंगल
(B) जल
(C) भोजन
(D) सभी
Answer: (D)
Explanation: सभी आवश्यक हैं।

85. वन्यजीवों का अध्ययन क्यों जरूरी है?
(A) संरक्षण
(B) पर्यावरण
(C) जीवन
(D) सभी
Answer: (D)
Explanation: सभी में उपयोगी है।

86. वनों का मुख्य कार्य क्या है?
(A) ऑक्सीजन देना
(B) संतुलन
(C) जलवायु नियंत्रण
(D) सभी
Answer: (D)
Explanation: सभी कार्य करते हैं।

87. वनों का प्रभाव किस पर पड़ता है?
(A) जलवायु
(B) पर्यावरण
(C) जीवन
(D) सभी
Answer: (D)
Explanation: सभी प्रभावित होते हैं।

88. वनों का मुख्य उद्देश्य क्या है?
(A) संतुलन
(B) विकास
(C) उत्पादन
(D) सभी
Answer: (D)
Explanation: सभी में योगदान है।

89. वनों का निष्कर्ष क्या है?
(A) सीमित
(B) महत्वपूर्ण
(C) अनुपयोगी

(D) शुष्क
Answer: (B)
Explanation: महत्वपूर्ण हैं।

90. वनों का योगदान क्या है?
(A) ऑक्सीजन
(B) संसाधन
(C) जीवन
(D) सभी
Answer: (D)
Explanation: सभी क्षेत्रों में योगदान है।

91. वनस्पति का मुख्य गुण क्या है?
(A) विविधता
(B) एकरूपता
(C) शुष्कता
(D) ठंड
Answer: (A)
Explanation: विविधता है।

92. वनस्पति का महत्व क्या है?
(A) ऑक्सीजन
(B) भोजन
(C) पर्यावरण
(D) सभी
Answer: (D)
Explanation: सभी में महत्वपूर्ण है।

93. वनस्पति का प्रभाव किस पर पड़ता है?
(A) जलवायु
(B) पर्यावरण
(C) जीवन
(D) सभी
Answer: (D)
Explanation: सभी प्रभावित होते हैं।

94. वनस्पति का आधार क्या है?
(A) जलवायु
(B) मृदा
(C) जल
(D) सभी
Answer: (D)
Explanation: सभी महत्वपूर्ण हैं।

95. वनस्पति का अध्ययन क्यों जरूरी है?
(A) पर्यावरण
(B) जीवन
(C) संसाधन
(D) सभी
Answer: (D)
Explanation: सभी में उपयोगी है।

96. वन्यजीवों का मुख्य गुण क्या है?
(A) विविधता
(B) एकरूपता
(C) शुष्कता
(D) ठंड
Answer: (A)
Explanation: विविधता है।

97. वन्यजीवों का महत्व क्या है?
(A) संतुलन
(B) पर्यावरण
(C) जीवन
(D) सभी
Answer: (D)
Explanation: सभी में महत्वपूर्ण हैं।

98. वन्यजीवों का प्रभाव किस पर पड़ता है?
(A) पर्यावरण
(B) जीवन
(C) संतुलन
(D) सभी
Answer: (D)
Explanation: सभी प्रभावित होते हैं।

99. वन्यजीवों का आधार क्या है?
(A) जंगल
(B) जल
(C) भोजन
(D) सभी
Answer: (D)
Explanation: सभी आवश्यक हैं।

100. प्राकृतिक वनस्पति एवं वन्यजीव का अंतिम निष्कर्ष क्या है?
(A) सीमित
(B) पर्यावरण संतुलन का आधार
(C) अनुपयोगी
(D) शुष्क
Answer: (B)
Explanation: ये पर्यावरण संतुलन और जीवन के लिए अत्यंत आवश्यक हैं।

Chapter 25: कृषि

1. कृषि का अर्थ क्या है?
(A) उद्योग
(B) भूमि पर फसल उगाना
(C) व्यापार
(D) खनन
Answer: (B)
Explanation: कृषि का अर्थ भूमि पर फसल उगाना है।

2. भारत की अधिकांश जनसंख्या किस पर निर्भर है?
(A) उद्योग
(B) कृषि
(C) व्यापार
(D) सेवा
Answer: (B)
Explanation: अधिकांश लोग कृषि पर निर्भर हैं।

3. भारत में कृषि का मुख्य प्रकार क्या है?
(A) व्यावसायिक
(B) निर्वाह
(C) औद्योगिक
(D) मिश्रित
Answer: (B)
Explanation: निर्वाह कृषि प्रमुख है।

4. खरीफ फसलें कब बोई जाती हैं?
(A) सर्दी में
(B) गर्मी में
(C) वर्षा ऋतु में
(D) पतझड़ में
Answer: (C)
Explanation: खरीफ फसलें वर्षा ऋतु में बोई जाती हैं।

5. रबी फसलें कब बोई जाती हैं?

(A) जून
(B) अक्टूबर
(C) जनवरी
(D) मार्च
Answer: (B)
Explanation: रबी फसलें अक्टूबर में बोई जाती हैं।

6. जायद फसलें कब उगाई जाती हैं?
(A) सर्दी
(B) वर्षा
(C) गर्मी
(D) पतझड़
Answer: (C)
Explanation: जायद फसलें गर्मी में उगाई जाती हैं।

7. चावल किस प्रकार की फसल है?
(A) रबी
(B) खरीफ
(C) जायद
(D) नगदी
Answer: (B)
Explanation: चावल खरीफ फसल है।

8. गेहूँ किस प्रकार की फसल है?
(A) खरीफ
(B) रबी
(C) जायद
(D) नगदी
Answer: (B)
Explanation: गेहूँ रबी फसल है।

9. कपास किस प्रकार की फसल है?
(A) रबी
(B) खरीफ
(C) जायद
(D) नगदी
Answer: (D)
Explanation: कपास नगदी फसल है।

10. गन्ना किस प्रकार की फसल है?
(A) खाद्यान्न
(B) नगदी
(C) जायद
(D) रबी
Answer: (B)
Explanation: गन्ना नगदी फसल है।

11. भारत में प्रमुख खाद्यान्न फसल कौन सी है?
(A) कपास
(B) चावल
(C) जूट
(D) चाय
Answer: (B)
Explanation: चावल प्रमुख खाद्यान्न फसल है।

12. हरित क्रांति किससे संबंधित है?
(A) उद्योग
(B) कृषि
(C) व्यापार
(D) खनन

Answer: (B)
Explanation: कृषि उत्पादन बढ़ाने से संबंधित है।

13. हरित क्रांति का मुख्य उद्देश्य क्या था?
(A) उद्योग बढ़ाना
(B) उत्पादन बढ़ाना
(C) व्यापार बढ़ाना
(D) रोजगार
Answer: (B)
Explanation: कृषि उत्पादन बढ़ाना।

14. भारत में सिंचाई का मुख्य स्रोत क्या है?
(A) वर्षा
(B) नदियाँ
(C) नलकूप
(D) सभी
Answer: (D)
Explanation: सभी स्रोत उपयोग में आते हैं।

15. कृषि के लिए सबसे महत्वपूर्ण कारक क्या है?
(A) भूमि
(B) जल
(C) जलवायु
(D) सभी
Answer: (D)
Explanation: सभी कारक आवश्यक हैं।

16. भारत में खरीफ फसलों की कटाई कब होती है?
(A) जनवरी
(B) मार्च
(C) सितंबर-अक्टूबर
(D) दिसंबर
Answer: (C)
Explanation: खरीफ फसलें सितंबर-अक्टूबर में काटी जाती हैं।

17. रबी फसलों की कटाई कब होती है?
(A) मार्च-अप्रैल
(B) जून-जुलाई
(C) सितंबर
(D) दिसंबर
Answer: (A)
Explanation: रबी फसलें मार्च-अप्रैल में काटी जाती हैं।

18. जायद फसलों की कटाई कब होती है?
(A) जून
(B) अगस्त
(C) अक्टूबर
(D) जनवरी
Answer: (A)
Explanation: जायद फसलें जून में काटी जाती हैं।

19. चाय किस प्रकार की फसल है?
(A) खाद्यान्न
(B) नगदी
(C) रबी
(D) जायद
Answer: (B)
Explanation: चाय नगदी फसल है।

20. जूट किस प्रकार की फसल है?
(A) खाद्यान्न
(B) नगदी
(C) रबी
(D) जायद
Answer: (B)
Explanation: जूट नगदी फसल है।

21. भारत में सबसे अधिक चावल उत्पादन कहाँ होता है?
(A) पंजाब
(B) पश्चिम बंगाल
(C) राजस्थान
(D) गुजरात
Answer: (B)
Explanation: पश्चिम बंगाल में अधिक उत्पादन होता है।

22. गेहूँ उत्पादन में कौन सा राज्य अग्रणी है?
(A) पंजाब
(B) महाराष्ट्र
(C) केरल
(D) असम
Answer: (A)
Explanation: पंजाब प्रमुख उत्पादक है।

23. कपास उत्पादन में कौन सा राज्य अग्रणी है?
(A) गुजरात
(B) बिहार
(C) असम
(D) केरल
Answer: (A)
Explanation: गुजरात कपास उत्पादन में अग्रणी है।

24. गन्ना उत्पादन में कौन सा राज्य अग्रणी है?
(A) उत्तर प्रदेश
(B) राजस्थान
(C) गुजरात
(D) पंजाब
Answer: (A)
Explanation: उत्तर प्रदेश प्रमुख उत्पादक है।

25. कॉफी उत्पादन में कौन सा राज्य प्रमुख है?
(A) पंजाब
(B) कर्नाटक
(C) बिहार
(D) गुजरात
Answer: (B)
Explanation: कर्नाटक प्रमुख उत्पादक है।

26. भारत में कृषि का मुख्य उद्देश्य क्या है?
(A) निर्यात
(B) आत्मनिर्भरता
(C) उत्पादन
(D) सभी
Answer: (D)
Explanation: सभी उद्देश्य हैं।

27. सिंचाई का सबसे बड़ा स्रोत क्या है?
(A) नहर
(B) कुआँ

(C) वर्षा
(D) झील
Answer: (C)
Explanation: वर्षा मुख्य स्रोत है।

28. कृषि में उर्वरक का उपयोग क्यों किया जाता है?
(A) उत्पादन बढ़ाने के लिए
(B) जल बढ़ाने के लिए
(C) भूमि कम करने के लिए
(D) हवा बढ़ाने के लिए
Answer: (A)
Explanation: उत्पादन बढ़ाने के लिए।

29. जैविक खेती क्या है?
(A) रसायन का उपयोग
(B) प्राकृतिक तरीके से खेती
(C) मशीनों का उपयोग
(D) उद्योग
Answer: (B)
Explanation: प्राकृतिक तरीकों से खेती।

30. मिश्रित खेती क्या है?
(A) एक फसल
(B) दो फसलें
(C) फसल और पशुपालन
(D) केवल पशुपालन
Answer: (C)
Explanation: फसल और पशुपालन दोनों शामिल होते हैं।

31. भारत की कृषि का मुख्य गुण क्या है?
(A) विविधता
(B) एकरूपता
(C) शुष्कता
(D) ठंड
Answer: (A)
Explanation: विविधता पाई जाती है।

32. भारत की कृषि का महत्व क्या है?
(A) भोजन
(B) रोजगार
(C) अर्थव्यवस्था
(D) सभी
Answer: (D)
Explanation: सभी में महत्वपूर्ण है।

33. भारत की कृषि का प्रभाव किस पर पड़ता है?
(A) अर्थव्यवस्था
(B) समाज
(C) जीवन
(D) सभी
Answer: (D)
Explanation: सभी प्रभावित होते हैं।

34. भारत की कृषि का आधार क्या है?
(A) भूमि
(B) जल
(C) जलवायु
(D) सभी
Answer: (D)
Explanation: सभी महत्वपूर्ण हैं।

35. कृषि का अध्ययन क्यों जरूरी है?

(A) उत्पादन
(B) योजना
(C) विकास
(D) सभी
Answer: (D)
Explanation: सभी में उपयोगी है।

36. हरित क्रांति का प्रभाव क्या था?
(A) उत्पादन बढ़ा
(B) उत्पादन घटा
(C) कोई प्रभाव नहीं
(D) उद्योग बढ़ा
Answer: (A)
Explanation: उत्पादन में वृद्धि हुई।

37. श्वेत क्रांति किससे संबंधित है?
(A) दूध
(B) गेहूँ
(C) चावल
(D) कपास
Answer: (A)
Explanation: दूध उत्पादन से संबंधित है।

38. नीली क्रांति किससे संबंधित है?
(A) मत्स्य पालन
(B) कृषि
(C) उद्योग
(D) खनन
Answer: (A)
Explanation: मत्स्य उत्पादन से संबंधित है।

39. पीली क्रांति किससे संबंधित है?
(A) तेल बीज
(B) दूध
(C) गेहूँ
(D) चावल
Answer: (A)
Explanation: तिलहन उत्पादन से संबंधित है।

40. कृषि में मशीनों का उपयोग किसे कहते हैं?
(A) जैविक खेती
(B) यंत्रीकरण
(C) सिंचाई
(D) उत्पादन
Answer: (B)
Explanation: मशीनों के उपयोग को यंत्रीकरण कहते हैं।

41. भारत की कृषि का मुख्य कार्य क्या है?
(A) भोजन देना
(B) रोजगार देना
(C) अर्थव्यवस्था बढ़ाना
(D) सभी
Answer: (D)
Explanation: सभी कार्य करती है।

42. कृषि का प्रभाव किस पर पड़ता है?
(A) समाज
(B) अर्थव्यवस्था
(C) जीवन
(D) सभी
Answer: (D)

Explanation: सभी प्रभावित होते हैं।

43. कृषि का मुख्य उद्देश्य क्या है?

(A) उत्पादन

(B) विकास

(C) संतुलन

(D) सभी

Answer: (D)

Explanation: सभी में योगदान है।

44. कृषि का निष्कर्ष क्या है?

(A) सीमित

(B) महत्वपूर्ण

(C) अनुपयोगी

(D) शुष्क

Answer: (B)

Explanation: अत्यंत महत्वपूर्ण है।

45. कृषि का योगदान क्या है?

(A) भोजन

(B) रोजगार

(C) अर्थव्यवस्था

(D) सभी

Answer: (D)

Explanation: सभी क्षेत्रों में योगदान है।

46. भारत की कृषि का मुख्य गुण क्या है?

(A) विविधता

(B) एकरूपता

(C) शुष्कता

(D) ठंड

Answer: (A)

Explanation: विविधता है।

47. भारत की कृषि का महत्व क्या है?

(A) भोजन

(B) रोजगार

(C) अर्थव्यवस्था

(D) सभी

Answer: (D)

Explanation: सभी में महत्वपूर्ण है।

48. भारत की कृषि का प्रभाव किस पर पड़ता है?

(A) समाज

(B) अर्थव्यवस्था

(C) जीवन

(D) सभी

Answer: (D)

Explanation: सभी प्रभावित होते हैं।

49. भारत की कृषि का आधार क्या है?

(A) भूमि

(B) जल

(C) जलवायु

(D) सभी

Answer: (D)

Explanation: सभी महत्वपूर्ण हैं।

50. भारत की कृषि का निष्कर्ष क्या है?

(A) सीमित

(B) महत्वपूर्ण

(C) अनुपयोगी

(D) शुष्क

Answer: (B)

Explanation: महत्वपूर्ण है।

51. भारत की कृषि का मुख्य गुण क्या है?

(A) विविधता

(B) एकरूपता

(C) शुष्कता

(D) ठंड

Answer: (A)

Explanation: विविधता है।

52. भारत की कृषि का महत्व क्या है?

(A) भोजन

(B) रोजगार

(C) अर्थव्यवस्था

(D) सभी

Answer: (D)

Explanation: सभी में महत्वपूर्ण है।

53. भारत की कृषि का प्रभाव किस पर पड़ता है?

(A) समाज

(B) अर्थव्यवस्था

(C) जीवन

(D) सभी

Answer: (D)

Explanation: सभी प्रभावित होते हैं।

54. भारत की कृषि का आधार क्या है?

(A) भूमि

(B) जल

(C) जलवायु

(D) सभी

Answer: (D)

Explanation: सभी महत्वपूर्ण हैं।

55. कृषि का अध्ययन क्यों जरूरी है?

(A) उत्पादन

(B) योजना

(C) विकास

(D) सभी

Answer: (D)

Explanation: सभी में उपयोगी है।

56. कृषि का मुख्य कार्य क्या है?

(A) भोजन देना

(B) रोजगार देना

(C) अर्थव्यवस्था बढ़ाना

(D) सभी

Answer: (D)

Explanation: सभी कार्य करती है।

57. कृषि का प्रभाव किस पर पड़ता है?

(A) समाज

(B) अर्थव्यवस्था

(C) जीवन

(D) सभी

Answer: (D)

Explanation: सभी प्रभावित होते हैं।

58. कृषि का मुख्य उद्देश्य क्या है?

(A) उत्पादन

(B) विकास

(C) संतुलन

(D) सभी

Answer: (D)

Explanation: सभी में योगदान है।

59. कृषि का निष्कर्ष क्या है?

(A) सीमित

(B) महत्वपूर्ण
(C) अनुपयोगी
(D) शुष्क
Answer: (B)
Explanation: महत्वपूर्ण है।

60. कृषि का योगदान क्या है?
(A) भोजन
(B) रोजगार
(C) अर्थव्यवस्था
(D) सभी
Answer: (D)
Explanation: सभी क्षेत्रों में योगदान है।

61. भारत की कृषि का मुख्य गुण क्या है?
(A) विविधता
(B) एकरूपता
(C) शुष्कता
(D) ठंड
Answer: (A)
Explanation: विविधता है।

62. भारत की कृषि का महत्व क्या है?
(A) भोजन
(B) रोजगार
(C) अर्थव्यवस्था
(D) सभी
Answer: (D)
Explanation: सभी में महत्वपूर्ण है।

63. भारत की कृषि का प्रभाव किस पर पड़ता है?
(A) समाज
(B) अर्थव्यवस्था
(C) जीवन
(D) सभी
Answer: (D)
Explanation: सभी प्रभावित होते हैं।

64. भारत की कृषि का आधार क्या है?
(A) भूमि
(B) जल
(C) जलवायु
(D) सभी
Answer: (D)
Explanation: सभी महत्वपूर्ण हैं।

65. कृषि का अध्ययन क्यों जरूरी है?
(A) उत्पादन
(B) योजना
(C) विकास
(D) सभी
Answer: (D)
Explanation: सभी में उपयोगी है।

66. कृषि का मुख्य कार्य क्या है?
(A) भोजन देना
(B) रोजगार देना
(C) अर्थव्यवस्था बढ़ाना
(D) सभी
Answer: (D)
Explanation: सभी कार्य करती है।

67. कृषि का प्रभाव किस पर पड़ता है?
(A) समाज
(B) अर्थव्यवस्था

(C) जीवन
(D) सभी
Answer: (D)
Explanation: सभी प्रभावित होते हैं।

68. कृषि का मुख्य उद्देश्य क्या है?
(A) उत्पादन
(B) विकास
(C) संतुलन
(D) सभी
Answer: (D)
Explanation: सभी में योगदान है।

69. कृषि का निष्कर्ष क्या है?
(A) सीमित
(B) महत्वपूर्ण
(C) अनुपयोगी
(D) शुष्क
Answer: (B)
Explanation: महत्वपूर्ण है।

70. कृषि का योगदान क्या है?
(A) भोजन
(B) रोजगार
(C) अर्थव्यवस्था
(D) सभी
Answer: (D)
Explanation: सभी क्षेत्रों में योगदान है।

71. भारत की कृषि का मुख्य गुण क्या है?
(A) विविधता
(B) एकरूपता
(C) शुष्कता
(D) ठंड
Answer: (A)
Explanation: विविधता है।

72. भारत की कृषि का महत्व क्या है?
(A) भोजन
(B) रोजगार
(C) अर्थव्यवस्था
(D) सभी
Answer: (D)
Explanation: सभी में महत्वपूर्ण है।

73. भारत की कृषि का प्रभाव किस पर पड़ता है?
(A) समाज
(B) अर्थव्यवस्था
(C) जीवन
(D) सभी
Answer: (D)
Explanation: सभी प्रभावित होते हैं।

74. भारत की कृषि का आधार क्या है?
(A) भूमि
(B) जल
(C) जलवायु
(D) सभी
Answer: (D)
Explanation: सभी महत्वपूर्ण हैं।

75. कृषि का अध्ययन क्यों जरूरी है?
(A) उत्पादन
(B) योजना
(C) विकास
(D) सभी

Answer: (D)
Explanation: सभी में उपयोगी है।

76. कृषि का मुख्य कार्य क्या है?
(A) भोजन देना
(B) रोजगार देना
(C) अर्थव्यवस्था बढ़ाना
(D) सभी
Answer: (D)
Explanation: सभी कार्य करती है।

77. कृषि का प्रभाव किस पर पड़ता है?
(A) समाज
(B) अर्थव्यवस्था
(C) जीवन
(D) सभी
Answer: (D)
Explanation: सभी प्रभावित होते हैं।

78. कृषि का मुख्य उद्देश्य क्या है?
(A) उत्पादन
(B) विकास
(C) संतुलन
(D) सभी
Answer: (D)
Explanation: सभी में योगदान है।

79. कृषि का निष्कर्ष क्या है?
(A) सीमित
(B) महत्वपूर्ण
(C) अनुपयोगी
(D) शुष्क
Answer: (B)
Explanation: महत्वपूर्ण है।

80. कृषि का योगदान क्या है?
(A) भोजन
(B) रोजगार
(C) अर्थव्यवस्था
(D) सभी
Answer: (D)
Explanation: सभी क्षेत्रों में योगदान है।

81. भारत की कृषि का मुख्य गुण क्या है?
(A) विविधता
(B) एकरूपता
(C) शुष्कता
(D) ठंड
Answer: (A)
Explanation: विविधता है।

82. भारत की कृषि का महत्व क्या है?
(A) भोजन
(B) रोजगार
(C) अर्थव्यवस्था
(D) सभी
Answer: (D)
Explanation: सभी में महत्वपूर्ण है।

83. भारत की कृषि का प्रभाव किस पर पड़ता है?
(A) समाज
(B) अर्थव्यवस्था
(C) जीवन
(D) सभी
Answer: (D)
Explanation: सभी प्रभावित होते हैं।

84. भारत की कृषि का आधार

क्या है?

(A) भूमि

(B) जल

(C) जलवायु

(D) सभी

Answer: (D)

Explanation: सभी महत्वपूर्ण हैं।

85. कृषि का अध्ययन क्यों जरूरी है?

(A) उत्पादन

(B) योजना

(C) विकास

(D) सभी

Answer: (D)

Explanation: सभी में उपयोगी है।

86. कृषि का मुख्य कार्य क्या है?

(A) भोजन देना

(B) रोजगार देना

(C) अर्थव्यवस्था बढ़ाना

(D) सभी

Answer: (D)

Explanation: सभी कार्य करती है।

87. कृषि का प्रभाव किस पर पड़ता है?

(A) समाज

(B) अर्थव्यवस्था

(C) जीवन

(D) सभी

Answer: (D)

Explanation: सभी प्रभावित होते हैं।

88. कृषि का मुख्य उद्देश्य क्या है?

(A) उत्पादन

(B) विकास

(C) संतुलन

(D) सभी

Answer: (D)

Explanation: सभी में योगदान है।

89. कृषि का निष्कर्ष क्या है?

(A) सीमित

(B) महत्वपूर्ण

(C) अनुपयोगी

(D) शुष्क

Answer: (B)

Explanation: महत्वपूर्ण है।

90. कृषि का योगदान क्या है?

(A) भोजन

(B) रोजगार

(C) अर्थव्यवस्था

(D) सभी

Answer: (D)

Explanation: सभी क्षेत्रों में योगदान है।

91. भारत की कृषि का मुख्य गुण क्या है?

(A) विविधता

(B) एकरूपता

(C) शुष्कता

(D) ठंड

Answer: (A)

Explanation: विविधता है।

92. भारत की कृषि का महत्व क्या है?

(A) भोजन

(B) रोजगार

(C) अर्थव्यवस्था
(D) सभी
Answer: (D)
Explanation: सभी में महत्वपूर्ण है।

93. भारत की कृषि का प्रभाव किस पर पड़ता है?
(A) समाज
(B) अर्थव्यवस्था
(C) जीवन
(D) सभी
Answer: (D)
Explanation: सभी प्रभावित होते हैं।

94. भारत की कृषि का आधार क्या है?
(A) भूमि
(B) जल
(C) जलवायु
(D) सभी
Answer: (D)
Explanation: सभी महत्वपूर्ण हैं।

95. कृषि का अध्ययन क्यों जरूरी है?
(A) उत्पादन
(B) योजना
(C) विकास
(D) सभी
Answer: (D)
Explanation: सभी में उपयोगी है।

96. कृषि का मुख्य कार्य क्या है?
(A) भोजन देना
(B) रोजगार देना
(C) अर्थव्यवस्था बढ़ाना
(D) सभी
Answer: (D)
Explanation: सभी कार्य करती है।

97. कृषि का प्रभाव किस पर पड़ता है?
(A) समाज
(B) अर्थव्यवस्था
(C) जीवन
(D) सभी
Answer: (D)
Explanation: सभी प्रभावित होते हैं।

98. कृषि का मुख्य उद्देश्य क्या है?
(A) उत्पादन
(B) विकास
(C) संतुलन
(D) सभी
Answer: (D)
Explanation: सभी में योगदान है।

99. कृषि का निष्कर्ष क्या है?
(A) सीमित
(B) महत्वपूर्ण
(C) अनुपयोगी
(D) शुष्क
Answer: (B)
Explanation: महत्वपूर्ण है।

100. कृषि का अंतिम निष्कर्ष क्या है?
(A) सीमित
(B) भारत की अर्थव्यवस्था का आधार
(C) अनुपयोगी
(D) शुष्क

Answer: (B)
Explanation: कृषि भारत की अर्थव्यवस्था और जीवन का आधार है।

Chapter 26: खनिज एवं उद्योग

1. खनिज क्या हैं?
(A) जीवित पदार्थ
(B) प्राकृतिक रूप से पाए जाने वाले अकार्बनिक पदार्थ
(C) केवल धातु
(D) केवल पत्थर
Answer: (B)
Explanation: खनिज प्राकृतिक रूप से पाए जाने वाले अकार्बनिक पदार्थ होते हैं।

2. खनिज कितने प्रकार के होते हैं?
(A) 2
(B) 3
(C) 4
(D) 5
Answer: (A)
Explanation: धात्विक और अधात्विक दो प्रकार के होते हैं।

3. लौह अयस्क किस प्रकार का खनिज है?
(A) अधात्विक
(B) धात्विक
(C) ऊर्जा
(D) रत्न
Answer: (B)
Explanation: यह धात्विक खनिज है।

4. कोयला किस प्रकार का खनिज है?
(A) धात्विक
(B) अधात्विक
(C) ऊर्जा
(D) रत्न
Answer: (C)
Explanation: कोयला ऊर्जा खनिज है।

5. पेट्रोलियम किस प्रकार का खनिज है?
(A) धात्विक
(B) अधात्विक
(C) ऊर्जा
(D) रत्न
Answer: (C)
Explanation: पेट्रोलियम ऊर्जा खनिज है।

6. भारत में लौह अयस्क कहाँ पाया जाता है?
(A) पंजाब
(B) झारखंड
(C) केरल
(D) हरियाणा
Answer: (B)
Explanation: झारखंड में प्रमुख भंडार हैं।

7. बॉक्साइट किस धातु का अयस्क है?

(A) लोहा
(B) तांबा
(C) एल्युमिनियम
(D) सोना
Answer: (C)
Explanation: एल्युमिनियम का अयस्क है।

8. अभ्रक किस प्रकार का खनिज है?
(A) धात्विक
(B) अधात्विक
(C) ऊर्जा
(D) रत्न
Answer: (B)
Explanation: अभ्रक अधात्विक खनिज है।

9. सोना किस प्रकार का खनिज है?
(A) अधात्विक
(B) धात्विक
(C) ऊर्जा
(D) रत्न
Answer: (B)
Explanation: सोना धात्विक खनिज है।

10. हीरा किस प्रकार का खनिज है?
(A) धात्विक
(B) अधात्विक
(C) ऊर्जा
(D) रत्न
Answer: (D)
Explanation: हीरा रत्न खनिज है।

11. उद्योग क्या है?
(A) खेती
(B) उत्पादन की प्रक्रिया
(C) व्यापार
(D) सेवा
Answer: (B)
Explanation: वस्तुओं के उत्पादन की प्रक्रिया उद्योग है।

12. उद्योग कितने प्रकार के होते हैं?
(A) 2
(B) 3
(C) 4
(D) 5
Answer: (B)
Explanation: प्राथमिक, द्वितीयक और तृतीयक तीन प्रकार होते हैं।

13. प्राथमिक उद्योग किससे संबंधित है?
(A) उत्पादन
(B) कच्चा माल
(C) सेवा
(D) व्यापार
Answer: (B)
Explanation: कच्चे माल से संबंधित होता है।

14. द्वितीयक उद्योग किससे संबंधित है?
(A) सेवा
(B) उत्पादन

(C) व्यापार
(D) परिवहन
Answer: (B)
Explanation: कच्चे माल को तैयार वस्तु में बदलना।

15. तृतीयक उद्योग किससे संबंधित है?
(A) सेवा
(B) उत्पादन
(C) कृषि
(D) खनन
Answer: (A)
Explanation: सेवाओं से संबंधित है।

16. भारत में कोयले का सबसे बड़ा भंडार कहाँ है?
(A) पंजाब
(B) झारखंड
(C) गुजरात
(D) केरल
Answer: (B)
Explanation: झारखंड में कोयले के बड़े भंडार हैं।

17. पेट्रोलियम का प्रमुख उत्पादक क्षेत्र कौन सा है?
(A) असम
(B) राजस्थान
(C) पंजाब
(D) बिहार
Answer: (A)
Explanation: असम में प्रमुख तेल क्षेत्र हैं।

18. प्राकृतिक गैस का उपयोग किसमें होता है?
(A) ईंधन
(B) उद्योग
(C) बिजली उत्पादन
(D) सभी
Answer: (D)
Explanation: सभी क्षेत्रों में उपयोग होता है।

19. इस्पात उद्योग किस प्रकार का उद्योग है?
(A) कुटीर
(B) भारी
(C) हल्का
(D) सेवा
Answer: (B)
Explanation: इस्पात उद्योग भारी उद्योग है।

20. कपड़ा उद्योग किस प्रकार का उद्योग है?
(A) भारी
(B) हल्का
(C) सेवा
(D) खनन
Answer: (B)
Explanation: यह हल्का उद्योग है।

21. भारत का पहला इस्पात कारखाना कहाँ स्थापित हुआ?
(A) भिलाई
(B) जमशेदपुर
(C) दुर्गापुर
(D) राउरकेला
Answer: (B)

Explanation: जमशेदपुर में स्थापित हुआ।

22. भारत में तेल शोधनशाला कहाँ स्थित है?

(A) मथुरा
(B) दिल्ली
(C) जयपुर
(D) लखनऊ

Answer: (A)

Explanation: मथुरा में प्रमुख रिफाइनरी है।

23. उद्योगों का मुख्य उद्देश्य क्या है?

(A) उत्पादन
(B) रोजगार
(C) विकास
(D) सभी

Answer: (D)

Explanation: सभी उद्देश्य होते हैं।

24. कुटीर उद्योग किसके द्वारा चलाए जाते हैं?

(A) सरकार
(B) बड़े उद्योगपति
(C) परिवार
(D) विदेशी कंपनियाँ

Answer: (C)

Explanation: परिवार द्वारा संचालित होते हैं।

25. लघु उद्योग का मुख्य लाभ क्या है?

(A) कम निवेश
(B) अधिक लाभ
(C) अधिक उत्पादन
(D) अधिक निर्यात

Answer: (A)

Explanation: कम पूंजी में शुरू होते हैं।

26. उद्योगों के लिए कच्चा माल कहाँ से आता है?

(A) खेत
(B) खदान
(C) जंगल
(D) सभी

Answer: (D)

Explanation: सभी स्रोतों से मिलता है।

27. खनिज संसाधन क्यों महत्वपूर्ण हैं?

(A) उद्योग
(B) ऊर्जा
(C) विकास
(D) सभी

Answer: (D)

Explanation: सभी में उपयोगी हैं।

28. भारत में सोना कहाँ पाया जाता है?

(A) कर्नाटक
(B) पंजाब
(C) बिहार
(D) गुजरात

Answer: (A)

Explanation: कर्नाटक में पाया जाता है।

29. तांबा कहाँ पाया जाता है?

(A) राजस्थान
(B) पंजाब
(C) केरल
(D) हरियाणा
Answer: (A)
Explanation: राजस्थान में प्रमुख भंडार हैं।

30. खनन का मुख्य उद्देश्य क्या है?
(A) उत्पादन
(B) संसाधन प्राप्त करना
(C) व्यापार
(D) सेवा
Answer: (B)
Explanation: खनिज निकालना मुख्य उद्देश्य है।

31. भारत की उद्योग प्रणाली का मुख्य गुण क्या है?
(A) विविधता
(B) एकरूपता
(C) शुष्कता
(D) ठंड
Answer: (A)
Explanation: विभिन्न प्रकार के उद्योग हैं।

32. उद्योगों का महत्व क्या है?
(A) रोजगार
(B) उत्पादन
(C) अर्थव्यवस्था
(D) सभी
Answer: (D)
Explanation: सभी में महत्वपूर्ण हैं।

33. उद्योगों का प्रभाव किस पर पड़ता है?
(A) समाज
(B) अर्थव्यवस्था
(C) पर्यावरण
(D) सभी
Answer: (D)
Explanation: सभी प्रभावित होते हैं।

34. उद्योगों का आधार क्या है?
(A) कच्चा माल
(B) श्रम
(C) पूंजी
(D) सभी
Answer: (D)
Explanation: सभी आवश्यक हैं।

35. उद्योगों का अध्ययन क्यों जरूरी है?
(A) विकास
(B) योजना
(C) उत्पादन
(D) सभी
Answer: (D)
Explanation: सभी में उपयोगी है।

36. इस्पात उद्योग का मुख्य कच्चा माल क्या है?
(A) कोयला
(B) लौह अयस्क
(C) चूना पत्थर
(D) सभी
Answer: (D)
Explanation: सभी का उपयोग होता है।

37. कपड़ा उद्योग का मुख्य कच्चा माल क्या है?

(A) कपास

(B) जूट

(C) ऊन

(D) सभी

Answer: (D)

Explanation: सभी प्रकार के रेशों का उपयोग होता है।

38. पेट्रोकेमिकल उद्योग किससे संबंधित है?

(A) कोयला

(B) पेट्रोलियम

(C) जल

(D) हवा

Answer: (B)

Explanation: पेट्रोलियम से संबंधित है।

39. भारत में सबसे बड़ा औद्योगिक क्षेत्र कौन सा है?

(A) मुंबई

(B) कोलकाता

(C) दिल्ली

(D) चेन्नई

Answer: (A)

Explanation: मुंबई प्रमुख औद्योगिक क्षेत्र है।

40. उद्योगों के विकास का मुख्य कारण क्या है?

(A) संसाधन

(B) श्रम

(C) बाजार

(D) सभी

Answer: (D)

Explanation: सभी कारण आवश्यक हैं।

41. उद्योगों का मुख्य कार्य क्या है?

(A) उत्पादन

(B) रोजगार

(C) विकास

(D) सभी

Answer: (D)

Explanation: सभी कार्य करते हैं।

42. उद्योगों का प्रभाव किस पर पड़ता है?

(A) समाज

(B) अर्थव्यवस्था

(C) पर्यावरण

(D) सभी

Answer: (D)

Explanation: सभी प्रभावित होते हैं।

43. उद्योगों का मुख्य उद्देश्य क्या है?

(A) उत्पादन

(B) विकास

(C) संतुलन

(D) सभी

Answer: (D)

Explanation: सभी में योगदान है।

44. उद्योगों का निष्कर्ष क्या है?

(A) सीमित

(B) महत्वपूर्ण

(C) अनुपयोगी

(D) शुष्क

Answer: (B)

Explanation: महत्वपूर्ण हैं।

45. उद्योगों का योगदान क्या है?

(A) रोजगार

(B) उत्पादन

(C) अर्थव्यवस्था

(D) सभी

Answer: (D)

Explanation: सभी क्षेत्रों में योगदान है।

46. भारत के खनिजों का मुख्य गुण क्या है?

(A) विविधता

(B) एकरूपता

(C) शुष्कता

(D) ठंड

Answer: (A)

Explanation: विभिन्न प्रकार के खनिज पाए जाते हैं।

47. खनिजों का महत्व क्या है?

(A) उद्योग

(B) ऊर्जा

(C) विकास

(D) सभी

Answer: (D)

Explanation: सभी में महत्वपूर्ण हैं।

48. खनिजों का प्रभाव किस पर पड़ता है?

(A) उद्योग

(B) अर्थव्यवस्था

(C) विकास

(D) सभी

Answer: (D)

Explanation: सभी प्रभावित होते हैं।

49. खनिजों का आधार क्या है?

(A) भूगर्भ

(B) चट्टान

(C) संरचना

(D) सभी

Answer: (D)

Explanation: सभी महत्वपूर्ण हैं।

50. खनिजों का निष्कर्ष क्या है?

(A) सीमित

(B) महत्वपूर्ण

(C) अनुपयोगी

(D) शुष्क

Answer: (B)

Explanation: महत्वपूर्ण हैं।

51. उद्योगों का मुख्य गुण क्या है?

(A) विविधता

(B) एकरूपता

(C) शुष्कता

(D) ठंड

Answer: (A)

Explanation: विविधता है।

52. उद्योगों का महत्व क्या है?

(A) उत्पादन

(B) रोजगार

(C) अर्थव्यवस्था

(D) सभी

Answer: (D)

Explanation: सभी में महत्वपूर्ण हैं।

53. उद्योगों का प्रभाव किस पर पड़ता है?

(A) समाज
(B) अर्थव्यवस्था
(C) पर्यावरण
(D) सभी
Answer: (D)
Explanation: सभी प्रभावित होते हैं।

54. उद्योगों का आधार क्या है?
(A) कच्चा माल
(B) श्रम
(C) पूंजी
(D) सभी
Answer: (D)
Explanation: सभी आवश्यक हैं।

55. उद्योगों का अध्ययन क्यों जरूरी है?
(A) विकास
(B) योजना
(C) उत्पादन
(D) सभी
Answer: (D)
Explanation: सभी में उपयोगी है।

56. उद्योगों का मुख्य कार्य क्या है?
(A) उत्पादन
(B) रोजगार
(C) विकास
(D) सभी
Answer: (D)
Explanation: सभी कार्य करते हैं।

57. उद्योगों का प्रभाव किस पर पड़ता है?
(A) समाज
(B) अर्थव्यवस्था
(C) पर्यावरण
(D) सभी
Answer: (D)
Explanation: सभी प्रभावित होते हैं।

58. उद्योगों का मुख्य उद्देश्य क्या है?
(A) उत्पादन
(B) विकास
(C) संतुलन
(D) सभी
Answer: (D)
Explanation: सभी में योगदान है।

59. उद्योगों का निष्कर्ष क्या है?
(A) सीमित
(B) महत्वपूर्ण
(C) अनुपयोगी
(D) शुष्क
Answer: (B)
Explanation: महत्वपूर्ण हैं।

60. उद्योगों का योगदान क्या है?
(A) रोजगार
(B) उत्पादन
(C) अर्थव्यवस्था
(D) सभी
Answer: (D)
Explanation: सभी क्षेत्रों में योगदान है।

61. खनिजों का मुख्य गुण क्या है?
(A) विविधता
(B) एकरूपता
(C) शुष्कता
(D) ठंड

Answer: (A)
Explanation: विविधता है।

62. खनिजों का महत्व क्या है?
(A) उद्योग
(B) ऊर्जा
(C) विकास
(D) सभी
Answer: (D)
Explanation: सभी में महत्वपूर्ण हैं।

63. खनिजों का प्रभाव किस पर पड़ता है?
(A) उद्योग
(B) अर्थव्यवस्था
(C) विकास
(D) सभी
Answer: (D)
Explanation: सभी प्रभावित होते हैं।

64. खनिजों का आधार क्या है?
(A) भूगर्भ
(B) चट्टान
(C) संरचना
(D) सभी
Answer: (D)
Explanation: सभी महत्वपूर्ण हैं।

65. खनिजों का अध्ययन क्यों जरूरी है?
(A) विकास
(B) योजना
(C) संसाधन
(D) सभी
Answer: (D)
Explanation: सभी में उपयोगी है।

66. उद्योगों का मुख्य कार्य क्या है?
(A) उत्पादन
(B) रोजगार
(C) विकास
(D) सभी
Answer: (D)
Explanation: सभी कार्य करते हैं।

67. उद्योगों का प्रभाव किस पर पड़ता है?
(A) समाज
(B) अर्थव्यवस्था
(C) पर्यावरण
(D) सभी
Answer: (D)
Explanation: सभी प्रभावित होते हैं।

68. उद्योगों का मुख्य उद्देश्य क्या है?
(A) उत्पादन
(B) विकास
(C) संतुलन
(D) सभी
Answer: (D)
Explanation: सभी में योगदान है।

69. उद्योगों का निष्कर्ष क्या है?
(A) सीमित
(B) महत्वपूर्ण
(C) अनुपयोगी
(D) शुष्क
Answer: (B)
Explanation: महत्वपूर्ण हैं।

70. उद्योगों का योगदान क्या है?
(A) रोजगार

(B) उत्पादन
(C) अर्थव्यवस्था
(D) सभी
Answer: (D)
Explanation: सभी क्षेत्रों में योगदान है।

71. खनिजों का मुख्य गुण क्या है?
(A) विविधता
(B) एकरूपता
(C) शुष्कता
(D) ठंड
Answer: (A)
Explanation: विविधता है।

72. खनिजों का महत्व क्या है?
(A) उद्योग
(B) ऊर्जा
(C) विकास
(D) सभी
Answer: (D)
Explanation: सभी में महत्वपूर्ण हैं।

73. खनिजों का प्रभाव किस पर पड़ता है?
(A) उद्योग
(B) अर्थव्यवस्था
(C) विकास
(D) सभी
Answer: (D)
Explanation: सभी प्रभावित होते हैं।

74. खनिजों का आधार क्या है?
(A) भूगर्भ
(B) चट्टान
(C) संरचना
(D) सभी
Answer: (D)
Explanation: सभी महत्वपूर्ण हैं।

75. खनिजों का अध्ययन क्यों जरूरी है?
(A) विकास
(B) योजना
(C) संसाधन
(D) सभी
Answer: (D)
Explanation: सभी में उपयोगी है।

76. उद्योगों का मुख्य कार्य क्या है?
(A) उत्पादन
(B) रोजगार
(C) विकास
(D) सभी
Answer: (D)
Explanation: सभी कार्य करते हैं।

77. उद्योगों का प्रभाव किस पर पड़ता है?
(A) समाज
(B) अर्थव्यवस्था
(C) पर्यावरण
(D) सभी
Answer: (D)
Explanation: सभी प्रभावित होते हैं।

78. उद्योगों का मुख्य उद्देश्य क्या है?
(A) उत्पादन
(B) विकास
(C) संतुलन
(D) सभी

Answer: (D)
Explanation: सभी में योगदान है।

79. उद्योगों का निष्कर्ष क्या है?
(A) सीमित
(B) महत्वपूर्ण
(C) अनुपयोगी
(D) शुष्क
Answer: (B)
Explanation: महत्वपूर्ण हैं।

80. उद्योगों का योगदान क्या है?
(A) रोजगार
(B) उत्पादन
(C) अर्थव्यवस्था
(D) सभी
Answer: (D)
Explanation: सभी क्षेत्रों में योगदान है।

81. खनिजों का मुख्य गुण क्या है?
(A) विविधता
(B) एकरूपता
(C) शुष्कता
(D) ठंड
Answer: (A)
Explanation: विविधता है।

82. खनिजों का महत्व क्या है?
(A) उद्योग
(B) ऊर्जा
(C) विकास
(D) सभी
Answer: (D)
Explanation: सभी में महत्वपूर्ण हैं।

83. खनिजों का प्रभाव किस पर पड़ता है?
(A) उद्योग
(B) अर्थव्यवस्था
(C) विकास
(D) सभी
Answer: (D)
Explanation: सभी प्रभावित होते हैं।

84. खनिजों का आधार क्या है?
(A) भूगर्भ
(B) चट्टान
(C) संरचना
(D) सभी
Answer: (D)
Explanation: सभी महत्वपूर्ण हैं।

85. खनिजों का अध्ययन क्यों जरूरी है?
(A) विकास
(B) योजना
(C) संसाधन
(D) सभी
Answer: (D)
Explanation: सभी में उपयोगी है।

86. उद्योगों का मुख्य कार्य क्या है?
(A) उत्पादन
(B) रोजगार
(C) विकास
(D) सभी
Answer: (D)
Explanation: सभी कार्य करते हैं।

87. उद्योगों का प्रभाव किस पर पड़ता है?
(A) समाज

(B) अर्थव्यवस्था
(C) पर्यावरण
(D) सभी
Answer: (D)
Explanation: सभी प्रभावित होते हैं।

88. उद्योगों का मुख्य उद्देश्य क्या है?
(A) उत्पादन
(B) विकास
(C) संतुलन
(D) सभी
Answer: (D)
Explanation: सभी में योगदान है।

89. उद्योगों का निष्कर्ष क्या है?
(A) सीमित
(B) महत्वपूर्ण
(C) अनुपयोगी
(D) शुष्क
Answer: (B)
Explanation: महत्वपूर्ण हैं।

90. उद्योगों का योगदान क्या है?
(A) रोजगार
(B) उत्पादन
(C) अर्थव्यवस्था
(D) सभी
Answer: (D)
Explanation: सभी क्षेत्रों में योगदान है।

91. खनिजों का मुख्य गुण क्या है?
(A) विविधता
(B) एकरूपता
(C) शुष्कता
(D) ठंड
Answer: (A)
Explanation: विविधता है।

92. खनिजों का महत्व क्या है?
(A) उद्योग
(B) ऊर्जा
(C) विकास
(D) सभी
Answer: (D)
Explanation: सभी में महत्वपूर्ण हैं।

93. खनिजों का प्रभाव किस पर पड़ता है?
(A) उद्योग
(B) अर्थव्यवस्था
(C) विकास
(D) सभी
Answer: (D)
Explanation: सभी प्रभावित होते हैं।

94. खनिजों का आधार क्या है?
(A) भूगर्भ
(B) चट्टान
(C) संरचना
(D) सभी
Answer: (D)
Explanation: सभी महत्वपूर्ण हैं।

95. खनिजों का अध्ययन क्यों जरूरी है?
(A) विकास
(B) योजना
(C) संसाधन
(D) सभी
Answer: (D)

Explanation: सभी में उपयोगी है।

96. उद्योगों का मुख्य कार्य क्या है?

(A) उत्पादन
(B) रोजगार
(C) विकास
(D) सभी

Answer: (D)

Explanation: सभी कार्य करते हैं।

97. उद्योगों का प्रभाव किस पर पड़ता है?

(A) समाज
(B) अर्थव्यवस्था
(C) पर्यावरण
(D) सभी

Answer: (D)

Explanation: सभी प्रभावित होते हैं।

98. उद्योगों का मुख्य उद्देश्य क्या है?

(A) उत्पादन
(B) विकास
(C) संतुलन
(D) सभी

Answer: (D)

Explanation: सभी में योगदान है।

99. उद्योगों का निष्कर्ष क्या है?

(A) सीमित
(B) महत्वपूर्ण
(C) अनुपयोगी
(D) शुष्क

Answer: (B)

Explanation: महत्वपूर्ण हैं।

100. खनिज एवं उद्योग का अंतिम निष्कर्ष क्या है?

(A) सीमित
(B) आर्थिक विकास का आधार
(C) अनुपयोगी
(D) शुष्क

Answer: (B)

Explanation: खनिज और उद्योग देश के आर्थिक विकास के मुख्य आधार हैं।

Chapter 27: परिवहन एवं संचार

1. परिवहन का अर्थ क्या है?

(A) वस्तुओं का उत्पादन
(B) वस्तुओं और लोगों का एक स्थान से दूसरे स्थान तक ले जाना
(C) व्यापार
(D) संचार

Answer: (B)

Explanation: परिवहन का अर्थ लोगों और वस्तुओं का आवागमन है।

2. संचार का अर्थ क्या है?

(A) वस्तुओं का आदान-प्रदान
(B) सूचना का आदान-प्रदान
(C) यात्रा
(D) उत्पादन

Answer: (B)

Explanation: संचार का अर्थ सूचना का आदान-प्रदान है।

3. परिवहन के मुख्य प्रकार कितने हैं?

(A) 2

(B) 3
(C) 4
(D) 5
Answer: (B)
Explanation: स्थल, जल और वायु तीन मुख्य प्रकार हैं।

4. सड़क परिवहन किस प्रकार का परिवहन है?

(A) जल
(B) वायु
(C) स्थल
(D) समुद्री
Answer: (C)
Explanation: सड़क परिवहन स्थल परिवहन है।

5. रेलवे किस प्रकार का परिवहन है?

(A) जल
(B) वायु
(C) स्थल
(D) अंतरिक्ष
Answer: (C)
Explanation: रेलवे स्थल परिवहन है।

6. जहाज किस प्रकार का परिवहन है?

(A) स्थल
(B) वायु
(C) जल
(D) अंतरिक्ष
Answer: (C)
Explanation: जहाज जल परिवहन का साधन है।

7. हवाई जहाज किस प्रकार का परिवहन है?

(A) स्थल
(B) जल
(C) वायु
(D) अंतरिक्ष
Answer: (C)
Explanation: हवाई जहाज वायु परिवहन का साधन है।

8. भारत का सबसे बड़ा रेल नेटवर्क किसके अंतर्गत है?

(A) निजी क्षेत्र
(B) भारतीय रेल
(C) राज्य सरकार
(D) विदेशी कंपनी
Answer: (B)
Explanation: भारतीय रेल के अंतर्गत आता है।

9. भारत में सबसे लंबा राष्ट्रीय राजमार्ग कौन सा है?

(A) NH-44
(B) NH-1
(C) NH-2
(D) NH-7
Answer: (A)
Explanation: NH-44 सबसे लंबा है।

10. बंदरगाह किस प्रकार के परिवहन से संबंधित हैं?

(A) स्थल
(B) वायु
(C) जल
(D) अंतरिक्ष
Answer: (C)

Explanation: बंदरगाह जल परिवहन से जुड़े होते हैं।

11. भारत का सबसे बड़ा बंदरगाह कौन सा है?

(A) मुंबई
(B) कोलकाता
(C) चेन्नई
(D) विशाखापत्तनम

Answer: (A)

Explanation: मुंबई प्रमुख बंदरगाह है।

12. संचार के साधन कितने प्रकार के होते हैं?

(A) 2
(B) 3
(C) 4
(D) 5

Answer: (A)

Explanation: पारंपरिक और आधुनिक दो प्रकार होते हैं।

13. पत्र किस प्रकार का संचार है?

(A) आधुनिक
(B) पारंपरिक
(C) डिजिटल
(D) वायु

Answer: (B)

Explanation: यह पारंपरिक संचार का माध्यम है।

14. मोबाइल किस प्रकार का संचार है?

(A) पारंपरिक
(B) आधुनिक
(C) जल
(D) स्थल

Answer: (B)

Explanation: यह आधुनिक संचार साधन है।

15. इंटरनेट किस प्रकार का संचार है?

(A) पारंपरिक
(B) आधुनिक
(C) जल
(D) वायु

Answer: (B)

Explanation: इंटरनेट आधुनिक संचार साधन है।

16. भारत में सबसे तेज परिवहन कौन सा है?

(A) सड़क
(B) रेल
(C) जल
(D) वायु

Answer: (D)

Explanation: वायु परिवहन सबसे तेज होता है।

17. सबसे सस्ता परिवहन कौन सा है?

(A) सड़क
(B) रेल
(C) जल
(D) वायु

Answer: (C)

Explanation: जल परिवहन सबसे सस्ता है।

18. रेलवे का मुख्य उपयोग क्या है?

(A) तेज यात्रा

(B) भारी माल ढुलाई

(C) संचार

(D) मनोरंजन

Answer: (B)

Explanation: रेलवे भारी माल ढुलाई के लिए उपयुक्त है।

19. सड़क परिवहन का मुख्य लाभ क्या है?

(A) सस्ता

(B) घर-घर सेवा

(C) तेज

(D) सुरक्षित

Answer: (B)

Explanation: सड़क परिवहन घर-घर सेवा देता है।

20. वायु परिवहन का मुख्य नुकसान क्या है?

(A) धीमा

(B) महंगा

(C) असुरक्षित

(D) छोटा

Answer: (B)

Explanation: वायु परिवहन महंगा होता है।

21. भारत में रेलवे की शुरुआत कब हुई थी?

(A) 1853

(B) 1900

(C) 1947

(D) 2000

Answer: (A)

Explanation: 1853 में पहली रेल चली।

22. भारत की पहली रेल कहाँ चली थी?

(A) दिल्ली से आगरा

(B) मुंबई से ठाणे

(C) कोलकाता से पटना

(D) चेन्नई से बेंगलुरु

Answer: (B)

Explanation: मुंबई से ठाणे के बीच चली थी।

23. भारत का सबसे व्यस्त हवाई अड्डा कौन सा है?

(A) दिल्ली

(B) मुंबई

(C) चेन्नई

(D) कोलकाता

Answer: (A)

Explanation: दिल्ली का हवाई अड्डा सबसे व्यस्त है।

24. पाइपलाइन परिवहन किसके लिए उपयोगी है?

(A) लोग

(B) तेल और गैस

(C) अनाज

(D) कपड़ा

Answer: (B)

Explanation: तेल और गैस के लिए उपयोगी है।

25. संचार का सबसे तेज माध्यम

कौन सा है?

(A) पत्र

(B) टेलीफोन

(C) इंटरनेट

(D) रेडियो

Answer: (C)

Explanation: इंटरनेट सबसे तेज है।

26. डाक सेवा किससे संबंधित है?

(A) परिवहन

(B) संचार

(C) उद्योग

(D) कृषि

Answer: (B)

Explanation: डाक सेवा संचार का माध्यम है।

27. रेडियो किस प्रकार का संचार है?

(A) पारंपरिक

(B) आधुनिक

(C) डिजिटल

(D) जल

Answer: (B)

Explanation: यह आधुनिक संचार माध्यम है।

28. टेलीविजन का उपयोग किसके लिए होता है?

(A) मनोरंजन

(B) सूचना

(C) शिक्षा

(D) सभी

Answer: (D)

Explanation: सभी उद्देश्यों के लिए उपयोग होता है।

29. उपग्रह संचार किससे संबंधित है?

(A) भूमि

(B) जल

(C) अंतरिक्ष

(D) वायु

Answer: (C)

Explanation: यह अंतरिक्ष से संबंधित है।

30. परिवहन का मुख्य उद्देश्य क्या है?

(A) यात्रा

(B) व्यापार

(C) संपर्क

(D) सभी

Answer: (D)

Explanation: सभी उद्देश्यों को पूरा करता है।

31. परिवहन का महत्व क्या है?

(A) व्यापार

(B) विकास

(C) संपर्क

(D) सभी

Answer: (D)

Explanation: सभी में महत्वपूर्ण है।

32. संचार का महत्व क्या है?

(A) सूचना

(B) संपर्क

(C) विकास

(D) सभी

Answer: (D)

Explanation: सभी में महत्वपूर्ण है।

33. परिवहन का प्रभाव किस पर पड़ता है?

(A) अर्थव्यवस्था

(B) समाज

(C) विकास

(D) सभी

Answer: (D)

Explanation: सभी प्रभावित होते हैं।

34. संचार का प्रभाव किस पर पड़ता है?

(A) समाज

(B) अर्थव्यवस्था

(C) जीवन

(D) सभी

Answer: (D)

Explanation: सभी प्रभावित होते हैं।

35. परिवहन का आधार क्या है?

(A) साधन

(B) मार्ग

(C) तकनीक

(D) सभी

Answer: (D)

Explanation: सभी आवश्यक हैं।

36. भारत की परिवहन प्रणाली का मुख्य गुण क्या है?

(A) विविधता

(B) एकरूपता

(C) शुष्कता

(D) ठंड

Answer: (A)

Explanation: विभिन्न प्रकार के साधन हैं।

37. भारत की संचार प्रणाली का मुख्य गुण क्या है?

(A) विविधता

(B) एकरूपता

(C) शुष्कता

(D) ठंड

Answer: (A)

Explanation: अनेक प्रकार के माध्यम हैं।

38. परिवहन का अध्ययन क्यों जरूरी है?

(A) योजना

(B) विकास

(C) व्यापार

(D) सभी

Answer: (D)

Explanation: सभी में उपयोगी है।

39. संचार का अध्ययन क्यों जरूरी है?

(A) सूचना

(B) विकास

(C) संपर्क

(D) सभी

Answer: (D)

Explanation: सभी में उपयोगी है।

40. परिवहन का मुख्य कार्य क्या है?

(A) यात्रा

(B) माल ढुलाई

(C) संपर्क

(D) सभी

Answer: (D)
Explanation: सभी कार्य करता है।

41. संचार का मुख्य कार्य क्या है?
(A) सूचना देना
(B) संपर्क बनाए रखना
(C) विकास करना
(D) सभी
Answer: (D)
Explanation: सभी कार्य करता है।

42. परिवहन का निष्कर्ष क्या है?
(A) सीमित
(B) महत्वपूर्ण
(C) अनुपयोगी
(D) शुष्क
Answer: (B)
Explanation: महत्वपूर्ण है।

43. संचार का निष्कर्ष क्या है?
(A) सीमित
(B) महत्वपूर्ण
(C) अनुपयोगी
(D) शुष्क
Answer: (B)
Explanation: महत्वपूर्ण है।

44. परिवहन का योगदान क्या है?
(A) व्यापार
(B) विकास
(C) संपर्क
(D) सभी
Answer: (D)
Explanation: सभी क्षेत्रों में योगदान है।

45. संचार का योगदान क्या है?
(A) सूचना
(B) संपर्क
(C) विकास
(D) सभी
Answer: (D)
Explanation: सभी क्षेत्रों में योगदान है।

46. भारत की परिवहन प्रणाली का मुख्य गुण क्या है?
(A) विविधता
(B) एकरूपता
(C) शुष्कता
(D) ठंड
Answer: (A)
Explanation: विविधता है।

47. भारत की संचार प्रणाली का महत्व क्या है?
(A) सूचना
(B) संपर्क
(C) विकास
(D) सभी
Answer: (D)
Explanation: सभी में महत्वपूर्ण है।

48. परिवहन का प्रभाव किस पर पड़ता है?
(A) समाज
(B) अर्थव्यवस्था
(C) विकास
(D) सभी
Answer: (D)
Explanation: सभी प्रभावित होते हैं।

49. संचार का प्रभाव किस पर

पड़ता है?
(A) समाज
(B) अर्थव्यवस्था
(C) जीवन
(D) सभी
Answer: (D)
Explanation: सभी प्रभावित होते हैं।

50. परिवहन का निष्कर्ष क्या है?
(A) सीमित
(B) महत्वपूर्ण
(C) अनुपयोगी
(D) शुष्क
Answer: (B)
Explanation: महत्वपूर्ण है।

51. संचार का मुख्य गुण क्या है?
(A) विविधता
(B) एकरूपता
(C) शुष्कता
(D) ठंड
Answer: (A)
Explanation: विविधता है।

52. संचार का महत्व क्या है?
(A) सूचना
(B) संपर्क
(C) विकास
(D) सभी
Answer: (D)
Explanation: सभी में महत्वपूर्ण है।

53. संचार का प्रभाव किस पर पड़ता है?
(A) समाज
(B) अर्थव्यवस्था
(C) जीवन
(D) सभी
Answer: (D)
Explanation: सभी प्रभावित होते हैं।

54. संचार का आधार क्या है?
(A) तकनीक
(B) साधन
(C) नेटवर्क
(D) सभी
Answer: (D)
Explanation: सभी आवश्यक हैं।

55. संचार का अध्ययन क्यों जरूरी है?
(A) सूचना
(B) विकास
(C) संपर्क
(D) सभी
Answer: (D)
Explanation: सभी में उपयोगी है।

56. परिवहन का मुख्य कार्य क्या है?
(A) यात्रा
(B) माल ढुलाई
(C) संपर्क
(D) सभी
Answer: (D)
Explanation: सभी कार्य करता है।

57. संचार का मुख्य कार्य क्या है?
(A) सूचना
(B) संपर्क
(C) विकास
(D) सभी

Answer: (D)
Explanation: सभी कार्य करता है।

58. परिवहन का मुख्य उद्देश्य क्या है?
(A) यात्रा
(B) व्यापार
(C) संपर्क
(D) सभी
Answer: (D)
Explanation: सभी में योगदान है।

59. संचार का मुख्य उद्देश्य क्या है?
(A) सूचना
(B) संपर्क
(C) विकास
(D) सभी
Answer: (D)
Explanation: सभी में योगदान है।

60. परिवहन का निष्कर्ष क्या है?
(A) सीमित
(B) महत्वपूर्ण
(C) अनुपयोगी
(D) शुष्क
Answer: (B)
Explanation: महत्वपूर्ण है।

61. संचार का निष्कर्ष क्या है?
(A) सीमित
(B) महत्वपूर्ण
(C) अनुपयोगी
(D) शुष्क
Answer: (B)
Explanation: महत्वपूर्ण है।

62. परिवहन का योगदान क्या है?
(A) व्यापार
(B) विकास
(C) संपर्क
(D) सभी
Answer: (D)
Explanation: सभी क्षेत्रों में योगदान है।

63. संचार का योगदान क्या है?
(A) सूचना
(B) संपर्क
(C) विकास
(D) सभी
Answer: (D)
Explanation: सभी क्षेत्रों में योगदान है।

64. परिवहन का मुख्य गुण क्या है?
(A) विविधता
(B) एकरूपता
(C) शुष्कता
(D) ठंड
Answer: (A)
Explanation: विविधता है।

65. संचार का मुख्य गुण क्या है?
(A) विविधता
(B) एकरूपता
(C) शुष्कता
(D) ठंड
Answer: (A)
Explanation: विविधता है।

66. परिवहन का महत्व क्या है?
(A) व्यापार
(B) विकास
(C) संपर्क
(D) सभी
Answer: (D)
Explanation: सभी में महत्वपूर्ण है।

67. संचार का महत्व क्या है?
(A) सूचना
(B) संपर्क
(C) विकास
(D) सभी
Answer: (D)
Explanation: सभी में महत्वपूर्ण है।

68. परिवहन का प्रभाव किस पर पड़ता है?
(A) समाज
(B) अर्थव्यवस्था
(C) विकास
(D) सभी
Answer: (D)
Explanation: सभी प्रभावित होते हैं।

69. संचार का प्रभाव किस पर पड़ता है?
(A) समाज
(B) अर्थव्यवस्था
(C) जीवन
(D) all
Answer: (D)
Explanation: सभी प्रभावित होते हैं।

70. परिवहन का आधार क्या है?
(A) साधन
(B) मार्ग
(C) तकनीक
(D) सभी
Answer: (D)
Explanation: सभी आवश्यक हैं।

71. संचार का आधार क्या है?
(A) तकनीक
(B) नेटवर्क
(C) साधन
(D) सभी
Answer: (D)
Explanation: सभी आवश्यक हैं।

72. परिवहन का अध्ययन क्यों जरूरी है?
(A) योजना
(B) विकास
(C) व्यापार
(D) सभी
Answer: (D)
Explanation: सभी में उपयोगी है।

73. संचार का अध्ययन क्यों जरूरी है?
(A) सूचना
(B) संपर्क
(C) विकास
(D) सभी
Answer: (D)
Explanation: सभी में उपयोगी है।

74. परिवहन का मुख्य कार्य क्या है?
(A) यात्रा
(B) माल ढुलाई

(C) संपर्क
(D) सभी
Answer: (D)
Explanation: सभी कार्य करता है।

75. संचार का मुख्य कार्य क्या है?
(A) सूचना देना
(B) संपर्क बनाए रखना
(C) विकास करना
(D) सभी
Answer: (D)
Explanation: सभी कार्य करता है।

76. परिवहन का निष्कर्ष क्या है?
(A) सीमित
(B) महत्वपूर्ण
(C) अनुपयोगी
(D) शुष्क
Answer: (B)
Explanation: महत्वपूर्ण है।

77. संचार का निष्कर्ष क्या है?
(A) सीमित
(B) महत्वपूर्ण
(C) अनुपयोगी
(D) शुष्क
Answer: (B)
Explanation: महत्वपूर्ण है।

78. परिवहन का योगदान क्या है?
(A) व्यापार
(B) विकास
(C) संपर्क
(D) सभी
Answer: (D)
Explanation: सभी क्षेत्रों में योगदान है।

79. संचार का योगदान क्या है?
(A) सूचना
(B) संपर्क
(C) विकास
(D) सभी
Answer: (D)
Explanation: सभी क्षेत्रों में योगदान है।

80. परिवहन का मुख्य गुण क्या है?
(A) विविधता
(B) एकरूपता
(C) शुष्कता
(D) ठंड
Answer: (A)
Explanation: विविधता है।

81. संचार का मुख्य गुण क्या है?
(A) विविधता
(B) एकरूपता
(C) शुष्कता
(D) ठंड
Answer: (A)
Explanation: विविधता है।

82. परिवहन का महत्व क्या है?
(A) व्यापार
(B) विकास
(C) संपर्क
(D) सभी
Answer: (D)
Explanation: सभी में महत्वपूर्ण है।

83. संचार का महत्व क्या है?

(A) सूचना
(B) संपर्क
(C) विकास
(D) सभी
Answer: (D)
Explanation: सभी में महत्वपूर्ण है।

84. परिवहन का प्रभाव किस पर पड़ता है?
(A) समाज
(B) अर्थव्यवस्था
(C) विकास
(D) सभी
Answer: (D)
Explanation: सभी प्रभावित होते हैं।

85. संचार का प्रभाव किस पर पड़ता है?
(A) समाज
(B) अर्थव्यवस्था
(C) जीवन
(D) सभी
Answer: (D)
Explanation: सभी प्रभावित होते हैं।

86. परिवहन का आधार क्या है?
(A) साधन
(B) मार्ग
(C) तकनीक
(D) सभी
Answer: (D)
Explanation: सभी आवश्यक हैं।

87. संचार का आधार क्या है?
(A) तकनीक
(B) नेटवर्क
(C) साधन
(D) सभी
Answer: (D)
Explanation: सभी आवश्यक हैं।

88. परिवहन का अध्ययन क्यों जरूरी है?
(A) योजना
(B) विकास
(C) व्यापार
(D) सभी
Answer: (D)
Explanation: सभी में उपयोगी है।

89. संचार का अध्ययन क्यों जरूरी है?
(A) सूचना
(B) संपर्क
(C) विकास
(D) सभी
Answer: (D)
Explanation: सभी में उपयोगी है।

90. परिवहन का मुख्य कार्य क्या है?
(A) यात्रा
(B) माल ढुलाई
(C) संपर्क
(D) सभी
Answer: (D)
Explanation: सभी कार्य करता है।

91. संचार का मुख्य कार्य क्या है?
(A) सूचना देना
(B) संपर्क बनाए रखना
(C) विकास करना

(D) सभी

Answer: (D)

Explanation: सभी कार्य करता है।

92. परिवहन का निष्कर्ष क्या है?

(A) सीमित

(B) महत्वपूर्ण

(C) अनुपयोगी

(D) शुष्क

Answer: (B)

Explanation: महत्वपूर्ण है।

93. संचार का निष्कर्ष क्या है?

(A) सीमित

(B) महत्वपूर्ण

(C) अनुपयोगी

(D) शुष्क

Answer: (B)

Explanation: महत्वपूर्ण है।

94. परिवहन का योगदान क्या है?

(A) व्यापार

(B) विकास

(C) संपर्क

(D) सभी

Answer: (D)

Explanation: सभी क्षेत्रों में योगदान है।

95. संचार का योगदान क्या है?

(A) सूचना

(B) संपर्क

(C) विकास

(D) सभी

Answer: (D)

Explanation: सभी क्षेत्रों में योगदान है।

96. परिवहन का मुख्य गुण क्या है?

(A) विविधता

(B) एकरूपता

(C) शुष्कता

(D) ठंड

Answer: (A)

Explanation: विविधता है।

97. संचार का मुख्य गुण क्या है?

(A) विविधता

(B) एकरूपता

(C) शुष्कता

(D) ठंड

Answer: (A)

Explanation: विविधता है।

98. परिवहन का महत्व क्या है?

(A) व्यापार

(B) विकास

(C) संपर्क

(D) सभी

Answer: (D)

Explanation: सभी में महत्वपूर्ण है।

99. संचार का महत्व क्या है?

(A) सूचना

(B) संपर्क

(C) विकास

(D) सभी

Answer: (D)

Explanation: सभी में महत्वपूर्ण है।

100. परिवहन एवं संचार का अंतिम निष्कर्ष क्या है?

(A) सीमित
(B) देश के विकास और संपर्क का आधार
(C) अनुपयोगी
(D) शुष्क
Answer: (B)
Explanation: परिवहन और संचार देश के विकास और आपसी संपर्क के मुख्य आधार हैं।

Chapter 28: जनसंख्या

1. जनसंख्या का अर्थ क्या है?
(A) भूमि
(B) किसी क्षेत्र में रहने वाले लोगों की संख्या
(C) जल
(D) वन
Answer: (B)
Explanation: किसी क्षेत्र में रहने वाले लोगों की कुल संख्या को जनसंख्या कहते हैं।

2. भारत विश्व में जनसंख्या के आधार पर कौन से स्थान पर है?
(A) प्रथम
(B) द्वितीय
(C) तृतीय
(D) चतुर्थ
Answer: (A)
Explanation: वर्तमान में भारत विश्व में प्रथम स्थान पर है।

3. जनसंख्या घनत्व का अर्थ क्या है?
(A) कुल जनसंख्या
(B) प्रति वर्ग किमी जनसंख्या
(C) कुल क्षेत्रफल
(D) जन्म दर
Answer: (B)
Explanation: प्रति वर्ग किलोमीटर में रहने वाले लोगों की संख्या।

4. भारत का जनसंख्या घनत्व अधिक क्यों है?
(A) कम क्षेत्रफल
(B) अधिक जनसंख्या
(C) अधिक वर्षा
(D) कम संसाधन
Answer: (B)
Explanation: अधिक जनसंख्या होने से घनत्व अधिक है।

5. भारत में जनसंख्या का वितरण कैसा है?
(A) समान
(B) असमान
(C) कम
(D) अधिक
Answer: (B)
Explanation: विभिन्न क्षेत्रों में असमान वितरण है।

6. जनसंख्या वृद्धि का मुख्य कारण क्या है?
(A) मृत्यु दर
(B) जन्म दर
(C) प्रवास
(D) सभी

Answer: (D)

Explanation: सभी कारक प्रभाव डालते हैं।

7. जन्म दर का अर्थ क्या है?

(A) मृत्यु संख्या

(B) जन्म की संख्या

(C) प्रवास

(D) घनत्व

Answer: (B)

Explanation: प्रति वर्ष जन्मों की संख्या।

8. मृत्यु दर का अर्थ क्या है?

(A) जन्म

(B) मृत्यु की संख्या

(C) प्रवास

(D) घनत्व

Answer: (B)

Explanation: प्रति वर्ष मृत्यु की संख्या।

9. जनसंख्या वृद्धि दर क्या है?

(A) जन्म दर

(B) मृत्यु दर

(C) अंतर

(D) सभी

Answer: (C)

Explanation: जन्म और मृत्यु दर का अंतर।

10. भारत में जनसंख्या का सबसे घना क्षेत्र कौन सा है?

(A) हिमालय

(B) गंगा मैदान

(C) मरुस्थल

(D) पठार

Answer: (B)

Explanation: गंगा का मैदान घना बसा हुआ है।

11. भारत में सबसे कम जनसंख्या घनत्व कहाँ है?

(A) बिहार

(B) उत्तर प्रदेश

(C) अरुणाचल प्रदेश

(D) पश्चिम बंगाल

Answer: (C)

Explanation: अरुणाचल प्रदेश में कम घनत्व है।

12. शहरी जनसंख्या क्या होती है?

(A) गाँव में रहने वाले

(B) शहर में रहने वाले

(C) पर्वत में रहने वाले

(D) जंगल में रहने वाले

Answer: (B)

Explanation: शहरों में रहने वाली जनसंख्या।

13. ग्रामीण जनसंख्या क्या होती है?

(A) शहर

(B) गाँव

(C) पर्वत

(D) जंगल

Answer: (B)

Explanation: गाँव में रहने वाली जनसंख्या।

14. जनसंख्या का मुख्य व्यवसाय क्या है?

(A) उद्योग
(B) कृषि
(C) व्यापार
(D) सेवा
Answer: (B)
Explanation: अधिकांश लोग कृषि में लगे हैं।

15. जनसंख्या का अध्ययन किसे कहते हैं?
(A) भूगोल
(B) जनांकिकी
(C) इतिहास
(D) अर्थशास्त्र
Answer: (B)
Explanation: जनसंख्या का अध्ययन जनांकिकी कहलाता है।

16. भारत में जनसंख्या वृद्धि दर को क्या कहा जाता है?
(A) स्थिर
(B) तीव्र
(C) धीमी
(D) शून्य
Answer: (B)
Explanation: भारत में जनसंख्या वृद्धि दर लंबे समय तक तीव्र रही है।

17. जनसंख्या वृद्धि का प्रमुख सामाजिक प्रभाव क्या है?
(A) बेरोजगारी
(B) विकास
(C) शिक्षा
(D) स्वास्थ्य
Answer: (A)
Explanation: अधिक जनसंख्या से बेरोजगारी बढ़ती है।

18. जनसंख्या विस्फोट क्या है?
(A) कम वृद्धि
(B) अधिक वृद्धि
(C) स्थिर वृद्धि
(D) शून्य वृद्धि
Answer: (B)
Explanation: बहुत तेज जनसंख्या वृद्धि को जनसंख्या विस्फोट कहते हैं।

19. जनसंख्या नियंत्रण का मुख्य उपाय क्या है?
(A) शिक्षा
(B) परिवार नियोजन
(C) जागरूकता
(D) सभी
Answer: (D)
Explanation: सभी उपाय आवश्यक हैं।

20. साक्षरता दर का अर्थ क्या है?
(A) पढ़ने वालों की संख्या
(B) लिखने वालों की संख्या
(C) पढ़ने-लिखने वालों का प्रतिशत
(D) स्कूलों की संख्या
Answer: (C)
Explanation: साक्षरता दर पढ़ने-लिखने वालों का प्रतिशत है।

21. भारत में साक्षरता दर क्यों बढ़ रही है?
(A) शिक्षा का प्रसार
(B) जागरूकता

(C) सरकारी योजनाएँ
(D) सभी
Answer: (D)
Explanation: सभी कारण जिम्मेदार हैं।

22. जनसंख्या का आर्थिक प्रभाव क्या है?
(A) संसाधनों पर दबाव
(B) रोजगार
(C) विकास
(D) सभी
Answer: (D)
Explanation: सभी प्रभाव होते हैं।

23. जनसंख्या का पर्यावरण पर क्या प्रभाव है?
(A) प्रदूषण
(B) संसाधन कमी
(C) वन विनाश
(D) सभी
Answer: (D)
Explanation: सभी प्रभाव होते हैं।

24. जनसंख्या का वितरण किन कारकों पर निर्भर करता है?
(A) जलवायु
(B) भूमि
(C) संसाधन
(D) सभी
Answer: (D)
Explanation: सभी कारक प्रभाव डालते हैं।

25. प्रवास का अर्थ क्या है?
(A) जन्म
(B) मृत्यु
(C) स्थान परिवर्तन
(D) शिक्षा
Answer: (C)
Explanation: एक स्थान से दूसरे स्थान पर जाना।

26. आंतरिक प्रवास क्या है?
(A) देश के बाहर जाना
(B) देश के अंदर स्थान परिवर्तन
(C) शहर से गाँव
(D) गाँव से शहर
Answer: (B)
Explanation: देश के भीतर का स्थान परिवर्तन।

27. बाहरी प्रवास क्या है?
(A) देश के अंदर
(B) देश के बाहर
(C) शहर में
(D) गाँव में
Answer: (B)
Explanation: देश से बाहर जाना।

28. जनसंख्या का मुख्य गुण क्या है?
(A) विविधता
(B) एकरूपता
(C) शुष्कता
(D) ठंड
Answer: (A)
Explanation: जनसंख्या में विविधता होती है।

29. भारत की जनसंख्या का मुख्य व्यवसाय क्या है?

(A) उद्योग
(B) कृषि
(C) व्यापार
(D) सेवा
Answer: (B)
Explanation: अधिकांश लोग कृषि में लगे हैं।

30. जनसंख्या का मुख्य संसाधन क्या है?
(A) जल
(B) भूमि
(C) मानव संसाधन
(D) वन
Answer: (C)
Explanation: मानव स्वयं एक संसाधन है।

31. जनसंख्या का महत्व क्या है?
(A) श्रम
(B) उत्पादन
(C) विकास
(D) सभी
Answer: (D)
Explanation: सभी में महत्वपूर्ण है।

32. जनसंख्या का प्रभाव किस पर पड़ता है?
(A) अर्थव्यवस्था
(B) समाज
(C) पर्यावरण
(D) सभी
Answer: (D)
Explanation: सभी प्रभावित होते हैं।

33. जनसंख्या का आधार क्या है?
(A) जन्म दर
(B) मृत्यु दर
(C) प्रवास
(D) सभी
Answer: (D)
Explanation: सभी कारक प्रभाव डालते हैं।

34. जनसंख्या का अध्ययन क्यों जरूरी है?
(A) योजना
(B) विकास
(C) संसाधन प्रबंधन
(D) सभी
Answer: (D)
Explanation: सभी में उपयोगी है।

35. जनसंख्या का मुख्य कार्य क्या है?
(A) श्रम देना
(B) उत्पादन करना
(C) विकास करना
(D) सभी
Answer: (D)
Explanation: सभी कार्य करती है।

36. जनसंख्या का निष्कर्ष क्या है?
(A) सीमित
(B) महत्वपूर्ण
(C) अनुपयोगी
(D) शुष्क
Answer: (B)
Explanation: अत्यंत महत्वपूर्ण है।

37. जनसंख्या का योगदान क्या है?

(A) श्रम
(B) उत्पादन
(C) विकास
(D) सभी
Answer: (D)
Explanation: सभी क्षेत्रों में योगदान है।

38. जनसंख्या का मुख्य गुण क्या है?
(A) विविधता
(B) एकरूपता
(C) शुष्कता
(D) ठंड
Answer: (A)
Explanation: विविधता है।

39. जनसंख्या का महत्व क्या है?
(A) श्रम
(B) उत्पादन
(C) विकास
(D) सभी
Answer: (D)
Explanation: सभी में महत्वपूर्ण है।

40. जनसंख्या का प्रभाव किस पर पड़ता है?
(A) अर्थव्यवस्था
(B) समाज
(C) पर्यावरण
(D) सभी
Answer: (D)
Explanation: सभी प्रभावित होते हैं।

41. जनसंख्या का आधार क्या है?
(A) जन्म दर
(B) मृत्यु दर
(C) प्रवास
(D) सभी
Answer: (D)
Explanation: सभी महत्वपूर्ण हैं।

42. जनसंख्या का अध्ययन क्यों जरूरी है?
(A) योजना
(B) विकास
(C) संसाधन
(D) सभी
Answer: (D)
Explanation: सभी में उपयोगी है।

43. जनसंख्या का मुख्य कार्य क्या है?
(A) श्रम देना
(B) उत्पादन करना
(C) विकास करना
(D) सभी
Answer: (D)
Explanation: सभी कार्य करती है।

44. जनसंख्या का निष्कर्ष क्या है?
(A) सीमित
(B) महत्वपूर्ण
(C) अनुपयोगी
(D) शुष्क
Answer: (B)
Explanation: महत्वपूर्ण है।

45. जनसंख्या का योगदान क्या है?
(A) श्रम
(B) उत्पादन

(C) विकास
(D) सभी
Answer: (D)
Explanation: सभी क्षेत्रों में योगदान है।

46. जनसंख्या का मुख्य गुण क्या है?
(A) विविधता
(B) एकरूपता
(C) शुष्कता
(D) ठंड
Answer: (A)
Explanation: विविधता है।

47. जनसंख्या का महत्व क्या है?
(A) श्रम
(B) उत्पादन
(C) विकास
(D) सभी
Answer: (D)
Explanation: सभी में महत्वपूर्ण है।

48. जनसंख्या का प्रभाव किस पर पड़ता है?
(A) अर्थव्यवस्था
(B) समाज
(C) पर्यावरण
(D) सभी
Answer: (D)
Explanation: सभी प्रभावित होते हैं।

49. जनसंख्या का आधार क्या है?
(A) जन्म दर
(B) मृत्यु दर
(C) प्रवास
(D) सभी
Answer: (D)
Explanation: सभी महत्वपूर्ण हैं।

50. जनसंख्या का निष्कर्ष क्या है?
(A) सीमित
(B) महत्वपूर्ण
(C) अनुपयोगी
(D) शुष्क
Answer: (B)
Explanation: महत्वपूर्ण है।

51. जनसंख्या का मुख्य गुण क्या है?
(A) विविधता
(B) एकरूपता
(C) शुष्कता
(D) ठंड
Answer: (A)
Explanation: विविधता है।

52. जनसंख्या का महत्व क्या है?
(A) श्रम
(B) उत्पादन
(C) विकास
(D) सभी
Answer: (D)
Explanation: सभी में महत्वपूर्ण है।

53. जनसंख्या का प्रभाव किस पर पड़ता है?
(A) अर्थव्यवस्था
(B) समाज
(C) पर्यावरण
(D) सभी
Answer: (D)

Explanation: सभी प्रभावित होते हैं।

54. जनसंख्या का आधार क्या है?

(A) जन्म दर

(B) मृत्यु दर

(C) प्रवास

(D) सभी

Answer: (D)

Explanation: सभी महत्वपूर्ण हैं।

55. जनसंख्या का अध्ययन क्यों जरूरी है?

(A) योजना

(B) विकास

(C) संसाधन

(D) सभी

Answer: (D)

Explanation: सभी में उपयोगी है।

56. जनसंख्या का मुख्य कार्य क्या है?

(A) श्रम देना

(B) उत्पादन करना

(C) विकास करना

(D) सभी

Answer: (D)

Explanation: सभी कार्य करती है।

57. जनसंख्या का प्रभाव किस पर पड़ता है?

(A) अर्थव्यवस्था

(B) समाज

(C) पर्यावरण

(D) सभी

Answer: (D)

Explanation: सभी प्रभावित होते हैं।

58. जनसंख्या का मुख्य उद्देश्य क्या है?

(A) विकास

(B) उत्पादन

(C) संतुलन

(D) सभी

Answer: (D)

Explanation: सभी में योगदान है।

59. जनसंख्या का निष्कर्ष क्या है?

(A) सीमित

(B) महत्वपूर्ण

(C) अनुपयोगी

(D) शुष्क

Answer: (B)

Explanation: महत्वपूर्ण है।

60. जनसंख्या का योगदान क्या है?

(A) श्रम

(B) उत्पादन

(C) विकास

(D) सभी

Answer: (D)

Explanation: सभी क्षेत्रों में योगदान है।

61. जनसंख्या का मुख्य गुण क्या है?

(A) विविधता

(B) एकरूपता

(C) शुष्कता

(D) ठंड

Answer: (A)

Explanation: विविधता है।

62. जनसंख्या का महत्व क्या है?
(A) श्रम
(B) उत्पादन
(C) विकास
(D) सभी
Answer: (D)
Explanation: सभी में महत्वपूर्ण है।

63. जनसंख्या का प्रभाव किस पर पड़ता है?
(A) अर्थव्यवस्था
(B) समाज
(C) पर्यावरण
(D) सभी
Answer: (D)
Explanation: सभी प्रभावित होते हैं।

64. जनसंख्या का आधार क्या है?
(A) जन्म दर
(B) मृत्यु दर
(C) प्रवास
(D) सभी
Answer: (D)
Explanation: सभी महत्वपूर्ण हैं।

65. जनसंख्या का अध्ययन क्यों जरूरी है?
(A) योजना
(B) विकास
(C) संसाधन
(D) सभी
Answer: (D)
Explanation: सभी में उपयोगी है।

66. जनसंख्या का मुख्य कार्य क्या है?
(A) श्रम देना
(B) उत्पादन करना
(C) विकास करना
(D) सभी
Answer: (D)
Explanation: सभी कार्य करती है।

67. जनसंख्या का प्रभाव किस पर पड़ता है?
(A) अर्थव्यवस्था
(B) समाज
(C) पर्यावरण
(D) सभी
Answer: (D)
Explanation: सभी प्रभावित होते हैं।

68. जनसंख्या का मुख्य उद्देश्य क्या है?
(A) विकास
(B) उत्पादन
(C) संतुलन
(D) सभी
Answer: (D)
Explanation: सभी में योगदान है।

69. जनसंख्या का निष्कर्ष क्या है?
(A) सीमित
(B) महत्वपूर्ण
(C) अनुपयोगी
(D) शुष्क
Answer: (B)
Explanation: महत्वपूर्ण है।

70. जनसंख्या का योगदान क्या है?
(A) श्रम

(B) उत्पादन
(C) विकास
(D) सभी
Answer: (D)
Explanation: सभी क्षेत्रों में योगदान है।

71. जनसंख्या का मुख्य गुण क्या है?
(A) विविधता
(B) एकरूपता
(C) शुष्कता
(D) ठंड
Answer: (A)
Explanation: विविधता है।

72. जनसंख्या का महत्व क्या है?
(A) श्रम
(B) उत्पादन
(C) विकास
(D) सभी
Answer: (D)
Explanation: सभी में महत्वपूर्ण है।

73. जनसंख्या का प्रभाव किस पर पड़ता है?
(A) अर्थव्यवस्था
(B) समाज
(C) पर्यावरण
(D) सभी
Answer: (D)
Explanation: सभी प्रभावित होते हैं।

74. जनसंख्या का आधार क्या है?
(A) जन्म दर
(B) मृत्यु दर
(C) प्रवास
(D) सभी
Answer: (D)
Explanation: सभी महत्वपूर्ण हैं।

75. जनसंख्या का अध्ययन क्यों जरूरी है?
(A) योजना
(B) विकास
(C) संसाधन
(D) सभी
Answer: (D)
Explanation: सभी में उपयोगी है।

76. जनसंख्या का मुख्य कार्य क्या है?
(A) श्रम देना
(B) उत्पादन करना
(C) विकास करना
(D) सभी
Answer: (D)
Explanation: सभी कार्य करती है।

77. जनसंख्या का प्रभाव किस पर पड़ता है?
(A) अर्थव्यवस्था
(B) समाज
(C) पर्यावरण
(D) सभी
Answer: (D)
Explanation: सभी प्रभावित होते हैं।

78. जनसंख्या का मुख्य उद्देश्य क्या है?
(A) विकास
(B) उत्पादन

(C) संतुलन
(D) सभी
Answer: (D)
Explanation: सभी में योगदान है।

79. जनसंख्या का निष्कर्ष क्या है?
(A) सीमित
(B) महत्वपूर्ण
(C) अनुपयोगी
(D) शुष्क
Answer: (B)
Explanation: महत्वपूर्ण है।

80. जनसंख्या का योगदान क्या है?
(A) श्रम
(B) उत्पादन
(C) विकास
(D) सभी
Answer: (D)
Explanation: सभी क्षेत्रों में योगदान है।

81. जनसंख्या का मुख्य गुण क्या है?
(A) विविधता
(B) एकरूपता
(C) शुष्कता
(D) ठंड
Answer: (A)
Explanation: विविधता है।

82. जनसंख्या का महत्व क्या है?
(A) श्रम
(B) उत्पादन
(C) विकास
(D) सभी
Answer: (D)
Explanation: सभी में महत्वपूर्ण है।

83. जनसंख्या का प्रभाव किस पर पड़ता है?
(A) अर्थव्यवस्था
(B) समाज
(C) पर्यावरण
(D) सभी
Answer: (D)
Explanation: सभी प्रभावित होते हैं।

84. जनसंख्या का आधार क्या है?
(A) जन्म दर
(B) मृत्यु दर
(C) प्रवास
(D) सभी
Answer: (D)
Explanation: सभी महत्वपूर्ण हैं।

85. जनसंख्या का अध्ययन क्यों जरूरी है?
(A) योजना
(B) विकास
(C) संसाधन
(D) सभी
Answer: (D)
Explanation: सभी में उपयोगी है।

86. जनसंख्या का मुख्य कार्य क्या है?
(A) श्रम देना
(B) उत्पादन करना
(C) विकास करना
(D) सभी

Answer: (D)

Explanation: सभी कार्य करती है।

87. जनसंख्या का प्रभाव किस पर पड़ता है?

(A) अर्थव्यवस्था

(B) समाज

(C) पर्यावरण

(D) सभी

Answer: (D)

Explanation: सभी प्रभावित होते हैं।

88. जनसंख्या का मुख्य उद्देश्य क्या है?

(A) विकास

(B) उत्पादन

(C) संतुलन

(D) सभी

Answer: (D)

Explanation: सभी में योगदान है।

89. जनसंख्या का निष्कर्ष क्या है?

(A) सीमित

(B) महत्वपूर्ण

(C) अनुपयोगी

(D) शुष्क

Answer: (B)

Explanation: महत्वपूर्ण है।

90. जनसंख्या का योगदान क्या है?

(A) श्रम

(B) उत्पादन

(C) विकास

(D) सभी

Answer: (D)

Explanation: सभी क्षेत्रों में योगदान है।

91. जनसंख्या का मुख्य गुण क्या है?

(A) विविधता

(B) एकरूपता

(C) शुष्कता

(D) ठंड

Answer: (A)

Explanation: विविधता है।

92. जनसंख्या का महत्व क्या है?

(A) श्रम

(B) उत्पादन

(C) विकास

(D) सभी

Answer: (D)

Explanation: सभी में महत्वपूर्ण है।

93. जनसंख्या का प्रभाव किस पर पड़ता है?

(A) अर्थव्यवस्था

(B) समाज

(C) पर्यावरण

(D) सभी

Answer: (D)

Explanation: सभी प्रभावित होते हैं।

94. जनसंख्या का आधार क्या है?

(A) जन्म दर

(B) मृत्यु दर

(C) प्रवास

(D) सभी

Answer: (D)

Explanation: सभी महत्वपूर्ण हैं।

95. जनसंख्या का अध्ययन क्यों जरूरी है?
(A) योजना
(B) विकास
(C) संसाधन
(D) सभी
Answer: (D)
Explanation: सभी में उपयोगी है।

96. जनसंख्या का मुख्य कार्य क्या है?
(A) श्रम देना
(B) उत्पादन करना
(C) विकास करना
(D) सभी
Answer: (D)
Explanation: सभी कार्य करती है।

97. जनसंख्या का प्रभाव किस पर पड़ता है?
(A) अर्थव्यवस्था
(B) समाज
(C) पर्यावरण
(D) सभी
Answer: (D)
Explanation: सभी प्रभावित होते हैं।

98. जनसंख्या का मुख्य उद्देश्य क्या है?
(A) विकास
(B) उत्पादन
(C) संतुलन
(D) सभी
Answer: (D)
Explanation: सभी में योगदान है।

99. जनसंख्या का निष्कर्ष क्या है?
(A) सीमित
(B) महत्वपूर्ण
(C) अनुपयोगी
(D) शुष्क
Answer: (B)
Explanation: महत्वपूर्ण है।

100. जनसंख्या का अंतिम निष्कर्ष क्या है?
(A) सीमित
(B) विकास का आधार और चुनौती दोनों
(C) अनुपयोगी
(D) शुष्क
Answer: (B)
Explanation: जनसंख्या विकास का आधार भी है और चुनौती भी।

Chapter 29: अधिवास

1. अधिवास का अर्थ क्या है?
(A) जल
(B) लोगों का निवास स्थान
(C) पर्वत
(D) वन
Answer: (B)
Explanation: जहाँ लोग रहते हैं उसे अधिवास कहते हैं।

2. अधिवास का अंग्रेजी शब्द क्या है?
(A) Population
(B) Settlement

(C) Climate
(D) Soil
Answer: (B)
Explanation: अधिवास को अंग्रेजी में Settlement कहते हैं।

3. अधिवास के मुख्य प्रकार कितने हैं?
(A) 2
(B) 3
(C) 4
(D) 5
Answer: (A)
Explanation: ग्रामीण और शहरी दो प्रकार होते हैं।

4. ग्रामीण अधिवास कहाँ पाए जाते हैं?
(A) शहर
(B) गाँव
(C) पर्वत
(D) समुद्र
Answer: (B)
Explanation: ग्रामीण अधिवास गाँव में होते हैं।

5. शहरी अधिवास कहाँ पाए जाते हैं?
(A) गाँव
(B) शहर
(C) जंगल
(D) पर्वत
Answer: (B)
Explanation: शहरी अधिवास शहरों में होते हैं।

6. अधिवास का विकास किन कारकों पर निर्भर करता है?
(A) जल
(B) भूमि
(C) जलवायु
(D) सभी
Answer: (D)
Explanation: सभी कारक प्रभाव डालते हैं।

7. सघन अधिवास क्या है?
(A) कम जनसंख्या
(B) अधिक जनसंख्या
(C) खाली क्षेत्र
(D) वन क्षेत्र
Answer: (B)
Explanation: जहाँ लोग अधिक संख्या में रहते हैं।

8. विरल अधिवास क्या है?
(A) अधिक जनसंख्या
(B) कम जनसंख्या
(C) शहर
(D) उद्योग
Answer: (B)
Explanation: जहाँ लोग कम संख्या में रहते हैं।

9. रैखिक अधिवास किसके किनारे विकसित होते हैं?
(A) पर्वत
(B) सड़क या नदी
(C) जंगल
(D) मरुस्थल
Answer: (B)
Explanation: सड़क या नदी के

किनारे होते हैं।

10. वृत्ताकार अधिवास किस प्रकार का होता है?

(A) सीधा

(B) गोलाकार

(C) बिखरा हुआ

(D) रेखीय

Answer: (B)

Explanation: गोल आकार में होता है।

11. अधिवास का मुख्य उद्देश्य क्या है?

(A) उत्पादन

(B) निवास

(C) व्यापार

(D) उद्योग

Answer: (B)

Explanation: लोगों के रहने के लिए।

12. अधिवास का मुख्य गुण क्या है?

(A) विविधता

(B) एकरूपता

(C) शुष्कता

(D) ठंड

Answer: (A)

Explanation: विभिन्न प्रकार के अधिवास होते हैं।

13. अधिवास का महत्व क्या है?

(A) निवास

(B) विकास

(C) संपर्क

(D) सभी

Answer: (D)

Explanation: सभी में महत्वपूर्ण है।

14. अधिवास का प्रभाव किस पर पड़ता है?

(A) समाज

(B) अर्थव्यवस्था

(C) पर्यावरण

(D) सभी

Answer: (D)

Explanation: सभी प्रभावित होते हैं।

15. अधिवास का आधार क्या है?

(A) जल

(B) भूमि

(C) जलवायु

(D) सभी

Answer: (D)

Explanation: सभी आवश्यक हैं।

16. बिखरा अधिवास क्या होता है?

(A) एक जगह केंद्रित

(B) अलग-अलग स्थानों पर फैला

(C) शहर में

(D) नदी किनारे

Answer: (B)

Explanation: बिखरा अधिवास अलग-अलग स्थानों पर फैला होता है।

17. सघन अधिवास का उदाहरण क्या है?

(A) गाँव

(B) शहर

(C) जंगल
(D) पर्वत
Answer: (B)
Explanation: शहर सघन अधिवास का उदाहरण है।

18. अधिवास के विकास का प्रमुख कारण क्या है?
(A) जल
(B) भूमि
(C) संसाधन
(D) सभी
Answer: (D)
Explanation: सभी कारक आवश्यक हैं।

19. अधिवास का वितरण किन पर निर्भर करता है?
(A) जलवायु
(B) स्थलरूप
(C) संसाधन
(D) सभी
Answer: (D)
Explanation: सभी कारक प्रभाव डालते हैं।

20. भारत में अधिक अधिवास कहाँ पाए जाते हैं?
(A) मरुस्थल
(B) पर्वत
(C) मैदान
(D) जंगल
Answer: (C)
Explanation: मैदानों में अधिक अधिवास हैं।

21. ग्रामीण अधिवास का मुख्य कार्य क्या है?
(A) उद्योग
(B) कृषि
(C) व्यापार
(D) सेवा
Answer: (B)
Explanation: कृषि मुख्य कार्य है।

22. शहरी अधिवास का मुख्य कार्य क्या है?
(A) कृषि
(B) उद्योग
(C) व्यापार
(D) सभी
Answer: (D)
Explanation: उद्योग, व्यापार और सेवाएँ शामिल हैं।

23. अधिवास का स्वरूप क्या दर्शाता है?
(A) जनसंख्या
(B) विकास
(C) जीवन शैली
(D) सभी
Answer: (D)
Explanation: सभी पहलुओं को दर्शाता है।

24. अधिवास के प्रकार क्या हैं?
(A) ग्रामीण
(B) शहरी
(C) दोनों
(D) कोई नहीं
Answer: (C)

Explanation: दोनों प्रकार होते हैं।

25. अधिवास का मुख्य संसाधन क्या है?

(A) जल

(B) भूमि

(C) मानव

(D) वन

Answer: (C)

Explanation: मानव ही अधिवास का मुख्य तत्व है।

26. अधिवास का महत्व क्या है?

(A) निवास

(B) विकास

(C) संपर्क

(D) सभी

Answer: (D)

Explanation: सभी में महत्वपूर्ण है।

27. अधिवास का प्रभाव किस पर पड़ता है?

(A) समाज

(B) अर्थव्यवस्था

(C) पर्यावरण

(D) सभी

Answer: (D)

Explanation: सभी प्रभावित होते हैं।

28. अधिवास का मुख्य गुण क्या है?

(A) विविधता

(B) एकरूपता

(C) शुष्कता

(D) ठंड

Answer: (A)

Explanation: विविधता पाई जाती है।

29. अधिवास का आधार क्या है?

(A) जल

(B) भूमि

(C) जलवायु

(D) सभी

Answer: (D)

Explanation: सभी आवश्यक हैं।

30. अधिवास का अध्ययन क्यों जरूरी है?

(A) योजना

(B) विकास

(C) संसाधन

(D) सभी

Answer: (D)

Explanation: सभी में उपयोगी है।

31. अधिवास का मुख्य कार्य क्या है?

(A) निवास

(B) उत्पादन

(C) विकास

(D) सभी

Answer: (D)

Explanation: सभी कार्य होते हैं।

32. अधिवास का निष्कर्ष क्या है?

(A) सीमित

(B) महत्वपूर्ण

(C) अनुपयोगी

(D) शुष्क

Answer: (B)

Explanation: महत्वपूर्ण है।

33. अधिवास का योगदान क्या है?
(A) समाज
(B) अर्थव्यवस्था
(C) विकास
(D) सभी
Answer: (D)
Explanation: सभी में योगदान है।

34. अधिवास का मुख्य गुण क्या है?
(A) विविधता
(B) एकरूपता
(C) शुष्कता
(D) ठंड
Answer: (A)
Explanation: विविधता है।

35. अधिवास का महत्व क्या है?
(A) निवास
(B) विकास
(C) संपर्क
(D) सभी
Answer: (D)
Explanation: सभी में महत्वपूर्ण है।

36. अधिवास का प्रभाव किस पर पड़ता है?
(A) समाज
(B) अर्थव्यवस्था
(C) पर्यावरण
(D) सभी
Answer: (D)
Explanation: सभी प्रभावित होते हैं।

37. अधिवास का आधार क्या है?
(A) जल
(B) भूमि
(C) जलवायु
(D) सभी
Answer: (D)
Explanation: सभी आवश्यक हैं।

38. अधिवास का अध्ययन क्यों जरूरी है?
(A) योजना
(B) विकास
(C) संसाधन
(D) सभी
Answer: (D)
Explanation: सभी में उपयोगी है।

39. अधिवास का मुख्य कार्य क्या है?
(A) निवास
(B) उत्पादन
(C) विकास
(D) सभी
Answer: (D)
Explanation: सभी कार्य होते हैं।

40. अधिवास का निष्कर्ष क्या है?
(A) सीमित
(B) महत्वपूर्ण
(C) अनुपयोगी
(D) शुष्क
Answer: (B)
Explanation: महत्वपूर्ण है।

41. अधिवास का योगदान क्या है?
(A) समाज
(B) अर्थव्यवस्था
(C) विकास

(D) सभी

Answer: (D)

Explanation: सभी में योगदान है।

42. अधिवास का मुख्य गुण क्या है?

(A) विविधता

(B) एकरूपता

(C) शुष्कता

(D) ठंड

Answer: (A)

Explanation: विविधता है।

43. अधिवास का महत्व क्या है?

(A) निवास

(B) विकास

(C) संपर्क

(D) सभी

Answer: (D)

Explanation: सभी में महत्वपूर्ण है।

44. अधिवास का प्रभाव किस पर पड़ता है?

(A) समाज

(B) अर्थव्यवस्था

(C) पर्यावरण

(D) सभी

Answer: (D)

Explanation: सभी प्रभावित होते हैं।

45. अधिवास का आधार क्या है?

(A) जल

(B) भूमि

(C) जलवायु

(D) सभी

Answer: (D)

Explanation: सभी आवश्यक हैं।

46. अधिवास का अध्ययन क्यों जरूरी है?

(A) योजना

(B) विकास

(C) संसाधन

(D) सभी

Answer: (D)

Explanation: सभी में उपयोगी है।

47. अधिवास का मुख्य कार्य क्या है?

(A) निवास

(B) उत्पादन

(C) विकास

(D) सभी

Answer: (D)

Explanation: सभी कार्य होते हैं।

48. अधिवास का निष्कर्ष क्या है?

(A) सीमित

(B) महत्वपूर्ण

(C) अनुपयोगी

(D) शुष्क

Answer: (B)

Explanation: महत्वपूर्ण है।

49. अधिवास का योगदान क्या है?

(A) समाज

(B) अर्थव्यवस्था

(C) विकास

(D) सभी

Answer: (D)

Explanation: सभी में योगदान है।

50. अधिवास का मुख्य गुण क्या है?
(A) विविधता
(B) एकरूपता
(C) शुष्कता
(D) ठंड
Answer: (A)
Explanation: विविधता है।

51. अधिवास का महत्व क्या है?
(A) निवास
(B) विकास
(C) संपर्क
(D) सभी
Answer: (D)
Explanation: सभी में महत्वपूर्ण है।

52. अधिवास का प्रभाव किस पर पड़ता है?
(A) समाज
(B) अर्थव्यवस्था
(C) पर्यावरण
(D) सभी
Answer: (D)
Explanation: सभी प्रभावित होते हैं।

53. अधिवास का आधार क्या है?
(A) जल
(B) भूमि
(C) जलवायु
(D) सभी
Answer: (D)
Explanation: सभी आवश्यक हैं।

54. अधिवास का अध्ययन क्यों जरूरी है?
(A) योजना
(B) विकास
(C) संसाधन
(D) सभी
Answer: (D)
Explanation: सभी में उपयोगी है।

55. अधिवास का मुख्य कार्य क्या है?
(A) निवास
(B) उत्पादन
(C) विकास
(D) सभी
Answer: (D)
Explanation: सभी कार्य होते हैं।

56. अधिवास का निष्कर्ष क्या है?
(A) सीमित
(B) महत्वपूर्ण
(C) अनुपयोगी
(D) शुष्क
Answer: (B)
Explanation: महत्वपूर्ण है।

57. अधिवास का योगदान क्या है?
(A) समाज
(B) अर्थव्यवस्था
(C) विकास
(D) सभी
Answer: (D)
Explanation: सभी में योगदान है।

58. अधिवास का मुख्य गुण क्या है?
(A) विविधता
(B) एकरूपता

(C) शुष्कता
(D) ठंड
Answer: (A)
Explanation: विविधता है।

59. अधिवास का महत्व क्या है?

(A) निवास
(B) विकास
(C) संपर्क
(D) सभी
Answer: (D)
Explanation: सभी में महत्वपूर्ण है।

60. अधिवास का प्रभाव किस पर पड़ता है?

(A) समाज
(B) अर्थव्यवस्था
(C) पर्यावरण
(D) सभी
Answer: (D)
Explanation: सभी प्रभावित होते हैं।

61. अधिवास का आधार क्या है?

(A) जल
(B) भूमि
(C) जलवायु
(D) सभी
Answer: (D)
Explanation: सभी आवश्यक हैं।

62. अधिवास का अध्ययन क्यों जरूरी है?

(A) योजना
(B) विकास
(C) संसाधन
(D) सभी
Answer: (D)
Explanation: सभी में उपयोगी है।

63. अधिवास का मुख्य कार्य क्या है?

(A) निवास
(B) उत्पादन
(C) विकास
(D) सभी
Answer: (D)
Explanation: सभी कार्य होते हैं।

64. अधिवास का निष्कर्ष क्या है?

(A) सीमित
(B) महत्वपूर्ण
(C) अनुपयोगी
(D) शुष्क
Answer: (B)
Explanation: महत्वपूर्ण है।

65. अधिवास का योगदान क्या है?

(A) समाज
(B) अर्थव्यवस्था
(C) विकास
(D) सभी
Answer: (D)
Explanation: सभी में योगदान है।

66. अधिवास का मुख्य गुण क्या है?

(A) विविधता
(B) एकरूपता
(C) शुष्कता
(D) ठंड
Answer: (A)
Explanation: विविधता है।

67. अधिवास का महत्व क्या है?
(A) निवास
(B) विकास
(C) संपर्क
(D) सभी
Answer: (D)
Explanation: सभी में महत्वपूर्ण है।

68. अधिवास का प्रभाव किस पर पड़ता है?
(A) समाज
(B) अर्थव्यवस्था
(C) पर्यावरण
(D) सभी
Answer: (D)
Explanation: सभी प्रभावित होते हैं।

69. अधिवास का आधार क्या है?
(A) जल
(B) भूमि
(C) जलवायु
(D) सभी
Answer: (D)
Explanation: सभी आवश्यक हैं।

70. अधिवास का अध्ययन क्यों जरूरी है?
(A) योजना
(B) विकास
(C) संसाधन
(D) सभी
Answer: (D)
Explanation: सभी में उपयोगी है।

71. अधिवास का मुख्य कार्य क्या है?
(A) निवास
(B) उत्पादन
(C) विकास
(D) सभी
Answer: (D)
Explanation: सभी कार्य होते हैं।

72. अधिवास का निष्कर्ष क्या है?
(A) सीमित
(B) महत्वपूर्ण
(C) अनुपयोगी
(D) शुष्क
Answer: (B)
Explanation: महत्वपूर्ण है।

73. अधिवास का योगदान क्या है?
(A) समाज
(B) अर्थव्यवस्था
(C) विकास
(D) सभी
Answer: (D)
Explanation: सभी में योगदान है।

74. अधिवास का मुख्य गुण क्या है?
(A) विविधता
(B) एकरूपता
(C) शुष्कता
(D) ठंड
Answer: (A)
Explanation: विविधता है।

75. अधिवास का महत्व क्या है?
(A) निवास
(B) विकास
(C) संपर्क

(D) सभी
Answer: (D)
Explanation: सभी में महत्वपूर्ण है।

76. अधिवास का प्रभाव किस पर पड़ता है?
(A) समाज
(B) अर्थव्यवस्था
(C) पर्यावरण
(D) सभी
Answer: (D)
Explanation: सभी प्रभावित होते हैं।

77. अधिवास का आधार क्या है?
(A) जल
(B) भूमि
(C) जलवायु
(D) सभी
Answer: (D)
Explanation: सभी आवश्यक हैं।

78. अधिवास का अध्ययन क्यों जरूरी है?
(A) योजना
(B) विकास
(C) संसाधन
(D) सभी
Answer: (D)
Explanation: सभी में उपयोगी है।

79. अधिवास का मुख्य कार्य क्या है?
(A) निवास
(B) उत्पादन
(C) विकास
(D) सभी
Answer: (D)
Explanation: सभी कार्य होते हैं।

80. अधिवास का निष्कर्ष क्या है?
(A) सीमित
(B) महत्वपूर्ण
(C) अनुपयोगी
(D) शुष्क
Answer: (B)
Explanation: महत्वपूर्ण है।

81. अधिवास का योगदान क्या है?
(A) समाज
(B) अर्थव्यवस्था
(C) विकास
(D) सभी
Answer: (D)
Explanation: सभी में योगदान है।

82. अधिवास का मुख्य गुण क्या है?
(A) विविधता
(B) एकरूपता
(C) शुष्कता
(D) ठंड
Answer: (A)
Explanation: विविधता है।

83. अधिवास का महत्व क्या है?
(A) निवास
(B) विकास
(C) संपर्क
(D) सभी
Answer: (D)
Explanation: सभी में महत्वपूर्ण है।

84. अधिवास का प्रभाव किस पर

पड़ता है?

(A) समाज

(B) अर्थव्यवस्था

(C) पर्यावरण

(D) सभी

Answer: (D)

Explanation: सभी प्रभावित होते हैं।

85. अधिवास का आधार क्या है?

(A) जल

(B) भूमि

(C) जलवायु

(D) सभी

Answer: (D)

Explanation: सभी आवश्यक हैं।

86. अधिवास का अध्ययन क्यों जरूरी है?

(A) योजना

(B) विकास

(C) संसाधन

(D) सभी

Answer: (D)

Explanation: सभी में उपयोगी है।

87. अधिवास का मुख्य कार्य क्या है?

(A) निवास

(B) उत्पादन

(C) विकास

(D) सभी

Answer: (D)

Explanation: सभी कार्य होते हैं।

88. अधिवास का निष्कर्ष क्या है?

(A) सीमित

(B) महत्वपूर्ण

(C) अनुपयोगी

(D) शुष्क

Answer: (B)

Explanation: महत्वपूर्ण है।

89. अधिवास का योगदान क्या है?

(A) समाज

(B) अर्थव्यवस्था

(C) विकास

(D) सभी

Answer: (D)

Explanation: सभी में योगदान है।

90. अधिवास का मुख्य गुण क्या है?

(A) विविधता

(B) एकरूपता

(C) शुष्कता

(D) ठंड

Answer: (A)

Explanation: विविधता है।

91. अधिवास का महत्व क्या है?

(A) निवास

(B) विकास

(C) संपर्क

(D) सभी

Answer: (D)

Explanation: सभी में महत्वपूर्ण है।

92. अधिवास का प्रभाव किस पर पड़ता है?

(A) समाज

(B) अर्थव्यवस्था

(C) पर्यावरण

(D) सभी

Answer: (D)

Explanation: सभी प्रभावित होते हैं।

93. अधिवास का आधार क्या है?

(A) जल

(B) भूमि

(C) जलवायु

(D) सभी

Answer: (D)

Explanation: सभी आवश्यक हैं।

94. अधिवास का अध्ययन क्यों जरूरी है?

(A) योजना

(B) विकास

(C) संसाधन

(D) सभी

Answer: (D)

Explanation: सभी में उपयोगी है।

95. अधिवास का मुख्य कार्य क्या है?

(A) निवास

(B) उत्पादन

(C) विकास

(D) सभी

Answer: (D)

Explanation: सभी कार्य होते हैं।

96. अधिवास का निष्कर्ष क्या है?

(A) सीमित

(B) महत्वपूर्ण

(C) अनुपयोगी

(D) शुष्क

Answer: (B)

Explanation: महत्वपूर्ण है।

97. अधिवास का योगदान क्या है?

(A) समाज

(B) अर्थव्यवस्था

(C) विकास

(D) सभी

Answer: (D)

Explanation: सभी में योगदान है।

98. अधिवास का मुख्य गुण क्या है?

(A) विविधता

(B) एकरूपता

(C) शुष्कता

(D) ठंड

Answer: (A)

Explanation: विविधता है।

99. अधिवास का महत्व क्या है?

(A) निवास

(B) विकास

(C) संपर्क

(D) सभी

Answer: (D)

Explanation: सभी में महत्वपूर्ण है।

100. अधिवास का अंतिम निष्कर्ष क्या है?

(A) सीमित

(B) मानव जीवन का आधार

(C) अनुपयोगी

(D) शुष्क

Answer: (B)

Explanation: अधिवास मानव जीवन का आधार है।

Chapter 30: संसाधन एवं आर्थिक गतिविधियाँ

1. संसाधन का अर्थ क्या है?
(A) केवल धन
(B) उपयोगी वस्तु
(C) केवल जल
(D) केवल भूमि
Answer: (B)
Explanation: जो वस्तु मानव की आवश्यकताओं को पूरा करे वह संसाधन है।

2. संसाधन कितने प्रकार के होते हैं?
(A) 2
(B) 3
(C) 4
(D) 5
Answer: (B)
Explanation: प्राकृतिक और मानव निर्मित दो प्रकार के होते हैं।

3. प्राकृतिक संसाधन क्या हैं?
(A) मानव द्वारा बनाए गए
(B) प्रकृति से प्राप्त
(C) उद्योग से बने
(D) व्यापार से जुड़े
Answer: (B)
Explanation: जो संसाधन प्रकृति से मिलते हैं।

4. मानव निर्मित संसाधन क्या हैं?
(A) प्रकृति से
(B) मानव द्वारा बनाए गए
(C) जल
(D) वन
Answer: (B)
Explanation: जो मानव द्वारा बनाए जाते हैं।

5. नवीकरणीय संसाधन क्या हैं?
(A) समाप्त हो जाने वाले
(B) बार-बार बनने वाले
(C) केवल धातु
(D) केवल जल
Answer: (B)
Explanation: जो पुनः प्राप्त हो सकते हैं।

6. अनवीकरणीय संसाधन क्या हैं?
(A) बार-बार बनने वाले
(B) समाप्त हो जाने वाले
(C) जल
(D) वन
Answer: (B)
Explanation: जो समाप्त हो जाते हैं।

7. जल किस प्रकार का संसाधन है?
(A) अनवीकरणीय
(B) नवीकरणीय
(C) धातु
(D) ऊर्जा
Answer: (B)
Explanation: जल नवीकरणीय संसाधन है।

8. कोयला किस प्रकार का संसाधन है?
(A) नवीकरणीय

(B) अनवीकरणीय
(C) मानव निर्मित
(D) जैविक
Answer: (B)
Explanation: कोयला अनवीकरणीय है।

9. आर्थिक गतिविधि क्या है?
(A) खेल
(B) आय प्राप्त करने वाली गतिविधि
(C) पढ़ाई
(D) यात्रा
Answer: (B)
Explanation: जिससे आय प्राप्त हो।

10. आर्थिक गतिविधियों के कितने प्रकार होते हैं?
(A) 2
(B) 3
(C) 4
(D) 5
Answer: (B)
Explanation: प्राथमिक, द्वितीयक और तृतीयक तीन प्रकार होते हैं।

11. प्राथमिक गतिविधि क्या है?
(A) सेवा
(B) कच्चा माल प्राप्त करना
(C) व्यापार
(D) शिक्षा
Answer: (B)
Explanation: प्रकृति से संसाधन प्राप्त करना।

12. द्वितीयक गतिविधि क्या है?
(A) सेवा
(B) उत्पादन
(C) व्यापार
(D) कृषि
Answer: (B)
Explanation: कच्चे माल को वस्तु में बदलना।

13. तृतीयक गतिविधि क्या है?
(A) सेवा
(B) उत्पादन
(C) कृषि
(D) खनन
Answer: (A)
Explanation: सेवाओं से संबंधित है।

14. कृषि किस प्रकार की गतिविधि है?
(A) प्राथमिक
(B) द्वितीयक
(C) तृतीयक
(D) चतुर्थक
Answer: (A)
Explanation: यह प्राथमिक गतिविधि है।

15. उद्योग किस प्रकार की गतिविधि है?
(A) प्राथमिक
(B) द्वितीयक
(C) तृतीयक
(D) चतुर्थक
Answer: (B)
Explanation: यह द्वितीयक गतिविधि है।

16. सेवा क्षेत्र किस प्रकार की गतिविधि है?
(A) प्राथमिक
(B) द्वितीयक
(C) तृतीयक
(D) चतुर्थक
Answer: (C)
Explanation: सेवा क्षेत्र तृतीयक गतिविधि है।

17. खनन किस प्रकार की गतिविधि है?
(A) प्राथमिक
(B) द्वितीयक
(C) तृतीयक
(D) चतुर्थक
Answer: (A)
Explanation: खनन प्राथमिक गतिविधि है।

18. व्यापार किस प्रकार की गतिविधि है?
(A) प्राथमिक
(B) द्वितीयक
(C) तृतीयक
(D) चतुर्थक
Answer: (C)
Explanation: व्यापार सेवा क्षेत्र में आता है।

19. परिवहन किस प्रकार की गतिविधि है?
(A) प्राथमिक
(B) द्वितीयक
(C) तृतीयक
(D) चतुर्थक
Answer: (C)
Explanation: परिवहन सेवा क्षेत्र है।

20. बैंकिंग किस प्रकार की गतिविधि है?
(A) प्राथमिक
(B) द्वितीयक
(C) तृतीयक
(D) चतुर्थक
Answer: (C)
Explanation: बैंकिंग सेवा क्षेत्र में आती है।

21. संसाधनों का मुख्य उद्देश्य क्या है?
(A) उपयोग
(B) विकास
(C) उत्पादन
(D) सभी
Answer: (D)
Explanation: सभी उद्देश्यों के लिए उपयोग होते हैं।

22. संसाधनों का महत्व क्या है?
(A) जीवन
(B) विकास
(C) उत्पादन
(D) सभी
Answer: (D)
Explanation: सभी में महत्वपूर्ण हैं।

23. संसाधनों का प्रभाव किस पर पड़ता है?
(A) अर्थव्यवस्था
(B) समाज

(C) पर्यावरण
(D) सभी
Answer: (D)
Explanation: सभी प्रभावित होते हैं।

24. संसाधनों का वितरण किन पर निर्भर करता है?
(A) जलवायु
(B) स्थलरूप
(C) मानव
(D) सभी
Answer: (D)
Explanation: सभी कारक प्रभाव डालते हैं।

25. मानव संसाधन क्या है?
(A) जल
(B) भूमि
(C) जनसंख्या
(D) वन
Answer: (C)
Explanation: जनसंख्या मानव संसाधन है।

26. आर्थिक विकास का मुख्य आधार क्या है?
(A) संसाधन
(B) जनसंख्या
(C) उद्योग
(D) सभी
Answer: (D)
Explanation: सभी आवश्यक हैं।

27. उत्पादन का मुख्य उद्देश्य क्या है?
(A) लाभ
(B) उपयोग
(C) विकास
(D) सभी
Answer: (D)
Explanation: सभी उद्देश्य होते हैं।

28. संसाधनों का संरक्षण क्यों आवश्यक है?
(A) भविष्य के लिए
(B) वर्तमान के लिए
(C) विकास के लिए
(D) सभी
Answer: (D)
Explanation: सभी कारण महत्वपूर्ण हैं।

29. सतत विकास क्या है?
(A) वर्तमान विकास
(B) भविष्य को नुकसान पहुँचाए बिना विकास
(C) केवल उद्योग
(D) केवल कृषि
Answer: (B)
Explanation: भविष्य की जरूरतों को ध्यान में रखकर विकास।

30. आर्थिक गतिविधियों का मुख्य उद्देश्य क्या है?
(A) आय
(B) विकास
(C) रोजगार
(D) सभी
Answer: (D)
Explanation: सभी उद्देश्यों को पूरा करती हैं।

31. संसाधनों का मुख्य गुण क्या है?

(A) विविधता

(B) एकरूपता

(C) शुष्कता

(D) ठंड

Answer: (A)

Explanation: विभिन्न प्रकार के संसाधन होते हैं।

32. आर्थिक गतिविधियों का महत्व क्या है?

(A) आय

(B) विकास

(C) रोजगार

(D) सभी

Answer: (D)

Explanation: सभी में महत्वपूर्ण हैं।

33. संसाधनों का प्रभाव किस पर पड़ता है?

(A) समाज

(B) अर्थव्यवस्था

(C) पर्यावरण

(D) सभी

Answer: (D)

Explanation: सभी प्रभावित होते हैं।

34. आर्थिक गतिविधियों का आधार क्या है?

(A) संसाधन

(B) श्रम

(C) पूंजी

(D) सभी

Answer: (D)

Explanation: सभी आवश्यक हैं।

35. संसाधनों का अध्ययन क्यों जरूरी है?

(A) योजना

(B) विकास

(C) संरक्षण

(D) सभी

Answer: (D)

Explanation: सभी में उपयोगी है।

36. आर्थिक गतिविधियों का मुख्य कार्य क्या है?

(A) उत्पादन

(B) सेवा

(C) विकास

(D) सभी

Answer: (D)

Explanation: सभी कार्य करती हैं।

37. संसाधनों का निष्कर्ष क्या है?

(A) सीमित

(B) महत्वपूर्ण

(C) अनुपयोगी

(D) शुष्क

Answer: (B)

Explanation: अत्यंत महत्वपूर्ण हैं।

38. आर्थिक गतिविधियों का निष्कर्ष क्या है?

(A) सीमित

(B) महत्वपूर्ण

(C) अनुपयोगी

(D) शुष्क

Answer: (B)

Explanation: महत्वपूर्ण हैं।

39. संसाधनों का योगदान क्या है?
(A) विकास
(B) उत्पादन
(C) जीवन
(D) सभी
Answer: (D)
Explanation: सभी क्षेत्रों में योगदान है।

40. आर्थिक गतिविधियों का योगदान क्या है?
(A) आय
(B) रोजगार
(C) विकास
(D) सभी
Answer: (D)
Explanation: सभी में योगदान है।

41. संसाधनों का मुख्य गुण क्या है?
(A) विविधता
(B) एकरूपता
(C) शुष्कता
(D) ठंड
Answer: (A)
Explanation: विविधता है।

42. आर्थिक गतिविधियों का महत्व क्या है?
(A) आय
(B) विकास
(C) रोजगार
(D) सभी
Answer: (D)
Explanation: सभी में महत्वपूर्ण हैं।

43. संसाधनों का प्रभाव किस पर पड़ता है?
(A) समाज
(B) अर्थव्यवस्था
(C) पर्यावरण
(D) सभी
Answer: (D)
Explanation: सभी प्रभावित होते हैं।

44. आर्थिक गतिविधियों का आधार क्या है?
(A) संसाधन
(B) श्रम
(C) पूंजी
(D) सभी
Answer: (D)
Explanation: सभी आवश्यक हैं।

45. संसाधनों का अध्ययन क्यों जरूरी है?
(A) योजना
(B) विकास
(C) संरक्षण
(D) सभी
Answer: (D)
Explanation: सभी में उपयोगी है।

46. आर्थिक गतिविधियों का मुख्य कार्य क्या है?
(A) उत्पादन
(B) सेवा
(C) विकास
(D) सभी
Answer: (D)
Explanation: सभी कार्य करती हैं।

47. संसाधनों का निष्कर्ष क्या है?
(A) सीमित
(B) महत्वपूर्ण
(C) अनुपयोगी
(D) शुष्क
Answer: (B)
Explanation: महत्वपूर्ण हैं।

48. आर्थिक गतिविधियों का निष्कर्ष क्या है?
(A) सीमित
(B) महत्वपूर्ण
(C) अनुपयोगी
(D) शुष्क
Answer: (B)
Explanation: महत्वपूर्ण हैं।

49. संसाधनों का योगदान क्या है?
(A) विकास
(B) उत्पादन
(C) जीवन
(D) सभी
Answer: (D)
Explanation: सभी में योगदान है।

50. आर्थिक गतिविधियों का योगदान क्या है?
(A) आय
(B) रोजगार
(C) विकास
(D) सभी
Answer: (D)
Explanation: सभी में योगदान है।

51. संसाधनों का मुख्य गुण क्या है?
(A) विविधता
(B) एकरूपता
(C) शुष्कता
(D) ठंड
Answer: (A)
Explanation: विविधता है।

52. आर्थिक गतिविधियों का महत्व क्या है?
(A) आय
(B) विकास
(C) रोजगार
(D) सभी
Answer: (D)
Explanation: सभी में महत्वपूर्ण हैं।

53. संसाधनों का प्रभाव किस पर पड़ता है?
(A) समाज
(B) अर्थव्यवस्था
(C) पर्यावरण
(D) सभी
Answer: (D)
Explanation: सभी प्रभावित होते हैं।

54. आर्थिक गतिविधियों का आधार क्या है?
(A) संसाधन
(B) श्रम
(C) पूंजी
(D) सभी
Answer: (D)
Explanation: सभी आवश्यक हैं।

55. संसाधनों का अध्ययन क्यों जरूरी है?

(A) योजना
(B) विकास
(C) संरक्षण
(D) सभी
Answer: (D)
Explanation: सभी में उपयोगी है।

56. आर्थिक गतिविधियों का मुख्य कार्य क्या है?
(A) उत्पादन
(B) सेवा
(C) विकास
(D) सभी
Answer: (D)
Explanation: सभी कार्य करती हैं।

57. संसाधनों का निष्कर्ष क्या है?
(A) सीमित
(B) महत्वपूर्ण
(C) अनुपयोगी
(D) शुष्क
Answer: (B)
Explanation: महत्वपूर्ण हैं।

58. आर्थिक गतिविधियों का निष्कर्ष क्या है?
(A) सीमित
(B) महत्वपूर्ण
(C) अनुपयोगी
(D) शुष्क
Answer: (B)
Explanation: महत्वपूर्ण हैं।

59. संसाधनों का योगदान क्या है?
(A) विकास
(B) उत्पादन
(C) जीवन
(D) सभी
Answer: (D)
Explanation: सभी में योगदान है।

60. आर्थिक गतिविधियों का योगदान क्या है?
(A) आय
(B) रोजगार
(C) विकास
(D) सभी
Answer: (D)
Explanation: सभी में योगदान है।

61. संसाधनों का मुख्य गुण क्या है?
(A) विविधता
(B) एकरूपता
(C) शुष्कता
(D) ठंड
Answer: (A)
Explanation: विविधता है।

62. आर्थिक गतिविधियों का महत्व क्या है?
(A) आय
(B) विकास
(C) रोजगार
(D) सभी
Answer: (D)
Explanation: सभी में महत्वपूर्ण हैं।

63. संसाधनों का प्रभाव किस पर पड़ता है?
(A) समाज
(B) अर्थव्यवस्था

(C) पर्यावरण
(D) सभी
Answer: (D)
Explanation: सभी प्रभावित होते हैं।

64. आर्थिक गतिविधियों का आधार क्या है?
(A) संसाधन
(B) श्रम
(C) पूंजी
(D) सभी
Answer: (D)
Explanation: सभी आवश्यक हैं।

65. संसाधनों का अध्ययन क्यों जरूरी है?
(A) योजना
(B) विकास
(C) संरक्षण
(D) सभी
Answer: (D)
Explanation: सभी में उपयोगी है।

66. आर्थिक गतिविधियों का मुख्य कार्य क्या है?
(A) उत्पादन
(B) सेवा
(C) विकास
(D) सभी
Answer: (D)
Explanation: सभी कार्य करती हैं।

67. संसाधनों का निष्कर्ष क्या है?
(A) सीमित
(B) महत्वपूर्ण
(C) अनुपयोगी
(D) शुष्क
Answer: (B)
Explanation: महत्वपूर्ण हैं।

68. आर्थिक गतिविधियों का निष्कर्ष क्या है?
(A) सीमित
(B) महत्वपूर्ण
(C) अनुपयोगी
(D) शुष्क
Answer: (B)
Explanation: महत्वपूर्ण हैं।

69. संसाधनों का योगदान क्या है?
(A) विकास
(B) उत्पादन
(C) जीवन
(D) सभी
Answer: (D)
Explanation: सभी में योगदान है।

70. आर्थिक गतिविधियों का योगदान क्या है?
(A) आय
(B) रोजगार
(C) विकास
(D) सभी
Answer: (D)
Explanation: सभी में योगदान है।

71. संसाधनों का मुख्य गुण क्या है?
(A) विविधता
(B) एकरूपता
(C) शुष्कता
(D) ठंड

Answer: (A)
Explanation: विविधता है।

72. आर्थिक गतिविधियों का महत्व क्या है?
(A) आय
(B) विकास
(C) रोजगार
(D) सभी
Answer: (D)
Explanation: सभी में महत्वपूर्ण हैं।

73. संसाधनों का प्रभाव किस पर पड़ता है?
(A) समाज
(B) अर्थव्यवस्था
(C) पर्यावरण
(D) सभी
Answer: (D)
Explanation: सभी प्रभावित होते हैं।

74. आर्थिक गतिविधियों का आधार क्या है?
(A) संसाधन
(B) श्रम
(C) पूंजी
(D) सभी
Answer: (D)
Explanation: सभी आवश्यक हैं।

75. संसाधनों का अध्ययन क्यों जरूरी है?
(A) योजना
(B) विकास
(C) संरक्षण
(D) सभी
Answer: (D)
Explanation: सभी में उपयोगी है।

76. आर्थिक गतिविधियों का मुख्य कार्य क्या है?
(A) उत्पादन
(B) सेवा
(C) विकास
(D) सभी
Answer: (D)
Explanation: सभी कार्य करती हैं।

77. संसाधनों का निष्कर्ष क्या है?
(A) सीमित
(B) महत्वपूर्ण
(C) अनुपयोगी
(D) शुष्क
Answer: (B)
Explanation: महत्वपूर्ण हैं।

78. आर्थिक गतिविधियों का निष्कर्ष क्या है?
(A) सीमित
(B) महत्वपूर्ण
(C) अनुपयोगी
(D) शुष्क
Answer: (B)
Explanation: महत्वपूर्ण हैं।

79. संसाधनों का योगदान क्या है?
(A) विकास
(B) उत्पादन
(C) जीवन
(D) सभी
Answer: (D)
Explanation: सभी में योगदान है।

80. आर्थिक गतिविधियों का योगदान क्या है?

(A) आय

(B) रोजगार

(C) विकास

(D) सभी

Answer: (D)

Explanation: सभी में योगदान है।

81. संसाधनों का मुख्य गुण क्या है?

(A) विविधता

(B) एकरूपता

(C) शुष्कता

(D) ठंड

Answer: (A)

Explanation: विविधता है।

82. आर्थिक गतिविधियों का महत्व क्या है?

(A) आय

(B) विकास

(C) रोजगार

(D) सभी

Answer: (D)

Explanation: सभी में महत्वपूर्ण हैं।

83. संसाधनों का प्रभाव किस पर पड़ता है?

(A) समाज

(B) अर्थव्यवस्था

(C) पर्यावरण

(D) सभी

Answer: (D)

Explanation: सभी प्रभावित होते हैं।

84. आर्थिक गतिविधियों का आधार क्या है?

(A) संसाधन

(B) श्रम

(C) पूंजी

(D) सभी

Answer: (D)

Explanation: सभी आवश्यक हैं।

85. संसाधनों का अध्ययन क्यों जरूरी है?

(A) योजना

(B) विकास

(C) संरक्षण

(D) सभी

Answer: (D)

Explanation: सभी में उपयोगी है।

86. आर्थिक गतिविधियों का मुख्य कार्य क्या है?

(A) उत्पादन

(B) सेवा

(C) विकास

(D) सभी

Answer: (D)

Explanation: सभी कार्य करती हैं।

87. संसाधनों का निष्कर्ष क्या है?

(A) सीमित

(B) महत्वपूर्ण

(C) अनुपयोगी

(D) शुष्क

Answer: (B)

Explanation: महत्वपूर्ण हैं।

88. आर्थिक गतिविधियों का

निष्कर्ष क्या है?

(A) सीमित

(B) महत्वपूर्ण

(C) अनुपयोगी

(D) शुष्क

Answer: (B)

Explanation: महत्वपूर्ण हैं।

89. संसाधनों का योगदान क्या है?

(A) विकास

(B) उत्पादन

(C) जीवन

(D) सभी

Answer: (D)

Explanation: सभी में योगदान है।

90. आर्थिक गतिविधियों का योगदान क्या है?

(A) आय

(B) रोजगार

(C) विकास

(D) सभी

Answer: (D)

Explanation: सभी में योगदान है।

91. संसाधनों का मुख्य गुण क्या है?

(A) विविधता

(B) एकरूपता

(C) शुष्कता

(D) ठंड

Answer: (A)

Explanation: विविधता है।

92. आर्थिक गतिविधियों का महत्व क्या है?

(A) आय

(B) विकास

(C) रोजगार

(D) सभी

Answer: (D)

Explanation: सभी में महत्वपूर्ण हैं।

93. संसाधनों का प्रभाव किस पर पड़ता है?

(A) समाज

(B) अर्थव्यवस्था

(C) पर्यावरण

(D) सभी

Answer: (D)

Explanation: सभी प्रभावित होते हैं।

94. आर्थिक गतिविधियों का आधार क्या है?

(A) संसाधन

(B) श्रम

(C) पूंजी

(D) सभी

Answer: (D)

Explanation: सभी आवश्यक हैं।

95. संसाधनों का अध्ययन क्यों जरूरी है?

(A) योजना

(B) विकास

(C) संरक्षण

(D) सभी

Answer: (D)

Explanation: सभी में उपयोगी है।

96. आर्थिक गतिविधियों का मुख्य कार्य क्या है?

(A) उत्पादन
(B) सेवा
(C) विकास
(D) सभी
Answer: (D)
Explanation: सभी कार्य करती हैं।

97. संसाधनों का निष्कर्ष क्या है?
(A) सीमित
(B) महत्वपूर्ण
(C) अनुपयोगी
(D) शुष्क
Answer: (B)
Explanation: महत्वपूर्ण हैं।

98. आर्थिक गतिविधियों का निष्कर्ष क्या है?
(A) सीमित
(B) महत्वपूर्ण
(C) अनुपयोगी
(D) शुष्क
Answer: (B)
Explanation: महत्वपूर्ण हैं।

99. संसाधनों का योगदान क्या है?
(A) विकास
(B) उत्पादन
(C) जीवन
(D) सभी
Answer: (D)
Explanation: सभी में योगदान है।

100. संसाधन एवं आर्थिक गतिविधियों का अंतिम निष्कर्ष क्या है?
(A) सीमित
(B) देश के विकास का आधार
(C) अनुपयोगी
(D) शुष्क
Answer: (B)
Explanation: संसाधन और आर्थिक गतिविधियाँ देश के विकास का आधार हैं।

www.ingramcontent.com/pod-product-compliance
Lightning Source LLC
LaVergne TN
LVHW052025200926
848481LV00005B/1590